张 欣（Gene H Chang） 著

格致出版社 上海人民出版社

可计算一般均衡模型的基本原理与编程

Principles of Computable General Equilibrium (CGE) Modeling and Programming, 2E

第二版前言

可计算一般均衡模型(CGE)在公共政策和经济学领域中应用非常广泛。虽然它牵涉到的理论和建模比较高深,但是本书第一版出版后读者数量以及其反应的热烈出乎作者原先的意料。这几年来作者收到很多读者来信,也看到很多网上读者的好评反馈、讨论、建议和期望。这都说明中国国内有志于研究 CGE 的学人众多,对作为作者和教育者的我来说,是最大的鼓舞。

这本书库存告罄后,出版社邀请我继续出版第二版。本来想在勘误基础上快速出新版,动笔后觉得很多地方需要修改和重写,结果花了一年的时间。除了被其他繁忙事务耽搁外,最主要的是因为勘误之外,还花时间在内容、编程程序和陈述方面做了较大的修改和丰富,很多章节是新写或者大量改写的,也增加了更多的模型和程序实例,有利于读者学习和掌握。

第二版回应了这几年来读者的反馈和期望。第二版主要进行了以下修改:(1)订正了第一版中的错误。(2)加强了变量符号和定义的一致性和渐进性,便于读者学习和逐步适应。(3)重新组织 CGE 模型的程序、演示和讲解,使之更简洁、连贯和详尽。讲解 CGE 程序是这样组织的,先讲解一个通用程序,然后讲解在这个程序中不同的限制条件如何组成不同的宏观闭合,使读者对宏观闭合有更清楚的了解。(4)增加了内容,如可靠性稳健性敏感性评估、CGE 模型设计与修改,等等。(5)增加了更多的模型和程序实例演示,如第 6.6 节“一个最简单的 CGE 模型”及第 15.2 节“发展中和转型经济的宏观闭合,在多部门多群体中情况下

LES 函数的植入和编程的模型”,等等。

这两年来,我经常收到一些读者的来信,说自己的 GAMS 程序无法运行,请我找出问题在哪里。程序不能运行的问题很多,可能是模型设计就错了,也可能是程序结构错了,再或者指令语法错了,等等。即使是一个小的指令语法问题,编程者自己可能也需要花上一天时间去找,让外人去找错,就更困难了。所以,抱歉不能一一回复这些读者的请求,帮助他们检验寄来的程序。对这些读者的建议是,先不要写复杂的程序。从抄写本书的简单程序开始,逐步增加自己的内容,或逐步修改内容。每加一个内容,譬如加一个账户,或者修改一个等式,然后运行一下,看是不是顺畅,直到出问题为止。这样,可以锚定是哪个新内容出了问题,集中精力修改这个问题。修改好了,再加其他的新内容。

很多时候,程序问题发生在简单的文字错误(typo errors)上, 特别是英文字母的 l 和数字 1,字母 O 和数字 0。这些不同符号在印刷版的书籍中很容易混淆。另外,如果用中文文字输入法编写程序时,也可能受阻,比如,用中文编写工具输入的等号、逗号和分号,就常会被 GAMS 程序拒绝。改成用英文输入,程序就能正常运行。

为了帮助读者编程,本书第二版将在网上(www.sjfx.com/gao/kejian.asp)给本书用户提供书中所有主要 GAMS 程序实例和部分练习题的 GAMS 程序的电子文件。另外,在网址 www.chinapublicpolicy.net\ChangCGEbook\上也有一些程序实例供下载。读者如果看不清印刷版上的变量符号,可以用一般的文字处理器如微软文字处理器打开这些电子版文件阅读和检查。这些程序文件,都可以在 GAMS 程序上直接运行。读者也可以从这些 GAMS 程序的基础上,修改加入自己的内容来学习或者做研究项目。GAMS 软件的演示版是免费的,可以到 gams.com 公司的主页 https://www.gams.com/download/下载。演示版有很多功能限制,只能运行小规模的项目,不过对本书的实例和习题来说已经可以敷用。如果要做大型项目,可以向 gams.com 购买 GAMS 的正式版。

这次再版,首先要感谢很多这几年写信给我和在网上讨论本书的读者,他们让我感动和深受鼓舞。同时,也要感谢出版社何元龙先生、钱敏女士的支持和工作。在此我也再次感谢在第一版前言中提到的妻子焦瑋眉、王直等同仁和陈烨等学生。没有大家的支持,本书不能成功。

2017 年 10 月

第一版前言

作为可计算一般均衡(CGE)模型的入门教材，本书深入浅出地介绍CGE模型的基本原理并训练学生动手编程，适合大学本科和研究生相关课程的教学或者学生自学。学习本书的对象是经济学专业本科三四年级学生、研究生以及经济学和公共政策等专业的科研工作者。通过本书，他们可以学习和掌握CGE模型的基本理论、构造、方法和应用，数据基础SAM表的制作，编写计算机程序，分析政策对经济的影响。

CGE模型在国民经济、贸易、环境、财政税收、公共政策方面应用非常广泛。CGE模型在国外从20世纪70年代开始流行，现在已经成为世界银行等国际组织以及发达国家决策机构政策分析的基本工具。国内近年来也出版了不少相关研究文章和介绍性书籍。我在上海财经大学公共经济与管理学院任职时，学院设有三个学科——财政、公共管理(特别要研究公共经济和公共政策)和国民经济，都很需要CGE模型，但当时学校里没人教这门课。我的朋友王直博士是海外华人中做CGE模型最好的人之一，也很热心，于是我请他来学院做了几天讲座。但是他在国外工作，时间有限，只能对CGE模型做些介绍，不能长期、定期授课。最后我只能自己动手，撂下其他课题的研究，在学院开设CGE课程。

在教学中，我才体会到在教科书市场上，即使是在国外，还没有一本系统的、入门的、精义的、基本原理透彻的 CGE 模型教科书。Ginsburgh 和 Keyzer(2002)的 *The Structure of Applied General Equilibrium Models* 可能是最成体系的书,但不是写给初学者的,偏重于理论描述,对程序编制、建模和技术细节涉及很少。由于没有教科书,在课堂上有限的讲课时间里,教授往往不能尽意。学生如果要课外补习,只能靠搜集 CGE 的各种论文、介绍文章和专著。但是这些参考文献都是独立的研究论文,它们的 CGE 模型的函数等也有各种不同的数学表达方法,对一些基础的但很关键的理论和注意事项又常常忽略不提,而 CGE 模型本身结构又是非常复杂的,因此对初学者来说,读懂它们并非易事。常常是,学生看了不少经典的论文,也能按照现成编好的 CGE 模型程序依样画葫芦地做些练习或研究,但是对 CGE 模型的基本理论、构造、函数和闭合,似懂非懂。结果,一旦要研究具体的问题,还是缺乏独立设计 CGE 模型的能力。于是在大家的鼓励和催促下,我将自己上课的讲义发展,并最终完成这本入门的 CGE 模型教科书。

作者在国内的教学经验中,结合中国学生的特点,不求繁琐和面面俱到,而是集中在 CGE 模型的基本原理和精义,由浅入深,循序渐进,系统地进行训练,这是本书最大的优点。将 CGE 标准模型的基本原理和结构讲清讲透,并且以实例、练习和计算机 GAMS 程序编写练习来指导学生的实际动手能力,使学生不但能掌握从理论出发针对问题建造和设计 CGE 模型,同时也能编写相应的 GAMS 程序来用计算机模拟 CGE 模型。有了这些基础,读者可以进一步深入了解更复杂的 CGE 模型,以及各种国际上的 CGE 科研文献和专著。当然,我也计划以后编撰本书续篇,进一步介绍 CGE 模型在多区域、多区域相互依赖、动态、动态优化、资本市场等新动向上的发展,以供学完本书后需要进一步了解更复杂 CGE 模型的读者阅读。

本书的写作,得到上海财大教育部“211 工程”三期项目的资助,特别是子项目“CGE 模型在中国财税政策分析中的应用”的支持,在此深表感谢。妻子焦瑋眉的支持和时间上的牺牲,使我一直感谢不止。在教学和撰写本书的过程中,还受到王直、徐滇庆、李善同、翟凡、何建武很多帮助。同时,感谢上海财大公共经济与管理学院的曾军平、刘伟、于洪等老师。陈烨、刘明、寇恩惠、范晓静、李生祥、汪曾涛等学生为我提供了很多帮助。陈烨同学的校对工作和他提出的非常有启发性的问题,对本书的写作益处颇多。还有很多同学的积极建议,在此对他们的帮助深表谢意。本书中若有错误,都由我本人负责。

张　欣

2010 年 3 月

目 录

▶1

引 言

可计算一般均衡模型，是国际上流行的经济学和公共政策定量分析的一个主要工具。它的英文是 computable general equilibrium model，简称为 CGE 模型，也被称为应用一般均衡模型（applied general equilibrium model）。它的特点是描述国民经济各个部门，各个核算账户之间的相互连锁关系，并且可以对政策变化和经济活动对这些关系的影响做描述、模拟和预测，因此它在国民经济、贸易、环境、财政税收、公共政策方面应用非常广泛。CGE 模型在国外从 20 世纪 70 年代开始流行，现在已经成为世界银行和国际贸易组织等政策分析的基本工具。国内近年来也有不少研究文章和介绍书籍。

应用经济学和公共管理学的现代研究手段是以定量分析为特征的。随着经济发展需要，市场机制的运作，对社会经济问题的分析和政策制定，光靠"拍脑袋"、感觉、定性分析，已经越来越跟不上形势发展的需要，科学制定政策经常需要定量分析。譬如说，政府要降低出口退税率，以便减少贸易顺差。到底退税率要降低多少？对就业有什么影响？对相关的不同产业，如服装，或者餐饮业，各有什么影响？由于国民经济各个部门密切相关，牵一发动全身，我们不但需要对直接影响的部门做定量分析，并且，需要考虑由于各个部门的相互依存和关联关系造成的间接影响。对多部门之间关联做定量分析有助于科学地、精确地掌握经济规律和制定政策，也有助于学术水平国际化。

多经济变量之间的关系，可以说，有三个维度。第一个是时间维度，通常我们使用的计量经济学和统计学中的时间序列（time series）分析就是描述和研究这类问题的。第二个是空间维度，计量经济学和统计学中的空间分析（spatial analysis），就是描述和研究这类问题的。第三个维度是经济各部门之间的关系。对各个产业部门、各个宏观经济核算账目变量之间的关系做分析的研究模型有宏观经济模型、投入产出分析和 CGE 模型分析。CGE 模型可以包括投入产出模型和大部分宏观经济模型。

宏观经济中多变量多部门多核算账户之间是相互依存（interdependence）的。在支出方面的宏观经济变量有，消费、投资、政府支出、出口和进口。在收入方面的宏观经济变量包括，中间投入和要素投入，要素包括劳动力、土地和资本。一个部门或账目的变动会牵涉到其他部门和账目的变动，这叫做溢出效应(spillover effect)。一个部门或者账户的变化引起其他部门或账户的变化叫做联锁关系(linkage)。

譬如，增加汽车生产需要更多的钢铁，而生产钢铁需要煤，生产煤需要增加运输能力。然后铁路和港口能力要扩展，继而需要钢铁和水泥。这些不同商品的产量变化还要影响到资金账户的变化。如进口铁矿石需要外汇，增加运输能力需要投资，增加的收入会增加消费和就业，也会影响财政收入。这些供求的变化又会影响价格、利率、汇率等的变化。

早期研究这些多部门联锁关系的是投入产出模型，也被称为列昂惕夫(Lieontief)模型。投入产出模型将各个部门的投入产出关系假设为固定的比例关系。整个经济各个部门组合在一起，形成一个联立的线型方程组。模型的运用是根据数据对这个方程组求解和模拟。模型的各个部门的相互联锁作用在这个联立方程组中体现出来。不过，投入产出模型不能反映各种价格变化引起的各个变量之间的替代关系，也不能包括很多重要的国民经济核算账户，如政府的各种转移支付。更大的一个缺陷是，投入产出模型没有包括生产过程中要素收入最后又如何形成需求，反过来影响最终使用的关系。投入产出模型只是一个生产过程的局部均衡，不是经济学意义上的包括供应和需求的全局均衡(一般均衡)。

现代的多部门经济模型是 CGE 模型。CGE 模型是包括供应和需求关系的全局均衡模型。CGE 模型中的生产过程可以包括投入产出模型，但是它比投入产出模型更能模拟复杂的部门关系，能够包括很多投入产出模型无法包括的重要经济变量。CGE 模型还包括了在各种宏观经济框架下要素收入如何形成对最终使用商品的需求关系。CGE 模型的数据基础是社会核算矩阵(social accounting matrix)，简称 SAM 或者 SAM 表。SAM 包括了所有社会经济核算的账目，如投入产出数据矩阵，居民、企业、政府、对外部门的核算如经常账户和资本账户、税收、财政支出、转移支付、储蓄和投资，等等。CGE 模型将这些账户之间的关系，用现代一般均衡理论，建立成一个联立的非线性方程组。CGE 模型可以包括所有相关的价格变量，如商品价格、要素价格、利率、汇率，等等。

CGE 模型在经济学和公共政策上有广泛应用，包括宏观经济平衡、贸易、就业、税收改革和影响、教育支出与人力资源、能源和自然资源、社会保障、环境与经济可持续发展、健康公共支出与卫生政策等。CGE 模型在财政、税收应用的例子繁多，如税收和价格变化对各部门产出的影响；财政收入、税收、各种财政支出之间的关系；货币金融资本流量的关系；各种社会核算账目的关系，等等。以 CGE 模型在财政税收领域的一些研究为例，Shoven 和 Whalley 等(1973，1984)将 CGE 模型框架运用于美国以及其他国家的财政税收政策问题；Rutherford 和 Paltsev(1999)建立了研究俄罗斯间接税超额负担 CGE 模型等。

在中国，有大量的经济和公共政策问题有待 CGE 模型去研究。中英文发表的论文也不少，涉及经济学和公共政策中急待解决的各种问题。王燕等(2001)发表的有关社会保障问题的论文，徐滇庆和张欣（Xu and Chang，2000）有关降低关税率对就业的影响的论文，等等。其他有待解决的问题包括增值税转型、人民币升值、社会保障、财政支出、水资源、碳循环，等等，对各个经济部门和账户变量的影响，也常常需要用 CGE 模型来模拟分析。

虽然 CGE 模型比较复杂，要花很多时间和较大的功夫才可以入门，但并不是难不可及的。有了教科书，可以事半功倍。本书的目的就是为初学者提供一个精义的、系统的 CGE 模型的入门教材。不好高骛远，以掌握 CGE 的标准模型（后文简称为 LHR 模型）结构为基本目标。①结合中国学生的特点，由浅入深，循序渐进；并且适时复习相关的经济学理论，结合实例、练习、作业和编程，将 CGE 标准模型的基本理论和结构讲清讲透。同时以实例、练习和计算机 GAMS 程序编写来指导和训练学生，使学生不但能掌握从理论出发针对问题设计和构造 CGE 模型，也能编写相应的 GAMS 程序来用计算机模拟 CGE 模型。有了这些基础，读者可以进一步深入了解更复杂的 CGE 模型，各种国际上的 CGE 科研论文，以及各种专著。

国外的经济学博士生学习和研究 CGE 时，通常已具有高等数学训练基础，并且熟练掌握了高级微观经济学包括一般均衡理论。他们在此基础上通过阅读大量 CGE 文献，摸索理论，建立框架，学习编程，从而掌握 CGE 模型。我在上海财经大学教书时体会到国内外教学的差别。对中国学生来讲，还是从投入产出模型开始更容易入门。这是因为，由于过去和苏联学派交流的历史原因，投入产出模型和应用在国内有广泛的基础，国内有很多人学过也一直在研究和运用投入产出模型，其中包括一些非经济学专业的数量技术学者。大部分国内学生对一般均衡理论，特别是其存在性理论和证明比较陌生。因此，在本书中，我们先从投入产出模型开始，进而熟悉社会核算账户矩阵，然后再学 CGE 模型。在学习 CGE 模型的过程中，对经济学的一些基本函数和一般均衡理论的要点做复习，对一般均衡理论中拓扑部分做简化，以便那些高级微观经济学基础相对薄弱的学生学习。

虽然本书从投入产出模型开始介绍，并且尽量做到深入浅出，但作者还是有个忠告。要真正掌握 CGE 模型理论，针对各种不同性质的经济问题独立设计 CGE 模型，得心应手地运用到经济现实上，必须有良好的现代经济学理论训练。一般地说，本书读者应该具有高级微观经济学包括消费者、企业、市场和一般均衡的理论训练，和中级以上的宏观经济学基础。过去学过和运用过投入产出模型的产业经济计划工作者，可能发现，即使没有现代经济学理论，也不妨碍掌握和运用投入产出模型。CGE 模型则不然。如果不懂现代经济学，你就无法领悟为什么要这样设置函数，为什么在不同研究问题下一些被定为内生变量，一些被定为外生变量，设置宏观闭合的理论是什么，如何在不同问题下设置不同的宏观闭合，等等。现有不同文献的 CGE 模型会有不同的数学陈述方法，如美国和澳大利亚流派，美国流派中各个作者也会在表达方式上有差异。掌握高级微观经济学的人马上知道这些变

① 相关文献参见 Lofgren H.，R.L.Harris，and S.Robinson，2001，“A Standard Computable General Equilibrium(CGE) Model in GAMS”，International Food Policy Research Institute(IFPRI)。

体在原则上是一回事,而没有高级微观经济学基础的读者在看这些文献时会把它们看成是不同的模型。也许一些学生可以将市场上流传的现成的 CGE 模型程序拿来做些小修改来写论文,但是如果没有真正领悟模型的理论基础,就不知道如何改革模型的基本结构和独立设计一个 CGE 模型。比如要研究的问题是,在经济萧条情况下如何增加基础建设开支来刺激产出和增加就业机会。这时照抄流行的 CGE 模型往往不能得出结果。这是因为,流行的 CGE 模型基本上用的是新古典主义的宏观闭合,其中劳动已经充分就业,因此就业人数不会再增加。再比如,假设由于研究问题的需要,要将规模报酬不变的生产函数改成规模报酬递减的生产函数。这个看上去很小的变化实际会引起 CGE 模型结构以及一系列原有函数的很大变化。按原有模型结构依样画葫芦是不行的,很可能要自己动手写个完整复杂的模型了,这时,如果没有真正领悟 CGE 模型设置的基本理论就不行了。

现有的 CGE 模型的文献浩繁,做研究时不难找到研究对象和领域相似的参考文献。不过,各种文献中的 CGE 模型,即使内部的理论和模型设置是一致的,不同作者却常常用不同的数学表达形式,增加了读者理解的困难。譬如,即使是数学内容完全相同的 CGE 模型,在同一个生产模块,各个作者可能用不同的数学表达,有的用直接的要素需求和商品供应的显函数,有的用生产函数和要素使用优化的一阶导数的方程组,有的用成本函数和边际成本—价格结合的一阶导数方程组。加上不同的变量记号,也常常使读者不胜其烦。由于本书是教科书,数学表达和变量符号力求前后系统和一致。不过,为了兼顾经济学和 CGE 文献中的常规做法和适应由浅入深的程序,在数学表述和变量符号上做一些渐进的变化,使读者既易于学习本书,也适应外部文献的各种典型写法。

在数学表述上,CGE 模型有两个主要不同的学派,即美国学派和澳大利亚(以莫纳什大学为代表的)学派。这两个学派模型的数学表达看上去大不相同。美国学派模型在企业、消费者、市场出清等各种函数的表达形式上和微观经济学理论一致,因此,函数表述简洁,处理非线性函数精确,便于初学者学习。对学习和开发未来更高级复杂的 CGE 模型,因为美国学派的数学表达方式和经济理论的数学模型表述一致,计算工作则由电脑和程序完成,可以选择外界提供的各种不同的解算法来计算,比较直观、便利。从未来趋势来说,美国学派已成为主流。澳大利亚学派则要将这些函数在均衡点附近线性化,写论文时要将这些内含的函数数学显性表述,相当繁琐,不宜初学者学习。美国学派模型用的是 GAMS 程序语言,澳大利亚学派用的是 GEMPACK 程序语言。澳大利亚学派模型的优点是对计算机和解法程序功能要求不强,如果扰动仅是在均衡点附近的话,模型易于收敛。这个优点,在现在计算机和解法程序功能足够强大的今天,已经不明显。不过,国际贸易的重要项目 GTAP 的 CGE 模型很多是用 GEMPACK 的,因此为了方便和交流,不少发展中国家的学者还是用现成的 GEMPACK 来研究贸易问题。而研究贸易的美国经济学家,往往是利用 GTAP 的数据,用 GAMS 来自己编写 CGE 贸易模型,如王直的一系列 CGE 贸易模型研究。本书是照美国学派模型来表述 CGE 模型的,用的也是 GAMS 程序语言。读者在学完本书之后，即使有兴趣要了解澳大利亚学派模型，也会发现比直接去学澳大利亚学派模型要省时间。中国研究 CGE 模型用澳大利亚学派的文献有郑玉歆、樊明太(1999)。

本书尽可能在介绍每个新内容后，以相应的数学表述实例帮助理解，然后提供相应的 GAMS 程序，并对编程做详细解释，以便学习。读者可以通过数学表述实例，理解 CGE 模型的数学结构。通过附在后面的程序，理解 CGE 是如何在 GAMS 程序中求解和模拟的。每章后面附有练习题，供练习掌握。为了帮助读者编程，本书第二版给读者提供所有主要的 GAMS 程序实例和部分练习题的 GAMS 程序的电子文件(www.hibooks.cn/gao/kejian.asp)。另外，www.chinapublicpolicy.net\ChangCGEbook\上也有部分主要程序可供下载。这些电子版程序是 text 的文件，可以直接用 GAMS 软件运行。这些电子版文件还有一个帮助学习的好处：印刷版书面上，字母 l 和数字 1，字母 O 和数字 0 常常不能区分不同。对照电子文件，可以帮助分辨本书书面中的程序到底是字母还是数字。

GAMS 语言并不困难，但是要肯花时间，不断修正错误，熟能生巧，以后自会得心应手。

投入产出表和投入产出模型

2.1 投入产出表

投入产出模型是简单的多部门模型,数学上,投入产出模型是一个线性方程组,因此比较容易处理。投入产出模型中各部门之间的关系为固定比例关系,因此不能反映价格变动引起的供求变化和替代效应。投入产出模型也不能反映复杂的资金账户,不能反映要素收入对最终使用商品的需求的关系,这是它的局限。不过,投入产出模型常常是CGE模型的子组成部分,而且它的多部门特征联立方程组和CGE有很多相似之处,可以作为学习CGE的基础。

投入产出模型研究国民经济中各个部门之间在投入与产出方面相互依存的数量关系。例如,钢铁、机械、煤炭三个部门的产品是投入产出相互依存的。生产钢铁需要煤炭作为投入,生产煤炭需要机械作为投入,而生产机械又需要钢铁作为投入。投入产出模型将这些投入产出的相互依存关系用数学等式联系起来。

投入产出模型的数据基础是投入产出表。统计部门将一个年度的各个部门的产出量综合,汇编成投入产出表。国家统计局每五年编制一个全国投入产出表,各省市地区也编制自己的投入产出表。以前的投入产出表有实物型的,例如国家统计局1992年编制过151种产品的实物型投入产出表。在实物型投入产出表中,产品数量用的是物理计算单位,如钢铁部门的产出是3亿吨钢,可利用的水资源的数量是亿立方米,汽车是800万辆,等等。用物理单位来统计产量,看起来很直观。按照物理单位给出的货币价格,如1吨钢的价格是3 700元,一辆汽车是15万元,等等,和我们日常生活中的价格概念是一样的,很容易理解。但是实物型投入产出表在实际操作统计时问题很多。譬如,钢铁有不同合金成分、不同品质、不同规格,不能简单用重量来汇总。即使是水资源,也有原水、再生水等不同种类。汽车就更不一样了,便宜的汽车和高级轿车的性能和配置内容相差很大,价格有几十倍的不同。如果要将制造业不同部门商品的产量汇总成整个制造业的总产量,譬如牛奶和自行车,各有不同的物理单位。一公升牛奶和一辆自行车,是无法用物理单位来相加的。

如何对经济产出的各种不同的商品和服务在统计上汇总,解决的方法是按其

表 2.1.1　2000 年中国投入产出表(6 部门)

单位:亿元

	农业	工业	建筑业	运输邮电业	商业饮食业	其他服务业	中间使用合计	消费	资本形成	出口	最终使用合计	进口	其他	总产出
农　业	404	871	9	1	91	23	1 398	1 096	111	58	1 265	−54	36	2 646
工　业	542	8 575	1 202	366	467	703	11 855	2 119	876	1 924	4 919	−1 810	117	15 081
建筑业	6	15	1	21	7	86	136	0	2 169	2	2 171	−4	−88	2 216
运输邮电业	37	367	154	41	53	201	854	165	8	76	249	−16	−30	1 057
商业饮食业	50	612	144	21	146	121	1 095	347	37	150	534	−7	72	1 693
其他服务业	77	390	111	62	193	349	1 183	1 881	50	109	2 040	−77	−82	3 063
中间投入合计	1 115	10 830	1 621	512	958	1 483	16 521	5 608	3 250	2 320	11 178	−1 968	25	25 755
固定资产折旧	60	815	45	199	54	287	1 461							
劳动者报酬	1 344	1 696	391	226	402	934	4 992							
生产税净额	42	834	55	34	185	192	1 341							
营业盈余	84	906	104	86	94	167	1 441							
增加值合计	1 530	4 251	594	545	735	1 580	9 235							
总投入合计	2 645	15 081	2 216	1 057	1 693	3 063	25 755							

资料来源:中国国家统计局。

价值相加。因此,现代的投入产出表,以及 CGE 模型所用的 SAM 表,通常都是以货币作为单位,如表 2.1.1 中用的"亿元"。这样,不同种类的产品,可以用价值来相加汇总。这也被称为价值型投入产出表。在价值型投入产出表或 SAM 表中,我们可以把货币单位,譬如"元",作为产品数量的单位来考虑。譬如钢铁部门 2007 年的产量是 2 000 亿元,等等。表 2.1.1 是 2000 年中国价值型投入产出表(6 部门)。

为了便于理解,我们举例说明。表 2.1.2 是假想的 A 国在 2000 年的投入产出表。A 国只有三个部门,部门 1(农业)、部门 2(工业)和部门 3(服务业)。生产所有产品都需要劳动和资本投入。劳动和资本叫做要素。要素投入是初始投入,在投入产出表中假设要素不能被当年其他产业部门生产。如劳动力是由人口数量所决定的,资本投入是由过去生产的积累所决定的。

表 2.1.2　A 国在 2000 年的投入产出表　　　　单位:亿元

产出 / 投入		中间使用			最终使用		总产出
		部门 1	部门 2	部门 3	消费	投资	
中间投入	部门 1	200	300	150	280	70	1 000
	部门 2	80	400	250	550	320	1 600
	部门 3	30	420	240	350	110	1 150
要素投入/增加值	劳动报酬	500	250	330			
	资本/折旧	190	230	180			
总投入		1 000	1 600	1 150			

为了投入产出模型建模、读数据和运行的方便,我们在表 2.1.2 中将投入产出表稍作整理,省略掉中间分类合计,如中间投入合计、中间使用合计、最终使用合计,等等。A 国的国内生产总值(GDP)等于 1 680 亿元。这可以从所有最终使用相加,或者所有要素投入相加得到。A 国的社会总产值等于 3 750 亿元,可以从总产出相加或者总收入相加获得。社会总产值比 GDP 大,是因为它包括了中间投入这一价值的重复计算。

投入产出表的每一行,表示该部门产品在其他各部门被使用的情况。第一行表示,部门 1,即农业部门的产品,作为投入被各个部门使用的情况。农业部门的总产出是 1 000 亿元。其中,农业部门本身要用 200 亿元来作为投入,如饲养家畜需要的饲料。部门 2,即工业部门,也要使用农业产品来作为投入,如食品业。第一行第二列表示,工业部门要用去 300 亿元的农业部门产品作为生产工业品的中间投入。第一行第三列表示服务业要使用的农产品投入(如餐饮业)是 150 亿元。最后,居民对农产品的消费是 280 亿元,企业将农产品作为投资所用(如存货)是 70 亿元。所有加起来是 1 000 亿元。

从每一列看,是生产该部门产品需要用其他部门产品作为投入的情况。第一列表示，要生产 1 000 亿元的农产品，需要的投入包括 200 亿元农产品，80 亿元的工业产品（如化肥），还有 30 亿元的服务业（如农业机械维修、农业技术指导、咨询，等等）。除此之外，还需要劳动力投入包括农业劳动者的报酬 500 亿元，还有资本投入，这里以固定资产和机器设备折旧代替 190 亿元。所有投入加起来，必须也是 1 000 亿元。

我们可以将上述解释类推到其他单元格。一般地讲，每个单元格里的数值表示列部门所购买（支付）的行部门产品作为投入的数值。整个投入产出表可以分为三个子部分，也称为投入产出表的三个象限，见表 2.1.3。左上角的是中间投入—中间使用部分，左下角的是要素投入部分，右上角的是最终使用部分。第四象限（象限Ⅳ）有转移支付等账户。投入产出表一般没有右下角的第四象限，但是在以后的社会核算账户（SAM）表中，会有第四象限。在中间投入—中间使用这部分表格里，是部门之间作为中间投入的情况。在要素投入部分里，是列部门购买的要素投入。在最终使用的部分里，是居民或企业分别购买的行部门的消费品和投资品。

表 2.1.3　投入产出表的组成部分

象限Ⅱ：中间使用	象限Ⅰ：最终使用
象限Ⅲ：要素投入	象限Ⅳ：一般空白

作为初始投入的要素，如劳动、资本、土地等，在投入产出表和以后要介绍的 SAM 表中，都属于商品的增值（value-added）部分。很多国家有直接的资本投入的数据。在中国的统计数据里，或投入产出表里，通常用资产折旧作为生产商品的资本投入。营业盈余也通常被包括在资本投入中。投入产出表反映了产业各部门之间的平衡关系。特别地，有下列主要平衡关系：

行平衡关系：

$$\text{中间使用} + \text{最终使用} = \text{总产出} \tag{2.1.1}$$

列平衡关系：

$$\text{中间投入} + \text{初始投入（增值）} = \text{总投入} \tag{2.1.2}$$

总量平衡关系：

$$\text{每个部门的总投入} = \text{该部门总产出} \tag{2.1.3}$$

$$\text{中间投入合计} = \text{中间使用合计} \tag{2.1.4}$$

$$\text{总投入} = \text{总产出} \tag{2.1.5}$$

$$\text{GDP} = \text{最终使用合计} = \text{要素投入或增加值合计} \tag{2.1.6}$$

从表 2.1.2 可以看到，在部门 1，总产出是 1 000 亿元，总投入也是 1 000 亿元。其他部门也一样。汇总所有的最终使用，包括消费和投资，就是国民生产总值，1 680 亿元。这个数字也可从所有要素的收入合计得到。

现在将投入产出表用变量符号表示：

Q_j 为 j 部门生产的商品量；

Q_{ij} 为生产 Q_j 所需要 i 部门投入量；

L_j 为生产 Q_j 所需要劳动要素的投入量；

K_j 为生产 Q_j 所需要资本要素的投入量；

H_i 为 i 部门商品的最终消费量；

I_i 为 i 部门商品的最终投资量。

假设 A 国的经济系统一共有 n 个产业部门，我们可以将表 2.1.2 用变量符号来表示：

表 2.1.4　A 国的投入产出表(用变量记号表达)

投入 \ 产出		中间使用					最终使用		总产出
		部门 1	…	部门 i	…	部门 n	消费	投资	
中间投入	部门 1	Q_{11}	…	Q_{1j}	…	Q_{1n}	H_1	I_1	Q_1
		…	…	…	…	…	…	…	…
	部门 i	Q_{i1}	…	Q_{ij}	…	Q_{in}	H_i	I_i	Q_i
		…	…	…	…	…	…	…	…
	部门 n	Q_{n1}	…	Q_{nj}	…	Q_{nn}	H_n	I_n	Q_n
要素投入/增加值	劳动报酬	L_1	…	L_j	…	L_n			
	资本/折旧	K_1	…	K_j	…	K_n			
总投入		Q_1	…	Q_j	…	Q_n			

2.2　投入产出模型

投入产出模型是 20 世纪 30 年代发展起来的分析国民经济多部门之间关系的数量模型。主要贡献者之一列昂惕夫，后来因此获得诺贝尔经济学奖。投入产出模型从投入产出表的数据出发，假设投入产出表中各生产部门的投入与产出的关系始终维持一个固定比例。例如，生产 1 000 亿元的农产品需要 80 亿元的工业产品作为投入，也就是说，生产 1 元的农产品，需要 80/1 000＝0.08 元的工业品投入，以及 30/1 000＝0.03 元的服务投入，还有 500/1 000＝0.5 元的劳动投入，等等。以此也可以类推到其他产业部门。这个投入产出比例，被称为直接消耗系数，英文文献通常直接称之为投入产出系数(input-output coefficient)，即生产一单元(这里常常是一货币单位)的商品 j，要用多少货币单位的 i 商品作为投入。投入产出系数(直接消耗系数)记为 a_{ij}。

国内有关投入产出模型的文献通常将投入产出系数作为一个大概念，包括直接和完全消耗系数。在 CGE 模型构建和运行中，一般不需要用到完全消耗系数(在 CGE 模型中和完全消耗系数类似的概念叫做“乘数”)。因此我们这里，除非特别声明之外，投入产出系数就是直接消耗系数。假设 j 部门生产的商品数量是 Q_j，需要 i 部门投入的数量为 Q_{ij}，可以得到投入产出系数：

$$a_{ij}=\frac{Q_{ij}}{Qj} \tag{2.2.1}$$

可以看出，这里表述的投入产出关系是一个固定比例的生产函数，也被称之为“列昂惕夫生产函数”(Leontif production function)。对部门 j 来说，它的生产函数是：

$$Q_j=\min\{a_{1j}^{-1}Q_{1j},\ a_{2j}^{-1}Q_{2j},\ \cdots,\ a_{nj}^{-1}Q_{nj}\} \tag{2.2.2}$$

相应的条件要素需求函数是

$$Q_{ij}=a_{ij}Q_j \qquad i=1,\ \cdots,\ n \tag{2.2.3}$$

也就是说，要生产 Q_j 的数量，需要的 i 部门投入的数量为 $Q_{ij}=a_{ij}Q_j$。表 2.2.1 是将投入产出表 2.1.2 换算成投入产出系数。

表 2.2.1　A 国在 2000 年的投入产出(直接消耗)系数

投入 \ 产出		中间使用 部门 1	部门 2	部门 3
中间投入	部门 1	0.20	0.19	0.13
	部门 2	0.08	0.25	0.22
	部门 3	0.03	0.26	0.21
要素投入/增加值	劳动报酬	0.50	0.16	0.29
	资本/折旧	0.19	0.14	0.16
总投入		1.00	1.00	1.00

投入产出模型的最常用样式，是投入产出的行模型。这是基于投入产出表第Ⅰ和第Ⅱ象限的行平衡关系[等式(2.1.1)]的经济模型，反映了商品数量供求平衡的状态。由于有 n 部门，这里用联立方程来表达这个系统关系。表 2.1.4 的行模型是：

$$\begin{aligned}
&Q_{11}+\cdots+Q_{1j}+\cdots+Q_{1n}+H_1+I_1=Q_1\\
&\vdots\\
&Q_{i1}+\cdots+Q_{ij}+\cdots+Q_{in}+H_i+I_i=Q_i\\
&\vdots\\
&Q_{n1}+\cdots+Q_{nj}+\cdots+Q_{nn}+H_n+I_n=Q_n
\end{aligned} \tag{2.2.4}$$

利用投入产出系数，$Q_{ij}=a_{ij}Q_j$，方程(2.2.4)改为

$$
\begin{aligned}
&a_{11}Q_1+\cdots+a_{1j}Q_j+\cdots+a_{1n}Q_n+H_1+I_1=Q_1\\
&\vdots\\
&a_{i1}Q_1+\cdots+a_{ij}Q_j+\cdots+a_{in}Q_n+H_i+I_i=Q_i\\
&\vdots\\
&a_{n1}Q_1+\cdots+a_{nj}Q_j+\cdots+a_{nn}Q_n+H_n+I_n=Q_n
\end{aligned}
\tag{2.2.5}
$$

把中间投入的投入产出系数用矩阵表达，有

$$
\mathbf{A}=\begin{bmatrix} a_{11} & \cdots & a_{1n} \\ \vdots & a_{ij} & \vdots \\ a_{n1} & \cdots & a_{nn} \end{bmatrix} \tag{2.2.6}
$$

反映最终使用的矩阵 **D**，和 n 部门商品产量 **Q** 分别为：

$$
\mathbf{D}=\begin{bmatrix} H_1+I_1 \\ \vdots \\ H_i+I_i \\ \vdots \\ H_n+I_n \end{bmatrix} \qquad \mathbf{Q}=\begin{bmatrix} Q_1 \\ \vdots \\ Q_i \\ \vdots \\ Q_n \end{bmatrix} \tag{2.2.7}
$$

据此，投入产出的行模型(2.2.5)可以用下列矩阵表达：

$$
\mathbf{AQ}+\mathbf{D}=\mathbf{Q} \tag{2.2.8}
$$

稍变化，有

$$
\mathbf{D}=\mathbf{Q}-\mathbf{AQ}=(\mathbf{I}-\mathbf{A})\mathbf{Q} \tag{2.2.9}
$$

$(\mathbf{I}-\mathbf{A})$这个矩阵经常会用到。注意它的元素对角线是 $1-a_{ii}$，其他部分为 $-a_{ij}$：

$$
\mathbf{I}-\mathbf{A}=\begin{bmatrix} 1-a_{11} & \cdots & -a_{1n} \\ \vdots & 1-a_{ii} & \vdots \\ -a_{n1} & \cdots & 1-a_{nn} \end{bmatrix} \tag{2.2.10}
$$

通常，我们要解决的问题是，给定某种最终使用的数量，如消费和投资，求相应的各部门产品数量。也就是，**D** 为外生变量，**Q** 为要求解的内生变量。求解的答案是：

$$
\mathbf{Q}=(\mathbf{I}-\mathbf{A})^{-1}\mathbf{D} \tag{2.2.11}
$$

相应地，要解决 **D** 变化后会引起 **Q** 如何变化的问题，我们用希腊字母 Δ 表示变化，有

$$
\Delta\mathbf{Q}=(\mathbf{I}-\mathbf{A})^{-1}\Delta\mathbf{D} \tag{2.2.12}
$$

例 2.2.1 B 国的经济系统有 2 个生产部门，部门 1 和 2，以及一个要素投入劳

动。它的投入产出表如表 2.2.2 所示。(a)用矩阵写出它的行模型,包括矩阵里的元素;以及(b)假如部门 2 产品的最终使用量增加了 100,求相应的两部门产量变化。

表 2.2.2　B 国的 2 部门投入产出表

	部门 1 中间使用	部门 2 中间使用	最终使用	总产出
部门 1 中间投入	200	300	100	600
部门 2 中间投入	150	320	530	1 000
增值/劳动	250	380		
总投入	600	1 000		

解:相应的投入产出系数为表 2.2.3:

表 2.2.3　B 国投入产出表的投入产出系数

	部门 1 中间使用	部门 2 中间使用
部门 1 中间投入	0.333	0.300
部门 2 中间投入	0.250	0.320
增值/劳动	0.417	0.380
总投入	1.000	1.000

矩阵是:

$$\mathbf{A}=\begin{bmatrix}0.333 & 0.3\\ 0.25 & 0.32\end{bmatrix}\qquad \mathbf{D}=\begin{bmatrix}100\\ 530\end{bmatrix}\qquad \mathbf{Q}=\begin{bmatrix}600\\ 1\,000\end{bmatrix} \tag{2.2.13}$$

行模型为:

$$\begin{bmatrix}0.333 & 0.3\\ 0.25 & 0.32\end{bmatrix}\begin{bmatrix}600\\ 1\,000\end{bmatrix}+\begin{bmatrix}100\\ 530\end{bmatrix}=\begin{bmatrix}600\\ 1\,000\end{bmatrix} \tag{2.2.14}$$

或者是:

$$\begin{bmatrix}0.667 & -0.3\\ -0.25 & 0.68\end{bmatrix}\begin{bmatrix}600\\ 1\,000\end{bmatrix}=\begin{bmatrix}100\\ 530\end{bmatrix} \tag{2.2.15}$$

回答问题(b),部门 2 的产量增加 100 但是部门 1 的产量没有增加,可以用向量表示:

$$\begin{bmatrix}\Delta D_1\\ \Delta D_2\end{bmatrix}=\begin{bmatrix}0\\ 100\end{bmatrix}$$

用等式(2.2.12)的矩阵方法求解,得

$$\begin{aligned}\begin{bmatrix}\Delta Q_1\\ \Delta Q_2\end{bmatrix}&=\begin{bmatrix}0.667 & -0.3\\ -0.25 & 0.68\end{bmatrix}^{-1}\begin{bmatrix}\Delta D_1\\ \Delta D_2\end{bmatrix}=\begin{bmatrix}0.667 & -0.3\\ -0.25 & 0.68\end{bmatrix}^{-1}\begin{bmatrix}0\\ 100\end{bmatrix}\\ &=\begin{bmatrix}1.80 & 0.79\\ 0.66 & 1.76\end{bmatrix}\begin{bmatrix}0\\ 100\end{bmatrix}=\begin{bmatrix}79\\ 176\end{bmatrix}\end{aligned} \tag{2.2.16}$$

2.3 GAMS 语言程序

GAMS 是数学规划和优化的高级建模系统的计算机软件。它的全名是通用代数建模系统(general algebraic modeling system)。它是计算机编译程序语言和解算法结合在一起的求解程序。在本书的投入产出模型和 CGE 模型实例中,用的解算法解算机(solver)是 PATH,里面解算法用的最多的是 MCP(mixed complementarity problem),对线性和非线性的有限制条件的优化问题的求解程序。对绝大多数 CGE 模型,PATH 基本上够用了。安装 GAMS 后,解算机要装好启动,这样才能顺利执行 GAMS 程序。

GAMS 软件的演示版可以直接从 GAMS 网页上下载,可见 www.gams.com。演示版是免费的,虽然功能有限,但是基于本书的课堂教学、书内大部分实例和练习,演示版也可敷用。如果要运行更大型的程序,则需要购买专业版本。

例 2.3.1 用 GAMS 对上述例 2.2.1 的问题编程,并求解。GAMS 程序中,凡是每行开头带“ * ”号的,或者夹在“ $ontext”和“ $offtext”之间的文字,都是评语或说明。其他的,则是程序指令。下面程序中每一步指令前有说明讲解,读者必须领会这些指令的语法和功能,以后编程要反复依靠这些指令。学经济学的读者特别要注意,GAMS 语言中参数和变量的定义和经济学中的定义是不同的。GAMS 语言中的“变量”(variable),专指经济学中的内生变量,是方程组要解算的内生变量。经济学中的外生变量,在 GAMS 语言中称为“参数”(parameter)。GAMS 语言中的“parameter”(参数),包括参数、常数、标量和经济学中的外生变量。它们的共同特点,就是数值必须外生给定。为了和 GAMS 语言的定义统一,本书的规范用法是,若仅说“变量”两字,就是单指内生变量。如果指的是外生变量,将全文写清“ 外生变量”四个字。

例 2.3.1 这个程序可以直接在计算机上运行。读者要研究 GAMS 软件编程的指令语法和功能,还可以查询相关的 GAMS 手册和说明书。很多有关 GAMS 程序说明的文件和各种实例,可以直接从前面提到的 GAMS 网页上免费下载。

例 2.3.1 用 GAMS 语言对例 2.2.1 的投入产出模型估计投入产出(直接消耗)系数,设置初始模型和模拟外界政策变动。

```
*==============================
$title  例 2.3.1  投入产出模型(Input-output model)
*==============================
*开头的 $title 指令指出标题。
*每行开始是*者为文字注释,不会被计算机读做程序指令。
*包括在 $ontext 和 $offtext 之中的文字也不被 GAMS 读作程序。
$Ontext
这里用计算机编程语言 GAMS 对投入产出模型估算投入产出(直接消耗)系数,设置
```

初始模型和模拟外界政策变动情况。同时对其中有关 GAMS 的一些基本编程程序、指令及语言作说明。
$Offtext

```
* 以下是对第 2 章中例 2.2.1 问题求解的 GAMS 程序。
* = = = = = = = = = = = = = = = = = = = = = = = = = = = = =
* 一般,GAMS 里面对指令先做宣称(declaration),然后对具体的指令定义(define)或赋值(assign)
* 指令末尾在不同情况下用分号";"结尾
* 下面首先对集合宣称命名和定义。每一个集合用符号或名字定义,不同的集合不能用相同的符号或名字。
* 先以 set 宣称要准备对集合命名定义。然后定义集合或对集合赋值,列出集合里的元素,用斜杠包括。
* 在这里,我们对模型和 SAM 中所有账户的集合命名 ac(英文 account 的前面两字母)。
* 接下去一行指令是定义子集 set i(ac)
* GAMS 程序语言中英文字母不区分大写和小写
* = = = = = = = = = = = = = = = = = = = = = = = = = = = = =
set ac       /sec1, sec2, labor, finaluse, total/;
set i(ac)    /sec1, sec2/;

* = = = = = = = = = = = = = = = = = = = = = = = = = = = = =
* 用 alias 的指令,让集合有别名,这样,在以后 sigma 相加符号时,可以避免指数定义的混淆。
* = = = = = = = = = = = = = = = = = = = = = = = = = = = = =
alias(i, j);

* = = = = = = = = = = = = = = = = = = = = = = = = = = = = =
* 将投入产出表的数据读入。
* 用指令 table 宣称, 然后命名表格,如这里 IO。括号里面包括行和列两个变量元素。注意对准每列的数据。没有数据的地方 GAMS 读成 0。
* = = = = = = = = = = = = = = = = = = = = = = = = = = = = =
table IO(* , * )
         sec1  sec2  finaluse  Total
sec1     200   300   100       600
sec2     150   320   530       1000
labor    250   380
```

```
Total    600    1000
;

* = = = = = = = = = = = = = = = = = = = = = = = = = = = = =
$ontext
GAMS 语言中的 parameter(参数),包括参数、常数、标量和经济学上的外生变量。它们的特点,就是数值必须外生给定。
GAMS 语言中的 variable(变量),是系统内部计算出来的变量。也就是经济学上的内生变量。
对参数来说,先要声明或定义所用的参数和外生变量。以"parameter"宣称,然后每行列出一个参数。参数符号须用字母开头,后面可以跟字母或数字。如 B、TA、Q3,等等。
每行开头是参数名字或参数符号。空几格后可以对参数做注释说明(虽然这注释说明是可选项,但是对以后理解程序有帮助)。
两维度的参数集,如下面 int(i, j)所示,括号里面第一个元素(indexed set)为行,第二个元素为列。
初始值习惯上用"0"结尾,如下面的 Q0。注意数字 0 和字母 O 的差别。
整段最后用分号结尾。
$offtext
* = = = = = = = = = = = = = = = = = = = = = = = = = = = = =
parameter
int(i, j)       intermidiate input 中间投入数量
use(i)          finaluse 最终使用
lab(i)          factor labor input 要素劳动投入
a(i, j)         direct input - output coefficients 投入产出直接消耗系数
Q0(i)           initial value for total output 总产出的初始值
;

* = = = = = = = = = = = = = = = = = = = = = = = = = = = = =
*  对参数赋值和定义 assignment for parameters
*  calibration 校调(估算)参数值
* 每个等式后有分号。
* 对其他没有直接数值的参数校调估算。等号左面的参数数值由右面的已知参数数值决定。
* 右面参数数值必须在前面的程序指令中已给定或者被说明。
* = = = = = = = = = = = = = = = = = = = = = = = = = = = = =
int(i, j) = IO(i, j);
use(i) = IO(i, "finaluse");
```

```
lab(i) = IO("labor", i);
Q0(i) = IO("total", i);
a(i, j) = int(i, j)/Q0(j);
*display 打印展示数值
display int, use, lab, Q0, a;

*=================================
$ontext
GAMS 语言中的 variable 变量,专指经济学上的内生变量。它们是通过程序系统要求解的变量。外生变量被称为"parameter(参数)"
先要宣称和定义内生变量,称 variable。第一行用"variable"或"variables"开始宣称下面的是内生变量。
每行以一个变量名字或变量符号开始。变量符号的必须用字母开头,后面可以跟字母或数字。符号名字后面空几格可加注释说明。整个部分的最后加分号。
$offtext
*=================================
variable
Q(i)      total output 总产出变量;

*=================================
*下面设置等式。这是要对变量数值求解的等式或方程组。
*先指令 "equation"或"equations", 然后对等式命名,用分号结尾。
*这里的等式取名"commodityequi"即商品市场供求均衡
*=================================
equation
commodityequi(i);

*=================================
*定义等式与要解的方程组
*要先重复已经命名的等式名字,以".."结尾,然后将该等式的名字和相联系的内容写出来
*格式如下:等式名字后用两点".."注明。然后写出等式数学内容。
*对等号的格式: =e=
*对大于号的格式: =g=
*对小于号的格式: =l=
*对 CES 函数的优化值求解,这里用三个等式组成的方程组
*加减乘除: + - * /   幂: **
*将所有方程组(线性或非线性的)等式写出来,在下一步用算法语言运行时才能
```

解出来。

```
*==============================
commodityequi(i)..
sum(j, a(i, j)*Q(j))+use(i)=e=Q(i);

*==============================
$ontext
```

程序执行前,每个变量必须有初始值。所以先要给变量赋予初始值。如果不赋值的话,缺省初始值为零。程序求解计算变量数值时,先从这个初始值开始。初始值一般是用现成数据根据模型理论计算获得。

准备求解的变量必须在变量名字后面加上一个小写字母的后缀".l"或大写字母".L"。**注意不是数字 1。**例如 X.l = 15.4 或者 X.L = 15.4。GAMS 程序允许用大写或者小写英文字母,大小写字母的功能是一样的。

(如果这个".L"的后缀改成".fx",该变量的数值就被固定了(fixed)。这时,这个变量就被迫变成了实质上的参数。如写成 Y.fx = 6, 变量 Y 变成了等于 6 的参数。这个写法后面有用。)

```
$offtext
*==============================
Q.l(i)=Q0(i);

*==============================
```

*对上述所有程序组成的模型宣称 model 并取名,如 IOModel。

*执行模型,运行。

*先用指令 model,然后模型名字,然后以"/all/"表示所有前面叙述过的指令和设置,以规定模型的范围。

*然后指令 solve, 模型名字,用"using"来指示要用哪一个解算法来解。这里用"mcp"。

```
*==============================
model IOmodel  /all/;
solve IOmodel using mcp;

*==============================
```

*将求解的结果显示。用指令 display。

```
display Q.l

*==============================
display  '以下部分复制初始模型 Replication'
```

```
*================================
*复制初始模型 replication。
*复制的目的是检验计算结果是否正确。
*将原来的数据扰动,填入,然后看优化后的结果是否能还原初始模型。
*扰动的范围可以从小到大,以便看模型是否稳定。
*下面用指令 parameter,读入数据。
*================================
parameter
repa(i, j)
repuse(i)   use these final uses
         /sec1   100
          sec2   530/

*================================
*为了验证模型能够稳定地复制,变量 Q 的初始数值必须从原始数据的 Q(i)的
600 和 1000 扰动,
*例如我们这里让部门 1 和 2 的初始数值 repQ0(i)设为 300 和 500,以便看模型
运行后 repQ(i)是否会收敛回 600 和 1000。
*================================
repQ0(i)   部门 1 和 2 的被扰动的初始数值
          /sec1   300
           sec2   500/;
repa(i, j) = a(i, j);

variable
repQ(i);

*================================
*对模型等式取新名 repcommodequi,并将新的变量名字写进。
*对要重现检验的模型取新名,如 RepIOmodel,表示复制。
*指令 solve,运行和求解模型。指明这次求解的等式为 repcommodequi。
*================================
equation
repcommodequi(i);

repcommodequi(i)..
sum(j, repa(i, j) * repQ(j)) + repuse(i) = e = repQ(i);
```

```
* = = = = = = = = = = = = = = = = = = = = = = = = = = = = =
* 下面等式就是让部门 1 和 2 的初始数值 repQ.l(i)为扰动值 300 和 500。
* 注意在 repQ.右边的是英文字母 l,不是数字 1。
* = = = = = = = = = = = = = = = = = = = = = = = = = = = = =
repQ.l(i) = repQ0(i);

model repIOmodel/repcommodequi/
solve repIOmodel using mcp;
* = = = = = = = = = = = = = = = = = = = = = = = = = = = = =
* 打印结果
display 'repQ.l, 检验结果是否和原来的产出量 Q 一致',   repQ.l

* = = = = = = = = = = = = = = = = = = = = = = = = = = = = =
Display '以下为模拟部分 Simulation'
* = = = = = = = = = = = = = = = = = = = = = = = = = = = = =
* 模拟 simulation。
* 模拟政策或其他外界变量变化后对模型(内生)变量的影响。
* 假设部门 2 的最终需求增加 100。
* = = = = = = = = = = = = = = = = = = = = = = = = = = = = =
parameter
use2(i)   changes in the finaluse
          /sec1    0
           sec2    100   /   ;

* = = = = = = = = = = = = = = = = = = = = = = = = = = = = =
* 对模型等式取新名 commodityequi2,并将新的数据写进。
* 对模拟的模型取新名,如 IOmodelSim,表示模拟。
* 指令 solve,运行和求解模型。指明这次求解的等式为。
* = = = = = = = = = = = = = = = = = = = = = = = = = = = = =
equation
commodityequi2(i);

commodityequi2(i)..
sum(j, a(i, j) * Q(j)) + use2(i) = e = Q(i);

modelSimIOmodel /commodityequi2/
solveSimIOmodel using mcp;
```

```
* 打印最后结果 result output。单引号里面的文字说明也会打印出来
display 'Q.1，为求解的结果',      Q.1

* = = = = = = = = = = = = = = = = = = = = = = = = = = = = =
* 结束 the end
* = = = = = = = = = = = = = = = = = = = = = = = = = = = = =
```

2.4 GAMS 程序运行和打印结果

GAMS 程序可以直接在一般的文字处理软件，如 Notepad 上编写，然后用 GAMS 程序打开程序文件。或者，直接在 GAMS 界面上编写或者将程序 text 文件粘贴上去。常用的界面是 GAMS IDE，在 www.gams.com 可下载。例 2.3.1 的程序粘贴在 GAMS 软件界面的情况如图 2.4.1。

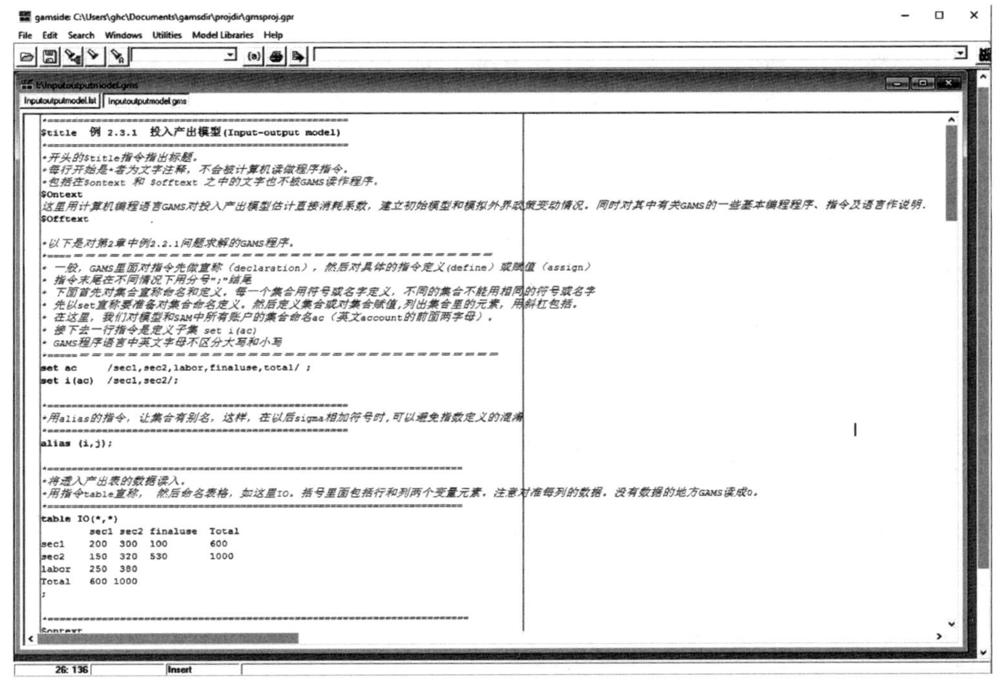

图 2.4.1　GAMS 软件打开程序文件后的视窗界面

然后按 F9 键运行程序。程序运行需要解算机(如上面情况下要用 PATH)启动。如果指令无误，运行会继续下去直到结果发现“solution found”。并弹出一个报告运行结果的上面有文件名加后缀为“.1st”的视窗。如果程序中有问题，GAMS 会在中途停止运行，并将出问题用红色指出，然后点击红色部分，或按照具体问题纠错。最后直到程序能顺利运行到底。不过，有时即使程序能顺利运行到底，结果

也不一定正确。这要靠理论和判断来检查结果是否正确。下面是例 2.3.1 的 GAMS 程序运行后的.1st 文件中最后模拟部分的打印结果。假如部门 2 产品的最终使用量增加了 100,可以看到,在最下面,标为 sec1 和 sec2 的表上,显示部门 1 和部门 2 的总产出增加量分别为 79.295 和 176.211。

(前面有大量记录程序运行过程中的打印内容,这里从略)

```
GAMS Rev 230 WIN-VIS 23.0.2 x86/MS Windows        02/07/10
23:15:39 Page 16
Demonstration: Exercise for a CES function
Solution Report     SOLVE SimIOmodel Using MCP From line 207

              S O L V E      S U M M A R Y

     MODEL    SimIOmodel
     TYPE     MCP
     SOLVER   PATH                  FROM LINE  207

 * * * *  SOLVER STATUS       1 NORMAL COMPLETION
 * * * *  MODEL STATUS        1 OPTIMAL

RESOURCE USAGE, LIMIT        0.000        1000.000
ITERATION COUNT, LIMIT       0            10000
EVALUATION ERRORS            0                0

PATH              Feb 14, 2009 23.0.2 WIN 6185.9411 VIS x86/MS Windows

2 row/cols, 4 non-zeros, 100.00% dense.

Path 4.7.01(Thu Feb 12  11:29:53 2009)
Written by Todd Munson, Steven Dirkse, and Michael Ferris

 - - - -  EQU commodityequi2
          LOWER       LEVEL       UPPER     MARGINAL
sec1        .           .           .        79.295
sec2    -100.000    -100.000    -100.000    176.211

 - - - - VAR Q   total output 总产出变量
```

```
        LOWER     LEVEL     UPPER    MARGINAL
sec1    - INF     79.295    + INF        .
sec2    - INF    176.211    + INF        .

* * * * REPORT SUMMARY :    0      NONOPT
                            0 INFEASIBLE
                            0  UNBOUNDED
                            0  REDEFINED
                            0     ERRORS

GAMS Rev 230 WIN - VIS 23.0.2 x86/MS Windows            02/07/10
23:15:39 Page 17
Demonstration: Exercise for a CES function
E x e c u t i o n

----     213 Q.l, 为求解的结果
----     213 VARIABLE Q.L  total output 总产出变量
sec1   79.295,    sec2 176.211

EXECUTION TIME       =      0.000 SECONDS    3 Mb WIN230-230 Feb
12, 2009
```

（后面还有打印的几行，说明文件在电脑中存储的具体地方，这里从略）

练　　习

1. 将下面投入产出表的单元格里填满相应数字。

	农　业	制造业	中间使用合计	最终使用	总产出
农　业	160	210	?	?	750
制造业	140	?	?	630	1 090
中间投入合计	?	?			
增加值	?	?	GDP=	?	
总投入合计	?	?			

2. 某国的经济系统有 3 个生产部门，农业、制造业和服务业，以及两个要素投入劳动和资本。它的投入产出表如下。(a)用矩阵写出它的行模型，包括矩阵里的元素；以及(b)假如制造业部门最终使用量增加了 200，其他部门的最终使用不变，求相应的各部门的产量变化。写出相应的 GAMS 程序。运行并读懂打印结果。

	农　业	制造业	服务业	最终使用	总产出
农　业	160	150	90	480	880
制造业	140	320	170	900	1 530
服务业	80	150	250	590	1 070
劳动报酬	320	350	410		
资本/折旧	180	560	150		
总投入	880	1 530	1 070		

附录　微观经济学复习

2.A.1　列昂惕夫生产函数

为了变量符号方便起见，这里 q 为产出量，x 为投入量，p 为产出价格，w 为要素价格。列昂惕夫生产函数是：

$$q=\min\{a_1x_1,\ \cdots,\ a_nx_n\}=\min\{\mathbf{a}\cdot\mathbf{x}\} \tag{2.A.1.1}$$

生产优化要求各个要素投入是按固定比例组合：

$$q=a_1x_1=a_2x_2=,\ \cdots,\ =a_nx_n \tag{2.A.1.2}$$

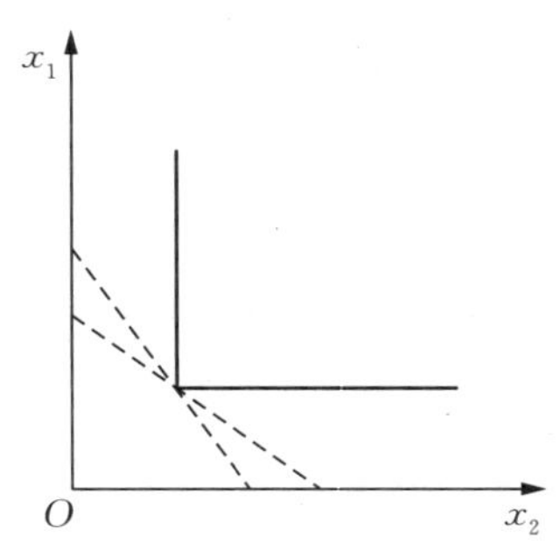

图 2.A.1　列昂惕夫生产函数

如果一个要素的投入量超过比例过多，这个要素成为松弛变量(slack variable)，它的边际生产率是零，因为那些多余的要素投入量对产出毫无贡献。计划经济用的投入产出表就是基于列昂惕夫生产函数，表里的投入产出系数即 $1/a_i$。

从列昂惕夫生产函数推导其他的厂商(企业)函数，不可直接用微观经济学中对柯布—道格拉斯生产函数微分求导的优化方法。从图 2.A.1 可以看出，列昂惕夫生产函数等产量线是一个直角线，在角点上没有导数。因此，要得到条件要素需求函数，可以利用等式(2.A.1.2)直接求出。

例 2.A.1.1　列昂惕夫生产函数是 $q=\min\{a_1x_1,\ a_2x_2\}$。求条件需求函数

$$x_1^c = \frac{q}{a_1} \qquad x_2^c = \frac{q}{a_2} \tag{2.A.1.3}$$

它和标准条件要素需求函数形式 $x_i^c(Q, \mathbf{w})$ 不一样，它没有要素价格 $\mathbf{w}$，因为不管要素价格如何变化，要使产量达到 q，我们还是要用同样的 x_i^c 投入量。下一步求出成本函数：

$$c(q, \mathbf{w}) = w_1 x_1^c + w_2 x_2^c = w_1 \frac{q}{a_1} + w_2 \frac{q}{a_2} = \left(\frac{w_1}{a_1} + \frac{w_2}{a_2}\right) q \tag{2.A.1.4}$$

这个具体例子中的函数是规模报酬不变。可以看到，边际成本 $c_q \equiv \frac{\partial c}{\partial q} = \frac{w_1}{a_1} + \frac{w_2}{a_2}$，不受产量 q 的影响。假如商品价格也就是边际收入 p 小于 c_q，为了避免损失，厂商供应产量等于零。假如边际收入 p 大于 c_q，为了追求利润，厂商将无限制增加生产。假如边际收入 p 等于 c_q，不管产出 q 是多少，厂商总是收支相等，因此供应量可以是 0 或任何正实数。

这个结论可以推广到其他规模报酬不变的生产函数。如果假如边际收入 p 大于 c_q，厂商将无限制增加生产，因此均衡点不存在。假如生产量是任何正实数，那么边际收入 p 等于 c_q。

2.A.2 生产函数的规模报酬递减、不变和递增

如果生产函数里的所有投入都按比例增加，其产出也按同样比例增加，这个生产函数被称为规模报酬不变(constant returns to scale)。其数学定义是：

$$tf(x_1, \cdots, x_n) = f(tx_1, \cdots, tx_n) \qquad t > 0 \tag{2.A.2.1}$$

以此类推，规模报酬递增(increasing returns to scale)定义为

$$tf(x_1, \cdots, x_n) < f(tx_1, \cdots, tx_n) \qquad t > 1 \tag{2.A.2.2}$$

以此类推，规模报酬递减(decreasing returns to scale)定义为

$$tf(x_1, \cdots, x_n) > f(tx_1, \cdots, tx_n) \qquad t > 1 \tag{2.A.2.3}$$

▶3

投入产出模型中的价格关系

3.1　价值型投入产出表的价格

前面说过，现代的投入产出表和 SAM 表，通常都是价值型投入产出表，各个商品的产量，是以货币作为单位来衡量的，如表 2.1.1 中“5 420 亿元”，表示农业部门生产 26 450 亿元商品，要购进 5 420 亿元的工业商品作为投入。这个 5 420 亿元，我们前面理解为产量(quantity)，或者叫实际产出量(real output)。既然数量的单位是货币，那么，价格又用什么单位来衡量呢？价格就是以当年为基准年(base year)的价格指数。按常规，基准年的价格指数就是 1，或者直接称为价格等于 1。①

现在我们要厘清一些概念。价值型投入产出表里的数值，实际上应该理解为是实际产出量乘以价格得出的价值量。如果 2007 年的价值型投入产出表有钢铁产量为 2 000 亿元，这应该被理解为名义产出(nominal output) 2 000 亿元。名义产出是货币价值衡算的产出值，它由 2007 年实际产出量(real output) 2 000 亿元乘以 2007 年的价格指数 1 而得出的。这和经济学中实际国民生产总值和名义国民生产总值的两个概念的差别是一样的。下面实例表示这个在钢铁部门“价格×数量＝价值” 的等式：

2007 年钢铁价格指数 × 2007 年钢铁实际产出(亿元)
＝1×2 000
＝2 000(按 2007 年价格计算的钢铁名义产出，亿元)　　(3.1.1)

用变量记号表示，有

$$p_i \times q_i = Q_i \tag{3.1.2}$$

这里 p_i 和 q_i 为 i 部门的价格和产量，大写 Q_i 代表 i 部门当年产出的名义价值。注意，在 CGE 建模中，SAM 表中的数值一般要理解成为价值，也就是价格乘

① 一般地，统计年鉴上将基准年的价格指数写为 100。然后在换算上再调整回数值 1。在 CGE 建模中，我们直接用 1 来作为基准年的价格指数。

以实际产出量的积。建模和估算参数时不能把价格变量漏掉。虽然,在基准年的情况下,就数字本身来说是一样的,但是,如果不是基准年,价格指数不是 1,实际产出量和价值型投入产出表或者 SAM 表上的名义数值可以不一样。

假设 2008 年钢铁产量和 2007 年一样,但是钢铁价格增加了 20%,指数为 1.20,我们有

2008 年钢铁价格指数 × 2008 年的钢铁实际产出(按照 2007 年的价格,亿元)
=1.2 × 2 000
=2 400(按 2008 年价格计算的钢铁名义产出,亿元)　　(3.1.3)

2008 年的实际钢铁的产出量和 2007 年是一样的,从实际产出可以看出来,都是 2 000 亿元。但是,按价格计算的名义钢铁产出价值,2008 年是 2 400 亿元,增加了 20%。这是由于通货膨胀的结果。在以后的 CGE 模型中,由于数据基础是 SAM 表,为价值型的,我们都遵循这个思路。

有时因为实际需要,需要计算物理单位的产量。譬如环保的 CGE 模型。要计算二氧化碳的排放量,就得用物理单位——公吨。在这种情况下,要将价值除以物理单位价格,可以得到以物理单位计算的产量。如果要计算就业人数,那要将劳动需求的价值除以平均工资,得出就业人数。

3.2 价值型投入产出表下的实际数量和投入产出系数的计算

有了前面讨论的价格概念之后,我们对投入产出表的理解必须要进一步。表 3.2.1 复制了表 2.1.2,但是对单元格里面的数值的意义现在的理解就不同了。这些数值现在是价格乘以实际产出的积。

表 3.2.1　A 国在 2000 年的投入产出表　　单位:亿元

投入 \ 产出		中间使用			最终使用		总产出
		部门 1	部门 2	部门 3	消费	投资	
中间投入	部门 1	200	300	150	280	70	1 000
	部门 2	80	400	250	550	320	1 600
	部门 3	30	420	240	350	110	1 150
要素投入/增加值	劳动报酬	500	250	330			
	资本/折旧	190	230	180			
总投入		1 000	1 600	1 150			

因为价值型投入产出表中的数字 $Q_{ij}=p_i q_{ij}$ 和 $Q_i=p_i q_i$,相应地,我们将第 2 章的表 2.1.4 改成下面的价值型投入产出表的乘积表述(见表 3.2.2)。其中,p_i 为

部门 i 的价格，w_x 为要素 x 的价格。

表 3.2.2 A 国的投入产出表(用变量记号表达)

投入 \ 产出		中间使用					最终使用		总产出
		部门 1		部门 j		部门 n	消费	投资	
中间投入	部门 1	p_1q_{11}	…	p_1q_{1j}	…	p_1q_{1n}	p_1H_1	p_1I_1	p_1q_1
		…	…	…	…	…	…	…	…
	部门 i	p_iq_{i1}	…	p_iq_{ij}	…	p_iq_{in}	p_iH_i	p_iI_i	p_iq_i
		…	…	…	…	…	…	…	…
	部门 n	p_nq_{n1}	…	p_nq_{nj}	…	p_nq_{nn}	p_nH_n	p_nI_n	p_nq_n
要素投入/增加值	劳动报酬	w_lL_1	…	w_lL_j	…	w_lL_n			
	资本/折旧	w_kK_1	…	w_kK_j	…	w_kK_n			
总投入		p_1q_1	…	p_jq_j	…	p_nq_n			

表中第一和第二象限形成的名义价值的行等式是：

$$p_iq_{i1}+\cdots+p_iq_{ij}+\cdots+p_iq_{1n}+p_iH_i+p_iI_i=p_iq_i \qquad i=1,\ \cdots,\ n \tag{3.2.1}$$

对等式两边除以价格 p_i 简化处理，得到实际数量的行等式：

$$q_{i1}+\cdots+q_{ij}+\cdots+q_{1n}+H_i+I_i=q_i \qquad i=1,\ \cdots,\ n \tag{3.2.2}$$

这和第 2 章中的实物型行模型一样。

在实际建模和计算投入产出系数(直接消耗系数)中，要特别注意价值型表和和实物型表的不同。价值型投入产出表里面的数值是名义价值。因此，必须将这个名义价值除以价格才能得到实际数量。例如在价值型投入产出表中单元格 ij 上的数值为 Q_{ij}，那么，必须将它除以价格 p_i 才是实际数量 q_{ij}。从名义总量价值 Q_i 计算实际总量 q_i，从最终使用名义价值 D 来计算实际数量 d 的方法也类似。公式如下：

$$q_{ij}=Q_{ij}/p_i \qquad q_i=Q_i/p_i \qquad d_i=D_i/p_i \tag{3.2.3}$$

价值型表上的要素数量 X_j 也是名义价值，也需要将它除以要素价格 w_x 才得到实际要素数量：

$$x_j=X_j/w_x \tag{3.2.4}$$

注意，即使价格 p_i 通常设置为 1，在这情况下名义价值和实际数量的数值是一样的，但在计算投入产出系数或者建模中这个价格变量也不能漏掉。因为以后要研究价格如何在政策冲击下变化，或者模拟价格变化，若缺掉价格变量模型就不能正常运行。

计算投入产出系数必须要用实际数量之间的比例，因为生产函数是实际投入量和实际产出量之间的关系。因此，从价值型表上导出的中间投入和要素的投入产出系数分别为：

$$a_{ij}=\frac{q_{ij}}{q_j}=\frac{Q_{ij}/p_i}{Q_j/p_j}\qquad a_{xj}=\frac{x_j}{q_j}=\frac{X_j/w_x}{Q_j/p_j}\tag{3.2.5}$$

由上述投入产出系数得出的投入产出矩阵 **A**，和第 2 章的矩阵(2.2.6) 一样，如下。这表明内含的列昂惕夫生产函数是一样的。

$$\mathbf{A}=\begin{bmatrix}a_{11} & \cdots & a_{1n}\\ \vdots & a_{ij} & \vdots\\ a_{n1} & \cdots & a_{nn}\end{bmatrix}\tag{3.2.6}$$

用矩阵记号来表示实际总量 **q**，实际最终使用量 **d**，和价格对角矩阵 **P**，如下：

$$\mathbf{q}=\begin{bmatrix}q_1\\ \vdots\\ q_i\\ \vdots\\ q_n\end{bmatrix}\qquad \mathbf{d}=\begin{bmatrix}d_1\\ \vdots\\ d_i\\ \vdots\\ d_n\end{bmatrix}\qquad \mathbf{P}=\begin{bmatrix}p_1 & 0 & \cdots & & 0\\ 0 & \ddots & & & 0\\ \vdots & & p_i & & \vdots\\ 0 & & & \ddots & 0\\ 0 & & \cdots & 0 & p_n\end{bmatrix}\tag{3.2.7}$$

由此，用矩阵表达的投入产出的行模型如下，其本质是生产函数：

$$\mathbf{Aq}+\mathbf{d}=\mathbf{q}\qquad 或者\qquad \mathbf{q}=(\mathbf{I}-\mathbf{A})^{-1}\mathbf{d}\tag{3.2.8}$$

用矩阵表达的名义价值的行等式和模型如下，其本质是在给定生产函数情况下，经济按照货币价值投入和产出的逐利的生产行为。

$$\mathbf{PAq}+\mathbf{Pd}=\mathbf{Pq}\qquad 或者\qquad \mathbf{Pq}=(\mathbf{I}-\mathbf{A})^{-1}\mathbf{Pd}\tag{3.2.9}$$

3.3 投入产出价格模型

投入产出表的列平衡关系是：总投入＝中间投入＋初始投入(增值)。譬如，第一列的平衡关系是：

$$p_1q_1=p_1q_{11}+\cdots+p_iq_{i1}+\cdots+p_nq_{n1}+w_lL_1+w_kK_1\tag{3.3.1}$$

因为所有 n 部门的列平衡关系成立，我们据此有如下的投入产出列模型：

$$p_jq_j=p_1q_{1j}+\cdots+p_iq_{ij}+\cdots+p_nq_{nj}+w_lL_j+w_kK_j\qquad j=1,\ \cdots,\ n\tag{3.3.2}$$

如果研究的对象是商品 1，即 $j=1$，对等式(3.3.2)两边除以 q_1，我们可以导出如下价格关系：

$$p_1 = p_1 \frac{q_{11}}{q_1} + \cdots + p_i \frac{q_{i1}}{q_1} + \cdots + p_n \frac{q_{n1}}{q_1} + w_l \frac{L_1}{q_1} + w_k \frac{K_1}{q_1} \quad (3.3.3)$$

$$= p_1 a_{11} + \cdots + p_i a_{i1} + \cdots + p_n a_{n1} + w_l a_{l1} + w_k a_{k1}$$

其中，a_{i1}是投入产出系数(直接消耗系数)，a_{l1}和a_{k1}分别为生产Q_1需要的初始要素投入劳动和资本的投入产出系数。这个等式表明了在投入产出表中价格p_1是怎样形成的。我们可以进一步将该价格关系推广到所有n部门：

$$p_j = p_1 a_{1j} + \cdots + p_i a_{ij} + \cdots + p_n a_{nj} + w_l a_{lj} + w_k a_{kj} \qquad j = 1, \cdots, n \quad (3.3.4)$$

等式(3.3.4)也被称为投入产出模型的价格模型。它的矩阵形式是：

$$\mathbf{p} = \mathbf{A}'\mathbf{p} + \mathbf{A_l} w_l + \mathbf{A_k} w_k \quad (3.3.5)$$

其中，

$$\mathbf{p} = \begin{bmatrix} p_1 \\ \vdots \\ p_i \\ \vdots \\ p_n \end{bmatrix} \qquad \mathbf{A_l} = \begin{bmatrix} a_{l1} \\ a_{l2} \\ \cdots \\ a_{ln} \end{bmatrix} \qquad \mathbf{A_k} = \begin{bmatrix} a_{k1} \\ a_{k2} \\ \cdots \\ a_{kn} \end{bmatrix}$$

将要素部门简化记为$\mathbf{A_l} w_l + \mathbf{A_k} w_k = \mathbf{A_x} w_x$。进一步，有

$$(\mathbf{I} - \mathbf{A}')\mathbf{p} = \mathbf{A_l} w_l + \mathbf{A_k} w_k \equiv \mathbf{A_x} w_x \quad (3.3.6)$$

$$\mathbf{p} = (\mathbf{I} - \mathbf{A}')^{-1} \mathbf{A_x} w_x \quad (3.3.7)$$

假如要素价格变动为Δw_x，商品价格相应变动$\mathbf{\Delta P}$为

$$\mathbf{\Delta p} = (\mathbf{I} - \mathbf{A}')^{-1} \mathbf{A_x} \Delta w_x \quad (3.3.8)$$

在具体应用中，首先利用投入产出表，将所有商品和要素价格设定为1，然后估算投入产出模型参数，建立基准的投入产出模型(benchmark model)。很清楚，这是以当年的价格为基准年价格(base year price)。然后，在研究政策变动或预测时，对要素价格变化做假设，并研究相应的商品价格变化。

例 3.3.1 用投入产出表3.2.1的数据建立投入产出价格模型，并验证复制。

解：先求投入产出系数$a_{ij} = \frac{q_{ij}}{q_j}$。因为$p_i$和$p_j$都等于1，如$a_{13} = \frac{Q_{13}/p_1}{Q_3/p_3} = \frac{q_{13}}{q_3} = \frac{150}{1\,150} = 0.13$。由此估算的其他投入产出系数和表2.2.1一样。因此，该投入产出价格模型为：

$$\begin{cases} p_1 = 0.2p_1 + 0.08p_2 + 0.03p_3 + 0.5w_l + 0.19w_k \\ p_2 = 0.19p_1 + 0.25p_2 + 0.26p_3 + 0.16w_l + 0.14w_k \\ p_3 = 0.13p_1 + 0.22p_2 + 0.21p_3 + 0.29w_l + 0.16w_k \end{cases} \quad (3.3.9)$$

和公式(3.3.7)相应的矩阵形式是

$$\begin{bmatrix}p_1\\p_2\\p_3\end{bmatrix}=\begin{bmatrix}1-0.2 & -0.08 & -0.03\\-0.19 & 1-0.25 & -0.26\\-0.13 & -0.22 & 1-0.21\end{bmatrix}^{-1}\begin{bmatrix}0.5w_l+0.19w_k\\0.16w_l+0.14w_k\\0.29w_l+0.16w_k\end{bmatrix} \tag{3.3.10}$$

要验证复制,我们将外生变量的要素价格设为1,看内生变量商品价格是否会还原成1。用Excel求算的结果如下,确认了预期结果

$$\begin{bmatrix}p_1\\p_2\\p_3\end{bmatrix}=\begin{bmatrix}1.307 & 0.445 & 0.338\\0.170 & 1.533 & 0.449\\0.106 & 0.525 & 1.426\end{bmatrix}\begin{bmatrix}0.5\times 1+0.19\times 1\\0.16\times 1+0.14\times 1\\0.29\times 1+0.16\times 1\end{bmatrix}=\begin{bmatrix}1\\1\\1\end{bmatrix} \tag{3.3.11}$$

例 3.3.2 按照例3.3.1的投入产出价格模型,假如劳动价格增加了20%,求商品价格的相应变化价格。

解:用上面逆矩阵的数据,用Excel直接得到

$$\begin{bmatrix}\Delta p_1\\\Delta p_2\\\Delta p_3\end{bmatrix}=\begin{bmatrix}1.307 & 0.445 & 0.338\\0.170 & 1.533 & 0.449\\0.106 & 0.525 & 1.426\end{bmatrix}\begin{bmatrix}0.5\times 0.20\\0.16\times 0.20\\0.29\times 0.20\end{bmatrix}=\begin{bmatrix}0.142\\0.123\\0.130\end{bmatrix} \tag{3.3.12}$$

3.4 商品价格作为外生变量的情况

有时我们要研究某种商品价格变化之后对其他价格的影响。譬如政府要控制某些商品价格,如对粮食商品提价。还譬如,某些进口原材料的国际价格上涨,如石油价格上涨。这些是商品价格 p 而不是要素价格 w。如何用投入产出价格模型研究它对其他商品的价格影响呢?

假设调价的商品是部门 s。由于价格 p_s 现在是外生给定,因此须要设置成外生变量,而不是原来的内生变量。因此对模型结构做相应调整。假如要素价格仍然是外生的,那么内生变量少了一个,为 $n-1$ 个。从线性代数知识知道,相应要有同等数量的 $n-1$ 个线性独立的等式组成方程组来求这 $n-1$ 个价格。我们要在原来的 n 个等式中删除一个。具体地,因为商品 s 的价格被外界控制,不再按原来模型的价格关系的规定,这个第 s 的价格关系等式要删除,即删除

$$p_s=p_1a_{1s}+\cdots+p_ia_{is}+\cdots+p_na_{ns}+w_la_{ls}+w_ka_{ks} \tag{3.4.1}$$

删除后,要求解的 $n-1$ 个方程组是

$$\begin{gathered}p_j=p_1a_{1j}+\cdots+p_ia_{ij}+\cdots+p_na_{nj}+w_la_{lj}+w_ka_{kj}\\ j=1,\ \cdots,\ s-1,\ s+1,\ \cdots,\ n\end{gathered} \tag{3.4.2}$$

要求解的 $n-1$ 个内生变量为:$p_1,\ \cdots,\ p_{s-1},\ p_{s+1},\ \cdots,\ p_n$。需设置的外生变量为:$w_l,\ w_k,\ p_s$。

同理,可以研究同时对几个商品价格调整的问题。假如有 m 个商品价格要调整,那么,我们先将这 m 个价格设置为外生变量。同时删除与此相应的 m 个价格关系等式。然后对剩下的 $n-m$ 个等式的联立方程组的 $n-m$ 个内生变量求解。对一些一揽子政策,如提高煤炭价格而同时给予电力生产以税收减免等联动政策的研究,也可以用同样的方法来解决。

在实际计算的操作中,过去投入产出模型的研究者常用分解矩阵的方法来计算。如果用 GAMS 程序,也要相应地删除那些等式,然后按照这个问题对联立方程直接求解。

类似的问题在后面 CGE 模型中也会出现。解算模型需要等式数量和内生变量数量相等。商品价格本是模型中的内生变量,由系统计算来得到。如果其中某几个价格现在由外界干预决定,从内生变量变成外生变量,那么,模型的结构就要调整,譬如,等式做相应减少,或增加一些其他变量。不然模型就不正确。

细心的读者可能会问,这样计算的调价后的价格状态,仅仅是在剩余的 $n-m$ 个部门或市场中到达了价格平衡关系,而在被调价的 m 部门,按原来的公式,价格关系实际不再平衡了,也就是,价格关系等式 $p_j=p_1a_{1j}+\cdots+p_ia_{ij}+\cdots+p_na_{nj}+w_la_{lj}+w_ka_{kj}$ 在 m 部门中不再成立。如果按照新的计算结果,我们做不出一个符合各种平衡关系的 n 部门的投入产出表。在调价的部门,必须对原有投入产出表中的 m 部门的参数做些改变和解释。下面举例说明。

例 3.4.1 用表 3.2.1 的数据和据此求出的例 3.3.1 的投入产出模型。假如商品 2 的价格提高 10%,要素价格不变,求对其他商品价格的影响。

解:删除商品 2 的价格等式,有联立方程组

$$\begin{cases} p_1=0.2p_1+0.08p_2+0.03p_3+0.5w_l+0.19w_k \\ p_3=0.13p_1+0.217p_2+0.209p_3+0.287w_l+0.157w_k \end{cases} \tag{3.4.3}$$

按照题意,设置外生变量值为 $p_2=1.1$, $w_l=1$, $w_k=1$。将方程组(3.4.3)重新整理,有

$$\begin{aligned} (1-0.2)p_1-0.03p_3&=0.08p_2+0.5w_l+0.19w_k \\ -0.13p_1+(1-0.209)p_3&=0.217p_2+0.287w_l+0.157w_k \end{aligned} \tag{3.4.4}$$

$$\begin{aligned} 0.8\Delta p_1-0.03\Delta p_3&=0.08\Delta p_2=0.08\times 0.1 \\ -0.13\Delta p_1+0.791\Delta p_3&=0.217\Delta p_2=0.217\times 0.1 \end{aligned} \tag{3.4.5}$$

用矩阵解,有

$$\begin{bmatrix}\Delta p_1 \\ \Delta p_3\end{bmatrix}=\begin{bmatrix}0.8 & -0.03 \\ -0.13 & 0.791\end{bmatrix}^{-1}\begin{bmatrix}0.008 \\ 0.0217\end{bmatrix}=\begin{bmatrix}0.011 \\ 0.030\end{bmatrix} \tag{3.4.6}$$

商品 1 和商品 3 的价格分别上涨 1.1%和 3.0%。

我们可以从例 3.4.1 看到投入产出价格模型的价格不一致问题。假如将例 3.4.1 政策变化求解的结果代入到部门 1 或部门 3 里,按等式(3.4.3)的价格关系结

果是一致的。

$$
\begin{aligned}
p_1 &= \frac{1}{1-0.2}[0.08p_2 + 0.03p_3 + 0.5w_l + 0.19w_k] \\
&= 1.25[0.08(1.1) + 0.03(1 + 0.030) + 0.5(1) + 0.19(1)] \\
&= 1.011
\end{aligned} \tag{3.4.7}
$$

$$
\begin{aligned}
p_3 &= \frac{1}{1-0.209}[0.13p_1 + 0.217p_2 + 0.287w_l + 0.157w_k] \\
&= 1.264[0.13(1.011) + 0.217(1.1) + 0.287(1) + 0.157(1)] \\
&= 1.03
\end{aligned} \tag{3.4.8}
$$

但是代入到部门 2 里，就看出新的价格关系并不平衡。按等式(3.3.4)的价格关系，我们看到

$$
\begin{aligned}
p_2 &= \frac{1}{1-0.25}(0.19p_1 + 0.26p_3 + 0.16w_l + 0.14w_k) \\
&= 3/4[0.19(1 + 0.011) + 0.26(1 + 0.030) + 0.16(1) + 0.14(1)] \\
&= 1.035
\end{aligned} \tag{3.4.9}
$$

价格增长了 3.5%，不是 10%。这就是前面讲的投入产出价格模型的价格不一致情况。这是因为一个外界改变原有均衡价格造成的结果。如果调价是政府人为做的，这个 10%－3.5%＝6.5% 可以理解为增加了税收，如政府在商品 2 上的税收增加了。或者是部门 2 增值部分改变了，比如单位资本用量增加了。然后在增值部门的系数要做调整。在非人为的价格变化情况下，如石油价格的上涨，这也要做某种系数或参数调整。总之，调整后的投入产出表不再和以前的投入产出表的结构完全一样。

3.5 GAMS 程序语言

下面我们用 GAMS 程序对例 3.3.1、例 3.3.2 和例 3.4.1 求解。读者可以对照上面的数学形式和下面的 GMAS 程序，来学习 GAMS 程序的语言。在第 2 章 GAMS 例子中已经说明过的一些程序语法，这里不再重复。因为英文小写字母“l”和阿拉伯数字“1”在纸面上看上去一样，容易混淆；而 GAMS 中大写或小写字母的程序功能是一样的，从这节开始，我们在 GAMS 程序中遇到小写英文字母“l”时，都将它改成大写字母“L”，便于读者区别。

例 3.5.1 投入产出价格模型例子的 GAMS 程序和政策模拟。

```
$title  第 3 章例 3.5.1 投入产出价格模型

* 对集合说明和定义。在集合名称右边的中文是为了方便的文字说明，不是 GAMS
```

指令。可以省略。

```
set ac      总集       /sec1, sec2, sec3, labor, capital, consumption, in-
                       vestment, total/;
set i(ac)   商品部门集 /sec1, sec2, sec3/;
set x(ac)   要素集     /labor, capital/;
set s(ac)   为了模拟部门 2 价格变化问题建立的子集  /sec1, sec3/;

alias(i, j);
alias(s, ss);

* 将投入产出表的数据全部读入。
table IO( * , * )
            sec1    sec2    sec3    consumption   investment   Total
sec1        200     300     150     280           70           1000
sec2        80      400     250     550           320          1600
sec3        30      420     240     350           110          1150
labor       500     250     330
capital     190     230     180
Total       1000    1600    1150
;

parameter

realq(i, j) real quantities of the IO table after deflating price 除掉价格后
的实际产量
realf(x, j) real quantities of factor 除掉要素价格后的实际要素投入量
q0(i)       initial value for real total output 实际总产出的初始值
a(i, j)     direct input-output coefficients 投入产出直接消耗系数
b(x, j)     factor-input-output coefficients  要素消耗系数
p0(i)       initial price of commodities          初始商品价格
w0(x)       initial price of factors      初始要素价格
con(i)      consumption 居民消费
inv(i)      investment 投资
lab(j)      labor input 劳动投入
cap(j)      capital input 资本投入
;
```

```
* 对参数赋值并校调(估算)参数  (calibration)

$ontext
注意以下的等式中包含了价格起始变量 p0 和 w0,这是因为价值型投入产出模型中的数值为价值的缘故。将价值型投入产出表中的价值数字除以价格后获取实际产量和实际要素投入量。
再从实际数量中获取投入产出系数，虽然因为起始价格为 1,在下列等式中省略价格起始变量并不影响数字结果,但是概念上有错误。这个概念在以后从 SAM 表上建立 CGE 模型很重要。
$offtext

p0(i) = 1;
w0(x) = 1;
realq(i, j) = IO(i, j)/p0(i);
realf(x, j) = IO(x, j)/w0(x);
q0(i) = IO("total", i)/p0(i);
a(i, j) = realq(i, j)/q0(j);
b(x, j) = realf(x, j)/q0(j);
con(i) = IO(i, "consumption")/p0(i);
inv(i) = IO(i, "investment")/p0(i);
lab(j) = IO("labor", j)/w0("labor");
cap(j) = IO("capital", j)/w0("capital");

* 说明和定义内生变量 variable

variable
p(i)            price of commodities
w(x)            price of factors
q(i)            total output 总产出变量
;

display realq, realf, Q0, a, b, p0, w0, con, inv, lab, cap;

* 说明函数并对此赋值  declare equation
equation
priceequ(j);
```

```
priceequ(j)..
sum(i, a(i, j) * p(i)) + sum(x, b(x, j) * w(x)) = e = p(j);

*赋予内生变量初始值
p.L(i) = p0(i);
w.fx(x) = w0(x);

*说明模型并指令运行
model IOPricemodel   /all/;
solve IOPricemodel using mcp
;

*结果显示
display p.L,   w.L;

* = = = = = = = = = = = = = = = = = = = = = = = = =
*模拟:工资增加20%
* = = = = = = = = = = = = = = = = = = = = = = = = =

*建立新参数。说明并赋值
parameter
wl1          labor price
wk1          capital cost
;

wl1 = 1.2;
wk1 = 1;

display wl1, wk1;


*说明并定义新函数
equation
Sim1priceequ(j);

Sim1priceequ(j)..
sum(i, a(i, j) * p(i)) + b("capital", j) * wk1 + b("labor", j) * wl1 = e = p(j);
```

```
*赋予内生变量初始值
p.L(i) = p0(i);

*指令模型运行
model SimPricemodel   /Sim1priceequ/;
solve SimPricemodel using mcp
;

*从解出的数值求增值
parameter
Pincrease(j)   increase in price in various sectors
;

Pincrease(j) = p.L(j) - 1

*结果显示
display p.L,   Pincrease;

*========================
*模拟:商品 2 价格增加 10%
*========================
*注意:在这个情况下,模型的结构有变化,只有两个等式,即,为商品 1 和商品 3
的价格等式,因此用子集 s
*建立新参数。说明并赋值

parameter
p20(s)        price of sec1 and sec3
p2fx(ss)      price of sector 2
a2(s, ss)     direct input-output coefficients for sec1 and sec3
a22(ss)       direct input-output coefficients for sec2
b2(x, ss)     factor-input-output coefficients for sec1 and sec3
;

p20(s) = 1;
p2fx(ss) = 1.1;
a2(s, ss) = IO(s, ss)/IO("total", ss);
a22(ss) = IO("sec2", ss)/IO("total", ss);
```

```
b2(x, ss) = IO(x, ss)/IO("total", ss);

display a2, b2, p2fx;

variable
p2(s);

equation
Sim2priceequ(ss);

Sim2priceequ(ss)..
sum(s, a2(s, ss) * p2(s)) + a22(ss) * p2fx(ss) + sum(x, b2(x, ss) * w(x)) = e
= p2(ss);

p2.L(s) = p20(s);

model Sim2Pricemodel   /Sim2priceequ/;
solve Sim2Pricemodel using mcp
;

parameter
Pincrease2(ss)    increase in price in various sectors
;

Pincrease2(ss) = p2.L(ss) - 1

* 结果显示
display p2.L,  Pincrease2;

* 结束 the end
```

练　　习

1. 某国的价值型投入产出表如下。据此数据写出投入产出模型。假如资本投入增加 10%,求对其他变量的影响。写出相应的 GAMS 程序。

	农　业	制造业	服务业	最终使用	总产出
农　业	160	150	90	480	880
制造业	140	320	170	900	1 530
服务业	80	150	250	590	1 070
劳动报酬	320	350	410		
资本/折旧	180	560	150		
总投入	880	1 530	1 070		

2. 某国的价值型投入产出表如上。据此数据写出投入产出价格模型。假如农业的价格提高 15%，要素价格不变，求对其他商品价格的影响。写出相应的 GAMS 程序。

4 社会核算矩阵(SAM 表)

4.1 SAM 表的结构

投入产出表局限在生产性部门之间的投入产出流量关系，不包括国民经济核算各个账户的关系，如非生产性部门和机构账户之间的物流和资金流关系、居民的要素收入和开支、政府财政收入与开支，等等。要描述宏观经济变量之间的流量关系，经济学界发展了被称为社会核算矩阵(social accounting matrix，简称 SAM 表)的描述形式。SAM 表以矩阵形式描述国民经济核算体系(system of national accounts)中各账户的供应和使用流量及其平衡关系。SAM 表形式上和价值型投入产出表类似，是以货币为单位对各个账户收入支出或供应使用流量描述的二维矩阵。但是 SAM 表在投入产出表基础上大大发展了。SAM 表包括国民经济中的生产和非生产性账户，也包括了它们之间的闭合关系，以前投入产出表中不存在的矩阵第四象限(即右下方的部分)在 SAM 表中必须存在。SAM 表是 CGE 模型的数据基础。

SAM 表是一个正方形矩阵，即行和列的数量相等。每行和每列代表一个国民核算账户，如居民、政府、企业、世界其他地区，等等。相同的行和列代表同一个账户。矩阵中的元素数值代表各账户间的交易量，该数值是列部门对行部门的支付。因此，SAM 表中行代表账户的收入，列代表账户的支出。因为总收入和总支出必须平衡，因此，每列的总数和每行的总数必须相等。

表 4.1.1 是在一些文献中被称为的"标准"SAM 表的描述，其中有 8 个主要账户：活动、商品、要素、居民、企业、政府、储蓄—投资账户和国外。对其中一些账户，有必要作些解释和说明。

活动和商品。一般投入产出表中，一个产业部门生产一个商品，没有"活动"和"商品"的区别。标准 SAM 表区分"活动"和"商品"。活动指产业部门的生产活动，因此活动账户中的数值是按出厂价格来计算的。商品指在市场上销售的商品，商品账户的价格是按市场价格计算的。这个区分，有利于描述现代经济的一些特征，如有时一个活动部门生产多种商品，如石油部门生产化工、电力、医药多种商品；而有时，多活动部门生产同一商品，如石油、煤炭、农业部门都生产燃气。还有，活动部门可以按照所有制性质来分开，如外国直接投资企业和其他企业分开，这在研究一些课题如中国 2007 年内外资企业两税合一对经济的影响是必须的。研究另外一些课题如劳动法和税收政策对经济作用时,需要将中小企业和大企业分开,虽然这些不同的活动部门在生产同一种商品。还有,在开放经济情况下,国内生产活动和国内消费的商品不是一致的。因为国内消费商品中的进口部分不是国内生产活动生产的,而国内生产活动生产的出口商品又不在国内消费的商品中。因此,也有需要将活动与商品区分开来。

要素为生产要素,包括劳动、资本、土地等,如我们前面讨论过的。四个经济人主体:居民、企业、政府、国外,这和宏观经济中的定义一致。这个设置有利于分析宏观经济问题。另外,很多 SAM 表还包括储蓄—投资账户,可以帮助分析宏观经济一些主要问题。宏观经济中,国民经济核算的最重要平衡就是总投资=总储蓄。它概括了两个主要的国民经济核算恒等式

$$\begin{aligned} C+I+G+X-IM&=Y \\ C+S+T&=Y \end{aligned} \tag{4.1.1}$$

其中,C 为消费,I 为投资,G 为政府支出,X 为出口,IM 为进口,S 为储蓄,T 为税收。将两式合并,有

$$I=S+(T-G)+(IM-X) \tag{4.1.2}$$

其中 S 为居民储蓄,$T-G$ 为政府净储蓄,$IM-X$ 为国外净储蓄(在简化的假设外汇储备不变的情况下,净进口等于国外净储蓄)。总投资包括企业新增固定资产、新增存货和新建的居民住房。总储蓄包括居民的、企业的、政府的,还有国外(如海外金融资本的流入)。储蓄—投资账户这些变量,包括了宏观经济研究通常最重要的一些变量。最后一个是国外账户(rest of the world),这里是外汇收入和支出的平衡项。国外账户列的各项是外汇收入,如出口、国外给国内的转移支付。国外账户行的各项是外汇支出,如进口、国内对外的转移支付,等等,其中国外净储蓄在国民核算账户上表现为上述非贸易外汇收支平衡的余数。

这 8 个账户是概括性的主要账户。为了需要可以将一些账户合并,如商品和活动。为了需要也可以增加其他的大账户,如将投资账户拆分成固定资产、存货变动和居民住房三个账户;政府支出包括政府消费和转移支付等重大组成部分。每个大账户下可以继续细分下去,建立很多子账户。每个单元格也因此可以细分成为一个子矩阵,譬如,第 1 列和第 2 行的单元格是中间投入。这个单元格,就是整个投入产出表的中间投入部分(第二象限),即投入产出矩阵。

从资金流上看,SAM 表的每一行表示该账户从其他账户得到的收入,而每一列表示该账户在其他账户上所花费的支出。每个单元格中用文字解释该交易的定义。例如,表 4.1.1 第 2 行表示商品在各个账户中供应后得到的收入。第 3 列第 4 行则表示居民从供应要素上所获得的收入,如工资、地租等。或者也可以认为是要素使用付给居民的费用。SAM 表右下方有很多种转移支付的交易,也有很多关于储蓄—投资等资金流的交易,这些都是投入产出表中没有的。

表 4.1.2 是假想的 C 国的 SAM 表矩阵。每个单元格中有具体数字,即表 4.1.1

表 4.1.1 描述性的标准 SAM 表

			支出								
			1	2	3	4	5	6	7	8	汇总
			活动	商品	要素	居民	企业	政府	储蓄—投资账户	国外	
收入	1	活动		市场销售产出		居民自产自销					总产出
	2	商品	中间投入	交易费用		市场销售的居民消费		政府消费	投资(固定资本形成)	出口	总需求
	3	要素	增值							海外要素收入	要素收入
	4	居民			居民要素收入	居民之间转移支付	企业对居民的转移支付	政府对居民的转移支付		国外对居民转移支付	居民总收入
	5	企业			企业要素收入			政府对企业的转移支付		国外对企业的转移支付	企业总收入
	6	政府	生产税增值税	销售税,关税,出口税	要素税,政府要素收入	直接税,收入税	企业直接税,企业向政府缴纳盈余			国外对政府的转移支付	政府总收入
	7	储蓄—投资账户				居民储蓄	企业储蓄	政府储蓄		国外净储蓄	总储蓄
	8	国外		进口	对国外要素的支付		企业向国外支付盈余	政府对国外的支付			外汇支出
		汇总	总投入	总供应	要素支出	居民支出	企业支出	政府支出	总投资	外汇收入	

表 4.1.2 假想 C 国的 SAM 表

单位:亿元

			支出								
			1	2	3	4	5	6	7	8	汇总
			活动	商品	要素	居民	企业	政府	储蓄—投资	国外	
收入	1	活动		200 900		5 390					206 290
	2	商品	135 150	19 000		29 000		6 800	26 800	16 500	233 250
	3	要素	64 440							300	64 740
	4	居民			44 000		4 900	850		390	50 140
	5	企业			18 900						18 900
	6	政府	6 700	850	180	450	1 700		2 500	40	12 420
	7	储蓄—投资				15 300	12 300	4 700		−3 000	29 300
	8	国外		12 500	1 660			70			14 230
		汇总	206 290	233 250	64 740	50 140	18 900	12 420	29 300	14 230	

解释的交易的数值。例如列 3 行 4 的 4.4 万亿元，是居民从要素投入获取的收入，包括工资、地租等。

4.2 SAM 表设计和国民经济核算账户

SAM 表要根据联合国国民经济核算体系的规范和定义①来做，当然，由于数据来源和定义在各个国家有所不同，在具体情况下要做些调整。

制作具体应用的 SAM 表，要根据研究问题做调整或做具体设计。对一些账户也可以进行合并或者拆分。对一些要特殊处理的数据，如果原来是合并在某些项目中的，可以将它们分出来，在 SAM 表中单独设立账户。如在表 4.1.1 中，不同的税种都合并在政府账户中的数据中。如果要单独研究，就要将它分出来。譬如本书后面讨论的案例要研究增值税从生产型到消费型的转移，在这个情况下必须将对劳动要素投入的增值税和对资本要素投入的增值税分开。这时，先要将政府从要素中获取收入的数据分解出增值税的数额，再要将劳动和资本各自的增值税在 SAM 表中单列出来，即要增加劳动要素增值税和资本要素增值税两个行和两个列。如果要研究某项政策对居民收入分配的影响，那要将居民按照不同收入分组设立不同的账户。

通常 SAM 表元素数值应该是非负数，不然，负数会在之后的 SAM 表平衡和 CGE 估计参数和模拟中造成麻烦。从经济学本身讲，SAM 表的有些元素数值可能是负数。譬如，美国的一种负税，称为 earned income credit。为了鼓励低收入劳动者坚持工作而不是呆在家里吃救济，联邦政府对这些家庭退税的数值大于他们缴纳的税收。实践中，解决这个问题的办法是，如果元素 X_{ij} 是负数，那么，将这个单元格降低到零，然后将其数值作为正数加到矩阵对称的 X_{ji} 去。如负税变成对称单元格中的转移支付去。这样做虽然会影响行和列的汇总数字，但是，整个 SAM 表流量和平衡是一样的。有些对称单元格的数字本来会计意义就是一样或接近的。譬如，第(6, 8)项，国外对本国政府的转移收入。如果是负数，表示本国政府给国外的转移支付比较多。把这个数值移到第(8, 6)项，变为正数，表示了同样意思。

SAM 表数据的来源通常要根据实际可获得的数据。国务院发展研究中心李善同等开发的 1997 年和 2002 年的中国 SAM 表附在本节后面，包括对该表的结构和数据来源的简要说明。更详细的说明在他们编的书里。②注意为了适应中国国情，他们的 SAM 结构和上述标准 SAM 结构有些不同。譬如，该表加了预算外体制外的账户，以便分析中国财政体制中被称为“预算外体制外”的收支。虽然被称为“预算外体制外”账户，但是现在政府也要求地方和单位将这个账户的收支纳入国家的监督和管理，这是中国的国情。在分析其他国家的时候，也要根据他们的国

① United Nations Statistics Division, “The System of National Accounts 1993”.

② 王其文、李善同主编，高颖副主编：《社会核算矩阵：原理、方法、应用》，清华大学出版社 2008 年版。

情和所要研究的问题对 SAM 结构进行调整。

李善同等的 SAM 表和表 4.2.2 不同的另一个地方是将活动和商品两个账户位置对称性地对调了一下。这并不影响 SAM 表的计算和结果,因为 SAM 表是一个矩阵,数学上,矩阵中相应的行和列同时对称性地对调,对矩阵的数学结果没有影响。

练　　习

1. 设计 SAM 表,设置相应账户,将下面的变量放置在该解释性 SAM 表的适当单元格位置:

   市场销售产出,国外要素收入,居民要素收入,居民之间转移支付,企业对居民的转移支付,政府对居民的转移支付,企业要素收入,居民自产自销,中间投入,交易成本,市场销售的私人消费,政府消费,投资,增值,生产税,增值税,销售税,关税,出口税,要素税,政府要素收入,个人直接税,收入税,企业直接税,企业向政府缴纳盈余,国外对政府的转移支付,居民储蓄,企业储蓄,政府储蓄,国外净储蓄,政府对企业的转移支付,国外对企业的转移支付,出口,进口,对国外要素的支付,企业向国外支付盈余,政府对国外的支付,国外对居民转移支付。

附录　1997 年中国 SAM 表的描述和数据来源

表 4.A.1　1997 年中国描述性宏观 SAM

		1	2	3	4	5	6	7	8	9	10	11	12	
		商品	活动	要素		居民	企业	政府补贴	预算外体制外	政府	国外	资本账户	存货变动	汇总
				劳动力	资本									
1	商品		中间投入			居民消费			公共部门自筹消费	政府消费	出口	固定资本形成	存货净变动	总需求
2	活动	国内总产出												总产出
3	要素 劳动力		劳动者报酬											要素收入
4	要素 资本		资本回报											要素收入
5	居民			劳动收入	资本收入		企业的转移支付	政府补贴		政府的转移支付	国外收益			居民总收入
6	企业				资本收入									企业总收入
7	政府补贴		生产补贴							政府的补贴支出				政府对居民的补贴
8	预算外体制外		预算外收费											预算外总收入
9	政府	进口税	生产税			直接税	直接税				国外收入	政府的债务收入		政府总收入
10	国外	进口			国外资本投资收益					对国外的支付				外汇支出
11	资本账户					居民储蓄	企业储蓄		预算外账户节余	政府储蓄	国外净储蓄			总储蓄
12	存货变动											存货变动	存货净变动	
	汇总	总供给	总投入	要素支出	要素支出	居民支出	企业支出	政府对居民的补贴	预算外支出	政府支出	外汇收入	总投资	存货净变动	

注：本表由国务院发展研究中心编制。

资料来源：李善同、翟凡等：《中国经济的社会核算矩阵》，《数量经济与技术经济研究》，1996 年第 1 期。

表 4.A.2　宏观 SAM 的数据来源与处理

行	列	数据来源及其处理
1. 商品	2. 活动	1997 投入产出表(以下简称 I/O 表)
	5. 居民	I/O 表
	8. 公共部门自筹	(估计数,I/O 表政府消费余量)
	9. 政府	由财政支出数据汇总得出
	10. 世界其他地区	海关统计(货物),I/O 表(服务)
	11. 资本账户	I/O 表
	12. 存货变动	I/O 表
2. 活动	1. 商品	I/O 表
3. 劳动	2. 活动	I/O 表中的"劳动者报酬"
4. 资本	2. 活动	I/O 表中的"固定资产折旧"+"营业盈余"
5. 居民	3. 劳动	t_{32}
	4. 资本	1997 资金流量表
	6. 企业	行余量
	7. 政府补贴	1998 年财政年鉴,政府的价格补贴(不包括粮、棉、油价格补贴)
	9. 政府	1998 年财政年鉴,政府的抚恤和社会救济费等对居民的转移支付
	10. ROW	1997 国际收支平衡表
6. 企业	4. 资本	列余量
7. 政府补贴	2. 活动	1998 年中国财政年鉴,"企业亏损补贴"+"粮、棉、油价格补贴",以负数表示
	9. 政府	1998 年中国财政年鉴,政府对居民的补贴和政府对居民的补贴之和
8. 公共部门自筹	2. 活动	(估计数,I/O 生产税净额余量)
9. 政府	1. 商品	1998 年中国财政年鉴,进口税收入(关税和进口环节税)
	2. 活动	1998 年中国财政年鉴,间接税汇总
	5. 居民	1998 年中国财政年鉴,个人所得税
	6. 企业	1998 年中国财政年鉴,企业所得税
	10. ROW	1997 国际收支平衡表,政府转移收入
	11. 资本账户	1998 年中国财政年鉴,政府赤字
10. ROW	1. 商品	海关统计,I/O 表
	4. 资本	1997 国际收支平衡表
	9. 政府	1998 年中国财政年鉴,政府对国外的援助和利息支付
17. 资本账户	6. 居民	1997 资金流量表
	7. 企业	列余量
	8. 政府	列余量
	14. 公共部门自筹	列余量
	16. ROW	列余量
18. 存货变动	17. 资本账户	I/O 表

注:本表由国务院发展研究中心编制。

资料来源:同上。

▶5

SAM 表的平衡

5.1 SAM 表行列平衡原则

如果 SAM 表有 n 行的话,它是一个正方形的 $n \times n$ 的矩阵。矩阵的每个元素,即 SAM 表的每个单元格,用 Q_{ij} 表示。将 SAM 表的原始数据记为 $\bar{Q}_{ij}$,相应的 SAM 矩阵的数学记法是:

$$\bar{\mathbf{Q}} = [\bar{Q}_{ij}] \qquad i = 1, \cdots, n; j = 1, \cdots, n \tag{5.1.1}$$

和投入产出表一样,SAM 表必须遵循社会核算系统的借贷平衡原则,每行的汇总要等于相应列的汇总,如表 4.1.2 第 2 行商品账户的汇总数字等于第 2 列汇总的数字,都是 233 250。数学上,应该是:

$$\sum_i^n Q_{ik} = \sum_j^n Q_{kj} \qquad k = 1, \cdots, n \tag{5.1.2}$$

不过实践中,从原始数据来源开始建立 SAM 表,对矩阵各个元素填充数字,最初的结果,通常是不平衡的。即每行的汇总数值和每列的汇总数值通常不相等:

$$\sum_i^n \bar{Q}_{ik} \neq \sum_j^n \bar{Q}_{kj} \qquad k = 1, \cdots, n \tag{5.1.3}$$

因此要对数值做校正,使同一行列的汇总数值平衡。这个过程叫做 SAM 表平衡。

SAM 表平衡有不同的方法,除了需要数学技术手段外,也需要对数据和模型的了解,经验和判断。经常使用的平衡方法包括最小二乘法和交叉熵法。在行列总量差距不大的情况下,也可以用手动来平衡。下面先介绍最小二乘法。

5.2 最小二乘法

最小二乘法的思路和统计中回归的思路一样。将校正后的数值记为 Q_{ij},最小二乘法是将平方差的总和最小化。目标函数是:

$$\min_{Q_{ij}} z = \sum_i^n \sum_j^n (Q_{ij} - \bar{Q}_{ij})^2 \tag{5.2.1}$$

针对有时 SAM 表的不同元素数据之间的规模单位差异太大的情况，目标函数也可以用：

$$\min_{Q_{ij}} z = \sum_{i}^{n} \sum_{j}^{n} (Q_{ij} / \bar{Q}_{ij} - 1)^2 \tag{5.2.2}$$

在最小化时，必须满足 SAM 表平衡的限制条件：

$$\text{s.t.} \quad \sum_{i}^{n} Q_{ik} = \sum_{j}^{n} Q_{kj} \quad k = 1, \cdots, n \tag{5.2.3}$$

下面我们举例。假设 A 国的 SAM 表的原始数据如表 5.2.1，可以看到，原来相应行和列的汇总数值并不平衡。

表 5.2.1　A 国的未经平衡的原始 SAM 表

	商品/活动 1	商品/活动 2	要素/劳动	居　民	汇　总
商品/活动 1	52	45		150	247
商品/活动 2	95	48		90	233
要素/劳动	120	89			209
居　民			192		192
汇　总	267	182	192	240	

用最小二乘法，有

$$\begin{aligned} \min z = & (Q_{11} - 52)^2 + (Q_{12} - 45)^2 + (Q_{14} - 150)^2 + (Q_{21} - 95)^2 + (Q_{22} - 48)^2 \\ & + (Q_{24} - 90)^2 + (Q_{31} - 120)^2 + (Q_{32} - 89)^2 + (Q_{43} - 192)^2 \end{aligned}$$

$$\text{s.t.} \quad \sum_{i}^{4} Q_{i1} = \sum_{j}^{4} Q_{1j} \quad \sum_{i}^{4} Q_{i2} = \sum_{j}^{4} Q_{2j} \quad \sum_{i}^{4} Q_{i3} = \sum_{j}^{4} Q_{3j} \quad \sum_{i}^{4} Q_{i4} = \sum_{j}^{4} Q_{4j}$$

$$Q_{ij} \geqslant 0, \ i = 1, \cdots, 4; \ j = 1, \cdots, 4 \tag{5.2.4}$$

下面用 GAMS 程序来求解上述问题.，求得的结果如表 5.2.2。

表 5.2.2　A 国 SAM 表的最小二乘法平衡结果

	商品/活动 1	商品/活动 2	要素/劳动	居　民	行汇总
商品/活动 1	52	57		140	249
商品/活动 2	83	48		68	199
要素/劳动	114	94			208
居　民			208		208
列汇总	249	199	208	208	

例 5.2.1　写出 GAMS 程序语言，用最小二乘法平衡 SAM 表 5.2.1。另外，表 5.2.1 中没有数值的空格在平衡后要仍然保持为无数值空格。

```
$title  例 5.2.1   Least square balance method 最小二乘法平衡 SAM 表

* 定义集合 i
set i  /sec1, sec2, lab, hh/;
alias  (i, j);

* ============ SAM 表 ============
table SAM( * , * )
         sec1   sec2   lab   hh    total
sec1     52     45           150   247
sec2     95     48           90    233
lab      120    89                 209
hh                     192         192
total    267    182    192   240
;

parameters
Q0(i, j)          initial value;

* Assignment for parameters
Q0(i, j) = SAM(i, j);

* 定义变量与函数
variables
Q(i, j) 要调整的 SAM 表中的各个数值
z   目标函数的数值 即平方差之和;

* 每个变量必须是非负数
positive variable Q(i, j);

equations
sumsquare          目标函数,即平方差之和的等式
balance            各个账户的平衡限制条件;

* 在 GAMS 程序中,“$”符号是条件指令,意为“在…的条件情况下该程式有效”。它
放置在程式第一个定义之后。条件指令 $(SAM(i, j)意为:在 SAM 表上 i, j 位置格
上的数值不等于 0 的情况下执行该指令。
```

```
* sqr 为计算平方的指令。
* 注:如果将 sqr(Q(i, j)改成(Q(i, j)**2,虽然数学和语法上也是正确的,可是
用 PATH 的 MCP 解算，结果不是最优。这是当前 PATH 需要改进的地方。
sumsquare..
z = e = sum((i, j) $sam(i, j), sqr(Q(i, j) - sam(i, j)));

* 注意下面等式的写法。第一是等式 balance(i),表示有 i = 1, …, n 个等式
* 第二,注意 sum 记号里面 Q(j, i)的位置变换,等号左面是行汇总,等号右边是列汇总
balance(i)..
sum(j $sam(i, j), Q(i, j)) = e = sum(j, Q(j, i));

* 对变量初始值赋值
Q.L(i, j) = Q0(i, j);

model sambal   /all/;
solve sambal using nlp minimizing z;

* 打印结果
display Q.L, z.L;

* end 结束
```

5.3 增加限制条件,改善 SAM 表平衡调整的数据

在 SAM 表的平衡中,需要根据经济学理论和对实际情况的了解,用各种获得的信息,对 SAM 表数据和平衡做判断、调整。

如果我们有其他渠道得到信息,知道 SAM 表其中几个数值相对可靠,譬如,在实践中,关税数值、消费支出等数值比较可靠,而折旧的数据一般误差较大。因此,在最小二乘法平衡过程中,可以设置一个权数来控制。将那些比较可靠的数据,乘以一个大于 1 的正数系数 δ_{ij},越是可靠不应该变动的数据,系数越大。如果知道 SAM 表的某个数据可靠,如表 5.2.1 的 Q_{12}的数据 45 是可靠的,可以在解法(5.2.4)式中增设限制条件 $Q_{12}=\bar{Q}_{12}=45$ 来解决。

社会核算体系要求要素部分的增值等于要素所有者的收入。比如,表 5.2.1 这个简化的经济中,商品对劳动要素的支付按理论应该等于居民从劳动中的收入。广义地讲,也即要素部分的增值应该等于要素所有者的收入。但是这里商品对劳动要素的支付一共是 120 + 89 = 209,而居民从劳动中得到的收入是 192,并不相

等。因此,可以加入一个相等的限制条件,即 $Q_{31}+Q_{32}=Q_{43}$。

社会核算体系要求支出法的国民生产总值应该等于收入法的国民生产总值。在表 5.2.1 所示的简单经济中,经济参与者的收入和支出应该相等。表 5.2.1 只有一个参与者居民。居民的收入是 192, 但是支出是 240,不相等。应该要引入这两个变量相等的限制条件。但是应该等于 192 还是 240,还是一个什么中间数,需要理论和经验的判断。

在行列总量不相等的情况下,有时要靠已知信息与知识进行判断。在中国的情况下,人们的支出大大超过统计上的收入数字,这是因为很多灰色收入并没有计算在内。在其他发展中和转型经济国家,如非洲国家、俄罗斯,这种隐瞒收入的情况也很普遍。甚至一些地下和非正规经济发达的 OECD 国家如意大利,这种情况也不少见。因此,支出法的数值更可靠,而表 5.2.1 的要素增值部分的数值 Q_{31} 和 Q_{32},实际上是少报了。因此,平衡过程中,可以接受居民支出的总量,然后调整增值部分: $Q_{43}=150+90=240$。

5.4 手动平衡

在行列总量相差不大的情况下,也可以靠手动调节来平衡。手动调节是最简单的方法,其缺点是缺乏科学一致性。每个人可以凭主观判断得到不同的最后平衡的 SAM 表。因此,用手动法的条件,一是行列总量相差不大,如误差绝对值在平均数的 5%以下;二是研究者对每个个体流量数据的不同的客观可靠性相当了解。以表 5.2.1 为例,部门 2 的行列总量误差 (233−182)/[(233+182)/2]=−24.6%,太大。不过,为了演示手动方法,我们仍然以表 5.2.1 为例。

先将原始 SAM 表各个流量的原始数据 Q_{ij} 做在微软 Excel 表上。最右边第二列为行总量,单元格里建立公式 $Y_k^r=\sum_j^n Q_{kj}$,然后 Excel 自动得出数值;最下边为列总量,建立公式 $Y_k^c=\sum_i^n Q_{ik}$,Excel 自动得出数值。在最右边一列为行列的差距,建立公式 $Y_k^r-Y_k^c$,Excel 表公式自动得出数量差值,如表 5.4.1。平衡的目标是要让行列差最后都归零。

表 5.4.1　A 国的未经平衡的原始 SAM 表的 Excel 工作表

	商品/活动 1	商品/活动 2	要素	居民	行汇总	行列数量差
商品/活动 1	52	45		150	247	−20
商品/活动 2	95	48		90	233	51
要素/劳动	120	89			209	17
居　民			192		192	−48
列汇总	267	182	192	240		

从表上看到，行列差中有正有负。先看差别最大的两个账户，是账户 2(商品2)和账户 4(居民)，分别为＋51 和－48。要同时使＋51 降下来，－48 升上去，有两个办法：一是将 Q_{24}数值调低，一是将 Q_{42}数值调高。但是 SAM 表常规 Q_{42}没有经济解释。因此，可以将 Q_{24}调低 48(两个数值中绝对值较小的一个)(见表 5.4.2)。

表 5.4.2　第一次调整后的 Excel 工作表结果

	商品/活动 1	商品/活动 2	要素	居民	行汇总	行列数量差
商品/活动 1	52	45		150	247	－20
商品/活动 2	95	48		42	185	3
要素/劳动	120	89			209	17
居　民			192		192	0
列汇总	267	182	192	192		

经过第一次调整后，账户 1 和账户 3 的差距最大。用同样理论，应该调高 Q_{13}或者调低 Q_{31}。根据 SAM 表常规只能调 Q_{31}。然后将其降低 17(见表 5.4.3)。

表 5.4.3　第二次调整后的 Excel 平衡结果

	商品/活动 1	商品/活动 2	要素	居民	行汇总	行列数量差
商品/活动 1	52	45		150	247	－3
商品/活动 2	95	48		42	185	3
要素/劳动	103	89			192	0
居　民			192		192	0
列汇总	250	182	192	192		

经过第二次调整后，只有账户 1 和账户 2 有差距。将 Q_{12}调高 3，或者 Q_{21}调低 3 都可以得到平衡结果。在没有偏好的情况下，可以将 3 平摊给这两个流量，表 5.4.4 是如此得到的最后平衡结果。

表 5.4.4　第三次调整后的 Excel 工作表结果

	商品/活动 1	商品/活动 2	要素	居民	行汇总	行列数量差
商品/活动 1	52	46.5		150	248.5	0
商品/活动 2	93.5	48		42	185	0
要素/劳动	103	89			192	0
居　民			192		192	0
列汇总	248.5	182	192	192		

上述的调整方法是以数学第一优先考虑的，调整效率最高。在实际操作中，必须始终利用经济学统计学的理论、常识和先验信息，防止不合理的调整。譬如，居

民在商品 2 的消费 Q_{24} 可能是一个很可靠的数据，因此不能动。在根据中国情况分析所有 SAM 表的各个流量后，判断居民对商品的消费是可靠数据，投入产出部分是相对可靠部分，而要素收入 Q_{31}、Q_{32} 和转移支付 Q_{43} 的数据误差最大，因此，先调整这些数据。下面是逐步的调整过程。

(1) 根据理论，居民消费必须等于其收入，这通常是由于收入未报所造成的。因此 $Q_{43}=240$。将 Q_{43} 作调整为 240。

(2) 现在发现账户 2 总量差距 +51 和账户 3 总量差距 −31 最大，将 Q_{32} 加 31。

(3) 这时剩下账户 1 总量差 −20，账户 2 总量差 +20。由于这必须调投入产出表，而这是相对可靠的数据，尽量少调，因此将这任务平摊给 Q_{12} 和 Q_{21}。即，Q_{12} 加 10，Q_{21} 减 10。

最后得到表 5.4.5 的平衡结果。注意它和表 5.4.4 的不同。

表 5.4.5 根据经济学理论主观判断调整的 SAM 表结果

	商品/活动 1	商品/活动 2	要素	居民	行汇总	行列数量差
商品/活动 1	52	55		150	257	0
商品/活动 2	85	48		90	223	0
要素/劳动	120	120			240	0
居 民			240		240	0
列汇总	257	223	240	240		

读者可以从上面的调整过程看到，手动的调整有很多主观判断因素，往往同样的数据，每个人最后平衡出来的 SAM 表结果不一样。因此要尽量避免完全依靠手动。如果必须要手动平衡，一定要遵守前面阐述的条件，即原始 SAM 表误差有限，同时有大量的其他数据信息依据。

因为 SAM 表所有行总值相加，等于全部单项（元素）总数，也必然等于全部列总值相加：

$$\sum_{i}^{n}\sum_{j}^{n}Q_{ij}=\sum_{j}^{n}\sum_{i}^{n}Q_{ij} \tag{5.4.1}$$

因此，在平衡 SAM 表时，只要做到 $n-1$ 行列相等，最后剩余的一行和一列总值自动相等。这个特征在实践中有用。

5.5 RAS 法

在交叉熵方法出来以前，RAS 是平衡 SAM 表的一个流行方法。在已知行列的目标总值的情况下，利用矩阵现有总值和目标总值的比例，通过反复迭代，使最后的矩阵的行列总值达到目标数值。下面举例说明。

假定初始 SAM 表和表 5.2.1 一样，但是我们知道可靠的行目标总值 Q_i^* 和可

靠的列目标总值 Q_j^*，如表 5.5.1。

表 5.5.1

	商品/活动 1	商品/活动 2	要素	居民	行汇总	行目标总值
商品/活动 1	52	45		150	247	270
商品/活动 2	95	48		90	233	233
要素/劳动	120	89			209	210
居　民			192		192	210
列汇总	267	182	192	240		
列目标总值	270	233	210	210		

第一步，从列方面调整逼近。方法是，将原始 SAM 表元素 Q_{ij}^0 除以列总值，然后乘以列目标总值，从而得出新的元素值 Q_{ij}^1：

$$Q_{ij}^1 = Q_{ij}^0 \frac{Q_j^*}{\sum_i Q_{ij}} \tag{5.5.1}$$

例如，表 5.5.1 第一列的各个元素都做这个调整：$Q_{i1}^1 = Q_{i1}^0 \frac{270}{267}$；于是，(1, 1)格的调整数值是：$52 \div 267 \times 270 = 52.6$。类似地，第二列各个元素做这个调整：$Q_{i2}^1 = Q_{i2}^0 \frac{233}{182}$；第三列的各个元素都做这个调整：$Q_{i3}^1 = Q_{i3}^0 \frac{210}{192}$。经过调整后的矩阵如表 5.5.2 所示。

表 5.5.2

	商品/活动 1	商品/活动 2	要素	居民	行汇总	行目标总值
商品/活动 1	52.6	57.6		131.3	241.4	270
商品/活动 2	96.1	61.5		78.8	236.3	233
要素/劳动	121.3	113.9			235.3	210
居　民			210.0		210.0	210
列汇总	270.0	233.0	210.0	210.0	923.0	
列目标总值	270	233	210	210		

第二步，将上述矩阵再从行方面调整逼近。方法类似：

$$Q_{ij}^2 = Q_{ij}^1 \frac{Q_i^*}{\sum_j Q_{ij}} \tag{5.5.2}$$

例如，表 5.5.1 第一行都是 $Q_{1j}^2 = Q_{1j}^1 \frac{270}{241.4}$。经过调整后的矩阵如表 5.5.3 所示。

表 5.5.3

	商品/活动 1	商品/活动 2	要素	居民	行汇总	行目标总值
商品/活动 1	58.8	64.4		146.8	270.0	270
商品/活动 2	94.7	60.6		77.7	233.0	233
要素/劳动	108.3	101.7			210.0	210
居　民			210.0		210.0	210
列汇总	261.8	226.7	210.0	224.4	923.0	
列目标总值	270	233	210	210		

第三步，再按第一步的方法从列方面调整；第四步，行方面调整……，这样反复迭代，直到最后的矩阵(SAM 表)的行列总数和已知的可靠目标总值基本一致，误差在允许范围内。

RAS 方法可以用矩阵来表示。如第一步(表 5.5.1)和第二步(表 5.5.2)可以联合被写为

$$Q^2=r_1Q^0s_1=\begin{bmatrix}\frac{270}{241.4} & \cdots & \cdots & 0\\ \vdots & \ddots & & \vdots\\ \vdots & 0 & \frac{Q_i^*}{\sum_j Q_{ij}^1} & 0\\ 0 & \cdots & 0 & \frac{Q_{i=n}^*}{\sum_j Q_{nj}^1}\end{bmatrix}Q^0\begin{bmatrix}\frac{210}{267} & \cdots & \cdots & 0\\ \vdots & \ddots & & \vdots\\ \vdots & 0 & \frac{Q_j^*}{\sum_i Q_{ij}^0} & 0\\ 0 & \cdots & 0 & \frac{Q_{j=n}^*}{\sum_i Q_{in}^0}\end{bmatrix} \tag{5.5.3}$$

依此类推迭代，直到最后收敛。RAS 法的优点是，从矩阵元素间比例系数关系的思路出发平衡，并且可以在行列数量不等的非正方形矩阵下应用。缺点是目标总值必须固定，且不能根据已知信息对 SAM 表中的个别数据做分别处理。第 5.7 节的系数交叉熵法则又有 RAS 对系数的认同，又可以根据先验信息对个别数据或者总值做灵活处理。

例 5.5.1　用 GAMS 编程，采取 RAS 方法将表 5.2.1 平衡。

```
$title 例 5.5.1   RAS 平衡法

* 定义集合
set i        /sec1, sec2, lab, hh/;
alias(i, j);
```

```
* 目标总值取名 tartot
table SAM( * , * ) the social accounting matrix
         sec1    sec2    lab    hh     total    tartot
sec1     52      45             150    247      270
sec2     95      48             90     233      233
lab      120     89                    209      210
hh                       192           192      210
total    267     182     192    240
tartot   270     233     210    210
;

parameter
rowdis(i)        行汇总值与目标值之差
condis(j)        列汇总值与目标值之差
maxdis           所有行列汇总与目标值差的最大值
iter             循环次数 number of iteration
;

* 用循环执行程序 while(   )
* 赋予循环初始值与跳出循环的条件
maxdis = 0.1;
iter = 1;

* while 括号里第一句是循环停止的条件。这里规定循环次数在 5000 次内,当行列值和目标值的最大误差大于 1e-10 继续循环。也就是 maxdis 小于 1e-10 时停止循环。
while( iter < 5000 and maxdis > 1e-10 ,

* 根据列的目标汇总值,调整 SAM(R adjustment)
sam('total ', j) = sum(i, SAM(i, j));
sam(i, j) = sam(i, j)/sam('total ', j) * sam('tartot ', j);

* 根据行的目标汇总值,调整 SAM(S adjustment)
sam(i, 'total ') = sum(j, SAM(i, j)) ;
sam(i, j) = sam(i, j)/sam(i, 'total ') * sam(i, 'tartot ');

* 检验本循环调整后的最大误差
```

```
condis(j) = abs(sum(i, sam(i, j)) - sam('tartot ', j));
rowdis(i) = abs(sum(j, sam(i, j)) - sam(i, 'tartot '));
 * 比较这一轮结果中的最大值
maxdis = max{smax{i, rowdis(i)}, smax{j, condis(j)}};

iter = iter + 1;
);
 * 上面的括号意为回到 while 那儿去重复循环

display sam, maxdis, iter;

 * end 结束
```

表 5.5.4　上述 RAS 程序最后收敛的结果

	商品/活动 1	商品/活动 2	要　素	居　民	行汇总
商品/活动 1	62.8	68.6		138.6	270.0
商品/活动 2	98.7	62.9		71.4	233.0
要素/劳动	108.5	101.5			210.0
居　民			210.0		210.0
列汇总	270.0	233.0	210.0	210.0	

5.6　直接交叉熵法

交叉熵法是平衡 SAM 表的现代流行的技术，它是从借鉴经济学统计学等其他领域的熵函数特征发展起来的。信息经济学中经济学家用信息熵作为指标来测量某一消息带来的信息强度。假如我们先验地认为某一事件的概率分布为 $\mathbf{p}=(p_1, \cdots, p_n)$，如果一个消息到来后，使事件的后验概率分布变为 $\mathbf{s}=(s_1, \cdots, s_n)$，那么这个信息的熵强度预期是：

$$z=\sum_i^n s_i \log \frac{s_i}{p_i} \qquad (\text{注意：} 0 \leqslant p_i \leqslant 1,\ 0 \leqslant s_i \leqslant 1;\ \sum p_i=1,\ \sum s_i=1) \tag{5.6.1}$$

对数 log 的底可以是自然对数或 2。如果每一对先验概率 p_i 和后验概率 s_i 一样，预期熵 $\sum_i^n s_i \log \frac{s_i}{p_i}=0$，表示这个消息没有带来任何新的信息。可以验证，如果每对 p_i 和 s_i 差别越大，$\sum_i^n s_i \log \frac{s_i}{p_i}$ 的数值也越大。图 5.6.1 显示在 $n=2$，先验概

率 $p_1=0.7$ 和 $p_2=0.3$ 的情况下,不同 s_1 和 s_2 值得到的预期熵值。可以看到,在 $p_1=s_1=0.7$(有 $p_2=s_2=0.3$) 的情况下,函数达到最小值 0。而 p_i 和 s_i 的差距越大,预期熵值也越大。

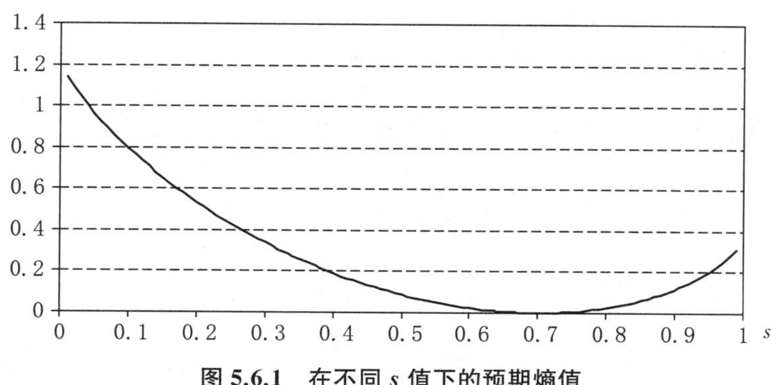

图 5.6.1　在不同 s 值下的预期熵值

预期熵函数的这个特征,后来被扩展到其他领域去作为测量差异的指标,譬如,将 p_i 作为人口份额,s_i 作为收入份额,就是测量收入分配差距的一个指标,称为泰尔系数。①

假如 s 有限制条件,如图中所示被限制在[0, 0.2]的范围内,可以看到,在满足限制条件的前提下,我们在 $s_1=0.2$ 时达到最小值,同时可以看到,这是 s_1 和先验概率 $p_1=0.7$ 在满足限制条件下最接近的位置。从同一思路出发,罗宾森等(Robinson, Cattaneo and El-Said, 2001) 将预期熵作为 SAM 表平衡方法,称为交叉熵法。②其他学者也有些不同的修改和应用方法,但是本意是一样的,即将 SAM 表平衡前后的两套数值的交叉熵值最小化,从而使 SAM 表的校整数值在满足平衡条件下和原始数值尽量接近。

这里我们先介绍一个直接的交叉熵平衡方法。仍然将 SAM 表要平衡调整的变量记为 Q_{ij},而原始流量数据则加一个顶部横杠,记为 $\bar{Q}_{ij}$。全加总数值为

$$H=\sum_i^n\sum_j^n Q_{ij} \qquad \bar{H}=\sum_i^n\sum_j^n \bar{Q}_{ij} \tag{5.6.2}$$

将 SAM 表各个流量和总数相除,得到相应参数

$$a_{ij}=\frac{Q_{ij}}{H} \qquad \bar{a}_{ij}=\frac{\bar{Q}_{ij}}{\bar{H}} \tag{5.6.3}$$

要最小化的交叉熵目标函数 z 是:

---

① 泰尔提出概率统计学中的预期熵概念和函数可以应用到其他一些场合,如作为收入分配指数等等。参见 Theil(1971, pp.636—646)。

② Robinson, Sherman, Andrea Cattaneo and Moaraz El-Said, 2001, "Updating and Estimating a Social Accounting Matrix Using Cross Entropy Method", *Economic Systems Research*, Vol.13, No 1, pp.47—64.

$$z=\sum_j^n\sum_i^n a_{ij}\log\frac{a_{ij}}{\bar{a}_{ij}}=\sum_j^n\sum_i^n\frac{Q_{ij}}{H}\log\left(\frac{Q_{ij}}{H}\bigg/\frac{\bar{Q}_{ij}}{\bar{H}}\right)=\frac{1}{H}\sum_j^n\sum_i^n Q_{ij}\left(\log\frac{Q_{ij}}{\bar{Q}_{ij}}-\log\frac{H}{\bar{H}}\right)$$

$$=\frac{1}{H}\sum_j^n\sum_i^n Q_{ij}\log\frac{Q_{ij}}{\bar{Q}_{ij}}-\frac{1}{H}\sum_j^n\sum_i^n Q_{ij}\log\frac{H}{\bar{H}}$$

$$=\frac{1}{H}\sum_j^n\sum_i^n Q_{ij}\log\frac{Q_{ij}}{\bar{Q}_{ij}}-\log\frac{H}{\bar{H}}\left(\frac{1}{H}\sum_j^n\sum_i^n Q_{ij}\right)\tag{5.6.4}$$

因此,这个直接交叉熵平衡法是在满足平衡和非负数条件下将目标函数 z 最小化:

$$\min_{Q_{ij}} z=\frac{1}{H}\sum_j^n\sum_i^n Q_{ij}\log\frac{Q_{ij}}{\bar{Q}_{ij}}-\log\frac{H}{\bar{H}}\tag{5.6.5}$$

s.t. $\sum_i^n Q_{ik}=\sum_j^n Q_{kj}\quad k=1,\cdots,n$(相应的行汇总数等于列汇总数)

$Q_{ij}\geqslant 0\quad i=1,\cdots,n;\ j=1,\cdots,n$

目标函数中的 $\log\bar{H}$ 是常数,不直接影响最优化对 Q_{ij} 的选择。H 是选择变量 Q_{ij} 的函数,因此也是间接的选择变量。问题是,目标函数(5.6.4)比预期熵函数(5.6.1)要多一个绝对值变量 H。在最小化过程中,H 会趋向无穷大,即最后一项 $-\log\frac{H}{\bar{H}}$ 趋向负无穷大,从而使问题(5.6.5)无解。因此,在运行程序中,要将 H 的数值限定范围。解决的方法是,将校整前后两个总数的比例 $\frac{H}{\bar{H}}$ 限制在[0.5, 2]之间,表示调整的总数在原始总数的一半和两倍之间。这是一个非常慷慨的容忍误差范围,想象得到,实际误差应该比这个程度小得多。

下面是对表5.2.1用直接交叉熵平衡的GAMS程序语言。平衡的结果显示在表5.6.1中。读者可以看到其结果和最小二乘法平衡的结果接近,但不完全相同。对平衡调整后的数值加星号,记为 Q_{ij}^* 和 H^*。其中得到的 $\frac{H^*}{\bar{H}}=0.997$,调准后的总数比初始总数只少0.003。

例5.6.1 编制GAMS程序语言,用直接交叉熵平衡SAM表。

```
$title 例 5.6.1 用直接交叉熵平衡 SAM 表

* 定义集合 ac
  set ac          /sec1, sec2, lab, hh, total/;
  set i(ac)        /sec1, sec2, lab, hh/;

alias(ac, acp);
alias(i, j);
```

```
table sam( * , * )
          sec1    sec2    lab    hh     total
sec1      52      45             150    247
sec2      95      48             90     233
lab       120     89                    209
hh                        192           192
total     267     182     192    240
;

parameters
    Q0(i, j)      initial value SAM 表各个初始流量
    H0            sum of all transaction flows(初始流量总数);

* Assignment for parameters
    Q0(i, j) = sam(i, j);
    H0 = sum((i, j), sam(i, j));

display H0, sam;

Variables
    Q(i, j)          要调整的 SAM 表中的各个数值
    H                调整 SAM 表的总值
    Hratio           调整和原始两个总数的比例
    z                目标函数的数值即预期熵值;

* nonneg             每个变量必须是非负数
Positive variable Q(i, j);

equations
    totalsum         被调整的总数
    directentropy    目标函数   预期交叉熵
    balance          各个账户的平衡限制条件
    Hratiodef        Hratio 的定义和范围;

    totalsum..       H = e = sum((i, j),Q(i, j));
    Hratiodef..      Hratio = e = H/H0;
    directentropy.. z = e = sum((i, j) $sam(i, j), (1/H) * Q(i, j) * log(Q(i,
```

```
                    j)/sam(i, j))) - log(Hratio);
    balance(i)..    sum(j $sam(i, j),Q(i, j)) =e= sum(j, Q(j, i));

* 对变量初始值赋值。
* 这里对 Hratio 特别限制了范围。因为不限制的话,目标函数最小化时 H 会趋向无穷大而得不到真实结果。
    Q.L(i, j) = Q0(i, j);
    H.L = H0;
    Hratio.Lo = 0.5;
    Hratio.up = 2;

model sambal  /all/;
solve sambal using nlp minimizing z;

display Q.L, H.L, Hratio.L;
* end 结束
```

表 5.6.1　A 国 SAM 表的直接交叉熵平衡结果

	商品/活动 1	商品/活动 2	要素/劳动	居　民	汇　总
商品/活动 1	52.2	53.2		142.2	247.6
商品/活动 2	80.9	48.2		72.4	201.5
要素/劳动	114.5	100.1			214.6
居　民			214.6		214.6
汇　总	247.6	201.5	214.6	214.6	

5.7　交叉熵和误差调整值

在实践中经常遇到需要根据新的信息和总值数据,更新调整已有的投入产出表和 SAM 表。前面 RAS 方法对付了类似的问题。不过,在用 RAS 法的情况下,得到的新信息是行列的总值变化,而且变化后的目标总值是确定的。在实践中,常常发生的情况是,这个目标总值因为数据、计算或者其他技术误差是不完全确定的,不过我们有些其他先验信息可帮助估计。罗宾森等(Robinson et al., 2001)提出利用各种先验信息设置成可估计误差的交叉熵平衡方法。这里介绍这个方法的一些基本思想。

假设研究者有往年的已经平衡的 SAM 表。现在几个部门或几个账户的总值更新数据发布。如何将 SAM 表中流量相应调整更新,以与这个新总值信息一致?

将 SAM 表的每行总值的变量数值加标记"r",记为 Y_i^r。每列总值的变量数值加标记"c",记为 Y_j^c。每列每行每个流量的原始数据加以顶部横杠"—",被平衡调整后的每列每行每个流量数值加以星号" * ",每列每行每个流量的变量则没有横杠也没有星号。我们有：

$$Y_i^r = \sum_j^n Q_{ij} \qquad \bar{Y}_i^r = \sum_j^n \bar{Q}_{ij} \qquad Y_i^{r*} = \sum_j^n Q_{ij}^* \tag{5.7.1}$$

$$Y_j^c = \sum_i^n Q_{ij} \qquad \bar{Y}_j^c = \sum_i^n \bar{Q}_{ij} \qquad Y_j^{c*} = \sum_i^n Q_{ij}^*$$

将 SAM 表各个流量和每列的总值相除，得到相应 SAM 表系数，类似投入产出表的投入产出系数（直接消耗系数）：

$$\bar{A}_{ij} = \frac{\bar{Q}_{ij}}{\bar{Y}_j^c} \qquad A_{ij} = \frac{Q_{ij}}{Y_j^c} \tag{5.7.2}$$

我们已知原来的 SAM 表数据，包括 $\bar{Q}_{ij}$，$\bar{Y}_i^r$ 和 $\bar{Y}_j^c$。如果原来的 SAM 表是平衡的话，$\bar{Y}_j^r = \bar{Y}_j^c (j=1, \cdots, n)$。假设现在获得一组最新部门或账户的总量数据，为 Y_j^{c*}。我们知道这个数据 Y_j^{c*} 是可靠的，并且要求列行总数平衡 $Y_j^{c*} = Y_j^{r*}$。因此，我们已知数据为 $\bar{A}_{ij}$ 和 Y_j^{c*}。对下列问题求解：

$$\min_{A_{ij}} z = \sum_i^n \sum_j^n A_{ij} \log \frac{A_{ij}}{\bar{A}_{ij}} \tag{5.7.3}$$

$$\text{s.t.} \quad Y_i^{r**} = Y_i^{c*} \qquad i = 1, \cdots, n$$

$$\sum_j^n A_{ij} Y_j^{c*} = Y_i^{r*} \qquad i = 1, \cdots, n$$

$$\sum_i^n A_{ij} = 1 \qquad j = 1, \cdots, n$$

$$0 \leqslant A_{ij} \leqslant 1 \qquad \forall i;\ \forall j$$

可以看到，系数交叉熵法是在满足相应行列总数相等的条件下，使 A_{ij} 和 $\bar{A}_{ij}$ 之间预期熵值最小化。

现在考虑另外一种状况。假如新的数据包括一些流量 $\bar{Q}_{ij}$，致使同一部门最后行列总数不等，$\bar{Y}_j^r \neq \bar{Y}_j^c$。但是我们并不知道真正的部门总量是等于 $\bar{Y}_j^r$ 还是等于 $\bar{Y}_j^c$，还是在它们之间的一个数值，或者其他数值。在这种情况下，系数交叉熵方法的平衡方法如下。设第 j 列总量变量 Y_j^c 和其初始数据 $\bar{Y}_j^c$ 之间有一个误差值 e_j，有

$$Y_j^c = \bar{Y}_j^c + e_j \tag{5.7.4}$$

最后的行列平衡条件要求：

$$Y_j^r = Y_j^c \quad (j = 1, \cdots, n) \tag{5.7.5}$$

将以上式(5.7.4)和式(5.7.5)两个等式作为限制条件，用交叉熵公式对系数 A_{ij} 和误差值 e_j 调整使得熵值最小化。最后解出的优化结果就包括了新的部门汇总总量。

如何选择最优误差值 e_j？将误差值设置为一个外生给定误差的加权平均数：

$$e_j = \sum_k^m w_{jk} \bar{v}_{jk} \tag{5.7.6}$$

其中，$\bar{v}_{jk}$是一个外生给定的(往往是根据已有信息、理论和经验判断的)误差范围或分布。w_{jk}是对各个k的$\bar{v}_{jk}$的权重分配，在最小化过程中，w_{jk}将作为交叉熵。因此，w_{jk}有下述特征：

$$\sum_{k}^{m} w_{jk}=1 \qquad w_{jk} \geqslant 0 \qquad j=1, \cdots, n \tag{5.7.7}$$

从理论上讲，设置$\bar{v}_{jk}$可以有不同的做法。但是相对简单和可操作的方法是，在j部门，假定误差是平均地分布在行总量初始数据$\bar{Y}_j^r$和列总量初始数据$\bar{Y}_j^c$之间的区间，根据经验最优选择值应该就在两者之间。因此，只需要两个外定误差，$\bar{v}_{j1}=0$和$\bar{v}_{j2}=\bar{Y}_j^r-\bar{Y}_j^c$。因此有

$$e_j=w_{j1}\bar{v}_{j1}+w_{j2}\bar{v}_{j2}=w_{j1}\times 0+(1-w_{j1})(\bar{Y}_j^r-\bar{Y}_j^c) \tag{5.7.8}$$

仍举SAM表5.2.1为例，注意$w_{j1}+w_{j2}=1$：

对部门1，有$e_1=w_{11}\times 0+(1-w_{11})\times(247-267)=w_{11}\times 0+w_{12}\times(247-267)$；

对部门2，有$e_2=w_{21}\times 0+w_{22}\times(233-182)$；

对要素/劳动账户，有$e_3=w_{31}\times 0+w_{32}\times(209-192)$；

对居民账户，有$e_4=w_{41}\times 0+w_{42}\times(192-240)$；

然后以式(5.7.8)为限制条件，将权重变量w_{jw}参照等式(5.6.1)那样设置为预期熵函数：

$$u_j=\sum_{k}^{m} w_{jk}\log\frac{w_{jk}}{\tilde{w}_{jk}}=w_{j1}\log\frac{w_{j1}}{\tilde{w}_{j1}}+w_{j2}\log\frac{w_{j2}}{\tilde{w}_{j2}} \tag{5.7.9}$$

其中$\tilde{w}_{jk}$是对权重的先验信息。如果先验信息认为真实总量是在行列两个总量的平均数，举例来说，在SAM表5.2.1中，对部门1，如果先验信息认为，最可能的真实总值是平均数$(247+267)/2=257$，那么，$\tilde{w}_{11}=0.5$，$\tilde{w}_{12}=0.5$。因此等式(5.7.9)变为：

$$u_1=w_{11}\log\frac{w_{11}}{0.5}+w_{12}\log\frac{w_{12}}{0.5},\ w_{11}+w_{12}=1 \tag{5.7.10}$$

以w_{11}和w_{12}为选择变量对u_1最小化，就会使e_1^*在符合其他SAM表的限制条件下和$(247-267)/2=-10$尽量靠近，也就是，使$Y_1^{c*}=Y_1^{r*}$尽量向257靠近。图5.7.1直观地展示先验信息$\tilde{w}_{11}=0.5(\tilde{w}_{12}=1-\tilde{w}_{11}=0.5)$部门1的预期熵的分布和使其最小化的情况。

假如在A国的情况下，得到的先验信息认为部门1的列总值更可靠，那么，先验权重$\tilde{w}_{1k}$设置要向列总值靠。譬如，如果我们认为，部门1的列总值有90%的可靠性，那么，设置先验信息$\tilde{w}_{11}=0.9$，$\tilde{w}_{12}=0.1$。这个设置的方向更靠近列总值，$\tilde{w}_{12}$的权重要小，才能使e_1^*较小。另外，也可以根据已知信息调整$\bar{v}_{1k}$将e_1的分布范围缩小，例如，假如我们知道部门1的真实总量在257到262之间，可以设置$\bar{v}_{11}=-5$和$\bar{v}_{12}=-10$，有$e_1=w_{11}\times(-5)+(1-w_{11})\times(-10)$。然后再根据其他先验信息设置$\tilde{w}_{1k}$。

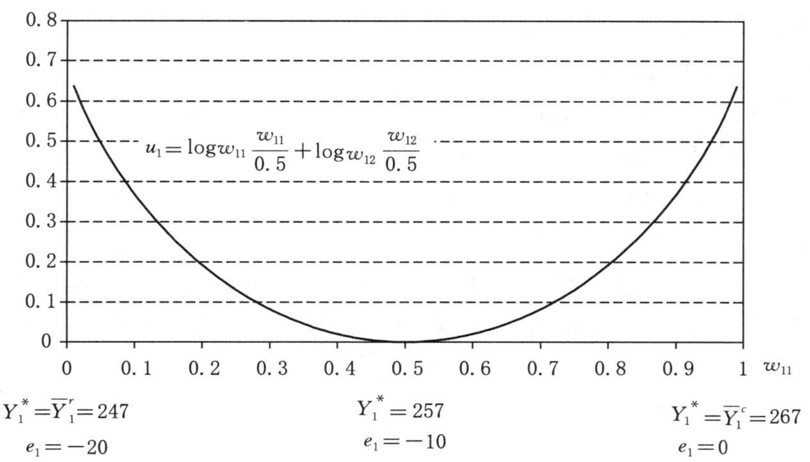

图 5.7.1　部门 1 的预期熵分布(先验信息 $\tilde{w}_{11} = 0.5$)

由于平衡过程也要求同时对 z 最小化，因此，目标函数进一步修改为：

$$\min_{A_{ij},\ w_{jk}} I(A_{ij},\ w_{jk}) = \delta_z z + \delta_u u = \delta_z \sum_i^n \sum_j^n A_{ij} \log \frac{A_{ij}}{\bar{A}_{ij}} + \delta_u \sum_j^n \sum_k^m w_{jk} \log \frac{w_{jk}}{\tilde{w}_{jk}} \tag{5.7.11}$$

其中 δ_z 和 δ_u 也是外界给定的权重，简便起见，可以都设成等于 1。选择变量包括 A_{ij} 和 w_{jk}。综合起来，这个最小化问题的限制条件包含：

$$A_{ij} = Q_{ij}/Y_j^c \quad \text{SAM 表系数定义} \tag{5.7.12}$$

$$\sum_j^n Q_{ij} = Y_i^r \quad \text{行汇总} \tag{5.7.13}$$

$$\sum_i^n Q_{ij} = Y_j^c \quad \text{列汇总} \tag{5.7.14}$$

$$Y_j^c = \bar{Y}_j^c + e_j \quad \text{定义:列变量为初始数据加上误差调整值} \tag{5.7.15}$$

$$Y_j^r = Y_j^c \quad j = 1, \cdots, n \quad \text{行总值等于列总值,行列总值平衡条件} \tag{5.7.16}$$

$$e_j = \sum_k^m w_{jk} \bar{v}_{jk} \quad \text{误差调整值为权重分配的先验误差分布之和} \tag{5.7.17}$$

$$\sum_i^n A_{ij} = 1 \quad j = 1, \cdots, n \quad 0 < A_{ij} < 1 \quad \forall i,\ \forall j \quad \text{交叉熵系数的条件} \tag{5.7.18}$$

$$\sum_k^m w_{jk} = 1 \quad 0 < w_{jk} < 1 \quad j = 1, \cdots, n \quad \text{交叉权重熵系数的条件} \tag{5.7.19}$$

等式(5.7.11)到等式(5.7.19)的联立方程可以解出 SAM 表的平衡流量 Q_{ij}^* 和

各行列总值。方程中,外界给定的数值(在经济学上为外生变量和参数,在 GAMS 语言中统称为参数)为:$\bar{Y}_j^c$、$\bar{A}_{ij}=\bar{Q}_{ij}/\bar{Y}_j^c$、$\bar{w}_{jk}$ 和 $\bar{v}_{jk}$。其中,从 SAM 表可以直接获得 $\bar{Y}_j^c$ 和 $\bar{A}_{ij}$。$\bar{v}_{jk}$ 和 $\bar{w}_{jk}$ 的数值要凭其他信息和经验判断,正是此方法的灵活和有利之处。如果除了现有 SAM 表的行总值 $\bar{Y}_j^r$ 外没有其他附加信息,可以这样设置:$\bar{v}_{j1}=0$ 和 $\bar{v}_{j2}=\bar{Y}_i^r-\bar{Y}_j^c$,$\bar{w}_{jk}=0.5$;$k=1, 2$。方程组要求解的变量为:$A_{ij}$,$w_{jk}$,$Q_{ij}$,$Y_i^r$,$Y_j^c$,$e_j$。

如果还有附加信息,如第 5.3 节讨论过的,可以设置相应的限制条件,加进这个联立方程。罗宾森等(Robinson et al., 2000)提供了该方法的 GAMS 程序,这里不重复。①

练　　习

1. 某国的初步的 SAM 表如表 5.A.1,需要平衡。

表 5.A.1

	农　业	制造业	服务业	劳　动	资　本	居　民	行总计
农　业	160	150	90			540	940
制造业	140	320	170			910	1 540
服务业	80	150	250			610	1 090
劳　动	320	360	400				1 080
资　本	170	550	150				870
居　民				1 050	860		1 910
列总计	870	1 530	1 060	1 050	860	2 060	

(a) 写出 GAMS 程序,用最小二乘法平衡。

(b) 写出 GAMS 程序,假设居民支出的数据可靠,不能动。再用最小二乘法平衡。

(c) 用 EXCEL 软件,假设居民支出的数据可靠,不能动。用手动平衡。

(d) 假设目标总计数字如表 5.A.2,写出 GAMS 程序,用 RAS 法平衡。

表 5.A.2

部　门	农　业	制造业	服务业	劳　动	资　本	居　民
目标总计值	920	1 540	2 000	2 000	900	2 900

(e) 写出 GAMS 程序,将 SAM 表 5.A.1 用直接交叉熵平衡。

① Robinson, Sherman and Moataz El-Said, 2000, GAMS CODE FOR ESTIMATING A SOCIAL ACCOUNT MATRIX(SAM) USING CROSS ENTROPY(CE) METHORD, TMD Discussion Paper No.64, International Food Policy Research Institute, Washington D.C., Dec. 2000. https://www.ifpri.org/publication/gams-code-estimating-social-accounting-matrix-sam-using-cross-entropy-methods-ce 引用日期为 2020 年 4 月 5 日。

一般均衡理论和其应用化

CGE 模型是经济学一般均衡理论在实际上的应用。要真正掌握 CGE 建模并能独立设计,需要一般均衡理论的基础。不少学生感觉高级微观经济学的一般均衡理论部分比较困难,其实困难的部分主要在德布罗(Debreu)对一般均衡存在性用拓扑概念证明的部分。这些理论细节在 CGE 应用中一般不需要,因为 CGE 模型是在已有结论下的应用。CGE 通用的结构和各种函数通常保证了均衡点必然存在。在大部分标准 CGE 应用研究中,均衡点不但存在,而且还都是唯一的。

当然,懂得存在性理论在一些基本条件下还是很有用的。譬如,一般均衡理论证明,如果 CGE 建模者将生产函数改变为规模递增的,会使追逐盈利的企业扩大生产至无穷大,从而均衡点不存在。因此,要避免直接使用规模递增的生产函数,或者在模型中设置其他一些附加条件。

为了又实用又不漏掉一些必要的理论,本书简述一般均衡存在性理论方面的结论,并且用实例深入浅出来解释,但是略去不太重要的细节。需要进一步研究的读者可以参考高级微观理论的文献。在正文中,我们用传统函数的表达方式来描述一般均衡理论,包括有关存在条件的一些结论,这可以大大方便一般读者。在通常的 CGE 建模和实际政策研究中,这些理论已经足够敷用。

6.1 局部均衡

微观经济学的市场均衡通常指在一个单一市场上达到的供求平衡,这仅仅是局部均衡(partial equilibrium)。

如商品市场 i 有供应函数,$q_i^s = f_i(p_i)$,有需求函数:$q_i^d = g_i(p_i)$,于是有该市场(局部)均衡条件:

$$q_i^s = q_i^d \tag{6.1.1}$$

也就是:

$$f_i(p_i) = g_i(p_i) \tag{6.1.2}$$

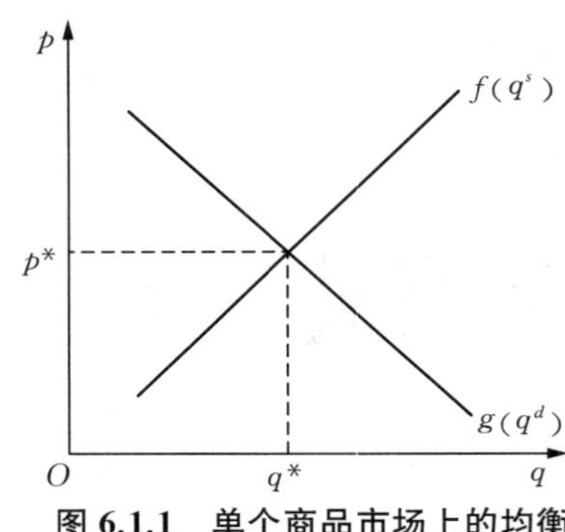

图 6.1.1　单个商品市场上的均衡

求出的解 p_i^* 和 q_i^* 为均衡解。但是这仅仅是局部均衡，是在单一市场上达到的供求平衡，这里假设其他市场上的变量不会受该市场变化的影响。数学上，局部均衡的完整表达如下：

$$供应函数：q_i^s = f_i(p_i,\ \bar{p}_{-i})$$
$$需求函数：q_i^d = g_i(p_i,\ \bar{p}_{-i})$$
$$q_i^s = q_i^d \tag{6.1.3}$$

其中，$\bar{p}_{-i}$ 为其他部门的价格，假设固定不变。

6.2　一般均衡

局部均衡的假设，"$\bar{p}_{-i}$ 为其他部门的价格，假设固定不变"，在一个多部门相互依存关联的大经济框架下是有问题的。因为一个市场上的调整会影响到其他市场，包括其他市场的供求和价格 p_{-i}。这种效应叫做溢出效应（spillover effect）。如图 6.2.1 所示，当左面图中 q_i 市场上价格调整趋向均衡时，会产生溢出效应，造成其他商品 q_{-i} 市场上供求曲线的平移，可以使那些原来处于均衡的市场变得不均衡。

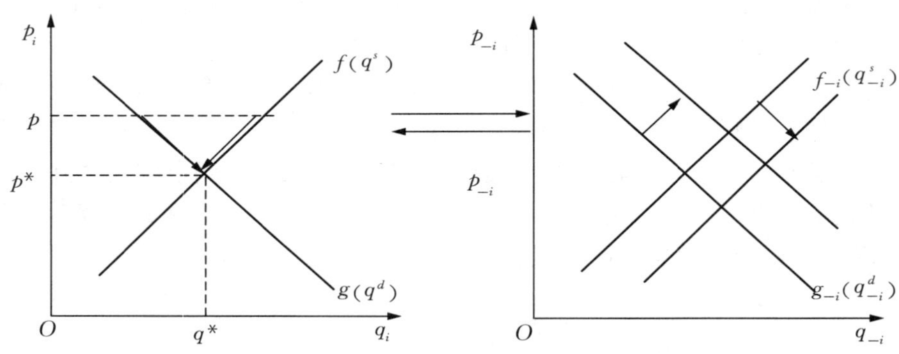

图 6.2.1

因此，我们必须考虑所有市场的联动关系。一般均衡指所有市场同时达到均衡的状况。它的原始思想并不复杂，只是将前面的局部均衡的理论扩大到整个经济的所有部门。下面是数学描述。

设整个经济有 n 个部门，即 n 个市场，有 n 个商品。商品 i 的价格为 p_i。让所有商品价格以向量来简洁表示：$\mathbf{p}=(p_1,\ \cdots,\ p_n)$。整个 i 部门的所有企业对商品 i 的供应函数为 $q_i^s(\mathbf{p})$。所有居民对商品 i 的需求函数是 $q_i^d(\mathbf{p})$。狭义地说，一般均衡状态指在一个特定价格向量 $\mathbf{p}^* =(p_1^*,\ \cdots,\ p_n^*)$ 下，所有市场上商品供求平衡。

$$q_i^s(\mathbf{p}^*)=q_i^d(\mathbf{p}^*) \qquad i=1, \cdots, n \tag{6.2.1}$$

理论上，一般均衡状态也允许一些商品市场上供大于求，不过这时这些商品的价格必须为 0。在这种情况下，市场其实也是均衡的。因为此时价格是 0，而消费者的需求已经满足，是有限的。再消费此种商品，只会带给他负效用。这种情况下由需求决定了实际市场交易的产量。因此，德布罗的一般均衡状态是，对所有 $i=1, \cdots, n$ 市场，存在这么一个价格向量 $p^*=(p_1^*, \cdots, p_n^*)$：

$$\begin{aligned} &q_i^s(\mathbf{p}^*)=q_i^d(\mathbf{p}^*) \qquad \text{如果 } p_i>0 \\ &q_i^s(\mathbf{p}^*)\geqslant q_i^d(\mathbf{p}^*) \qquad \text{如果 } p_i=0 \end{aligned} \tag{6.2.2}$$

这叫市场出清(clear)，也可以称为市场均衡。不过，在一般的使用中，我们假设所有商品都是有效用的(desirable)，这时，一般均衡状态只需要等式(6.2.1)的供求平衡条件。这样，计算就简便得多。在 CGE 模型中，一般都假设为此种情况。

定义：一般均衡(general equilibrium)是指能使所有市场同时出清(market clear)这样一组价格向量和商品向量的组合$(\mathbf{p}^*, \mathbf{q}^*)$。

在经济学中，求解一般均衡状态，是对均衡价格和数量求解。阿罗—德布罗(Arrow-Debru) 理论证明了一般均衡在相当虚弱条件下的存在性。在理论或者假想的简化案例的情况下，求解一般均衡是可以做到的。这个理想状态的一般均衡，也被称为瓦尔拉斯均衡。但是，这个理论和现实世界的实际应用还有很大距离，需要做很多的简化。CGE 模型，也称为应用可计算一般均衡模型(AGE)，是将阿罗—德布罗理论的应用化。这里借鉴了投入产出模型的一些做法。也可以看成是局部均衡类的投入产出模型向一般均衡理论模型进化的结果。

6.3 一般均衡状态下，消费者实现了效用最大化和企业实现了利润最大化

一般均衡状态是供应需求函数上的匹配，因此，在一般均衡状态下，消费者已经效用最大化，而企业也已经利润最大化。供应函数是企业利润最大化下作出的供应决定，而需求函数是消费者效用最大化下作出的需求决定。因此，我们可以从生产函数和效用函数以及它们的优化条件下中求得商品和要素各自的供应和需求函数。

设整个经济有 n 个市场，m 个生产要素。记 q 为商品，x 为要素，上标 d 为需求，上标 s 为供应。然后有商品向量 $\mathbf{q}=(q_1, \cdots, q_n)$，要素向量 $\mathbf{x}=(x_1, \cdots, x_m)$。一般均衡状态要求所有的商品和要素市场上都要出清。图 6.3.1 图示了这个一般均衡状态。

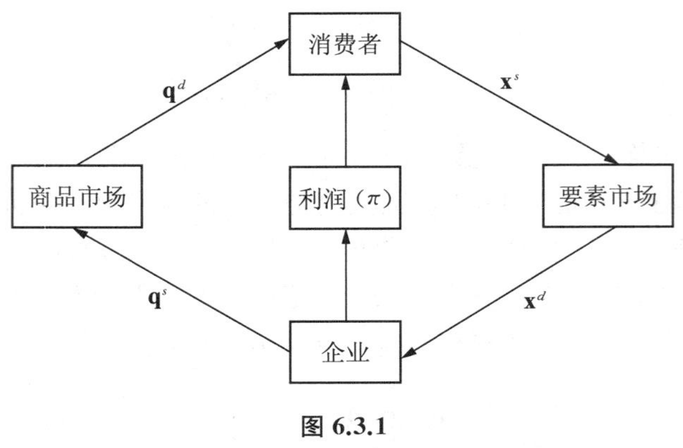

图 6.3.1

先看居民即消费者。他们的行为形成了商品需求函数和要素供应函数。居民 j 在商品市场上购买商品，如购买食品；在要素市场上出售生产要素，如向企业提供劳动服务。他的行为是在预算约束下根据商品价格和要素价格来选择商品需求和要素供应量，使效用最大化。他的偏好由他的效用函数 $u_j(\cdot)$ 来代表。他的预算约束和他的要素禀赋相关。设他的要素禀赋为 $\mathbf{e}_j=(e_1, \cdots, e_m)$。一般均衡理论存在性要求整个经济的要素禀赋必须为正。记要素价格为 $\mathbf{w}=(w_1, \cdots, w_m)$。他从要素禀赋中得到的收入，用向量数量积表示，为 $\mathbf{w}\cdot\mathbf{e}_j$。在上下文清楚的地方，下面我们省掉当中的"点"，向量的数量积直接写为 $\mathbf{we}_j$。或者，将 $\mathbf{e}_j$ 认做是列向量。

效用函数里的元素包括商品消费和要素支出。居民消费商品带来愉快，有正效用。居民从禀赋中支出要素对他造成代价，有负效用。因此，效用函数是 $u_j(\mathbf{q}_j, \mathbf{e}_j-\mathbf{x}_j)$。但是支出要素带来了可以购买商品的收入，因此他要权衡。一般均衡的存在要求效用函数是拟凹的(quasi-concave)，这样，消费者的偏好为凸集(convex set)，导出的要素供应和商品需求函数才是连续的。CGE 模型文献中被使用的效用函数如 CES、LES 都符合拟凹条件。

让 Y_j 代表居民 j 的收入。最后居民 j 的行为方式是在预算约束下效用最大化：

$$\max_{\mathbf{q}_j,\mathbf{x}_j} u_j(\mathbf{q}_j, \mathbf{e}_j-\mathbf{x}_j) \qquad \text{s.t. } \mathbf{pq}_j+\mathbf{w}(\mathbf{e}_j-\mathbf{x}_j)\leqslant Y_j \tag{6.3.1}$$

居民的预算收入为 Y_j，除了他的要素禀赋收入外，他还获得企业利润分配或者其他转移支付。设 π_j^h 为他收到的其他转移支付，有 $Y_j=\mathbf{we}_j+\pi_j^h$。当商品对居民 j 来说是有效用的(desirable)，即可以带来愉快的(而不会成为负效用的东西如垃圾等)，居民会用足他的收入预算。

下面我们举例说明商品，要素支出和禀赋的关系。假如居民的时间禀赋为一天 24 小时，以 $\bar{L}$=时间禀赋来表示。要素支出 L^s=劳力供应。禀赋减去劳动时间是休闲 l：$l=\bar{L}-L^s$。预算约束规定消费者把劳动赚来的钱花在购买商品上，则有

$$\mathbf{p}\mathbf{q}_i^d = wL^s = w(\bar{L} - l) \tag{6.3.2}$$

w 为工资。得到

$$\mathbf{p}\mathbf{q}_i^d + wl = w\bar{L} \tag{6.3.2'}$$

等式(6.3.2)也可以这样理解,消费者在其要素禀赋收入 $w\bar{L}$ 下,购买商品 q 和休闲 l(leisure)。"休闲"也是消费者购买的一种商品。

给定效用函数,对上面居民的效用最大化行为求解,可以求得居民对商品的需求函数 $\mathbf{q}_i^d(\mathbf{p})$ 和对要素的供应函数 $\mathbf{x}_i^s(\mathbf{p})$。

例 6.3.1 *假设居民的效用函数为 $U = \alpha \ln q + (1-\alpha)\ln l$,要素禀赋为 $\bar{L}$,没有其他转移支付,求该居民的商品需求和要素供应函数。*

先设置下述优化问题:

$$\max_{q,\, l} U = \alpha \ln q + (1-\alpha)\ln l \qquad \text{s.t. } pq + wl = w\bar{L} \tag{6.3.3}$$

设拉格朗日等式:

$$\max_{q,\, l,\, \lambda} L = \alpha \ln q + (1-\alpha)\ln l - \lambda(pq + wl - w\bar{L}) \tag{6.3.3'}$$

然后求解,则得:

$$q^d = \frac{\alpha w \bar{L}}{p} \qquad L^s = \alpha \bar{L} \tag{6.3.4}$$

再看企业。由此我们要导出商品供应函数和要素需求函数。

企业的行为是在现有技术上实现利润最大化。现有技术在一般均衡理论中由生产集描述。一般均衡存在性理论要求生产集为凸集。为了简便和易懂起见,这里不用集合概念,而用生产函数来表示。每个商品由一个生产过程来生产。经济学中通常使用的生产函数的投入往往只有要素,如 $q_i = f_i(K, L)$,有资本 K 和劳动 L 投入。不过,在一般均衡理论和应用中,生产过程的投入应该包括要素和其他作为中间投入的商品。如生产钢铁,不但需要劳动和资本,还需要煤炭、机械设备,以及钢铁,等等。一般均衡理论通常用生产集和净产出(netput) 来处理这些关系。这里我们用函数表达的生产部门 i 的生产函数为:

$$q_i = f_i(g(q_i),\, \mathbf{q}_{-i},\, \mathbf{x}) \tag{6.3.5}$$

其中 q_i 为商品 i 的毛产出量,$\mathbf{x}$ 为生产中的要素投入,$g(q_i)$ 为生产中需要使用的作为中间投入的本身产品,$\mathbf{q}_{-i}$ 为生产中作为中间投入的其他各种商品。

一般均衡的存在性要求生产函数是弱凹函数(weakly concave),或者说,是规模报酬不变或者递减的。由此,规模递增的生产函数不符合条件。规模递增导致企业为了利润无限制扩大生产,从而使供求均衡点不存在。

给定生产函数,企业的行为是利润最大化:

$$\max_{\mathbf{q},\, \mathbf{x}} \pi_i = pf_i(g(q_i),\, \mathbf{q}_{-i},\, \mathbf{x}) - p_i g(q_i) - \mathbf{p}_{-i}\mathbf{q}_{-i} - \mathbf{w}\mathbf{x} \tag{6.3.6}$$

上述问题导出企业对商品 i 的商品供应函数和要素需求函数。

企业把产出利润分配给居民，设 $\theta_{ji}\pi_i^s$ =企业 i 分配给家庭 j 的利润，显然对所有居民汇总，有 $\sum_j \theta_{ji}=1$。

例 6.3.2 设企业的生产函数为 $y=\sqrt{L}$，求商品供应函数，要素需求函数，以及实现利润 π^*。

解：我们有

$$\max_L \pi = p\sqrt{L} - wL \tag{6.3.7}$$

用微分优化求解得

$$L^d=\left(\frac{p}{2w}\right)^2 \qquad q^s=\frac{p}{2w} \qquad \pi^*=\frac{p^2}{4w} \tag{6.3.8}$$

一般均衡状态要求所有商品和要素市场同时出清。如果商品都是有效用的，要素是增加产出的，那么，所有商品和要素市场上，供应量和需求量相等，在这个状态下的一组价格和数量向量即是一般均衡。

例 6.3.3 设居民的效用函数和企业的生产函数如例 6.3.1 和例 6.3.2。假设整个经济只有一个商品 q 和一个要素 L。求解一般均衡的价格(p^*，w^*)和分配(q^*，L^*)。

解：这里我们要商品市场上实现供求平衡。我们已经求解过商品的供应函数和需求函数。不同的是，现在居民会从企业中获取利润的转移支付。因此，居民的预算收入不再是 $w\bar{L}$，而是 $w\bar{L}+\pi$。

$$q^s=q^d\text{，即}\frac{p}{2w}=\frac{\alpha}{p}(w\bar{L}+\pi)=\frac{\alpha}{p}\left(w\bar{L}+\frac{p^2}{4w}\right) \tag{6.3.9}$$

求解得均衡价格和均衡数量：

$$\frac{p}{w}=\sqrt{\frac{4\alpha\bar{L}}{2-\alpha}} \quad q^*=\frac{1}{2}\sqrt{\frac{4\alpha\bar{L}}{2-\alpha}} \quad L^*=\frac{\alpha\bar{L}}{2-\alpha} \tag{6.3.10}$$

再看要素市场出清：

$$L^d=L^s\text{，即}\left(\frac{p}{2w}\right)^2=\bar{L}-l=\bar{L}-\frac{1-\alpha}{w}(w\bar{L}+\pi)$$

求解得到同样的均衡价格和数量结果：

$$\frac{p}{w}=\sqrt{\frac{4\alpha\bar{L}}{2-\alpha}} \quad q^*=\frac{1}{2}\sqrt{\frac{4\alpha\bar{L}}{2-\alpha}} \quad L^*=\frac{\alpha\bar{L}}{2-\alpha} \tag{6.3.11}$$

这结果和我们前面在商品市场的结果一致。当 $\frac{p}{w}=\sqrt{\frac{4\alpha\bar{L}}{2-\alpha}}$ 时，商品市场均

衡，要素市场也达到均衡。同时，我们注意到，均衡价格仅仅是 p 和 w 的比例水平，而不是 p 和 w 的绝对水平。这个现象，是一般均衡理论中瓦尔拉斯法则的一个重要结论。

6.4 瓦尔拉斯法则

瓦尔拉斯法则（Walras Law）的原意是所有价格乘以超额需求后相加总计等于零。设商品市场的超额需求为：$\mathbf{z}_{\mathbf{y}}(\mathbf{p})=\mathbf{q}^d-\mathbf{q}^s$，要素市场的超额需求为：$\mathbf{z}_{\mathbf{x}}(\mathbf{w})=\mathbf{x}^d-\mathbf{x}^s$，有

$$\mathbf{p}\mathbf{z}_{\mathbf{y}}+\mathbf{w}\mathbf{z}_{\mathbf{x}}=0 \tag{6.4.1}$$

或者用函数表达：

$$\sum_{i}^{n} p_i(q_i^d-q_i^s)+\sum_{k}^{m} w_k(x_k^d-x_k^s)=0 \tag{6.4.2}$$

瓦尔拉斯法则是出于居民穷尽其预算约束的自然结果。瓦尔拉斯法则是相当广义的。即使经济不在一般均衡状态中，只要消费者效用最大化和企业利润最大化，消费者用足预算，瓦尔拉斯法则即成立。

瓦尔拉斯法则的一个重要结论是，由于上述等式(6.4.2)所示，这个包括商品和要素的经济的总共 $m+n$ 个市场是线性相关的（dependent），其中只有 $m+n-1$ 个市场是独立的。也就是说，在 $m+n-1$ 市场出清时，剩下的一个市场自动出清。从等式(6.4.2) $\sum_{i}^{n} p_i(q_i^d-q_i^s)+\sum_{k}^{m} w_k(x_k^d-x_k^s)=0$ 可以看出，假如 $m+n-1$ 的市场出清，即在那些市场上，$p_i(q_i^d-q_i^s)=0$ 或者 $w_k(x_k^d-x_k^s)=0$，那么，剩下的一个市场必然出清。譬如剩下的市场是商品市场 j，那么有 $p_j(q_j^d-q_j^s)=0$。假定该商品是有效用的，有价格 $p_j>0$，那么，在 j 市场上，$q_j^d-q_j^s=0$，供求数量必然相等。

如果商品和要素市场等式只有 $m+n-1$ 个独立，而所有内生变量价格 p_i 和 w_j 加起来有 $m+n$ 个，因而多了一个，造成等式数量和内生变量数量不相等。从数学上说，导出的矩阵不是非降秩的（not non-singular），对内生变量不能确定地求解。一个有 $m+n$ 部门的一般均衡模型，其实也只有 $m+n-1$ 个独立的内生价格变量。对内生变量价格来说，我们只能确定 $m+n-1$ 个商品价格之间的比例，而不能确定各个价格的绝对数值。这从第 6.3 节例子也可以看到。如果所有商品和要素价格都按同一比例变化，譬如商品价格、工资等这些货币单位变量都翻个倍，这个一般均衡模型中各部门的实际供求数量和均衡状态都仍然维持不变。在数学上，这个方程组对价格是零阶齐次的。经济学称为这个经济模型是货币单位中性。如果我们要确定每个商品和要素的数值价格，方法是，任意选定一个商品作为价格基准商品，把它的价格设定为 1，作为价格基准（numeraire），然后价格基准商品和这个价格基准作为单位，我们即能确定其他商品和要素的价格的特定数值。这个

价格基准商品可以是劳动，或者是某一商品，或者加权的商品价格。

6.5 从一般均衡理论到 CGE 模型

上述一般均衡理论要应用到经济问题上做数量模拟，还有不少困难。譬如供求函数 $\mathbf{q}^d$，$\mathbf{q}^s$，$\mathbf{x}^d$，$\mathbf{x}^s$具体是什么函数？CGE 模型就是将一般均衡理论具体应用化。为了可以实际应用，既要在理论上做些必要的假设和简化，又要尽可能保持理论的一般性。CGE 模型的发展过程中，实际是两个方向的互动。一是一般均衡理论的应用化，二是局部均衡的投入产出(多部门)模型的提升，发展成为以社会核算矩阵为数据基础，结合更符合实际复杂情况的非线性供求函数，最后在宏观经济框架下完成一般均衡的闭合。

这里我们描述一个简单 CGE 模型的框架，可以看出其 CGE 模型基于的理论为一般均衡理论：

首先，企业利润最大化的行为导出所有 i 部门的商品供应函数和 k 要素的需求函数：

$$q_i^s = q_i^s(p_1,\ \cdots,\ p_n,\ w_1,\ \cdots,\ w_m) \qquad i=1,\ \cdots,\ n \tag{6.5.1}$$

$$x_k^d = x_k^d(p_1,\ \cdots,\ p_n,\ w_1,\ \cdots,\ w_m) \qquad k=1,\ \cdots,\ m \tag{6.5.2}$$

消费者称为居民，他们有要素禀赋 e，从中得到收入 Y。简便起见，这里整个社会的居民为一个群体，不再细分到个体。因此 Y 实际是全体居民收入。

$$Y = \sum_k^m w_k e_k \tag{6.5.3}$$

居民效用最大化的行为导出商品需求函数：

$$q_i^d = q_i^d(p_1,\ \cdots,\ p_n, Y) \qquad i=1,\ \cdots,\ n \tag{6.5.4}$$

居民供应要素。简单起见，这里假设所有要素禀赋都被利用(“充分就业”)，因此，要素供应等于要素禀赋：

$$x_k^s = e_k^s \qquad k=1,\ \cdots,\ m \tag{6.5.5}$$

商品和要素市场出清的条件为：

$$q_i^s(p_1,\ \cdots,\ p_n,\ w_1,\ \cdots,\ w_m) = q_i^d(p_1,\ \cdots,\ p_n,\ Y) \qquad i=1,\ \cdots,\ n \tag{6.5.6}$$

$$x_k^d(p_1,\ \cdots,\ p_n,\ w_1,\ \cdots,\ w_m) = x_k^s \qquad k=1,\ \cdots,\ m \tag{6.5.7}$$

以上式(6.5.1)到式(6.5.7)七个等式组成了这个 CGE 模型。可以看到，它和投入产出模型不一样，它要交代居民从要素得到收入，再从效用最大化下购买商品，造成商品需求。这就完成了经济的闭合(closure)条件，也是一般均衡模型必要前提。CGE 模型要求有闭合，但是可以有基于不同宏观经济理论的闭合，如新古典主义的闭合、凯恩斯闭合、路易斯闭合，等等。后面还会讨论闭合问题。

实际运用中，必须把这些需求和供应函数具体化。企业函数从列昂惕夫或者 CES 的生产函数导出，在生产函数特别是生产函数的中间产出部分，也经常用到列昂惕夫函数导出的固定投入产出消耗系数。消费者效用函数常从柯布—道格拉斯、CES 或斯通—杰瑞（Stony-Geary）等效用函数导出，等等。在以后章节中会逐步介绍。下面一节具体举例。

6.6　一个最简单的 CGE 模型

这里我们从一个非常简单的 CGE 模型开始学习。图 6.6.1 是这个一般均衡经济的流程示意。这个经济只有一个企业，一个居民。没有政府，也没有国外部门。

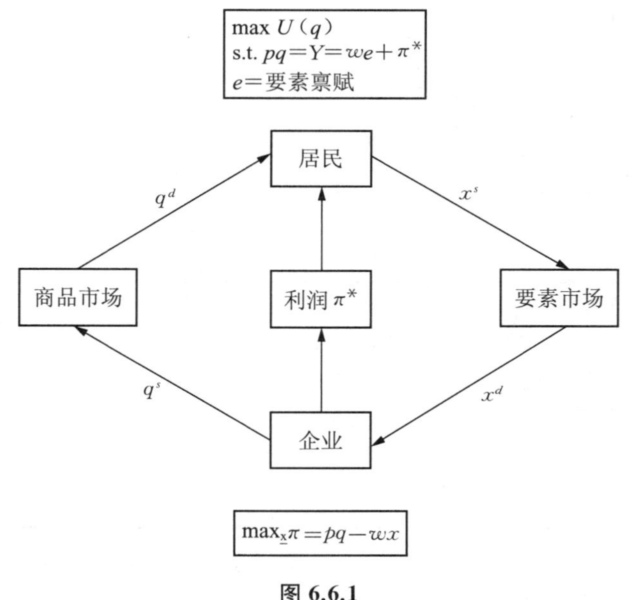

图 6.6.1

这个经济只有两个商品或者生产部门。生产函数仍然是列昂惕夫的，即用固定的中间投入产出系数和要素（增值）投入产出系数。要素只有一个——劳动。不过，我们添加了闭合，从而成为一个完整的 CGE 模型。这个闭合需要一个需求函数。即从要素禀赋开始，到要素收入，再到对各部门产品的最终需求（使用）。注意这个闭合在投入产出模型中是没有的。

表 6.6.1 是价值型投入产出表，Q 为商品数量，H 为居民的商品需求量，L 是劳动要素投入，Y 为居民收入。这些都是名义变量。w 为要素价格，p 为商品价格。

表 6.6.1　投入产出表

	中间使用	中间使用	最终使用	总产出
中间投入	Q_{11}	Q_{12}	H_1	Q_1
中间投入	Q_{21}	Q_{22}	H_2	Q_2
增　值	L_1	L_2	=国民生产总值	
总投入	Q_1	Q_2		=社会总产出

在表 6.6.1 的基础上改制成 SAM 表，并且进一步将实际变量和价格显示，描述如下。其中 q、h、x、e 是产出、消费、劳动、禀赋等变量的不受价格影响的实际数量。只有居民总收入 Y 在本表中是名义变量。

表 6.6.2　描述性 SAM 表

	商品/活动 1	商品/活动 2	要素(劳动)	居　民	汇　总
商品/活动 1	p_1q_{11}	p_1q_{12}		p_1h_1	p_1q_1
商品/活动 2	p_2q_{21}	p_2q_{22}		p_2h_2	p_2q_2
要素(劳动)	wx_1	wx_2			$w \cdot e$
居　民			$w \cdot e$		Y
汇　总	p_1q_1	p_2q_2	$w \cdot e$	Y	

表 6.6.3 是提供具体数据的 SAM 表。

表 6.6.3　SAM 表

	商品/活动 1	商品/活动 2	要素(劳动)	居　民	汇　总
商品/活动 1	4	3		3	10
商品/活动 2	2	5		6	13
要素(劳动)	4	5			9
居　民			9		9
汇　总	10	13	9	9	

按照以上 SAM 表，设置一个简单的两部门的 CGE 模型。这个 CGE 模型方程的生产函数仍然是列昂惕夫函数，有中间投入部分的投入产出系数 a_{11}，a_{12}，a_{21}，a_{22}和增值部分的要素投入产出系数 a_{n1}，a_{n2}。从列昂惕夫生产函数导出的优化条件是：

$$p_1 = p_1a_{11} + p_2a_{21} + wa_{n1} \tag{6.6.1}$$

$$p_2 = p_1a_{12} + p_2a_{22} + wa_{n2} \tag{6.6.2}$$

上述等式隐含了商品供应函数。因为这个生产函数是规模报酬不变的，在上面的条件满足下，企业已经利润最大化，愿意在满足这个条件下供应任何数量的商品 q_1 和 q_2。因此，商品供应量 q_1 和 q_2 并没有在上述等式中显性显示出来。要理

解这一点，以商品部门 1 为例，将两边乘以数量 q_1，有

$$p_1q_1 = p_1a_{11}q_1 + p_2a_{21}q_1 + wa_{n1}q_1 \tag{6.6.3}$$

等式的等号左边是企业销售收入，右边是生产成本，利润是：

$$\pi_1 = p_1q_1 - (p_1a_{11}q_1 + p_2a_{21}q_1 + wa_{n1}q_1) = (p_1 - p_1a_{11} - p_2a_{21} - wa_{n1})q_1 \tag{6.6.4}$$

设括号里表达为：

$$v_1 = p_1 - p_1a_{11} - p_2a_{21} - wa_{n1} \tag{6.6.5}$$

从等式(6.6.4)可以看出，企业追求利润最大化的结果分别为：如果 $v_1 > 0$，生产越多利润越大，供应量 q^* 趋向无穷大，因此一般均衡点不存在。如果 $v_1 < 0$，只要生产就会亏本，因此企业停止生产，也无法得到产量为正的均衡点。如果 $v_1 = 0$，经济利润是零，企业不赚也不亏，因此供应量 q^* 为任意非负数 $q^* = [0, \infty)$。只要有需求，就可能存在均衡点。因此，式(6.6.1)和式(6.6.2)这里实际上起到的作用也是列昂惕夫生产技术的商品供应函数，虽然在投入产出模型和 CGE 文献中又被称为价格函数。[1]

上述列昂惕夫生产函数导出的要素需求是：

$$a_{n1}q_1 = x_1 \tag{6.6.6}$$

$$a_{n2}q_2 = x_2 \tag{6.6.7}$$

居民的劳动禀赋为 e，要素总供应也为 e。居民收入是从提供要素得到的收入加上作为企业股东得到的利润：

$$Y = w \cdot e + \pi \tag{6.6.8}$$

但是由于生产函数规模报酬不变，利润 $\pi = 0$，上述等式简化为：

$$Y = w \cdot e \tag{6.6.8'}$$

居民的效用函数为柯布—道格拉斯函数，如例 6.3.1 及第 6.7 节所示，这里用 h_i 来记居民对商品 i 的需求，由此导出的商品消费需求函数为：

$$p_1h_1 = \alpha Y \tag{6.6.9}$$

$$p_2h_2 = (1-\alpha)Y \tag{6.6.10}$$

商品市场出清的条件是中间投入＋消费需求＝产出量：

$$a_{11}q_1 + a_{12}q_2 + h_1 = q_1 \tag{6.6.11}$$

$$a_{21}q_1 + a_{22}q_2 + h_2 = q_2 \tag{6.6.12}$$

① 即等式(3.3.4)。

要素市场出清条件是:

$$x_1 + x_2 = e \tag{6.6.13}$$

整理后将该 CGE 模型重复如下:

$$p_1 = p_1 a_{11} + p_2 a_{21} + w a_{n1} \tag{6.6.14}$$

$$p_2 = p_1 a_{12} + p_2 a_{22} + w a_{n2} \tag{6.6.15}$$

$$a_{n1} q_1 = x_1 \tag{6.6.16}$$

$$a_{n2} q_2 = x_2 \tag{6.6.17}$$

$$Y = w \cdot e \tag{6.6.18}$$

$$p_1 h_1 = \alpha Y \tag{6.6.19}$$

$$p_2 h_2 = (1 - \alpha) Y \tag{6.6.20}$$

$$a_{11} q_1 + a_{12} q_2 + h_1 = q_1 \tag{6.6.21}$$

$$a_{21} q_1 + a_{22} q_2 + h_2 = q_2 \tag{6.6.22}$$

$$x_1 + x_2 = e \tag{6.6.23}$$

该 CGE 模型包括上述式(6.6.14)到式(6.6.23)一共 10 个等式,10 个内生变量:q_1, q_2, h_1, h_2, x_1, x_2, Y, p_1, p_2, w。外生变量为劳动禀赋 e。外生的参数为:a_{11}, a_{12}, a_{21}, a_{22}, a_{n1}, a_{n2}, α。这个模型,虽然简单,但是已经超过了投入产出模型的框架,是一个 CGE 模型。这是因为这个模型已经包含了下面的宏观闭合(closure)。居民从要素投入从获取货币收入,而这个要素投入又等于居民在要素市场上的要素供应:

$$w(a_{n1} q_1 + a_{n2} q_2) = Y = we$$

给定货币收入和商品价格,在效用最大化下,形成了对商品的消费需求:

$$p_1 h_1 = \alpha Y$$
$$p_2 h_2 = (1 - \alpha) Y$$

从而完成了这么一个一般均衡要求的闭合。然后有商品和要素市场同时出清:

$$a_{11} q_1 + a_{12} q_2 + h_1 = q_1 \quad a_{21} q_1 + a_{22} q_2 + h_2 = q_2 \quad x_1 + x_2 = e \tag{6.6.24}$$

这是一个完整的 CGE 模型,具有一个完整的如图 6.3.1 所表现的在要素和商品市场上由供需双方在特定价格上达到了供需平衡。和投入产出模型不同,它有商品的需求函数,加上从居民收入到需求函数的闭合,形成了一个关键链接,完成了 CGE 模型所要求的完整经济的结构。不过,它的生产函数还是列昂惕夫的,因此,不能研究投入之间随着价格变化如何相互替代的情况。注意瓦尔拉斯法则仍然起作用。这个模型中有 2 个商品,1 个要素,共 3 个市场。如果其中任何 2 个市场(3－1＝2)出清,剩下的1个市场自动出清。下面是相应的GAMS程序。对照上面的数学等式,参看解释说明,理解CGE模型相应的GAMS程序是如何编写的。

例6.6.1 用SAM表6.6.3的数据,将上述CGE模型写成GAMS程序。检查打印结果,是否成功复制原SAM表。然后,模拟要素禀赋 e 增加10%后,各变量的相应变化。

```
$title  例6.6.1 一个最简单的CGE模型

*定义集合  ac意为账户account  i集合为商品,x集合为要素
set ac   /sec1, sec2, lab, hh, total/
    i(ac)  /sec1, sec2/
;

*给i取别名
alias(ac, acp), (i, j);

*读取SAM表的数值
table SAM(ac, acp)
         sec1    sec2    lab    hh     total
sec1      4       3             3       10
sec2      2       5             6       13
lab       4       5                      9
hh                        9              9
total    10      13       9     9
;

*定义参数
parameters
a(i, j)            中间投入的投入产出系数(直接消耗系数)
ax(i)              要素投入产出系数
q0(i)              商品i的初始数量
p0(i)              商品i的初始价格
x0(i)              劳动初始需求
xe0                劳动要素禀赋和供应
w0                 劳动初始价格
Y0                 居民初始收入金额
```

```
h0(i)            居民对商品 i 的初始数量需求
alpha(i)         居民收入中使用在商品 i 的份额,即等式(6.6.19)里的 alpha
;

*下面为参数(包括外生变量)赋值或校调估值 calibrate。
*注意从 SAM 表数值获取实际数量时,要除以价格
p0(i) = 1;
w0 = 1;
q0(i) = sam('total', i)/p0(i);
x0(i) = sam('lab', i)/w0;
xe0 = sam('lab', 'total')/w0;
Y0 = w0 * xe0;
h0(i) = SAM(i, 'hh')/p0(i);

*校调估算投入产出系数
a(i, j) = (sam(i, j)/p0(i))/(sam('total', j)/p0(j));
ax(j) = (sam('lab', j)/w0)/(sam('total', j)/p0(j));

*校调 Cobb-Douglas 效用函数导出的在商品 i 上的消费需求份额
alpha(i) = p0(i) * h0(i)/Y0;

*展现参数的值和校调值,检验是否正确
display  a, ax, q0, x0, xe0, Y0, h0;

*定义变量
variable
p(i), q(i), x(i), h(i), Y, w;

*定义等式
equation
Priceeq(i), factoreq(i), IncomeYeq, Hdemand(i), Qmarket(i), Xmarket;

*下面等式里 sum 的功能,等于数学上 sigma 的相加。该等式对应本书等式(6.6.14)
和等式(6.6.15)
Priceeq(i)..
p(i) =e= sum(j, p(j) * a(j, i)) + w * ax(i);
```

```
Factoreq(i)..
ax(i) * q(i) = e = x(i);

IncomeYeq..
Y = e = w * xe0;

Hdemand(i)..
p(i) * h(i) = e = alpha(i) * Y;

Qmarket(i)..
sum(j, a(i, j) * q(j)) + h(i) = e = q(i);

Xmarket..
sum(i, x(i)) = e = xe0;

* 赋予变量的初始值
p.L(i) = p0(i);
q.L(i) = q0(i);
x.L(i) = x0(i);
h.L(i) = h0(i);
Y.L = Y0;
w.L = w0;

* 执行优化程序
model cge   /all/;
solve cge using mcp;

* 上面设置模型程序结束。检查这部分的有关变量数值的打印结果,可看到成功复制原 SAM 表。

* 下面是模拟劳动禀赋增加 10 % 的程序。
* 给 xe0 重新赋值。如果一个参数在后面被重新赋值后,GAMS 程序会自动将前面 xe0 的数值覆盖,而用新的赋值来替代。
xe0 = 1.1 * sam('lab', 'total')/w0;

* 执行优化程序
model simulation   /all/;
```

```
solve simulation using mcp;

* end 程序结束
```


练　　习

1. 假设某个简单经济只有一个商品 q 和一个要素 L。该国的居民效用函数为 $U=q^{\alpha}l^{1-\alpha}$，l 为休闲，居民的劳动要素禀赋为 1。企业的生产函数为 $q=cL$。C 为常数，L 为劳动投入。求解一般均衡的价格(p^*，w^*)和分配(y^*，L^*)。
2. 参考一般的高级微观经济学教材，证明瓦尔拉斯法则。

附录　微观经济学复习

从柯布—道格拉斯函数求需求函数 $q=q^d(\mathbf{p}, Y)$。如果效用函数为柯布—道格拉斯函数，有

$$u=Aq_1^{\alpha}q_2^{1-\alpha} \tag{6.A.1}$$

其中 u 为效用，q_1，q_2为消费商品 1 和消费商品 2。

消费者在预算约束条件下对效用最大化：

$$\max u=Aq_1^{\alpha}q_2^{1-\alpha} \tag{6.A.2}$$

$$\text{s.t. } p_1q_1+p_2q_2=Y$$

用下面的拉格朗日乘数等式，选择变量 q_1，q_2和 λ，使 L 最优：

$$\max_{q1,\,q1,\,\lambda} L=Aq_1^{\alpha}q_2^{1-\alpha}-\lambda(p_1q_1+p_2q_2-Y) \tag{6.A.3}$$

得到：

$$q_1=\alpha\frac{Y}{p_1}\quad 和 \quad q_2=(1-\alpha)\frac{Y}{p_2} \tag{6.A.4}$$

CES 生产函数

在上一章的 CGE 模型里用列昂惕夫生产函数，中间投入和要素投入之间的比例是固定的，无论它们之间的相对价格如何变化。但是在现实经济中，我们常常要研究相对价格变化下投入组成如何变化。譬如，劳动工资相对其他中间投入品的价格增加了，企业会向资本密集技术转型。但是用列昂惕夫生产函数的 CGE 模型由于固定比例投入的设置，没有办法分析这种情况。为了研究投入组成对应价格变化的情况，必须引进非线性的生产函数。

7.1 恒替代弹性(CES)生产函数

恒替代弹性生产函数(constant elasticity of substitution production function)简称为 CES 生产函数，是 CGE 模型中用得最频繁的非线性函数。宽泛地说，不单是生产函数，在 CGE 模型中，效用函数以及生产可能性边界的分配函数，都常常用到恒替代弹性函数。这是 CGE 模型中一个最基本的函数形式。比如 CGE 模型中的恒变换弹性函数 CET，从函数形式上说是 CES 函数的变种。因此，掌握 CES 函数和它的优化条件导出的各种表达形式十分重要。

在 CGE 模型中，CES 生产函数通常只包括两个投入，如果有更多的投入的话，要用"嵌套"的办法解决，其原因和原理后面还要讨论。

CES 生产函数的标准格式是：

$$q=f(x_1, x_2)=A(\delta_1 x_1^{\rho}+\delta_2 x_2^{\rho})^{\frac{1}{\rho}} \tag{7.1.1}$$

其中，q 是产出，x_1，x_2 为投入。这里 q 的产出靠两个投入。参数 A 为效率或者规模因素，也被解释为全要素生产率。参数 ρ 和替代弹性有关，以下会谈到。

参数 δ_1，δ_2，在产出中和投入 x_1，x_2 分别的贡献"份额"密切相关。因为所有贡献份额相加等于 1，故 $\delta_1+\delta_2=1$。因此，在 CGE 模型组生产函数常直接写为：

$$q=f(x_1, x_2)=A[\delta_1 x_1^{\rho}+(1-\delta_1)x_2^{\rho}]^{\frac{1}{\rho}} \tag{7.1.2}$$

从微观经济学中知道，企业遵循优化使用投入使成本 c 最小化的原则。给定产出量 q，它的行为表现为：

$$\min c = w_1 x_1 + w_2 x_2$$
$$\text{s.t.} \quad f(x_1, x_2) = A(\delta_1 x_1^{\rho} + \delta_2 x_2^{\rho})^{\frac{1}{\rho}} = q \tag{7.1.3}$$

各用多少投入最经济？用拉格朗日乘数等式解：

$$\min_{x_1, x_2, \lambda} L = w_1 x_1 + w_2 x_2 - \lambda[A(\delta_1 x_1^{\rho} + \delta_2 x_2^{\rho})^{\frac{1}{\rho}} - q] \tag{7.1.4}$$

对相应变量微分，有一阶条件：

$$\partial L/\partial x_1 = w_1 - \lambda A \frac{1}{\rho}(\delta_1 x_1^{\rho} + \delta_2 x_2^{\rho})^{\frac{1}{\rho}-1} \cdot \delta_1 \cdot \rho x_1^{\rho-1} = 0 \tag{7.1.5}$$

$$\partial L/\partial x_2 = w_2 - \lambda A \frac{1}{\rho}(\delta_1 x_1^{\rho} + \delta_2 x_2^{\rho})^{\frac{1}{\rho}-1} \cdot \delta_2 \cdot \rho x_2^{\rho-1} = 0 \tag{7.1.6}$$

$$A(\delta_1 x_1^{\rho} + \delta_2 x_2^{\rho})^{\frac{1}{\rho}} - q = 0 \tag{7.1.7}$$

对方程(7.1.5)和方程(7.1.6)的一阶条件等式合并，有

$$\frac{w_1}{w_2} = \frac{A \dfrac{1}{\rho}(\cdot)^{\frac{1}{\rho}-1} \cdot \delta_1 \cdot \rho x_1^{\rho-1}}{A \dfrac{1}{\rho}(\cdot)^{\frac{1}{\rho}-1} \cdot \delta_2 \cdot \rho x_2^{\rho-1}} = \frac{\delta_1}{\delta_2}\left(\frac{x_1}{x_2}\right)^{\rho-1} = \frac{\delta_1}{\delta_2}\left(\frac{x_2}{x_1}\right)^{1-\rho} \tag{7.1.8}$$

由于 $\delta_1 + \delta_2 = 1$。也可写为：

$$\frac{w_1}{w_2} = \frac{\delta_1}{(1-\delta_1)}\left(\frac{x_2}{x_1}\right)^{1-\rho} \tag{7.1.9}$$

这是成本最小化的优化条件。注意 $\dfrac{\delta_1}{\delta_2}\left(\dfrac{x_2}{x_1}\right)^{1-\rho}$ 为等产量线的斜率，经济学上称为技术替代率(technical rate of substitution)。将式(7.1.9)和生产函数(7.1.7)结合，就意味在给定 q 下的最佳投入组合。给定生产量 q，可以求出：

(1) 条件要素需求函数(conditional factor demand function)。它的一般表达方式为 $x_i^c(\mathbf{w}, q)$。在CGE两要素投入函数中，为 $x_i^c(w_1, w_2, q)$。

(2) 成本函数(cost function)。它的一般表达方式为 $c(\mathbf{w}, q)$。在CGE两要素投入函数中，为 $c(w_1, w_2, q) = w_1 x_1^c + w_2 x_2^c$。

例 7.1.1 从CES函数求得条件要素需求函数和成本函数。

先将上述式(7.1.5)和式(7.1.6)两个等式结合，加上生产函数，有联立方程：

$$\begin{cases} \dfrac{w_1}{w_2} = \dfrac{\delta_1}{\delta_2}\left(\dfrac{x_2}{x_1}\right)^{1-\rho} \\ q = A(\delta_1 x_1^{\rho} + \delta_2 x_2^{\rho})^{\frac{1}{\rho}} \end{cases} \tag{7.1.10}$$

从等式(7.1.8)中得到

$$x_2=\left(\frac{w_1}{w_2}\cdot\frac{\delta_2}{\delta_1}\right)^{\frac{1}{1-\rho}}x_1 \tag{7.1.11}$$

将其代入生产函数，有

$$\begin{aligned} q&=A\left[\delta_1x_1^{\rho}+\delta_2\left(\frac{w_1}{w_2}\cdot\frac{\delta_2}{\delta_1}\right)^{\frac{\rho}{1-\rho}}x_1^{\rho}\right]^{\frac{1}{\rho}} \\ &=x_1A\left[\delta_1+\delta_2\left(\frac{w_1}{w_2}\cdot\frac{\delta_2}{\delta_1}\right)^{\frac{\rho}{1-\rho}}\right]^{\frac{1}{\rho}} \end{aligned} \tag{7.1.12}$$

得到条件要素需求函数：

$$x_1^c=\frac{1}{A}\left[\delta_1+\delta_2\left(\frac{w_1}{w_2}\cdot\frac{\delta_2}{\delta_1}\right)^{\frac{\rho}{1-\rho}}\right]^{-\frac{1}{\rho}}\cdot q \tag{7.1.13}$$

整理一下，也可表达为：

$$x_1^c=\frac{1}{A}\left(\frac{\delta_1}{w_1}\right)^{\frac{1}{1-\rho}}\left[\delta_1^{\frac{1}{1-\rho}}w_1^{\frac{-\rho}{1-\rho}}+\delta_2^{\frac{1}{1-\rho}}w_2^{\frac{-\rho}{1-\rho}}\right]^{-\frac{1}{\rho}}\cdot q \tag{7.1.14}$$

或者用替代弹性率 $\varepsilon=\dfrac{1}{1-\rho}$ 来表达（第 7.3 节对替代弹性率有详解），有

$$x_1^c=\frac{1}{A}\left(\frac{\delta_1}{w_1}\right)^{\varepsilon}[\delta_1^{\varepsilon}w_1^{1-\varepsilon}+\delta_2^{\varepsilon}w_2^{1-\varepsilon}]^{\frac{-1}{\rho}}\cdot q \tag{7.1.15}$$

注意其中各个变量之间的关系。当价格变化后，要素需求 x_1^c 会变化，这和列昂惕夫函数下要素需求不受价格变化影响的情况不同。另外，注意产量 q 在右边是显性独立的，x_1^c 和 q 比例固定，即条件要素需求函数 x_1^c 对产量 q 是线性齐次的。这个性质在 CGE 模型计算上有很大便利。齐次函数的定义和线性齐次函数的重要性质见本章附录。

譬如，当 $q=1$ 时是什么含义？可以看出，

$$x_1^c(w_1,\ w_2,\ q=1)=\frac{1}{A}\left(\frac{\delta_1}{w_1}\right)^{\varepsilon}[\delta_1^{\varepsilon}w_1^{1-\varepsilon}+\delta_2^{\varepsilon}w_2^{1-\varepsilon}]^{\frac{\varepsilon}{1-\varepsilon}} \tag{7.1.16}$$

它就是投入产出系数（input-output coefficient）—— $a_{1j}(w_1,\ w_2)$，即生产一个单位 q_j 时，要消耗多少投入 x_1。和列昂惕夫模型不同的是，这里 $a_{1j}(w_1,\ w_2)$ 不是固定常数，而为要素价格所影响。

同理，可以求出在 q 产量下 x_2 的条件要素需求函数为：

$$\begin{aligned} x_2^c&=\frac{1}{A}\left(\frac{\delta_2}{w_2}\right)^{\frac{1}{1-\rho}}\left[\delta_1^{\frac{1}{1-\rho}}w_1^{\frac{-\rho}{1-\rho}}+\delta_2^{\frac{1}{1-\rho}}w_2^{\frac{-\rho}{1-\rho}}\right]^{-\frac{1}{\rho}}\cdot q \\ &=\frac{1}{A}\left(\frac{\delta_2}{w_2}\right)^{\varepsilon}[\delta_1^{\varepsilon}w_1^{1-\varepsilon}+\delta_2^{\varepsilon}w_2^{1-\varepsilon}]^{\frac{\varepsilon}{1-\varepsilon}}\cdot q \end{aligned} \tag{7.1.17}$$

下一步，用条件要素需求函数求出成本函数：

$$\begin{aligned}c(w_1, w_2, q) &= w_1 x_1^c(w_1, w_2, q) + w_2 x_2^c(w_1, w_2, q)\\&= w_1 \frac{1}{A}\left(\frac{\delta_1}{w_1}\right)^{\varepsilon}[\delta_1^{\varepsilon} w_1^{1-\varepsilon} + \delta_2^{\varepsilon} w_2^{1-\varepsilon}]^{\frac{\varepsilon}{1-\varepsilon}} \cdot q\\&\quad + w_2 \frac{1}{A}\left(\frac{\delta_2}{w_2}\right)^{\varepsilon}[\delta_1^{\varepsilon} w_1^{1-\varepsilon} + \delta_2^{\varepsilon} w_2^{1-\varepsilon}]^{\frac{\varepsilon}{1-\varepsilon}} \cdot q \qquad (7.1.18)\\&= \frac{1}{A}[w_1^{1-\varepsilon}\delta_1^{\varepsilon} + w_2^{1-\varepsilon}\delta_2^{\varepsilon}][w_1^{1-\varepsilon}\delta_1^{\varepsilon} + w_2^{1-\varepsilon}\delta_2^{\varepsilon}]^{\frac{\varepsilon}{1-\varepsilon}} \cdot q\\&= \frac{1}{A}[w_1^{1-\varepsilon}\delta_1^{\varepsilon} + w_2^{1-\varepsilon}\delta_2^{\varepsilon}]^{\frac{1}{1-\varepsilon}} \cdot q\end{aligned}$$

其中，单位 q 的成本函数是：

$$c(w_1, w_2, 1) = \frac{1}{A}[w_1^{1-\varepsilon}\delta_1^{\varepsilon} + w_2^{1-\varepsilon}\delta_2^{\varepsilon}]^{\frac{1}{1-\varepsilon}} \qquad (7.1.19)$$

7.2 CGE 模型中的商品供应函数

第 6 章一般均衡理论框架里有商品供应函数 $q_i^s = q_i^s(p_1, \cdots, p_n, w_1, \cdots, w_m)$，企业供应量为商品和要素价格的函数。在经济学理论上，这是标准的商品供应函数表达形式。而在大部分 CGE 模型文献的表述中，很少看到这样直接显性(explicit)表达形式的供应函数。其实，如第 6.6 节提起过的，因为 CGE 模型中生产函数多是规模报酬不变，因此，CGE 模型中的价格函数(部分)起了商品供应函数的功能。不过，单单价格函数本身是不够的。本章后面将具体说明。

如果生产函数是规模报酬递减的，商品供应函数可以有上面的显性的标准样式。下面举例。

例 7.2.1 假如生产函数为柯布—道格拉斯形式 $q = x_1^{1/3} x_2^{1/2}$，商品和要素价格分别为：p，w_1，w_2。求条件要素需求函数、成本函数，以及商品供应函数。

解：用上一节同样的方法，设立在给定产量 q 下面成本最小化问题，求解，得到条件要素需求函数为：

$$x_1^c = (2/3)^{3/5} w_1^{-3/5} w_2^{3/5} q^{6/5} \qquad x_2^c = (3/2)^{2/5} w_1^{2/5} w_2^{-2/5} q^{6/5} \qquad (7.2.1)$$

成本函数为：

$$c(w_1, w_2, q) = (5 \cdot 3^{-3/5} \cdot 2^{-2/5}) w_1^{2/5} w_2^{3/5} q^{6/5} \qquad (7.2.2)$$

企业利润最大化行为的数学表述是：

$$\max_q \pi = pq - c(w_1, w_2, q) = pq - (5 \cdot 3^{-3/5} \cdot 2^{-2/5}) w_1^{2/5} w_2^{3/5} q^{6/5} \qquad (7.2.3)$$

其一阶条件是商品价格等于边际成本：

$$p=\frac{\partial c}{\partial q}(w_1, w_2, q) \tag{7.2.4}$$

从而求得商品供应函数：

$$q^s(p, w_1, w_2)=(1/72)w_1^{-1/2}w_2^{-1/3}p^5 \tag{7.2.5}$$

可以看到，上面是典型的商品供应函数形式，给定价格(p, w_1, w_2)，只有在特定的产量 q 下企业才能利润最大化。这个价格和特定产量的函数关系就是企业的商品供应函数 $q^s(p, w_1, w_2)$。供应量受要素价格和商品价格的影响。这是因为该生产函数 $q=x_1^{1/3}x_2^{1/2}$ 是规模报酬递减的函数。在规模报酬不变的生产函数下，情况不同。譬如，将例 7.1.1 的 CES 生产函数实施利润最大化，也就是将其成本函数(7.1.18)按等式(7.2.4)的商品价格等于边际成本的利润最大化一阶条件求导，来求商品供应函数，有

$$p=\frac{\partial c}{\partial q}(w_1, w_2, q)=\frac{1}{A}[w_1^{1-\varepsilon}\delta_1^{\varepsilon}+w_2^{1-\varepsilon}\delta_2^{\varepsilon}]^{\frac{1}{1-\varepsilon}} \tag{7.2.6}$$

在函数中商品数量变量 q 消失了。这是说，只要等式(7.2.6)的条件满足，企业供应任何数量的 q 都是利润最大化。注意这个利润最大化的条件，在等式(7.2.6)两边乘以数量 q，可以被写成：

$$\begin{aligned}pq&=\frac{1}{A}[w_1^{1-\varepsilon}\delta_1^{\varepsilon}+w_2^{1-\varepsilon}\delta_2^{\varepsilon}]^{\frac{1}{1-\varepsilon}}q=c(w_1, w_2, q)\\&=w_1x_1^c(w_1, w_2, q)+w_2x_2^c(w_1, w_2, q)\end{aligned} \tag{7.2.7}$$

左边是销售收入，右边是生产成本。在 CGE 模型中，上式(7.2.6)和式(7.2.7)经常被叫做价格模块中的价格函数。读者应该注意，它们同时是企业利润最大化的一阶条件(前提是规模不变的生产函数)，在 CGE 模型的生产模块中起到定义商品供应函数的作用。上一章第 6.6 节的 CGE 模型和解释，也是同一意思。

7.3 CES 函数的一些性质，参数ρ和替代弹性之间的关系和几种情况

CES 生产函数的技术替代率(technical rate of substitution)为

$$TRS=-\left.\frac{\mathrm{d}x_2}{\mathrm{d}x_1}\right|_{y=y_0}=\frac{\partial f/\partial x_1}{\partial f/\partial x_2}=\frac{A\dfrac{1}{\rho}(\delta_1x_1^{\rho}+\delta_2x_2^{\rho})^{\frac{1}{\rho}-1}\cdot\delta_1\cdot\rho x_1^{\rho-1}}{A\dfrac{1}{\rho}(\delta_1x_1^{\rho}+\delta_2x_2^{\rho})^{\frac{1}{\rho}-1}\cdot\delta_2\cdot\rho x_2^{\rho-1}}$$

$$=\frac{\delta_1}{\delta_2}\left(\frac{x_1}{x_2}\right)^{\rho-1}=\frac{\delta_1}{\delta_2}\left(\frac{x_2}{x_1}\right)^{1-\rho} \tag{7.3.1}$$

它的技术替代率是等产量线(isoquant)的斜率。

在成本最小化(生产组织优化)的条件下,等产量线的斜率等于等成本线的斜率,$TRS=w_1/w_2$,也就是,

$$\frac{w_1}{w_2}=TRS=-\frac{\mathrm{d}x_2}{\mathrm{d}x_1}=\frac{\delta_1}{\delta_2}\left(\frac{x_2}{x_1}\right)^{1-\rho} \tag{7.3.2}$$

在图 7.3.1 中,等产量线和等成本线的切点满足这个条件。

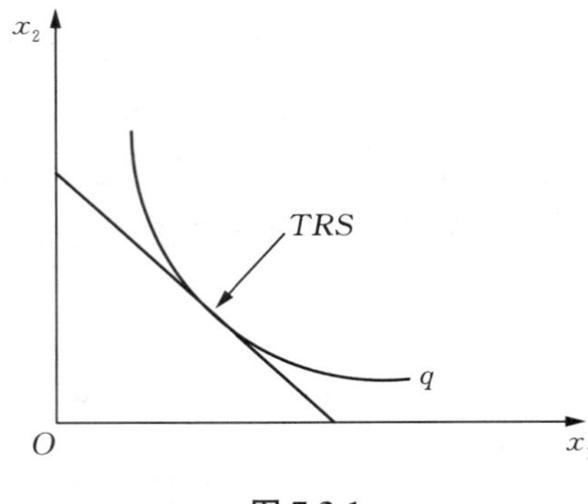

图 7.3.1

替代弹性(elasticity of substitution)的定义是,当技术替代率(也就是投入的相对价格 w_1/w_2,即等成本线的斜率)增加一个百分点时,维持同样生产量的投入组成 x_2/x_1 的比例将增加 ε 个百分点。它的数学表述如下:

$$替代弹性(\varepsilon)\equiv\frac{\dfrac{\mathrm{d}(x_2/x_1)}{x_2/x_1}}{\dfrac{\mathrm{d}(TRS)}{TRS}}=\frac{\mathrm{dln}\left(\dfrac{x_2}{x_1}\right)}{\mathrm{dln}(TRS)}=\frac{\dfrac{\mathrm{d}(x_2/x_1)}{x_2/x_1}}{\dfrac{\mathrm{d}(w_1/w_2)}{w_1/w_2}} \tag{7.3.3}$$

CES 函数的替代弹性 ε 是一个常数。等产量线的斜率为 $TRS=\frac{\delta_1}{\delta_2}\left(\frac{x_2}{x_1}\right)^{1-\rho}$。取自然对数,再微分,有

$$\ln TRS=\ln\frac{\delta_1}{\delta_2}+(1-\rho)\ln\left(\frac{x_2}{x_1}\right) \tag{7.3.4}$$

$$\mathrm{dln}\,TRS=(1-\rho)\mathrm{dln}\left(\frac{x_2}{x_1}\right) \tag{7.3.5}$$

因而,CES 函数的替代弹性是

$$\varepsilon=\frac{\mathrm{dln}\left(\dfrac{x_2}{x_1}\right)}{\mathrm{dln}\,TRS}\equiv\frac{\dfrac{\mathrm{d}(x_2/x_1)}{x_2/x_1}}{\mathrm{dln}(TRS)}=\frac{1}{1-\rho} \tag{7.3.6}$$

我们有几种情况(见图 7.3.2):

(1) 如果 $\rho=1$,替代弹性无穷大,各投入之间为完全替代性,生产函数演变为

线性函数。假如 $\rho=1$，很明显，

$$f(x_1,\ x_2)=(\delta_1 x_1^{\rho}+\delta_2 x_2^{\rho})^{\frac{1}{\rho}}=\delta_1 x_1+\delta_2 x_2 \tag{7.3.7}$$

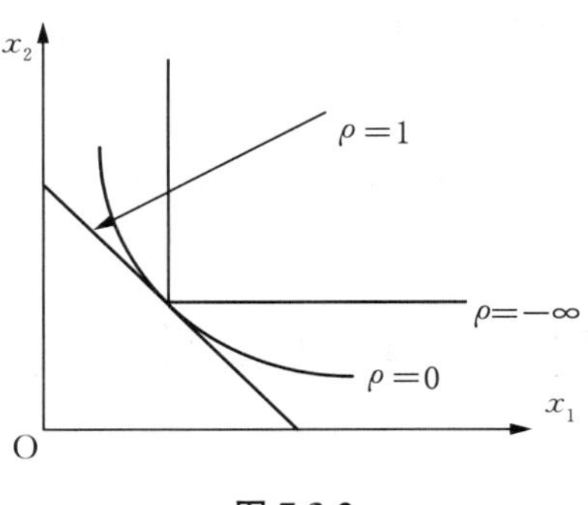

图 7.3.2

（2）如果 $\rho=-\infty$，替代弹性无穷小，各投入之间为完全互补。生产函数演变为列昂惕夫函数。即，

$$f(x_1,\ x_2)=(\delta_1 x_1^{\rho}+\delta_2 x_2^{\rho})^{\frac{1}{\rho}}=\min\{x_1,\ x_2\} \tag{7.3.8}$$

最简单的证明方法是从等产量线的斜率来看。如果 $\rho=-\infty$，等产量线斜率的绝对值是

$$TRS=-\frac{\mathrm{d}x_2}{\mathrm{d}x_1}=\frac{\delta_1}{\delta_2}\left(\frac{x_2}{x_1}\right)^{1-\rho}=\frac{\delta_1}{\delta_2}\left(\frac{x_2}{x_1}\right)^{\infty} \tag{7.3.9}$$

可见，如果 $x_2>x_1$，TRS 趋向无穷大，等产量线为垂直；如果 $x_1>x_2$，TRS 趋向零，等产量线为水平。等产量线为一直角形状，即列昂惕夫技术等产量线。

（3）如果 $\rho=0$，生产函数演变为柯布—道格拉斯函数

$$f(x_1,\ x_2)=(\delta_1 x_1^{\rho}+\delta_2 x_2^{\rho})^{\frac{1}{\rho}}=Ax_1^{\delta_1}x_2^{\delta_2} \tag{7.3.10}$$

最简单的证明方法如下。假如 $\rho=0$，上述 CES 函数的 $TRS=\frac{\delta_1}{\delta_2}\frac{x_2}{x_1}$。不难证明，这和柯布—道格拉斯生产函数的 TRS 是一样的，也可以用其他方法证明。①

总结如下。假如 $-\infty<\rho<0$，要素投入之间相互为补充。假如 $0<\rho<1$，要素投入之间相互为替代。

有些读者可能问，在高级微观经济学中，列昂惕夫生产函数通常写成 $q=\min\{a_1x_1,\ a_2x_2\}$，有 a_1，a_2，两个参数，如投入产出模型中所示。相应地，CES 函数可以更广义地写成：

$$q=f(x_1,\ x_2)=A[\delta_1(a_1x_1)^{\rho}+\delta_2(a_2x_2)^{\rho}]^{\frac{1}{\rho}} \tag{7.3.11}$$

① 如 Hal Varian，*Microeconomic Analysis*，W.W.Norton，1992；或如 Mas-Colell，D.Whinston and Green，*Microeconomic Theory*，Oxford University Press，Inc.，1995。

但是,这里为什么 a_1, a_2 的参数都省略掉了呢?在 CGE 模型中,一般做法是将 x_1 和 x_2 的单位调整,从而 a_1 和 a_2 两个参数单位标准化到 1,简化了函数表达形式和参数估算工作。而对政策模拟应用来讲,已经足够。

假如要得到规模报酬递减的 CES 函数,可以用单调变换的方法,如:

$$q = g[f(x_1, x_2)] \tag{7.3.12}$$

其中,函数 f 为 CES 函数,g 为单调严格凹函数,如 $g[..] = [..]^{2/3}$。

7.4 CGE 模型生产模块函数中的几种主要表述形式

CGE 模型的生产模块中,生产量 q 和要素投入 $\mathbf{x}$ 之间在优化条件下的关系,在 CGE 文献中往往有不同的函数表述形式或者写法,不过它们的实质是一样的。读者必须熟悉这些貌似不同实质一样的表述形式或写法,不然会误认为它们是不同的模型结构。现在看同样一个条件要素需求函数(conditional factor demand),在 CGE 模型和程序有哪些不同的写法。

我们知道,对要素 i 和 j 使用优化的一阶导数通常为:

$$\frac{w_i}{w_j} = \frac{\delta_i}{\delta_j}\left(\frac{x_j}{x_i}\right)^{1-\rho} \quad \text{或者} \quad \left(\frac{w_i}{w_j} \cdot \frac{\delta_j}{\delta_i}\right)^{\frac{1}{1-\rho}} = \frac{x_j}{x_i} \tag{7.4.1}$$

也可以用弹性系数 ε 表达。弹性系数 ε 和幂指数 ρ 的关系是:

$$\rho = 1 - \frac{1}{\varepsilon} \tag{7.4.2}$$

因此有

$$\left(\frac{w_i}{w_j} \cdot \frac{\delta_j}{\delta_i}\right)^{\varepsilon} = \frac{x_j}{x_i} \tag{7.4.3}$$

这个优化条件,再加上生产函数 $q = f(x_1, x_2) = A(\delta_1 x_1^\rho + \delta_2 x_2^\rho)^{\frac{1}{\rho}}$,就组合成完整的对要素投入量的需求,导出了条件要素需求函数。下面是三种 CGE 模型中常见的条件要素需求函数的表述方法:

方法 1:用联立方程组隐性表达[如 Lofgren, Harris and Robison(2001)所用]:

$$\begin{cases} q = A(\delta_1 x_1^\rho + \delta_2 x_2^\rho)^{\frac{1}{\rho}} \\ \dfrac{w_1}{w_2} = \dfrac{\delta_1}{\delta_2}\left(\dfrac{x_2}{x_1}\right)^{1-\rho} \end{cases} \tag{7.4.4}$$

方法 2:直接用条件要素需求函数显性表达[如 Shoven and Whalley(1984)所用]:

$$x_i^c = \frac{1}{A}\left(\frac{\delta_i}{w_i}\right)^{\varepsilon}[\delta_1^{\varepsilon}w_1^{1-\varepsilon} + \delta_2^{\varepsilon}w_2^{1-\varepsilon}]^{\frac{\varepsilon}{1-\varepsilon}} \cdot q \tag{7.4.5}$$

方法 3:用单位成本函数和条件需求函数隐性表达[如 Robinson, Wang and Martin(2002)所用]:

$$\begin{cases} c(w_1, w_2, 1) = \dfrac{1}{A}[\delta_1^{\varepsilon}w_1^{1-\varepsilon} + \delta_2^{\varepsilon}w_2^{1-\varepsilon}]^{\frac{1}{1-\varepsilon}} \\ x_i^c(w_1, w_2, q) = \dfrac{1}{A}\left[\dfrac{\delta_i A}{w_i} \cdot c(w_1, w_2, 1)\right]^{\varepsilon} \cdot q \end{cases} \tag{7.4.6}$$

数学形式表观上,方法 2 的表达最接近经济学理论的 $x_i^c(w_1, w_2, q)$ 的写法。但是,因为在 CGE 模型实际应用中是用 GAMS 程序对联立方程优化求解,方法 1 或者方法 3,得出的结果是一样的,而方法 1 比其他写法更简洁和更易于检错。因此,在后面很多 CGE 模型中,我们更多地用方法 1。方法 1 的缺点是,如果一个 CES 函数内含的要素变量大于 2,这个方法反而累赘。

对以上方程(7.4.3)、方程(7.4.5),或者方程(7.4.6)的求解是求出条件要素需求函数,也就是,给定产量 q,如何优化要素使用量 x_1 和 x_2 来达到最小成本。但是还没解决哪一个特定产量 q 会使企业利润最大化。为了求企业在利润最大化下行为的商品供应量,上述等式还必须和利润最大化的一阶条件(7.2.7)(即商品价格等于边际成本的优化条件)结合在一起。也就是,需要加上价格函数。对方法 1 加上价格函数,有

$$\begin{cases} q = A(\delta_1 x_1^{\rho} + \delta_2 x_2^{\rho})^{\frac{1}{\rho}} \\ \dfrac{w_1}{w_2} = \dfrac{\delta_1}{\delta_2}\left(\dfrac{x_2}{x_1}\right)^{1-\rho} \\ pq = w_1 x_1 + w_2 x_2 \end{cases} \tag{7.4.7}$$

以这个联立方程对 q 求解,可以得到商品供应函数。这个联立方程对 q 的解是该商品的供应函数 $q^s(p, w_1, w_2)$,对 x 的解则是对要素的一般需求函数 $x_i^d(p, w_1, w_2)$。注意和条件要素需求函数不同的是,商品供应函数内的变量是商品价格 p 而不是产量 q。这两个函数是一般均衡模型要求的企业方面的两个函数,即第 6 章的式(6.5.1)的商品供应和式(6.5.2)的要素需求两个函数。

类似地,方法 2 的完整的联立方程组是:

$$\begin{cases} x_i^c = \dfrac{1}{A}\left(\dfrac{\delta_i}{w_i}\right)^{\varepsilon}[\delta_1^{\varepsilon}w_1^{1-\varepsilon} + \delta_2^{\varepsilon}w_2^{1-\varepsilon}]^{\frac{-1}{\rho}} \cdot q \qquad i = 1, 2 \\ pq = w_1 x_1 + w_2 x_2 \end{cases} \tag{7.4.8}$$

方法 3 的完整的联立方程组通常是,利用利润最大化的一阶条件商品价格等于边际成本,因为这里边际成本也等于单位成本,即 $p = \partial c(w_1, w_2, q)/\partial q = c(w_1, w_2, 1)$,有

$$
\begin{cases}
p = \dfrac{1}{A}[\delta_1^{\varepsilon} w_1^{1-\varepsilon} + \delta_2^{\varepsilon} w_2^{1-\varepsilon}]^{\frac{1}{1-\varepsilon}} \\
x_i^c(w_1, w_2, q) = A^{\varepsilon-1}\left[\delta_i \dfrac{p}{w_i}\right]^{\varepsilon} \cdot q \qquad i=1, 2
\end{cases}
\tag{7.4.9}
$$

如果所有参数已经被估算好，式(7.4.9)的方法 3 的表述非常简洁。不过，在校调估算参数时，由于每个等式有两个未知参数，因此不能利用方法 3 校调估算参数。还得用其他方法估算参数，如第 7.5 节的方法。

虽然 CGE 模型各种流派和各种文献在生产模块上的数学表达表面上看起来形式差异很大，但是归根结底是对整个方程组求解时，显性或者非显性地解出企业对商品的供应函数和对要素的需求函数。各种表达形式的实质内容是一样的，各种表达方式可以相互推导出来。

7.5 从 SAM 表数据校调估算 CES 函数的参数

CGE 模型里各个函数的参数，大部分是从 SAM 表数据上推算出来的。这个过程叫做校调估算(calibration)。这个过程隐含一个假设，即 SAM 表的数据正是一般均衡状态下的结果。下面举例说明如何在数据基础上校调估算 CES 生产函数的参数。

设生产函数为 $q=A(\delta_1 x_1^{\rho}+\delta_2 x_2^{\rho})^{\frac{1}{\rho}}$。常规设置是：$\delta_1+\delta_2=1$，份额汇总等于 1。参数 ρ 从外部给定。q, x_1, x_2 数值从 SAM 数据中得到，参数“份额”(share) δ_1 和 δ_2 可以校调估算得到。

例 7.5.1 从 SAM 表中直接知道 $w_1 x_1=26$, $w_2 x_2=39$, $pq=65$。另外已知替代弹性 $\varepsilon=0.5$，校调估算 CES 生产函数 $q=A(\delta_1 x_1^{\rho}+\delta_2 x_2^{\rho})^{\frac{1}{\rho}}$ 中参数 A, δ_1 和 δ_2 的值。

解：首先将 x_1, x_2, q 的单位标准化，因此所有价格都为 1。即 $w_1=1$, $w_2=1$, $p=1$。又有

$$
\rho = 1-\frac{1}{\varepsilon} = 1-2 = -1 \tag{7.5.1}
$$

一阶优化条件是：

$$
\frac{w_1}{w_2} = \frac{\delta_1}{1-\delta_1}\left(\frac{x_2}{x_1}\right)^{1-\rho} \tag{7.5.2}
$$

得到对 δ_1 参数校调估算公式：

$$
\delta_1 = \frac{w_1 x_1^{1-\rho}}{w_1 x_1^{1-\rho} + w_2 x_2^{1-\rho}} \tag{7.5.3}
$$

求得

$$\delta_1=\frac{4}{13},\ \delta_2=1-\delta_1=\frac{9}{13} \tag{7.5.4}$$

对规模因素 A 的参数的校调估算公式是：

$$A=q/(\delta_1x_1^\rho+\delta_2x_2^\rho)^{\frac{1}{\rho}}=65\Big/\left(\frac{4}{13}x_1^{-1}+\frac{9}{13}x_2^{-1}\right)^{-1} \tag{7.5.5}$$

代入

$$x_1=26,\ x_2=39$$

求得

$$A=1.923\,077$$

该 CES 函数是：

$$q=A\ (\delta_1x_1^\rho+\delta_2x_2^\rho)^{\frac{1}{\rho}}=1.923\,077\left(\frac{4}{13}x_1^{-1}+\frac{9}{13}x_2^{-1}\right)^{-1} \tag{7.5.6}$$

复制检验(replication)

得到校调的参数值后，要检验其正确性。方法是用上面求出的参数代入生产函数，然后代入原来的外生变量，用 GAMS 程序求解内生变量，检验是否和原始数据一致。这里，让 q 为内生变量，外生变量是两个要素投入 x_1 和 x_2，而将其数值 26 和 39 分别代入：

$$q=1.923\,077\left(\frac{4}{13}\cdot 26^{-1}+\frac{9}{13}\cdot 39^{-1}\right)^{-1}=65 \tag{7.5.7}$$

求得 $q=65$，和原有数据一致。从而知道这个模型和程序是可靠的。这个步骤在 CGE 模型运用中被称为复制。

模拟(simulation)

研究政策变动对 CGE 模型变量的影响，是将预先设计好的方案，作为外生变量变化输入复制检验过的模型，然后研究 CGE 模型中相关内生变量的变化。这个过程称为“模拟”。下面举例说明。

在前面的模型中，假设有外界变动，无论是人为的因素如政策变化，或者非人为的因素如气候变化，在经济学中称为“冲击”(shock)。例如，假设价格 w_1 上升 10%，而生产量仍然是 65，求要素需求 x_1 和 x_2 的变化。

这里，我们再用这个生产函数。注意，在这个问题上，生产量 q 是外生变量。而内生变量有两个：x_1 和 x_2。因此，要有两个函数的联立方程组(7.4.4)才能求出。即，除了生产函数外，再加上一阶优化条件(7.4.1)。将价格比设置为 $\frac{w_1}{w_2}=\frac{1.1}{1}$，对下列方程组求解：

$$\begin{cases} 65 = 1.923\,077\left(\dfrac{4}{13}x_1^{-1} + \dfrac{9}{13}x_2^{-1}\right)^{-1} \\ \dfrac{1.1}{1} = \dfrac{4/13}{9/13}\left(\dfrac{x_2}{x_1}\right)^{1-\rho} \end{cases} \tag{7.5.8}$$

可用 Excel 或 GAMS 来做。用 Excel 时，要用计算机或其他优化算法子程序。对 x_1 和 x_2 要设起始值。一般可以用原来的 SAM 表值，如 26 和 39。上面方程组(7.5.8)解出的结果是 25.27 和 39.76。

另外一个办法是直接用条件要素需求函数(7.4.5)求解。在这道简单题目上，这是最直接，也是精确的办法：

$$\begin{aligned} x_1^c &= \frac{1}{A}\left(\frac{\delta_1}{w_1}\right)^{\varepsilon}[\delta_1^{\varepsilon}w_1^{1-\varepsilon} + \delta_2^{\varepsilon}w_2^{1-\varepsilon}]^{\frac{-1}{\rho}} \cdot q \\ &= \frac{1}{65}\left(\frac{4/13}{1.1}\right)^{0.5}[(4/13)^{0.5}1.1^{0.5} + (9/13)^{0.5}1^{0.5}]^{\frac{-1}{\rho-1}} \cdot 65 = 25.274 \end{aligned} \tag{7.5.9}$$

$$\begin{aligned} x_2^c &= \frac{1}{A}\left(\frac{\delta_2}{w_2}\right)^{\varepsilon}[\delta_1^{\varepsilon}w_1^{1-\varepsilon} + \delta_2^{\varepsilon}w_2^{1-\varepsilon}]^{\frac{-1}{\rho}} \cdot q \\ &= \frac{1}{65}\left(\frac{9/13}{1}\right)^{0.5}[(1/13)^{0.5}1.1^{0.5} + (9/13)^{0.5}1^{0.5}]^{\frac{-1}{\rho-1}} \cdot 65 = 39.761 \end{aligned} \tag{7.5.10}$$

可以看见，当价格 w_1 增加后，x_1 的需求减少而 x_2 的需求增加。这个要素组合的变化体现了要素之间在相对价格变化后的替代结果。

7.6 GAMS 程序

例 7.6.1 将第 7.5 节的 CES 问题实例，用 GAMS 程序，校调估算参数、复制检验，以及模拟。

解：程序如下。程序中附有相关说明和解释。这个程序可以直接在 GAMS 软件上运行，得出 GAMS 运行的结果。

```
$title  例 7.6.1  CES 函数  Demonstration for a CES function

*calibration  校调估算参数

parameter
elas            elasticity(弹性)
rho             CES function exponent rho (CES 函数幂)
delta1          share for good x1(x1 的份额)
delta2          share for good x2(x2 的份额)
scaleA          CES function scale factor A(CES 函数的规模因素 A)
```

```
x10          initial value of input(x1 初始值)
x20          initial value of input(x2 初始值)
q0           initial value of output q(q 初始值)
w10          initial value of price of input 1(要素 1 价格的初始值)
w20          initial value of price of input 2(要素 2 价格的初始值)
p0           initial value of price of q(商品价格的初始值)
;

* 对参数和外生变量赋值定义。通常用初始值,或者从 SAM 或其他外界信息给定。
elas = 0.5;
w10 = 1;
w20 = 1;
p0 = 1;
x10 = 26;
x20 = 39;
q0 = 65;

* 对其他没有直接数值的参数校调估算。
rho = 1 - 1/elas;
delta1 = w10 * x10 * * (1 - rho)/(w10 * x10 * * (1 - rho) + w20 * x20 * * (1 - rho));
delta2 = 1 - delta1;
scaleA = q0/(delta1 * x10 * * rho + delta2 * x20 * * rho) * * (1/rho);

* "display"指令。将校调估算出来的参数以及变量的数值展现出来。
display rho, delta1, delta2, scaleA, x10, x20, q0, w10, w20, p0
;

* 下面是复制检验参数估算值正确与否

* 宣称和定义内生变量
variable

x1     要素 1 数量
x2     要素 2 数量
q      商品 q 数量
w1     要素价格 1
w2     要素价格 2
```

```
p       商品 q 的价格
;

*定义等式
equation

Qeq       production function(生产函数)
FOCeq     first order condition for cost minimization(成本最小化的一阶条件)
PRICEeq   commodity price equals the unit total cost(商品价格等于产品单位成本)
;

Qeq..
q=e=scaleA*(delta1*x1**rho+delta2*x2**rho)**(1/rho);

FOCeq..
delta1/delta2=e=w1*x1**(1-rho)/(w2*x2**(1-rho));

PRICEeq..
p*q=e=w1*x1+w2*x2;

*给变量赋予起始价值。在下面的写法中,x1, x2 和 p 作为内生变量。
p.L=p0;
x1.L=x10;
x2.L=x20;

*将 q, w1, w2 的数值用 fx 固定。它们的性质从变量改成参数
q.fx=q0;
w1.fx=w10;
w2.fx=w20;

*执行模型,复制 SAM 的数值。这里是复制原来给予的 CES 函数的初始数值。可以检查估算的参数和模型设置对不对,
*这个练习使用的解算法仍然是 MCP(mixed complementarity problems),是 CGE 模型最经常用的。

model CES   /all/;
solve CES using mcp;
```

```
* 将重新复制的初始模型的变量数值展现,看是否和原来一致
parameter  repbase;
repbase('input x1') = x1.L;
repbase('input x2') = x2.L;
repbase('q price p0 ') = p.L;
display repbase;

* =============
* 模拟部分
* =============

* 政策变动 "shock "后,价格 w1 现在增加了 10 % ,有 1.1 乘以初始价格
* 设置新的外部变量数值
* 执行模型

w1.fx = 1.1 * w10;
solve CES using mcp;

* 将模拟的模型结果的变量数值展现
parameter  simoutput;
simoutput('input x1') = x1.L;
simoutput('input x2') = x2.L;
simoutput('q price p ') = p.L;
display  simoutput;

* end
```

练　　习

1. 席珀小定理(Shepard's Lemma)为 $\frac{\partial}{\partial w_i}c(w_1, w_2, q)=x_i^c(w_1, w_2, q)$。利用席珀小定理从第 7.1 节的成本函数求并检验条件需求函数。
2. 假如生产函数为 $f(x_1, x_2, x_2)=A(\delta_1 x_1^\rho+\delta_2 x_2^\rho+\delta_3 x_3^\rho)^{\frac{1}{\rho}}=q$,商品和要素价格分别为:$p$, w_1, w_2, w_3。求条件要素需求函数、成本函数,以及商品供应函数。
3. 假如生产函数如第 2 题。已知各个价格 p, w_1, w_2, w_3 都等于 1。替代弹性

$\varepsilon=2$。又有以下价值型 SAM 表数据：$w_1x_1=130$，$w_2x_2=195$，$w_3x_3=90$，$pq=415$。用 GAMS 程序，校调估算 A，δ_1，δ_2，δ_3 的值。复制验证估算参数值的正确性。

4. 如第 3 题的参数 A，δ_1，δ_2，δ_3 值的数据，替代弹性 $\varepsilon=2$。假设价格 p，w_1，w_2，w_3 都等于 1。$q=415$。用本章第 7.4 节的三种求条件要素需求的方法，写出 GAMS 程序，求对要素 x_1，x_2，x_3 的需求值。

附录　微观经济学复习

7.A.1　齐次函数

定义：如果函数 $f(\mathbf{x})$ 有

$$f(t\mathbf{x})=t^k f(\mathbf{x}) \qquad \forall t>0 \tag{7.A.1.1}$$

该函数称为 k 次齐次函数(homogeneous function of degree k)。如果 $k=1$，也被称为线性齐次函数(linearly homogeneous function)。

由此可见，规模报酬不变的生产函数，数学上是线性齐次函数，因为 $tq=f(t\mathbf{x})$，$\forall t>0$。线性齐次函数的一些性质在 CGE 模型中非常有用。根据欧拉法则，有

$$f(\mathbf{x})=\sum_i \frac{\partial f(\mathbf{x})}{\partial x_i}x_i \tag{7.A.1.2}$$

因此，生产函数为 $q=f(K, L)$ 时，我们有 $q=f_kK+f_LL$。在利润最大化的时候，要素价格等于商品的边际收入产出 $w_x=pf_x$，就有 $pq=w_kK+w_LL$，销售收入等于产品成本。和 CGE 模型的价格形成、利润最大化一阶条件一致。

欧拉法则的证明如下。因为 t 为任何正实数下 $f(t\mathbf{x})\equiv t^kf(\mathbf{x})$ 恒等，因此对 t 微分，有 $\sum_i \frac{\partial f(t\mathbf{x})}{\partial x_i}x_i=kt^{k-1}f(\mathbf{x})$，将 t 设成 1 即有欧拉法则：

$$\sum_i \frac{\partial f(\mathbf{x})}{\partial x_i}x_i=kf(\mathbf{x}) \tag{7.A.1.3}$$

当 $k=1$ 时，即得到等式(7.A.1.2)。

非线性生产函数和函数嵌套的CGE模型

8.1 单位条件要素需求作为投入产出系数的CGE模型表述形式

第6.6节的CGE模型用的是列昂惕夫生产函数。在列昂惕夫线性函数性质下，不管要素价格如何变动，要素投入数量之间的比例是固定不变的。这往往和实际情况不符。现在我们改进CGE模型的设置，采用第7章介绍的非线性的CES生产函数，使生产过程中要素需求的组合会受要素比价变化的影响。

虽然学界对CGE模型的数学表述有各种形式，但是万变不离其宗，都不离开CGE模型的基本构造和原理。前面我们从CES生产函数中导出等式(7.1.16)的非固定比例的"投入产出系数"。现在用这种形式来表述一个CGE的基本模型。这个表述形式在Ginsburge和Keyzer(2002, Chap.3)等一些文献中被使用。

假设经济体中有 $i=1, \cdots, n$ 种商品，$k=1, \cdots, m$ 个要素，$j=1, \cdots, J$ 个居民家庭。黑体字母表述数量和价格的向量和矩阵。变量的记号如下：

$\mathbf{e}_j$ = 居民 j 的要素禀赋；

$\mathbf{q}$ = 商品产出；

$\mathbf{h}_j$ = 个体 j 的商品需求(最终使用)；

$\mathbf{x}_j^h$ = 个体 j 的要素需求；

$\mathbf{p}$ = 商品价格；

$\mathbf{w}$ = 要素价格；

Y_j = 居民 j 的收入。

如等式(7.7.16)所示，CES生产函数可以导出"投入产出(直接消耗)系数"$a_{ij}(\mathbf{p}, \mathbf{w}, q_j=1)$。为简洁起见，这里省掉 $q_j=1$，投入产出系数直接记为 $a_{ij}(\mathbf{p}, \mathbf{w})$，它是单位产出的条件要素需求函数。但是和标准的列昂惕夫投入产出模型不一样，这里 $a_{ij}(\mathbf{p}, \mathbf{w})$ 不是常数，是受要素价格影响的一个函数。类似投入产出模型，对中间投入有下面的投入产出矩阵：

$$\mathbf{A}_G = \begin{pmatrix} a_{11}(\mathbf{p},\ \mathbf{w}) & \cdots & \cdots \\ & \ddots & \\ \vdots & a_{ii}(\mathbf{p},\ \mathbf{w}) & \vdots \\ & & \ddots \\ \cdots & \cdots & a_{nn}(\mathbf{p},\ \mathbf{w}) \end{pmatrix} \tag{8.1.1}$$

对要素投入有下面的投入产出矩阵。如 $a_{F1k}(\mathbf{p},\ \mathbf{w})$ 为生产一单位的 q_1 所需要的 k 要素。

$$\mathbf{A}_F = \begin{pmatrix} a_{F11}(\mathbf{p},\ \mathbf{w}) & \cdots & \cdots \\ & \ddots & \\ \vdots & a_{Fkk}(\mathbf{p},\ \mathbf{w}) & \vdots \\ & & \ddots \\ \cdots & \cdots & a_{Fmm}(\mathbf{p},\ \mathbf{w}) \end{pmatrix} \tag{8.1.2}$$

这两个矩阵 $\mathbf{A}_G$，$\mathbf{A}_F$ 确定了投入产出关系，因此隐含了生产函数。企业商品供应函数由下面的价格关系所隐含：

$$\mathbf{p}' = \mathbf{p}'\mathbf{A}_G(\mathbf{p},\ \mathbf{w}) + \mathbf{w}'\mathbf{A}_x(\mathbf{p},\ \mathbf{w}) \tag{8.1.3}$$

上面的表述类似投入产出模型的价格形成关系。居民从要素禀赋得到的收入：

$$Y_j = \mathbf{w} \cdot \mathbf{e}_j \tag{8.1.4}$$

居民消费需求是：

$$\mathbf{h}_j(\mathbf{p},\ \mathbf{w},\ Y_j) = \mathbf{h}_j \tag{8.1.5}$$

居民对要素也有需求，譬如需求休闲时间。居民 j 对要素的需求为：

$$\mathbf{x}_j = \mathbf{x}_j(\mathbf{p},\ \mathbf{w},\ Y_j) \tag{8.1.6}$$

所有居民对要素的需求为 $\sum_j \mathbf{x}_j(\mathbf{p},\ \mathbf{w},\ Y_j)$。企业对要素的需求为 $\mathbf{A}_F(\mathbf{p},\ \mathbf{w})\mathbf{q}$。因此有整个经济对要素的需求：

$$\mathbf{x}^{\mathbf{d}} = \sum_j \mathbf{x}_j^h(\mathbf{p},\ \mathbf{w},\ Y_j) + \mathbf{A}_F(\mathbf{p},\ \mathbf{w})\mathbf{q} \tag{8.1.7}$$

商品市场出清：

$$\sum_j \mathbf{h}_j(\mathbf{p},\ \mathbf{w},\ Y_j) + \mathbf{A}_G(\mathbf{p},\ \mathbf{w})\mathbf{q} = \mathbf{q} \tag{8.1.8}$$

要素市场出清：

$$\mathbf{x}^{\mathbf{d}} = \sum_j \mathbf{e}_j \tag{8.1.9}$$

等式(8.1.3)—等式(8.1.9)共 7 组组成了这个模型。外生变量为 $\mathbf{e}_j$，内生变量为 $\mathbf{p}$、$\mathbf{w}$、$\mathbf{h}_j$、$\mathbf{x}_j$、$\mathbf{x}^{\mathbf{d}}$、$\mathbf{q}$、Y_j。这个模型的表述有一般均衡理论的框架，也有投入产出模型的痕迹。从中可以看出 CGE 模型发展两个方向的互动。一是一般均衡理论的应用化，一是投入产出(多部门)模型的提升，提升成为以社会核算矩阵为数据基础，结合更符合实际的非线性的供求函数，然后加上居民收入到需求的闭合。这个模型是一个很好的演示。不过，对付复杂的多部门多要素多账户的 CGE 模型，上述的 $\mathbf{A}_G$ 矩阵结构捉襟见肘，并不实用。

8.2 显性条件要素需求函数的 CGE 模型表述形式

在实际应用中，比较现实的不是用上面矩阵的形式，而是用函数形式，这样对编写程序比较方便。下面介绍 CGE 文献中用显性条件需求函数来表述生产模块中函数关系的形式。这在 Shoven 和 Whalley(1984)等文章中所用。

假设要研究的经济有两个商品，两个要素，一个居民，没有中间投入。这两个投入之间是一个规模报酬不变的 CES 的生产函数。相应有表 8.2.1 的 SAM 表。

表 8.2.1 模型经济的 SAM 表

	商品 1	商品 2	要素(劳动)	要素(资本)	居民	汇总
商品 1					12	12
商品 2					21	21
要素(劳动)	9	7				16
要素(资本)	3	14				17
居　民			16	17		33
汇　总	12	21	16	17	33	

模型经济的生产函数是 CES 函数：$q_i = A_i[\delta_i L_i^{\rho_i} + (1-\delta_i)K_i^{\rho_i}]^{1/\rho_i}$。这里不用 CES 函数直接表达，而让其导出的显性条件要素需求函数的形式来表述。L_i^d 为 i 部门的劳动要素需求，K_i^d 为 i 部门的资本要素需求。CGE 文献通常在显性条件需求函数形式中用替代弹性 ε 而不是幂 ρ。因此有：

$$L_1^d = \frac{1}{A_1}\left(\frac{\delta_1}{w_l}\right)^{\varepsilon_1}[\delta_1^{\varepsilon_1} w_l^{1-\varepsilon_1} + (1-\delta_1)^{\varepsilon_1} w_k^{1-\varepsilon_1}]^{\varepsilon_1/(1-\varepsilon_1)} \cdot q_1 \tag{8.2.1}$$

$$K_1^d = \frac{1}{A_1}\left(\frac{\delta_1}{w_k}\right)^{\varepsilon_1}[\delta_1^{\varepsilon_1} w_l^{1-\varepsilon_1} + (1-\delta_1)^{\varepsilon_1} w_k^{1-\varepsilon_1}]^{\varepsilon_1/(1-\varepsilon_1)} \cdot q_1 \tag{8.2.2}$$

$$L_2^d = \frac{1}{A_2}\left(\frac{\delta_2}{w_l}\right)^{\varepsilon_2}[\delta_2^{\varepsilon_2} w_l^{1-\varepsilon_2} + (1-\delta_2)^{\varepsilon_2} w_k^{1-\varepsilon_2}]^{\varepsilon_2/(1-\varepsilon_2)} \cdot q_2 \tag{8.2.3}$$

$$K_2^d = \frac{1}{A_2}\left(\frac{\delta_2}{w_k}\right)^{\varepsilon_2}[\delta_2^{\varepsilon_2} w_l^{1-\varepsilon_2} + (1-\delta_2)^{\varepsilon_2} w^{1-\varepsilon_2}]^{\varepsilon_2/(1-\varepsilon_2)} \cdot q_2 \tag{8.2.4}$$

利润最大化的一阶条件由下面价格关系等式表达。其中 q_i 为商品 i 的总产出，p_i 为商品 i 的价格，w_j 为要素 j 的价格。

$$w_l L_1 + w_k K_1 = p_1 q_1 \tag{8.2.5}$$

$$w_l L_2 + w_k K_2 = p_2 q_2 \tag{8.2.6}$$

居民要素禀赋是 L^s 和 K^s，也是他们的要素供应。其收入 Y 是：

$$w_l L^s + w_k K^s = Y \tag{8.2.7}$$

居民的效用函数是幂为 α 的柯布—道格拉斯函数，所以有相应的商品需求函数：

$$p_1 q_1^h = \alpha Y \tag{8.2.8}$$

$$p_2 q_2^h = (1-\alpha) Y \tag{8.2.9}$$

q_i^h 为居民对商品产品 i 的消费需求。商品市场出清条件是：

$$q_1^h = q_1 \tag{8.2.10}$$

$$q_2^h = q_2 \tag{8.2.11}$$

要素市场出清条件是：

$$L_1^d + L_2^d = L^s \tag{8.2.12}$$

$$K_1^d + K_2^d = K^s \tag{8.2.13}$$

由上面式(8.2.1)—式(8.2.13)共 13 个函数组成了该 CGE 模型。它有 13 个内生变量，为 q_1，q_2，q_1^h，q_2^h，L_1，L_2，K_1，K_2，Y，p_1，p_2，w_l，w_k。外生变量为：L^s，K^s。替代弹性 ε_1，ε_2 的数值需要外界给定，由此知道 ρ_1 和 ρ_2 的数值。靠 SAM 表数据来校调估算的参数为：δ_1，δ_2，A_1，A_2，α_1，α_2。这个模型的生产模块部分表述形式也比较清楚，在文献中用得也不少。

8.3 生产模块的简洁数学表述和价格关系函数

等式(8.2.1)—等式(8.2.4)的条件要素需求函数写法，也就是等式(7.4.8)的方法 2，虽然比较接近于微观经济理论的表述形式，但是其函数的数学写法还是比较繁琐，不容易记住。在 CGE 程序模型中，用等式(7.4.7)的方法 1，即用生产函数和成本优化条件联立方程(7.4.3)加上价格函数来表示，写法比较简洁。

这里按照方程组(7.4.4)的形式，成本函数和条件要素需求函数由下面两个等式的联立方程来隐性表述：

$$A_1[\delta_1 L_1^{\rho_1} + (1-\delta_1) K_1^{\rho_1}]^{1/\rho_1} = q_1 \tag{8.3.1}$$

$$\frac{w_l}{w_k} = \frac{\delta_i}{(1-\delta_i)}\left(\frac{K_i}{L_i}\right)^{1-\rho_i} \tag{8.3.2}$$

等式(8.3.1)是生产函数，一目了然，容易记忆。等式(8.3.2)是成本最小化的一阶条件,也简洁。对这个联立方程的 K 和 L 求解,可以得出对 L_1,K_1 要素的条件需求,和前面等式(8.2.1)和等式(8.2.2)求解得出的结果是一样的。类似地,也可以用同样方式替代前面等式(8.2.3)和等式(8.2.4)。

除此之外,还要加上利润最大化条件,方可内含商品供应函数。如第 7 章所述,在生产函数规模报酬不变的情况下,价格关系的 $w_l L_i + w_k K_i = c_i(w_l, w_k, q_i) = p_i q_i$,也就是 $p_1 = 1/q_1 \cdot (w_l L_1 + w_k K_1)$,是边际成本等于商品价格的利润最大化条件 $\partial c/\partial q_i = p_i$。因此用方程组(8.3.3)三个等式的联立方程,即第 7 章的方程(7.4.7),实际上同时给出了三个函数:对商品 1 的供应函数、在商品 1 部门的劳动和资本要素需求函数,以及商品和要素的价格关系函数。而其数学表达比显性函数形式要简洁得多,也容易记忆和检错。因此,我们在后面的 CGE 模型中,常用这个写法,读者要记住这 3 个等式的方程组的功能。同时也要了解等式形式不同的变体,以便读懂其他文献中各种 CGE 模型表述方法。

$$\begin{cases} A_1[\delta_1 L_1^{\rho_1} + (1-\delta_1)K_1^{\rho_1}]^{1/\rho_1} = q_1 \\ \dfrac{w_l}{w_k} = \dfrac{\delta_1}{(1-\delta_1)}\left(\dfrac{K_1}{L_1}\right)^{1-\rho_1} \\ p_1 q_1 = w_l L_1 + w_k K_1 \end{cases} \tag{8.3.3}$$

CGE 往往要对付很多部门,商品、要素和社会核算账目。建模时要做些整理和归类,以便分析和处理。在 GAMS 语言中,通常把归纳成的门类定义为集合。譬如,CGE 模型经常要处理几十个以上商品部门。将商品归纳为商品集,可以使计算机程序简化很多。如第 8.2 节中 13 个等式组成的模型,有商品集合 C,其元素指标记为 i,有 $i=1, \cdots, n$ 个部门。也有要素集合 F,其元素指标记为 f,有 $f=l, k$。l 为劳动,k 为资本。用下标索引和集合为记号,所有 n 商品部门的生产函数等式可以这样表达:

$$A_i[\delta_i L_i^{\rho_i} + (1-\delta_i)K_i^{\rho_i}]^{1/\rho_i} = q_i \qquad i=1, \cdots, n \tag{8.3.4}$$

或者用 $i \in C$ 来替代 $i=1, \cdots, n$,如下:

$$A_i[\delta_i L_i^{\rho_i} + (1-\delta_i)K_i^{\rho_i}]^{1/\rho_i} = q_i \qquad i \in C \tag{8.3.5}$$

在部门众多的情况下,这对数学表达和程序编写都比较便利。

8.4 有 CES 生产函数的简单 CGE 模型和 GAMS 程序

综上所述,我们用下面的等式来描述一个用 CES 函数的简单 CGE 模型。可以看到,这比第 6.6 节的简单 CGE 模型复杂些:(1)生产函数是 CES 函数;(2)有两个生产要素。

$$A_i[\delta_i L_i^{\rho_i} + (1-\delta_i)K_i^{\rho_i}]^{1/\rho_i} = q_i \qquad i \in C \tag{8.4.1}$$

$$\frac{w_l}{w_k}=\frac{\delta_i}{(1-\delta_i)}\left(\frac{K_i}{L_i}\right)^{1-\rho_i} \qquad i\in C \tag{8.4.2}$$

$$p_i q_i = w_l L_i + w_k K_i \qquad i\in C \tag{8.4.3}$$

$$w_l L^s + w_k K^s = Y \tag{8.4.4}$$

$$p_i q_i^h = \alpha_i Y \qquad i\in C \tag{8.4.5}$$

$$q_i^h = q_i \qquad i\in C \tag{8.4.6}$$

$$\sum K_i = K^s \tag{8.4.7}$$

$$\sum L_i = L^s \tag{8.4.8}$$

这里式(8.4.1)—式(8.4.8)共 8 组等式，其中 5 组等式有 n 部门，因此，共有 $(8-5)+5n$ 个函数。和前面一样，内生变量为 Y，w_l，w_k 加上 q_i，q_i^h，L_i，K_i，p_i 五组每组有 n 个内生变量，也是 $3+5n$ 个变量。因此，矩阵为正方形，可以求解。这里 n 个商品，2 个要素，共 $n+2$ 个市场。按照瓦尔拉斯法则，其中 $n+2-1$ 市场出清，剩余的 1 个自然出清。

本模型的外生变量为：L^s，K^s。外界给定的参数为替代弹性 ε_1，ε_2，由此知道 ρ_1，ρ_2。需要估计校调(calibrated)的参数为：δ_1，δ_2，A_1，A_2，α_1，α_2。本模型的形式更容易实际操作和编程。

例 8.4.1 一个模型经济有如本节等式(8.4.1)—等式(8.4.8)所描述，其数据为 SAM 表 8.2.1。假如所有的要素禀赋包括劳动和资本都充分就业，而商品价格及劳动价格又是像古典主义描述的具有充分弹性，在劳动力增加 10%的情况下，各个内生变量会有什么变化？(让劳动工资价格作为价格基准)用 GAMS 程序模拟解答。

解：例 8.4.1 的 GAMS 程序如下。用计算机程序模拟劳力增加 10%的结果如表 8.4.1，附在程序后面。

```
$title 例 8.4.1 有 CES 生产函数的基本 CGE 模型

*定义集合 ac 意为账户 account   集合 c 为商品

set ac   /sec1, sec2, lab, cap, hh, total/
    c(ac)   /sec1, sec2/
;

*给 ac 别名
alias(ac, acp);
```

```
*读取 SAM 表的数值
table sam(ac, acp)
          sec1   sec2   lab    cap    hh    total
sec1                                  12    12
sec2                                  21    21
lab       9      7                          16
cap       3      14                         17
hh                      16     17           33
total     12     21     16     17     33
;

*定义参数
parameters

Q0(c)        商品 c 的数量
P0(c)        商品 c 的价格
LD0(c)       劳动需求
KD0(c)       资本需求
LS0          劳动量供应
KS0          资本量供应
WL0          劳动价格
WK0          资本价格
Y0           居民收入
QH0(c)       居民对商品 i 的需求
scaleA(c)    CES 函数规模因素参数   可以从 SAM 表中求出
delta(c)     CES 函数份额参数   可以从 SAM 表中求出
rho(c)       CES 函数幂参数   外生给定   假设从替代弹性导出后等于 0.6
alphah(c)    居民收入中对商品 i 的消费支出   可以从 SAM 表中求出
;

*下面为参数(包括外生变量)赋值或校调估值 calibrate
rho(c) = 0.6;
P0(c) = 1;
WL0 = 1;
WK0 = 1;
Q0(c) = sam('total ', c)/P0(c);
LD0(c) = sam('lab ', c)/WL0;
```

```
KD0(c) = sam('cap', c)/WK0;
LS0 = sum(c, LD0(c));
KS0 = sum(c, KD0(c));
Y0 = WL0 * LS0 + WK0 * KS0;
QH0(c) = SAM(c, 'hh')/P0(c);

* 校调生产函数参数
delta(c) = WL0 * LD0(c) * * (1 - rho(c))/(WL0 * LD0(c) * * (1 - rho(c)) + WK0
 * KD0(c) * * (1 - rho(c)));
scaleA(c) = Q0(c)/(delta(c) * LD0(c) * * rho(c) + (1 - delta(c)) * KD0(c) *
 * rho(c)) * * (1/rho(c));

* 校调 Cobb-Douglas 效用函数导出的消费需求
alphah(c) = P0(c) * QH0(c)/Y0;

* 展现参数的值和校调值
display  rho, delta, scaleA, Q0, LD0, KD0, LS0, KS0, Y0, QH0;

* 定义变量
variable
P(c), WK, WL, Q(c), LD(c), KD(c), Y, QH(c), LS, KS;
* 上面 LS 和 KS 也作为变量,这是因为考虑到以后在模拟中要改变其数值研究政策冲击的变化。在后面"宏观闭合"部分,这两个变量数值被指令.fx 固定住了,所以它们的实际功能是参数或外生变量。

* 定义等式。注意等式数量和上面的内生变量数目要一致,不然解法 MCP 会停止执行。
equation

Qeq(c), FOCeq(c), PRICEeq(c), IncomeYeq, QHeq(c), Qbal(c), Leq, Keq
;

Qeq(c)..
Q(c) = e = scaleA(c) * (delta(c) * LD(c) * * rho(c) + (1 - delta(c)) * KD(c) *
 * rho(c)) * * (1/rho(c));

FOCeq(c)..
WL/WK = e = delta(c)/(1 - delta(c)) * (KD(c)/LD(c)) * * (1 - rho(c));
```

```
PRICEeq(c)..
WL * LD(c) + WK * KD(c) =e= P(c) * Q(c);

IncomeYeq..
WL * LS + WK * KS =e= Y;

QHeq(c)..
P(c) * QH(c) =e= alphah(c) * Y;

Qbal(c)..
QH(c) =e= Q(c);

Leq..
Sum(c, LD(c)) =e= LS;

Keq..
Sum(c, KD(c)) =e= KS;


*赋予变量的初始值
P.L(c) = P0(c);
WL.L = WL0;
WK.L = WK0;
Q.L(c) = Q0(c);
LD.L(c) = LD0(c);
KD.L(c) = KD0(c);
LS.L = LS0;
KS.L = KS0;

*宏观闭合:全部要素充分就业.外生变量用.fx
LS.fx = LS0;
KS.fx = KS0;

*执行优化程序
model cge  /all/;
solve cge using mcp;
```

```
* Replication 复制检验
WL.L = 1.1;
model replic   /all/;
solve replic using mcp;
display P.L, WL.L, WK.L, Q.L, LD.L, KD.L, LS.L, KS.L;

* Simulation 模拟
* 假如劳动供应和劳动要素禀赋增加 10 % ,求结果
WL.L = 1;
LS.fx = 1.1 * LS0;
model sim   /all/;
solve sim using mcp;
display P.L, WL.L, WK.L, Q.L, LD.L, KD.L, LS.L, KS.L

* end 程序结束
```

表 8.4.1　例 8.4.1 的劳力禀赋增加 10%的模拟结果

	商品 1	商品 2
商品价格	1.01	1.028
劳动价格	1	1
资本价格	1.043	1.043
商品供应量(实际量)	12.716	21.867
劳动供应量(实际量)	9.786	7.814
资本供应量(实际量)	2.936	14.064

8.5　嵌套函数和多要素投入的情况

从数学上讲,CES 函数也可以包括 3 个或 3 个以上的要素投入。我们有

$$q=f(x_1,\ x_2,\ \cdots,\ x_n)=A(\delta_1 x_1^{\rho}+\delta_2 x_2^{\rho}+,\ \cdots,\ +\delta_n x_n^{\rho})^{\frac{1}{\rho}} \qquad (8.5.1)$$

$$\sum_i^n \delta_i=1$$

问题在于,在函数(8.5.1)的情况下,所有投入之间的替代弹性系数都一样。譬如,要是生产函数中有中间投入 M,劳动 L,资本 K 三个要素,而我们写成

$$q=A(\delta_1 M^{\rho}+\delta_2 L^{\rho}+\delta_3 K^{\rho})^{\frac{1}{\rho}} \qquad \sum_i^n \delta_i=1 \qquad (8.5.2)$$

这就迫使中间投入、劳动、资本三个要素中的任何两个要素相互的价格替代弹性都必须是同一个数值。因为它们都用同一个 ρ。比如,中间投入和劳动之间的替代弹性如果是 0.5,那么,劳动和资本之间的替代弹性也是 0.5。这在大多数情况下不符合事实。

为了避免这个问题,我们用嵌套(nested)函数的方法(见图 8.5.1)。

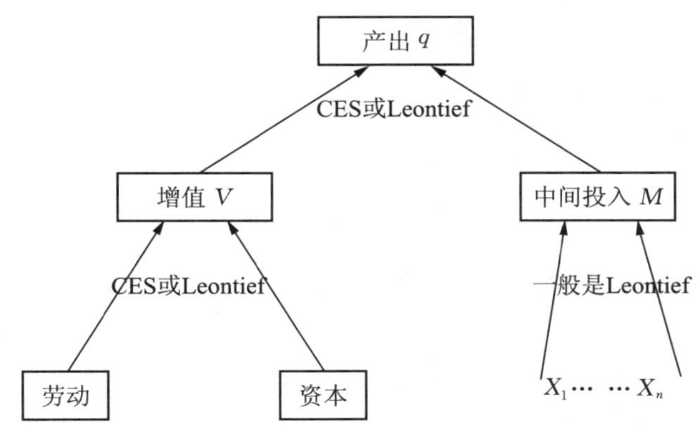

图 8.5.1 生产函数的嵌套

$$q = A_q[\delta_q V^\rho + (1-\delta_q)M^\rho]^{\frac{1}{\rho}} \tag{8.5.3}$$

其中 V 为:

$$V = A_v[\delta_v L^{\rho_v} + (1-\delta_v)K^{\rho_v}]^{\frac{1}{\rho_v}} \tag{8.5.4}$$

如果合并在一个等式里,有

$$q = A_q\{\delta_q[A_v(\delta_v L^{\rho_v} + (1-\delta_v)K^{\rho_v})^{\frac{1}{\rho_v}}]^\rho + (1-\delta_q)M^\rho\}^{\frac{1}{\rho}} \tag{8.5.5}$$

设置生产函数嵌套,除了数量之间的嵌套关系外,还必须加上价格关系的嵌套,并且要一致。例如,在 CGE 生产模块中,等式(8.5.3)加上等式(8.5.5)形成数量嵌套关系,此外,还得加上下面联立的两个嵌套的价格形成关系。

$$p_q q = p_v V + p_M M \tag{8.5.6}$$

$$p_v V = w_l L + w_k K \tag{8.5.7}$$

这两个等式表面上看是产出的收入必须等于(或者说,穷尽)所有投入成本。也可以看成价格是怎么形成的。譬如,对等式(8.5.6)两边除以 q,有

$$p_q = p_v \frac{V}{q} + p_M \frac{M}{q} \tag{8.5.8}$$

上式为嵌套的等式的价格关系,也可以看成是根据投入权重形成的价格。同理,对等式(8.5.7)两边除以 V,有

$$p_v = w_l \frac{L}{V} + w_k \frac{K}{V} \tag{8.5.9}$$

这是嵌套组成部分函数的价格关系。但是，如前面提过的，在规模报酬不变的生产函数情况下，这个价格关系也是模型所需要的边际成本等于产品价格的企业利润最大化的一阶导数条件。再加上要素使用优化的一阶导数条件，联立起来形成了生产模块中隐含的商品供应和要素需求函数。

类似地，中间投入这块也要有相应的生产函数和价格关系。一般地，中间投入用列昂惕夫生产函数。M 为汇总的中间投入总量，p_M 为中间投入总价格指数。各个中间部门 i 使用的投入量和价格分别为 X_i 和 p_{qi}，因此价格函数是：

$$p_M M = \sum_i p_{qi} X_i \tag{8.5.10}$$

对中间投入部分的生产函数，由于符号下标繁琐和一些细节问题，下面一节要详细说明，这里不赘述。

CGE 模型的函数可以有多层的嵌套，但是其原理和结构都是一致的。在生产函数模块中，一是要设置好各个层次的嵌套的生产函数。二是在价格函数模块中，要包括相应的价格函数关系。三是各层嵌套函数的优化一阶条件要写出来。每个被嵌套的函数，可以是各种合法的函数，如 CES、柯布—道格拉斯函数、列昂惕夫函数，等等，由具体需要来决定。下面是嵌套函数的 CGE 模型例子。

8.6 嵌套生产函数的 CGE 模型

这个模型的生产函数嵌套有两层。最上面一层的总产出是个 CES 函数，这个生产函数有两个投入，一个是中间投入，一个是增值。下面一层的分别为，中间投入部分的生产函数是列昂惕夫生产函数，由投入产出表的列昂惕夫投入产出系数关系组成。增值部分的生产函数有两个生产要素——劳动和资本。居民的效用函数仍然是柯布—道格拉斯函数。

随着 CGE 模型的逐渐复杂化，模型的数学表达和程序编制中，原有的单个字母符号已不足敷用越来越多的变量，同时单个字母也不易记住它们代表的含义。下面我们在本书用的变量记法在前面基础上再发展一下，采取一些 CGE 建模中流行使用的变量记号(如 Lofgran, Harris and Robinson, 2002)。在编写 GAMS 语言时，也尽量用同样的记法，便于读者阅读和参看外部相关文献。

这里，变量记号的第一个字母 Q 表示数量，变量记号的第一个字母 P 表示商品价格；变量记号的第一个字母 W 表示要素价格，变量记号的第一个字母 Y 表示以货币单位计算的货币值收入，等等。如 QA 表述生产活动(activities)生产的商品数量；PA 是它的价格。VA 表示增值，$INTA$ 表示中间投入。YH 表示居民的货币收入。类推如下：

QA：经济活动生产的商品数量；

PA：经济活动生产商品的价格；

QVA：增值总投入数量；

PVA：增值总价格指数；

$QINTA$：中间投入总量；

$PINTA$：中间投入总价格指数。

让所有生产活动部门为 A 集，要素为 F 集，有

a：生产活动生产的商品 $a=1, \cdots, 3$，记为 $a \in A$；

f：要素 $f=$劳动，资本；记为 $f \in F$。

我们首先有最高一层的嵌套的生产函数，它有两个投入，增值(即要素加总的投入)和中间投入。中间投入是将所有中间投入汇总在一起，作为一个合成的总投入量 $QINTA$。也有一个加权的总价格指数 $PINTA$。

$$QA_a=\alpha_a^q\left[\delta_a^q QVA_a^{\rho_a}+(1-\delta_a^q) QINTA_a^{\rho_a}\right]^{\frac{1}{\rho_a}} \qquad a \in A \tag{8.6.1}$$

其成本最小化一阶条件是：

$$\frac{PVA_a}{PINTA_a}=\frac{\delta_a^q}{(1-\delta_a^q)}\left(\frac{QINTA_a}{QVA_a}\right)^{1-\rho_a} \qquad a \in A \tag{8.6.2}$$

加上相应的价格关系：

$$PA_a \cdot QA_a=PVA_a \cdot QVA_a+PINTA_a \cdot QINTA_a \qquad a \in A \tag{8.6.3}$$

或者是加权的价格：

$$PA_a=PVA_a \cdot \frac{QVA_a}{QA_a}+PINTA_a \cdot \frac{QINTA_a}{QA_a} \qquad a \in A \tag{8.6.3$'$}$$

在从表 8.6.1 估计校调参数和求基准模型时，PA_1 按照惯例设置为 1。QA_1 是 1 365。要素价格包括劳动和资本也是 1，即 $WL_i=WL=1$，$WK_i=WK=1$。这里假设劳动和资本是自由流动的，它们的价格在各个部门是一样的。

表 8.6.1 模型经济 SAM 表

	农业	工业	服务业	劳动	资本	居民	汇总
商品 1(农业)	260	320	150			635	1 365
商品 2(工业)	345	390	390			600	1 725
商品 3(服务业)	400	365	320			385	1 470
要素(劳动)	200	250	400				850
要素(资本)	160	400	210				770
居　　民				850	770		1 620
汇　　总	1 365	1 725	1 470	850	770	1 620	

嵌套函数的第二层,也就是底层的生产函数设置有两个。一个是增值,一个是中间投入。增值的生产函数可以用 *CES* 或其他非线性函数,也可以用列昂惕夫函数。这里用 CES 函数,有两个要素投入,劳动 *QLD* 和资本 *QKD*。

$$QVA_a = \alpha_a^{va}[\delta_a^{va} QLD_a^{\rho_a^{va}} + (1-\delta_a^{va}) QKD_a^{\rho_a^{va}}]^{1/\rho_a^{va}} \qquad a \in A \tag{8.6.4}$$

$$\frac{WL}{WK} = \frac{\delta_a^{va}}{(1-\delta_a^{va})}\left(\frac{QKD_a}{QLD_a}\right)^{1-\rho_a^{va}} \qquad a \in A \tag{8.6.5}$$

$$PVA_a \cdot QVA_a = WL \cdot QLD_a + WK \cdot QKD_a \qquad a \in A \tag{8.6.6}$$

嵌套函数的第二层的中间投入,可以进一步细分。CGE 模型中,中间投入的生产函数,除非是研究的需要,一般都用列昂惕夫函数。这是因为相对简单易于操作,同时又有现成的投入产出表可以利用。我们有

$$QINT_{aa'} = ia_{aa'} \cdot QINTA_{a'} \qquad a \in A,\ a' \in A \tag{8.6.7}$$

$$PINTA_{a'} = \sum_{a \in A} ia_{aa'} \cdot PA_a \qquad a' \in A \tag{8.6.8}$$

这里,中间投入总量 *QINTA* 是由各部门中间投入 *QINT* 汇总而成的。中间投入的生产函数是列昂惕夫的投入产出系数组成。投入产出系数(直接消耗系数),即我们原来用的 a_{ij},现在用记号 ia_{ij} 来表示。注意,这里,ia_{ij} 是生产每一个单位的**总中间投入** j 所需要的 i 投入的数量,这和以前的 a_{ij} 的定义不同。以前 a_{ij} 的定义是生产每一个单位的最终产品 j 所需要的 i 投入的数量。在上面的 SAM 表中,(按照惯例,仍然假设所有初始价格为 1),对商品 1 来说,$a_{11} = 260/1\,365$。但是这里 $ia_{11} = 260/(260+345+460) = 260/1\,005$。可以看到,差别在于分母是总中间投入量,而不是以前投入产出模型中用的总产出量。另外,从现在起我们将记号 i 改成 a,j 改成 a',因此上面等式(8.6.7)中 ia_{ij} 记号变成 $ia_{aa'}$。因此,第二层解体的中间投入的生产函数是列昂惕夫生产函数:$QINT_{aa'} = ia_{aa'} \cdot QINTA_a$,$a=1, 2, 3$,$a'=1, 2, 3$。以表 8.6.1 为例,我们有 $ia_{11}=260/1\,005$,$ia_{21}=345/1\,005$,$ia_{12}= 320/1\,075$ 和 $ia_{22}= 390/1\,075$。相应的价格关系是等式(8.6.8),也可表达为:

$$PINTA_{a'} \cdot QINTA_{a'} = \sum_{a \in A} PA_a \cdot QINT_{aa'} \qquad a' \in A \tag{8.6.8'}$$

上述等式(8.6.1)到等式(8.6.8)组成了生产模块,包含了在这个嵌套生产函数下的企业利润最大化下的相应函数,即在给定商品价格和要素价格条件下,企业对商品的供应量和对要素的需求量。在微观经济学上,对上述八个等式组的联立方程组求解,会导出企业的要素需求函数(ordinary factor demand functions)以及商品的供应函数(supply function)。

现在再完成居民方面的市场行为函数。这个模型假设社会上所有要素禀赋都

被充分就业，因此要素供应量等于要素禀赋，被外生给定。变量记号是：

QLS：劳动供应量；

QLD：劳动需求量；

YH：居民以货币单位计算的收入。

居民收入是：

$$YH = WL \cdot QLS + WK \cdot QKS \tag{8.6.9}$$

假设居民的效用函数是柯布—道格拉斯函数，因此在商品 a 上花费的份额 $shrh_a$ 不受价格影响，导出的居民对商品 a 的需求 QH_a 是：

$$QH_a = \frac{shrh_a}{PA_a} \cdot YH \qquad a \in A \tag{8.6.10}$$

商品市场出清，即商品市场上供求平衡关系是：

$$\sum_{a' \in A} QINT_{aa'} + QH_a = QA_a \qquad a \in A \tag{8.6.11}$$

要素市场出清，即供求平衡关系是：

$$\sum_{a \in A} QLD_a = QLS \tag{8.6.12}$$

$$\sum_{a \in A} QKD_a = QKS \tag{8.6.13}$$

以上等式(8.6.1)—等式(8.6.13)共 13 组等式，内生变量是 15 组，为 QA_a，QVA_a，$QINTA_a$，$QINT_{aa'}$，QLD_a，QKD_a，QLS_a，QKS_a，YH，QH_a，PA_a，PVA_a，$PINTA_a$，WL，WK。内生变量比等式多了两组。需要对变量加两个限制条件。因为是新古典主义闭合，要素充分就业，因此要素供应等于要素禀赋 $\overline{QLS}$ 和 $\overline{QKS}$。要素禀赋外生给定，为外生变量，用顶上横杠来表示。虽然经济学上通常称这 $\overline{QLS}$ 和 $\overline{QKS}$ 为外生变量，但是在 GAMS 程序中外生变量被称为参数。所以我们有下面两个限制条件，将 OLS 和 OKS 的数值赋值固定在禀赋上，这两个模型中原来的内生变量变为参数，如下：

$$QLS = \overline{QLS} \tag{8.6.14}$$

$$QKS = \overline{QKS} \tag{8.6.15}$$

这样模型的整个联立方程组中内生变量也是 13 个，和等式数量相等，为正方形矩阵，模型可解。外界给定的参数为 ρ_a，ρ_a^{va}。靠 SAM 表可以估计校调的参数是 α_a^q，α_a^{va}，δ_a^q，δ_a^{va}，$ia_{aa'}$ 和 $shrh_a$。

注意，在写程序时，等式(8.6.14)和等式(8.6.15)是给参数赋值，因此不能写成要求解计算的等式语法“=e=”。GAMS 程序中，原来 QLS 和 QKS 被定义为变量，现在要将性质改变成参数，一种方法是在整个模型里的所有相关指令中，将原来的变量 QLS 和 QKS，都改成参数 $QLS0$ 和 $QKS0$。这样比较繁琐，而且缺乏以后调整的灵活性,如修改成其他的宏观闭合,或者模拟其他政策冲击时的灵活性。

比较方便和灵活的方法是,在赋予变量初始值指令上,不用后缀".L"或者".l"(注意是英文字母 L 的小写字母 l 而不是数值 1),而是用后缀".fx"(fx 在英文中是 fix 固定的意思)把 QLS 和 QKS 赋值固定。举例如下:原来 QLS 作为内生变量时,初始赋值指令是 $QLS.L = QLS0$, $QLS0$ 是校调估算出来的常数。这个指令意为程序运行时从 $QLS0$ 数值开始变动 QLS 的数值求解。现在要把 QLS 性质改为参数,在初始赋值时要写成, $QLS.fx = QLS0$。 这个指令意为在程序运行整个过程中,QLS 都是固定在 $OLS0$ 的数值上。实质上 QLS 变成了参数。

8.7 CES 嵌套生产函数的 CGE 模型 GAMS 程序演示

例 8.7.1 SAM 表 8.6.1 描述了一个模型经济。该经济结构如上面 CES 嵌套生产函数的模型所描述。已知 CES 生产函数的幂为:

	农业	制造业	服务业
第一层生产函数	0.2	0.3	0.1
增加值生产函数	0.25	0.5	0.8

写出该 CGE 经济模型的 GAMS 语言程序。校调估算参数,复制检验。然后假设劳动力增长 8%,模拟计算其他变量的变化。

解:第 8.4 节有例 8.4.1 模型的整个 GAMS 程序。这节的主要不同之处是嵌套的生产模块。其中弹性参数是外部假设的。下面将 GAMS 程序本节模型提供如下,读者可以注意新增加的嵌套生产函数的部分。

```
$title 例 8.7.1 有 CES 嵌套函数的 CGE 模型

*定义集合所有账户 ac,生产活动 a 和要素 f
*农业:agri;制造业:manu;服务业:serve;
set ac  /agri, manu, serv, lab, cap, hh, total/;
set a(ac)  /agri, manu, serv/;
set f(ac)  /lab, cap/;

alias(ac, acp), (a, ap), (f, fp);

table sam(ac, acp)
```

```
            agri    manu    serv    lab     cap     hh      total
agri        260     320     150                     635     1365
manu        345     390     390                     600     1725
serv        400     365     320                     385     1470
lab         200     250     400                             850
cap         160     400     210                             770
hh                                  850     770             1620
total       1365    1725    1470    850     770     1620
;

* 下面 2 行为 SAM 表外给定的参数数值
parameter  rhoq(a)    /agri = 0.2,  manu = 0.3,  serv = 0.1/
           rhoVA(a)   /agri  0.25, manu  0.5,  serv  0.8/

* 定义参数
parameters

scaleAq(a)      QA 的 CES 函数参数
deltaq(a)       QA 的 CES 函数份额参数
scaleAVA(a)     VA 的 CES 函数参数
deltaVA(a)      VA 的 CES 函数劳动份额参数
ia(a, ap)       中间投入的投入产出系数
shrh(a)         居民收入中对商品 a 的消费支出
PA0(a)          商品 a 的价格
QA0(a)          商品 a 的数量
PVA0(a)         增值部分汇总价格
QVA0(a)         增值部分汇总量
PINTA0(a)       中间投入总价格
QINTA0(a)       中间投入总量
QINT0(a, ap)    中间投入个量
QLD0(a)         劳动需求
QKD0(a)         资本需求
QLS0            劳动量供应
QKS0            资本量供应
WL0             劳动价格
WK0             资本价格
YH0             居民收入
QH0(a)          居民对商品 a 的需求
;
```

```
*参数(包括外生变量)赋值与校调

PA0(a) = 1;
PVA0(a) = 1;
PINTA0(a) = 1;
WK0 = 1;
WL0 = 1;
QA0(a) = sam('total', a)/PA0(a);
QVA0(a) = SUM(f, Sam(f, a));
QINT0(a, ap) = sam(a, ap)/PA0(a);
QINTA0(a) = SUM(ap, QINT0(ap, a));
ia(a, ap) = QINT0(a, ap)/QINTA0(ap);
QLS0 = sum(a, sam('lab', a))/WL0;
QKS0 = sum(a, sam('cap', a))/WK0;
QLD0(a) = sam('lab', a)/WL0;
QKD0(a) = sam('cap', a)/WK0;
deltaq(a) = PVA0(a) * QVA0(a) ** (1 - rhoq(a))/(PVA0(a) * QVA0(a) ** (1 -
rhoq(a)) + PINTA0(a) * QINTA0(a) ** (1 - rhoq(a)));
scaleAq(a) = QA0(a)/(deltaq(a) * QVA0(a) ** rhoq(a) + (1 - deltaq(a)) *
QINTA0(a) ** rhoq(a)) ** (1/rhoq(a));
deltaVA(a) = WL0 * QLD0(a) ** (1 - rhoVA(a))/(WL0 * QLD0(a) ** (1 - rhoVA
(a)) + WK0 * QKD0(a) ** (1 - rhoVA(a)));
scaleAVA(a) = QVA0(a)/(deltaVA(a) * QLD0(a) ** rhoVA(a) + (1 - deltaVA(a))
* QKD0(a) ** rhoVA(a)) ** (1/rhoVA(a));
YH0 = WL0 * QLS0 + WK0 * QKS0;
QH0(a) = SAM(a, 'hh')/PA0(a);
shrh(a) = (PA0(a) * QH0(a))/sum(ap, sam(ap, 'hh'));

*"display"的目的是检验所读的参数值是否正确
display PA0, PVA0, PINTA0, QA0, QVA0, QINTA0, QINT0, rhoq, rhoVA, scaleAq,
deltaq, scaleAVA, deltaVA, ia, shrh, QLD0, QKD0, QLS0, QKS0, WL0, WK0,
YH0, QH0;

variable
PA(a), PVA(a), PINTA(a), WL, WK, QA(a), QVA(a), QINTA(a), QINT(a, ap), QLD
(a), QKD(a)
QLS, QKS, YH, QH(a);
```

```
*定义等式
equation
QAfn(a), QAFOCeq(a), PAeq(a), QVAfn(a), QVAFOC(a), PVAeq(a), QINTfn(a,
ap), PINTAeq(ap), YHeq, QHeq(a), ComEqui(a), Leq, Keq;

QAfn(a)..
QA(a) =e= scaleAq(a) * (deltaq(a) * QVA(a) ** rhoq(a) + (1 - deltaq(a)) *
QINTA(a) ** rhoq(a)) ** (1/rhoq(a));

QAFOCeq(a)..
PVA(a)/PINTA(a) =e= (deltaq(a)/(1 - deltaq(a))) * (QINTA(a)/QVA(a)) **
(1 - rhoq(a));

PAeq(a)..
PA(a) * QA(a) =e= PVA(a) * QVA(a) + PINTA(a) * QINTA(a);

QVAfn(a)..
QVA(a) =e= scaleAVA(a) * (deltaVA(a) * QLD(a) ** rhoVA(a) + (1 - deltaVA
(a)) * QKD(a) ** rhoVA(a)) ** (1/rhoVA(a));

QVAFOC(a)..
WL/WK =e= (deltaVA(a)/(1 - deltaVA(a))) * (QKD(a)/QLD(a)) ** (1 - rhoVA(a));

PVAeq(a)..
PVA(a) * QVA(a) =e= WL * QLD(a) + WK * QKD(a);

QINTfn(a, ap)..
QINT(a, ap) =e= ia(a,ap) * QINTA(ap);

PINTAeq(ap)..
PINTA(ap) =e= SUM(a, ia(a, ap) * PA(a));

YHeq..
YH =e= WL * QLS + WK * QKS;

QHeq(a)..
PA(a) * QH(a) =e= shrh(a) * YH;
```

```
ComEqui(a)..
QA(a) =e= sum(ap, QINT(a, ap)) + QH(a);

Leq..
Sum(a, QLD(a)) =e= QLS;

Keq..
Sum(a, QKD(a)) =e= QKS;

*赋予变量的初始值
PA.L(a) = PA0(a);
PVA.L(a) = PVA0(a);
PINTA.L(a) = PINTA0(a);
QA.L(a) = QA0(a);
QVA.L(a) = QVA0(a);
QINTA.L(a) = QINTA0(a);
QINT.L(a, ap) = QINT0(a, ap);
QLD.L(a) = QLD0(a);
QKD.L(a) = QKD0(a);
WK.L = 1;
WL.L = 1;
YH.L = YH0;
QH.L(a) = QH0(a);
*新古典主义闭合,将 QLS 和 QKS 赋值固定
QLS.fx = QLS0;
QKS.fx = QKS0;

*执行优化程序
model cge   /all/;
solve cge using mcp;

*下面模拟外界冲击的结果
QLS.fx = QLS0*1.08;
model sim1   /all/;
solve sim1 using mcp;

*End
```

练　　习

1. 有下列 SAM 表，生产函数为 CES 函数，居民效用函数为柯布—道格拉斯函数。写出 CGE 模型，用 GAMS 编程，校调估算生产函数的参数、所得税率，以及消费者在各个商品上的消费份额，并复制检验。

表 8.A.1　模型经济 SAM 表

	商品 1	商品 2	劳动	资本	居民	汇总
商品 1					325	325
商品 2					340	340
要素(劳动)	200	130				330
要素(资本)	125	210				335
居　民			330	335		675
汇　总	325	340	330	335	675	

2. 已知模型经济有下面的 SAM 表：

表 8.A.2　模型经济 SAM 表

	农业	工业	服务业	劳动	资本	居民	汇总
商品 1(农业)	300	240	185			835	1 560
商品 2(工业)	285	380	290			1 015	1 970
商品 3(服务业)	375	315	355			465	1 510
要素(劳动)	450	495	450				1 395
要素(资本)	150	540	230				920
居　民				1 395	920		2 315
汇　总	1 560	1 970	1 510	1 395	920	2 315	

用两层嵌套生产函数建立 CGE 模型。第一层为列昂惕夫函数，第二层有增值和中间投入。增值为 CES 函数，中间投入为列昂惕夫函数。居民的效用函数是柯布—道格拉斯函数。所有的要素禀赋包括劳动和资本都充分就业。商品价格及劳动价格具有充分弹性。让劳动工资价格作为价格基准。用数学表达模型，然后写出和运行 GAMS 程序。复制检验。在资本增加 10%的情况下，各个内生变量会有什么变化？

效用函数和居民的商品需求

9.1 效用和商品需求

CGE模型的闭合的一个重要环节是居民从要素禀赋等得到的收入转变为对商品的需求。经济学上,这个需求是居民在预算约束下从对效用最大化的行为中导出来的。设两个商品为 q_1 和 q_2,价格为 p_1 和 p_2,效用函数为 $u(q_1, q_2)$,收入为 Y。有

$$\begin{aligned}&\max u(q_1, q_2)\\&\text{s.t.}\quad p_1q_1+p_2q_2=Y\end{aligned}\tag{9.1.1}$$

或直接记为:

$$\max\{u(q_1, q_2) \mid p_1q_1+p_2q_2=Y\}\tag{9.1.2}$$

我们前面用柯布—道格拉斯效用函数导出的需求是 $q_1=\alpha Y/p_1$ 和 $q_2=(1-\alpha)Y/p_2$。柯布—道格拉斯函数是CES函数的一种特殊形式。它的优点是,需求函数所需要的参数仅仅是在每个商品支出占总收入的百分比份额 α。而这个参数可以直接从SAM中获取。除此之外不需要其他信息,如替代弹性率值(因为柯布—道格拉斯函数已经隐含了其替代弹性率为1)。因此,柯布—道格拉效用斯函数在一些对需求函数要求不复杂的CGE模型中被广泛应用。

9.2 CES效用函数

CES效用函数也是常用的函数形式。其形式如下:

$$u(q_1, q_2)=(\alpha q_1^{\rho}+(1-\alpha)q_2^{\rho})^{1/\rho}\tag{9.2.1}$$

它的数学表达和CES生产函数类似。CES效用函数商品 q_1 和 q_2 之间的替代弹性是 $\varepsilon=\dfrac{1}{1-\rho}$。柯布—道格拉斯函数是CES函数在替代弹性率等于1的情况下的形式(见表9.2.1)。

表 9.2.1

$\rho=$	$-\infty$	0	1
替代弹性=	0	1	∞
	完全互补物	柯布—道格拉斯	完全替代物

我们可以直接用拉格朗日乘数等式求对商品 x_1 和 x_2 的需求函数：

$$\max_{q_1,q_1,\lambda} L=(\alpha q_1^{\rho}+(1-\alpha)q_2^{\rho})^{1/\rho}-\lambda(p_1q_1+p_2q_2-Y) \tag{9.2.2}$$

不过，从微观经济学理论知道，对效用函数单调变换（monotonic transformation）不会影响所求的普通需求函数（ordinary demand），也称为马歇尔需求函数（Marshallian demand）。因此，我们可以 ρ 作为幂，将 CES 效用函数单调增加 ρ 次方，成为 $u=\alpha q_1^{\rho}+(1-\alpha)q_2^{\rho}$。用拉格朗日乘数等式求普通需求函数：

$$\max_{q1,q1,\lambda} L=\alpha q_1^{\rho}+(1-\alpha)q_2^{\rho}-\lambda(p_1q_1+p_2q_2-Y) \tag{9.2.3}$$

对相应变量微分，有一阶条件：

$$\partial L/\partial q_1=\alpha\rho q_1^{\rho-1}-\lambda p_1=0 \tag{9.2.4}$$

$$\partial L/\partial q_2=(1-\alpha)\rho q_2^{\rho-1}-\lambda p_2=0 \tag{9.2.5}$$

$$p_1q_1+p_2q_2-Y=0 \tag{9.2.6}$$

对式(9.2.4)和式(9.2.5)的一阶条件等式合并，有

$$\frac{p_1}{p_2}=\frac{\alpha}{(1-\alpha)}\left(\frac{q_1}{q_2}\right)^{\rho-1}=\frac{\alpha}{(1-\alpha)}\left(\frac{q_2}{q_1}\right)^{1-\rho} \tag{9.2.7}$$

将等式(9.2.6)和一阶条件(9.2.7)合并，经过处理，利用弹性系数 $\varepsilon=\frac{1}{1-\rho}$，得到普通需求函数：

$$q_1=\left(\frac{\alpha}{p_1}\right)^{\varepsilon}\frac{Y}{\alpha^{\varepsilon}p_1^{1-\varepsilon}+(1-\alpha)^{\varepsilon}p_2^{1-\varepsilon}}$$

$$q_2=\left(\frac{1-\alpha}{p_2}\right)^{\varepsilon}\frac{Y}{\alpha^{\varepsilon}p_1^{1-\varepsilon}+(1-\alpha)^{\varepsilon}p_2^{1-\varepsilon}} \tag{9.2.8}$$

从而得到间接效用函数（indirect utility function）：

$$V(p_1,\ p_2,\ Y)=(\alpha^{\varepsilon}p_1^{1-\varepsilon}+(1-\alpha)^{\varepsilon}p_2^{1-\varepsilon})^{\frac{1}{\varepsilon-1}}Y \tag{9.2.9}$$

将间接效用 V 作为效用 u，收入 Y 成为支出 e，有支出函数（expenditure function）：

$$e(p_1,\ \pi_2,\ u)=[\alpha^{\varepsilon}p_1^{1-\varepsilon}+(1-\alpha)^{\varepsilon}p_2^{1-\varepsilon}]^{\frac{1}{\varepsilon-1}}u \tag{9.2.10}$$

再求出希克斯需求函数（Hicksian demand）：

$$h_i = h_i(p_1, p_2, u) = \frac{\partial}{\partial x_i} e(p_1, p_2, u) = \left(\frac{\alpha}{p_1}\right)^{\varepsilon} \left[(\alpha^{\varepsilon} p_1^{1-\varepsilon} + (1-\alpha)^{\varepsilon} p_2^{1-\varepsilon})^{\frac{1}{\varepsilon-1}}\right] u \tag{9.2.11}$$

9.3 线性支出系统

CES 效用函数和它导出的需求函数有其局限性。主要的原因是它规定商品之间的替代弹性始终一样，和收入增长没有关系。因此，只要商品的比价一样，无论收入如何增长，居民在各种不同商品之间的花费支出维持不变。这常常和经济现实不符。我们知道，收入增长后，居民在服务和奢侈品上的花费占总收入的比例也会增长，而在食品和必需品上的支出份额会减少。恩格尔系数就是描述这种变化的一个著名指标。而 CES 函数以及所有齐次函数都不能反映这种收入变化和恩格尔系数变化(见图 9.3.1)。

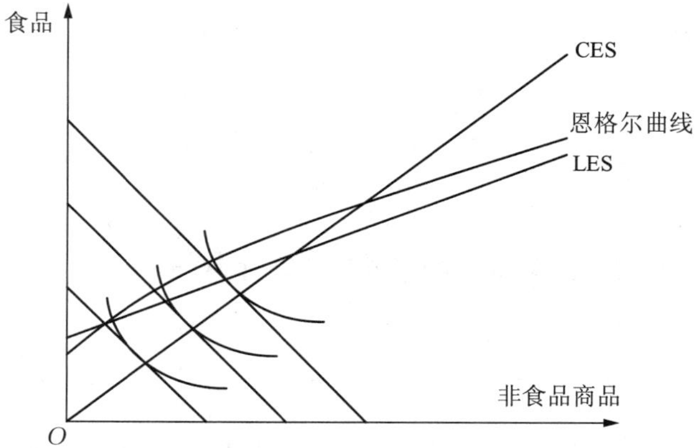

图 9.3.1　几种效用函数下消费支出份额随着收入增长变化的特征

线性支出系统(linear expenditure system)，简称为 LES 支出函数，顾名思义，就是在商品上的消费支出额和消费者收入，商品自身价格和其他相关商品价格成线性关系的一种函数。记商品 i 的价格为 p_i，收入为 Y，有

$$p_i x_i = \beta_0 + \beta_1 p_1 + \beta_2 p_2 + \cdots + \beta_n p_n + \beta_{n+1} Y \tag{9.3.1}$$

β_i 为常数。LES 需求函数是从斯通—杰瑞(Stone-Geary)效用函数导出来的。斯通—杰瑞效用函数的原始形式是：

$$u(\mathbf{q}) = \prod_{i=1}^{n} (q_i - \gamma_i)^{\beta_i}, \ \beta_i > 0, \ q_i - \gamma_i > 0, \ \sum_{i=1}^{n} \beta_i = 1 \tag{9.3.2}$$

不过通常使用单调变换后的对数形式：

$$u(\mathbf{q}) = \sum_{i=1}^{n} \beta_i \ln(q_i - \gamma_i), \ \beta_i > 0, \ q_i - \gamma_i > 0, \ \sum_{i=1}^{n} \beta_i = 1 \tag{9.3.3}$$

可以看到,这个函数有柯布—道格拉斯效用函数的痕迹。如果 $\gamma_i=0$,那就是柯布—道格拉斯效用函数。LES 函数在每个商品 i 的消费上,有一个外生给定的基本生存消费额 γ_i。低于这个消费额的消费不产生效用。这个基本生存消费额 γ_i 可以被理解为生存所需水平和生活必需品。产生效用部分为 γ_i 以上的部分 $q_i-\gamma_i$。这个设置使收入—商品支出的成长轨迹产生了一个正截距,如图 9.3.1 所示。这样,可以近似地体现恩格尔支出变化的状态。其效用最大化的优化演算过程是:

$$\begin{aligned} &\max \quad u(\mathbf{q})=\sum_{i=1}^{n}\beta_i\ln(q_i-\gamma_i) \\ &\text{s.t.} \quad \sum_{i=1}^{n}p_iq_i=Y \end{aligned} \tag{9.3.4}$$

拉格朗日乘数函数为:

$$L=\sum_{i}^{n}\beta_i\ln(q_i-\gamma_i)-\lambda\left(\sum p_iq_i-Y\right) \tag{9.3.5}$$

一阶优化条件是:

$$\begin{cases} \dfrac{\partial L}{\partial q_i}=\beta_i\dfrac{1}{q_i-\gamma_i}-\lambda p_i=0 \\ \dfrac{\partial L}{\partial q_j}=\beta_j\dfrac{1}{q_j-\gamma_j}-\lambda p_j=0 \\ \sum_{i=1}^{n}p_iq_i=Y \end{cases} \tag{9.3.6}$$

合并上面第一和第二两个等式,有

$$\frac{\beta_i}{\beta_j}\frac{q_j-\gamma_j}{q_i-\gamma_i}=\frac{p_i}{p_j} \tag{9.3.7}$$

得出:

$$q_i=\gamma_i+\frac{\beta_i}{\beta_j}\frac{p_j}{p_i}(q_j-\gamma_j) \tag{9.3.8}$$

对等式两边都乘以 p_i,再在两边对所有商品汇总,有

$$\sum_{i=1}^{n}p_iq_i=\sum_{i=1}^{n}p_i\gamma_i+\sum_{i=1}^{n}\frac{\beta_i}{\beta_j}\frac{p_jp_i}{p_i}(q_j-\gamma_j) \tag{9.3.9}$$

得出:

$$\sum_{i=1}^{n}p_iq_i=\sum_{i=1}^{n}p_i\gamma_i+\frac{p_j}{\beta_j}(q_j-\gamma_j)\sum_{i=1}^{n}\beta_i \tag{9.3.10}$$

因为 $\sum_{i=1}^{n}\beta_i=1$，$\sum_{i=1}^{n}p_iq_i=Y$，于是，

$$Y=\sum_{i=1}^{n}p_i\gamma_i+\frac{p_j}{\beta_j}(q_j-\gamma_j) \tag{9.3.11}$$

解出 q_j 或者 p_jq_j：

$$p_jq_j=\beta_jY-\beta_j\sum_i p_i\gamma_i+p_j\gamma_j=p_j\gamma_j+\beta_j\underbrace{(Y-\underbrace{\sum_i p_i\gamma_i}_{\text{在必需品上的消费}})}_{\text{达到生存消费后的可随意支配收入}} \tag{9.3.12}$$

对 q_j 的普通需求函数(马歇尔需求)，如下式：

$$q_j=\gamma_j+\frac{\beta_j}{p_j}(Y-\sum_i p_i\gamma_i)=\gamma_j-\frac{\beta_j}{p_j}\sum_i p_i\gamma_i+\frac{\beta_j}{p_j}Y \tag{9.3.13}$$

对 LES 的参数，可以这样解释：

β_j：为花费在商品 j 的边际预算份额(边际消费额)。

γ_j：商品 j 的基本生存消费量。

$Y-\sum_i p_ib_i$ 被称为可随意支配收入(discretionary income 或 supernumerary income)。

这实际上是一个恩格尔曲线 $p_jq_j=(p_j\gamma_j-\beta_j\sum_i p_i\gamma_i)+\beta_iY$。截距为 $p_j\gamma_j-\beta_j\sum_i p_i\gamma_i$，斜率为边际预算份额 β_j。

9.4 线性支出系统(LES)的一些特征

LES 函数的缺点是对商品的一些特征有很多限制。

第一，所有商品都是正常品(normal goods)，不能为劣品(inferior goods)。这是因为规定 $\beta_i>0$，有 $\mathrm{d}q_i/\mathrm{d}Y>0$。

第二，其商品的本身价格弹性都小于 1，即对商品的需求是价格非弹性的。先从等式(9.3.13)对 p_j 求导，可以导出本身价格弹性 e_{jj}：

$$\frac{\mathrm{d}q_j}{\mathrm{d}p_j}=-\frac{\beta_j}{p_j^2}(Y-\sum_i p_i\gamma_i) \tag{9.4.1}$$

注意到 $p_jq_j=p_j\gamma_j+\beta_j(Y-\sum_i p_i\gamma_i)$，可以得出：

$$e_{jj}=-\frac{\mathrm{d}q_j}{\mathrm{d}p_j}\frac{p_j}{q_j}=\frac{\beta_j(Y-\sum_i p_i\gamma_i)}{p_jq_j}=\frac{\beta_j(Y-\sum_i p_i\gamma_i)}{p_j\gamma_j+\beta_j(Y-\sum_i p_i\gamma_i)}<1 \tag{9.4.2}$$

第三,LES 的需求弹性系数同时受价格和收入变化的影响,这是预计中的。它的交叉价格弹性系数是:

$$\frac{\partial q_j}{\partial p_k} \cdot \frac{p_k}{q_j} = \frac{-\beta_j \gamma_k p_k}{p_j \gamma_j + \beta_j (I - \sum p_i \gamma_i)} < 0 \tag{9.4.3}$$

这说明所有商品之间都是补充品(complements)。这是一个很大的问题,因为这个特征排除了消费品之间随相互价格变化而相互替代的可能性。而这个特性,在很多 CGE 应用中是需要的。在这种情况下,就不可以用 LES 函数。LES 的无差异曲线图如图 9.4.1 所示。

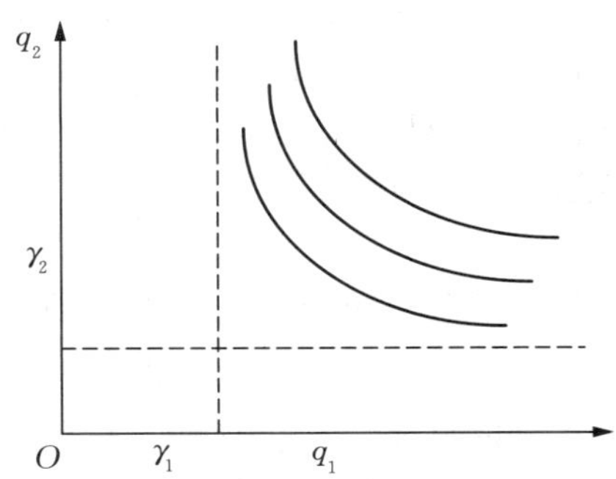

图 9.4.1　LES 的无差异曲线图

9.5　LES 函数参数的校调估算

LES 函数参数,需要 SAM 表以外的一些信息。从 SAM 表,可以计算平均预算份额:

$$s_j = \frac{p_j q_j}{Y} \tag{9.5.1}$$

从等式(9.3.13)可以看出,边际预算份额 β_j 是:

$$\beta_j = \mathrm{d}(p_j q_j)/\mathrm{d}Y \tag{9.5.2}$$

对商品 j 支出的收入弹性(income elasticity of expenditure),也就是恩格尔弹性 e_j,定义为:

$$e_j \equiv \frac{\mathrm{d}(p_j q_j)}{p_j q_j} \Big/ \frac{\mathrm{d}Y}{Y} = \frac{\mathrm{d}(p_j q_j)}{\mathrm{d}Y} \frac{Y}{p_j q_j} = \beta_j / s_j \tag{9.5.3}$$

所以,如果知道收入弹性 e_j,可以求出 β_j。

$$\beta_j = e_j s_j \tag{9.5.4}$$

一般地,在 CGE 建模和应用上,需要从外部文献中取得收入弹性数据。注意,

$\sum_i \beta_i = 1$，因此，其中一个边际预算份额作为余数，是内生决定的。

生存消费量 γ_j 参数对 LES 的估计也是关键的，但是这个数据不容易直接获得。一般地，经济学家采取间接的方法。首先从文献中获取"弗里希参数"(Frisch parameter)。弗里希参数的原始定义为"支出边际效用弹性"，现在 CGE 模型文献中所谓的弗里希参数定义变成"支出效用弹性"，并且加了个负号，如很多 GTAP 模型中的用法。这个弗里希参数定义如下：

$$\varphi = -\frac{\mathrm{d}V/V}{\mathrm{d}Y/Y} = -\frac{Y}{Y - \sum_i p_i \gamma_i} \tag{9.5.5}$$

其中 V 为间接效用。①这个分数的分子为收入，分母为收入减去基本生存所需要消费后的可随意支配收入。由此可见，这个弗里希系数的范围在$(-\infty, -1)$之间。居民收入和生存消费额这两个数值比较容易从家庭调查中获取或从现有统计数据中估算。弗里希系数的倒数更容易理解：

$$\frac{1}{\varphi} = -\frac{Y - \sum_i p_i \gamma_i}{Y} = -\frac{\text{不包括生存消费的随意可支配收入}}{\text{收入}} \tag{9.5.6}$$

就是收入中的随意可支配部分的百分比。这个百分比随着收入增加而增加。可以预见，在中国这样一个中等收入国家里，这个百分比在低收入阶层很小，也许只有 10%；中等收入阶层也许是 35%；高收入阶层可以达到 90%。然后我们可以将这个百分比用倒数来换算出弗里希参数 φ。表 9.5.1 是估算的弗里希参数，供参考。读者做正式项目研究时，可以参考文献或者相关数据，如家庭调查的数据，得到该参数。

表 9.5.1　弗里希参数参考值

经济收入状况	弗里希参数值
绝对贫穷	−10
较　穷	−4
中位数收入水平	−2
较富裕	−1.5
富　裕	−1.2

有了弗里希参数 φ，然后，从已知数据中可以校调估算生存消费量 γ_j，先从上面等式得到 $Y - \sum_i p_i \gamma_i = -\frac{Y}{\varphi}$，然后把它替换到马歇尔需求函数(9.3.13)中

① LES 的间接效用函数 V 为 $V(Y, \mathbf{p}) = (Y - \sum_i^n p_i \gamma_i) / \prod_i^n (p_i/\beta_i)^{\beta_i}$。用原始形式的斯通—杰瑞效用函数，然后推导。推导过程不难，但篇幅较长，这里省略。有兴趣的读者可查高级微观经济学教科书的相关内容。

去。有

$$\gamma_j = q_j - \frac{\beta_j}{p_j}(Y - \sum_i p_i \gamma_i) = q_j + \frac{\beta_j}{p_j}\frac{Y}{\varphi} \tag{9.5.7}$$

在校调估算参数时，LES 的有些特征需要注意。如果对式(9.3.12)两边将所有商品 j 汇总相加，不难证实，$\sum_i \beta_i = 1$。这个条件在 CGE 模型参数估算中要检查是否满足。由于弹性数据 e_j 来源于外部，要是不做调整直接引用的话，估算出来的 β_j 之和往往不等于 1。如果有偏差的话，要用不同方法调整使之得到满足。一个做法是，假如某种商品 k 没有弹性数据并且可以作为消费的余量，那就将它的 β_k 按照 $\beta_k = 1 - \sum_{j,\, j \neq k}^{n-1} \beta_j$ 内生来解决。如果所有商品都有弹性数据的话，可以用一个按规模调整的方法。假设对所有商品 $j = 1, \cdots, n$，商品 j 的需求收入弹性的初始数据为 e_j^0，按照等式(9.5.3)，有 $\beta_j^0 = e_j^0 \cdot s_j$。假如 $\sum_j^n \beta_j^0 \neq 1$，可以将 β_j^0 用下列标准化方程来调整：

$$\beta_j^1 = \beta_j^0 / \sum_i^n \beta_i^0 = (e_j^0 \cdot s_j) / (\sum_i^n e_i^0 \cdot s_i) \tag{9.5.8}$$

本章最后一节对 LES 函数校调估算，复制检验和模拟说明，并用 GAMS 程序演示。

9.6 转换对数函数

在微观经济学中，很多函数如 AIDS、CDE 等理论上都可以作为 CGE 模型的需求函数，但是在实际应用中，太复杂的函数会造成一些困难，特别是参数的获取和计算机模拟中的收敛上都可能发生问题。况且，没有一种需求函数可以完全捕捉人们消费或需求的行为方式。因此，除非研究需要迫不得已，应该尽量使用简化的函数。

有一种目前渐趋流行的需求函数称为转换对数函数(translog functions)，简记为 TL 函数(见 Pollak and Wales J., 1992)。转换对数函数包括不少变种。其中最简单的是位似 TL 函数(homethetic translog function)，或称 HTL 函数。它的间接效用函数是：

$$\begin{aligned} & V(\mathbf{p}, Y) = \ln Y - \sum_i \beta_i \ln p_i - \frac{1}{2} \sum_j \sum_i \lambda_{ij} \ln p_i \ln p_j \\ & \text{s.t.} \quad \lambda_{ij} = \lambda_{ji} \qquad \forall i, j;\ \sum_i \lambda_{ij} = 0;\ \sum_i \beta_i = 0 \end{aligned} \tag{9.6.1}$$

用罗伊(Roy)恒等关系：

$$份额 \equiv \frac{p_i q_i}{Y} = \beta_i + \sum_i \lambda_{ij} \ln p_j \tag{9.6.2}$$

也就是：

$$q_i = \underbrace{\frac{\beta_i Y}{p_i}}_{\text{柯布—道格拉斯部分}} + \frac{Y}{p_i}\sum_j \lambda_{ij} \ln p_j \tag{9.6.3}$$

它的支出函数是：

$$\ln e = \ln u + \sum_i \beta_i \ln p_i + \frac{1}{2}\sum_j \sum_i \lambda_{ij} \ln p_i \ln p_j \tag{9.6.4}$$

9.7 线性 TL 函数

位似函数的缺点是在各个商品上的消费份额独立于收入水平，因此它不能捕捉恩格尔效应。一个更常用的 TL 函数为线性 TL 函数，简称为 LTL 函数。它实际是位似转换对数函数与线性支出系统的合成产物。它的间接效用函数是：

$$V(\mathbf{p}, I) = \ln\left(Y - \sum p_i \gamma_i\right) - \sum \beta_i \ln p_i - \frac{1}{2}\sum_i \sum_j \lambda_{ij} \ln p_i \ln p_j \tag{9.7.1}$$

$$\text{s.t.} \quad \lambda_{ij} = \lambda_{ji} \quad \sum_i \lambda_{ij} = 0 \quad \sum \beta_i = 1$$

γ_i 和 LES 里的生存消费量概念一样。所起的作用也类似。可以部分地捕捉恩格尔效应。它的马歇尔需求是：

$$q_i(\mathbf{p}, Y) = \underbrace{\gamma_i}_{\text{生存消费}} + \underbrace{\frac{1}{p_i}\left[\beta_i + \sum_j \lambda_{ij} \ln p_j\right]}_{\text{和HTL函数一样}} \underbrace{\left[Y - \sum_j p_j \gamma_j\right]}_{\text{随意可支配收入}} \tag{9.7.2}$$

将参数变化，TL 函数可以变成很多常用函数。假如 $\lambda_{ij}=0$，它就变成了 LES 需求函数。

$$q_i(\mathbf{p}, Y) = \gamma_i + \frac{1}{p_i}\left[\beta_i + \sum_j \lambda_{ij} \ln p_j\right]\left[Y - \sum_j p_j \gamma_j\right] = \gamma_i + \frac{\beta_i}{p_i}\left(Y - \sum_j p_j \gamma_j\right) \tag{9.7.3}$$

如果进一步令 $\gamma_i=0$，它就是柯布—道格拉斯函数的需求函数

$$q_i(p, Y) = \frac{\beta_i}{p_i} Y$$

在它的消费份额的特征中可看到：

$$\text{份额}_i = \frac{p_i q_i}{Y} = \frac{p_i \gamma_i}{Y} + \left[\beta_i + \sum_j \lambda_{ij} \ln p_j\right]\left[1 - \frac{1}{Y}\sum_j p_j \gamma_j\right] \tag{9.7.4}$$

注意到份额是总收入的百分比，我们对上述函数对 $\ln p_j$ 求导，有

$$弹性系数_{ik} \equiv \frac{\mathrm{d}(q_i p_i / Y)/1}{\mathrm{d}p_j / p_j} = \frac{\mathrm{d}(q_i p_i / Y)}{\mathrm{d}\ln q_j} = \lambda_{ik}\left[1 - \frac{1}{Y}\sum_j p_j \gamma_j\right] \quad (9.7.5)$$

因此，$\lambda_{ik}\left[1 - \frac{1}{Y}\sum_j p_j \gamma_j\right]$ 为 i 和 k 之间的交叉弹性系数。倒过来，如果知道了交叉弹性系数，可以估计参数 λ_{ik}。另外，如果有了弗里希参数，然后，从已知数据中可以获得生存消费量：

$$\gamma_j = q_j - \frac{\beta_j}{p_j}(Y - \sum_i p_i \gamma_i) = q_j + \frac{\beta_j}{p_j}\frac{Y}{\varphi} \quad (9.7.6)$$

9.8 用 TL 效用函数的 CGE 模型

第 8.4 节的 CGE 模型的商品需求函数是从柯布—道格拉斯函数导出的。如果要用其他的消费需求函数，只需要将居民的消费函数修改既可。除了要从外面获取一些参数数据之外。下面将第 8.4 节的模型修改成 TL 消费需求函数的方程。注意仅仅是式(9.8.5)的居民消费需求函数和原来不同。在具体模拟的时候，一般用从外面获得的弗里希参数和交叉弹性系数等信息，然后估计 β_{ik} 和生存消费量 γ_i 等参数。

$$A_i[\delta_i L_i^{\rho_i} + (1-\delta_i) K_i^{\rho_i}]^{1/\rho_i} = q_i \qquad i \in C \quad (9.8.1)$$

$$\frac{w_l}{w_k} = \frac{\delta_i}{(1-\delta_i)}\left(\frac{K_i}{L_i}\right)^{1-\rho_i} \qquad i \in C \quad (9.8.2)$$

$$w_l L_i + w_k K_i = p_i q_i \qquad i \in C \quad (9.8.3)$$

$$w_l L^s + w_k K^s = Y \quad (9.8.4)$$

$$p_i q_i^h(p, Y) = p_i \gamma_i + \left[\beta_{hi} + \sum_{ij} \lambda_{ij} \ln p_j\right]\left[Y - \sum_j p_j \gamma_j\right] \qquad i \in C \quad (9.8.5)$$

$$q_i^h = q_i \qquad i \in C \quad (9.8.6)$$

$$\sum K_i = K^s \quad (9.8.7)$$

$$\sum L_i = L^s \quad (9.8.8)$$

9.9 LES 函数的 GAMS 程序演示

这里我们用 LES 函数为居民消费需求函数，来建立 CGE 模型并编程。

例 9.9.1 某个模型经济只有三个生产部门商品：农业、制造业和服务。居民的所有收入都消费在商品上。居民对商品的需求由 LES 函数来表达。从 SAM 表中居民在各个商品上的消费分别为：$p_1q_1=500$，$p_2q_2=450$，$p_3q_3=350$。另外从其他来源知道弗里希参数为－2，三个商品需求的收入弹性 e_j 分别为 0.5，1.0 和 1.2。

(1) 用 GAMS 程序语言估算 LES 消费函数参数，复制并复制检验。

(2) 假如居民消费额 EH 增长 20%，模拟计算各个商品的新的需求。

(3) 假如价格又增长了 20%，因为 LES 函数也应该是零阶齐次的，对各个商品的需求应该回到原来的水平。求证确认。

解：具体 GAMS 程序如下

```
$title  例 9.9.1 LES 需求函数的参数校调估算、函数复制检验和模拟

*生产部门和商品包括农业  制造业  服务
set a 生产部门和商品   /agri, manu, serv/;
set inst 机构          /hh/;

alias(a, ap);

table sam(a, inst)     居民消费额
             hh
agri         500
manu         450
serv         350
;

*读取 LES 需求函数的弹性和弗里希参数数据
parameter  LESelas(a)  /agri  0.5,  manu  1.0,  serv  1.2/
           Frisch      /-2/;

parameters
PA0(a)          商品 a 的价格
QH0(a)          居民对商品 a 的需求
EH0             居民消费总额
bgtshr(a)       LES 函数中消费预算商品 a 的份额
bgtshrchk       LES 函数中消费预算商品 a 的份额参数检验
LESbeta(a)      LES 边际消费额,
LESbetachk      LES 边际消费额参数和检验
LESsub(a)       LES 消费函数生存消费量
;
```

```
PA0(a) = 1;
QH0(a) = sam(a, 'hh')/PA0(a);
EH0 = sum(a, PA0(a) * QH0(a));
bgtshr(a) = SAM(a, 'hh')/EH0;
bgtshrchk = sum(a, bgtshr(a));
* 下面求 LES 边际消费额 beta
* 为了符合 beda 相加等于 1 的限制条件  要将 beda 按规模调整。
LESbeta(a) = LESelas(a) * bgtshr(a)/(sum(ap, LESelas(ap) * bgtshr(ap)));
LESbetachk = sum(a, LESbeta(a));
LESsub(a) = sam(a, 'hh') + (LESbeta(a)/PA0(a)) * (EH0/Frisch);

display frisch, PA0, QH0, EH0, bgtshr, bgtshrchk, LESbeta, LESbetachk, LES-
sub, LESelas;

variable
PA(a), QH(a), EH
;

equation
QHeq(a)
;

QHeq(a)..
PA(a) * QH(a) = e = PA(a) * LESsub(a) + LESbeta(a) * (EH - sum(ap, PA(ap) *
LESsub(ap)));

PA.fx(a) = PA0(a);
QH.L(a) = QH0(a);
EH.fx = EH0;

* 执行优化程序
model LES  /all/;
solve LES using mcp;

* 复制检验
display PA.L, QH.L, EH.L;
```

```
* 下面模拟居民消费额 EH 增长 20 % 的结果
EH.fx = EH0 * 1.2;

model sim1  /all/;
solve sim1 using mcp;
display PA.L, QH.L, EH.L;

* 下面模拟价格又增长 20 % 的结果。如果实际需求和原来一样,证明函数是零阶齐次的。
PA.fx(a) = PA0(a) * 1.2;

model sim2  /all/;
solve sim2 using mcp;
display PA.L, QH.L, EH.L;

* End
```

练　　习

1. 某个模型经济有三个生产部门商品:农业、制造业和服务业。从 SAM 表中居民在各个商品上的消费分别为:$p_1q_1=500$,$p_2q_2=550$,$p_3q_3=450$。居民的所有收入都消费在商品上。假设效用函数为 CES 函数,各商品之间替代弹性为 0.3,用 GAMS 校调估算该 CES 效用函数的其他参数。
2. 和第 7 章的生产模块中对 CES 生产函数参数的校调估算不同,上题并不需要校调估算规模因素 A,为什么?
3. 假设某经济 SAM 表上居民在各个商品上的消费分别为:$p_1q_1=500$,$p_2q_2=550$,$p_3q_3=450$。居民对商品的需求有 LES 函数来表达。另外从其他来源知道弗里希弹性为-3,三个商品需求的收入弹性 e_j 分别为 0.4、1.2 和 1.5。用 GAMS 程序语言估算 LES 消费函数参数,并复制检验。假如居民收入 EH 增长 10%,模拟计算各个商品的新的需求。

▶10

价格基准和宏观闭合

10.1 价格基准

第 6.4 节的一般均衡理论部分谈到，经典的一般均衡模型（也叫瓦尔拉斯均衡）对价格是零阶齐次的，因此，校准估算和复制的 CGE 模型导出的各种价格，虽然它们之间的比例是确定的，但是它们的绝对数值并没有确定。如果将求解出来的所有商品价格和要素价格按同一比例增加或减少，CGE 模型仍然是平衡的。这在具体的 CGE 模型模拟研究中，特别是对价格调整、财税政策、收入分配等涉及货币单位变量的研究，会造成不少的困难。要解决这些问题，必须确定一个价格基准（numeraire）。其他商品和要素价格，在与这个基准比较之下，才有特定的数值。理论上，任何一个价格都可以作为基准价格。实际运用中，总是用经济学和经济上比较通用流动的商品作为价格基准商品。CGE 模型中作为价格基准的通常有劳动价格、消费者价格指数（CPI）、GDP 价格指数，等等。

按照惯例，价格基准将这个基准价格固定在 1。因此它就成了参数，不再是内生变量。在 GAMS 模型编程中，或者将它直接写成参数（外生变量），或者用“.fx”的后缀来将这个价格赋值固定。不过，这使得模型的内生变量的数量比等式的数量少了一个，从而产生了一个实际操作问题。一些 GAMS 程序的计算机模型如 MCP（mixed complementarity problems），要求等式和内生变量数量相等才能求解。假设我们让劳动价格为基准，$WL=1$。这里有三种处理的方法。

一是将价格基准商品相关商品或要素的市场均衡等式去掉。那么就将劳动市场出清的等式 $QLD=QLS$ 去掉。这样等式也少了一个。这是最简单的方法，但是也比较危险。如果出错，譬如是模型本身设计有错误，或者去掉的等式不是相关的，结果就不正确。

二是在价格基准商品相关商品或要素的市场均衡等式中加一个变量，譬如 $WALRAS$。然后将原来的等式 $QLD=QLS$ 改为：

$$QLD=QLS+WALRAS \tag{10.1.1}$$

以增加一个内生变量的办法使变量数和等式数量相等。为了防止出错，程序最后

要检验 $WALRAS$ 的数值。如果模型设置正确的话,$WALRAS$ 应该等于 0 或者几乎等于 0,如 1.2×10^{-10}。这个方法的好处是可以检验设置的正确性。如果 $WALRAS$ 不是零或接近零,那个结果不应该被接受。

三是用其他的解算法如非线性规划(NLP)。这要设计一个目标函数,加上要优化的目标变量。通常将相关商品或要素的市场均衡等式改变成一个超量需求的目标函数,在 WL 为基准价格的情况下,有下面的目标函数:

$$z = QLD - QLS \tag{10.1.2}$$

在用 NLP 求解指令中,在满足其他等式的限制条件下,将 z 最小化。

在通常情况下,三种方法的结果是一样的。下面以例 8.4.1 的模型为例,介绍这三种方法。以劳动价格为价格基准,在程序中将指令 $WL.L = WL0$ 换成 $WL.fx = WL0$。后缀.fx 将 WL 变量的数值固定了。然后有上述三种可供选择的方法:

方法一,去掉劳动力市场均衡的等式 Sum(a, $QLD(a)$)=e=QLS;

方法二,定义增加虚变量 $WALRAS$,然后将劳动力市场均衡的等式改为:Sum(a, $QLD(a)$)=e=$QLS+WALRAS$;然后在后面设 display $WALRAS$ 来检验 $WALRAS$ 数值。

方法三,定义变量 z,将劳动力市场均衡的等式改为 z=e=Sum(a, $QLD(a)$)$-QLS$,执行优化程序的指令改为 solve cge using nlp minimizing z;。

本章最后的练习题让读者参照上面的说明和例 8.4.1 的 GAMS 程序,编制三个不同的方法,比较结果是否一样。

第二个可用的基准价格是 GDP 价格指数(GDP price index 或者 GDP price deflator)。GDP 价格指数是产量加权的价格。设各个商品 a 的最终产品(即不包括中间投入)的数量为 QA_a,价格为 PA_a,先从 SAM 表数据中计算 GDP 价格指数所用的权重 $gdpwt$:

$$gdpwt_a = QA_a / \sum_{a' \in A} QA_{a'} \tag{10.1.3}$$

$gdpwt$ 如此算出后就是个常数。在 GAMS 程序里是个参数,不是变量。GDP 价格指数 $PGDP$ 是个加权的平均价格

$$PGDP = \sum_{a \in A} PA_a \cdot gdpwt_a \tag{10.1.4}$$

然后将基准年度的 $PGDP$ 设置固定为 1,作为价格基准。

第三个常用的基准价格是 CPI,即消费者价格指数(consumer price index)。这是按照居民消费状况加权的价格。一些 SAM 表的单项,如美国对退休人员的社会保障转移支付,是按 CPI 价格指数调整的。在这种情况下,该单项的数值应该被设置为 CPI 和转移支付的乘积。用 CPI 作为价格基准的方法和前面用 GDP 价格指数类似。设居民对各个商品 a 的消费数量为 QH_a,价格为 PQ_a,消费者价格指数的权重为 $cpiwt$:

$$cpiwt_a = QH_a / \sum_{a' \in A} QH_{a'} \tag{10.1.5}$$

该权重从 SAM 表数据中校调估算得到。然后有 CPI:

$$CPI = \sum_{a \in A} PQ_a \cdot cpiwt_a \tag{10.1.6}$$

在第二、第三种基准价格设置下,模型也要按照前面讲述的方法解决等式多于内生变量的问题。可以将一个商品市场均衡的等式去掉,或者加个 *WALRAS* 虚变量,或者设置一个市场的超额需求的目标函数,然后用 NLP 将目标值最小化来求解。第二、第三种基准价格由于是合成价格,在比较复杂的 CGE 模型中,初始精校估算值不一定等于 1。但是这不影响它作为价格基准的实质意义。

10.2 货币中性

和一般均衡模型零阶齐次性质一致的是货币中性(money neutrality)。货币中性指货币发行变化会按同样比例影响所有名义变量如价格、GDP 名义产出,等等;而实际变量如去除通货膨胀影响的 GDP 实际产出、供应需求量,等等,不受影响。在纯理想的古典主义和新古典主义宏观闭合下的 CGE 模型,应该符合货币中性。如果检验出来的结果不符合货币中性,在那两种宏观闭合结构下,这个模型是有问题的。在凯恩斯宏观等非古典主义宏观闭合下,可以不符合货币中性,但是要和所描述的理论预期的一致。

如果 CGE 模型中有货币或者货币商品,检验货币中性的方法是可以直接将货币量增加,然后检验实际变量和名义变量的变化。大部分 CGE 模型没有显性的货币变量,检验货币中性和检验模型的零阶齐次性质一致的方法是,将基准价格从 1 按照一个比例增加(或减少),如增加 20%到 1.2。在 GAMS 程序中,先让其他名义变量和实际变量的初始值仍然维持过去的数值,然后看模型最后是否收敛到预期的结果。如果货币中性存在,模型收敛的结果是所有名义变量都按同比例增加了 20%,而实际变量和以前一样,维持不变。

在模拟现实经济的比较复杂的 CGE 模型中,一些变量如不按价格指数调整的转移支付、固定税,等等,它们的名义总值常常是固定的,独立于价格变化。因此,这些模型中,在货币或基准价格变化时,不是所有名义变量都会按同一比例增加或减少,因此货币不是绝对中性。不过,大部分名义变量还是以接近同一比例变化。从这个角度讲,在比较现实的 CGE 模型中,即使是新古典主义宏观闭合结构,货币不是绝对中性,但是接近中性。

10.3 宏观闭合和新古典主义要素市场的宏观闭合

CGE 模型的设计要根据研究的问题,针对经济体制和现状,依据相应的宏观经济理论,形成特定的结构,包括什么函数,哪些是变量(内生变量),哪些是参数或外生变量,等等。这个依据宏观经济理论形成的结构,被称为宏观闭合。对不同的宏观闭合,通常根据相应的经济学理论来命名。但是要了解一个 CGE 模型宏观闭合的特殊构造,必须参看模型的整个细节内容,不能仅靠宏观闭合命名望文生义。因为同样的命名,如凯恩斯闭合,或者新古典主义闭合,里面的差异可能很大。下面我们介绍要素市场结构的三个典型的宏观闭合。

第 8 章介绍的两个 CGE 模型,被称为新古典主义宏观闭合。目前学界和应用程序中,最流行的宏观闭合也是新古典主义的。它的特征是,所有价格包括要素价格和商品价格都是完全弹性的,由模型内生决定。而要素如劳动和资本的现有实际供应量都充分就业,由外界给定的要素禀赋量来决定。相关变量和等式设置如下:

劳动和资本价格 WL 和 WK 为内生。劳动总需求 QLD 等于劳动总供应 QLS,资本总需求 QKD 等于资本总供应 QKS:

$$QLD(WL, WK, \mathbf{P}) = QLS(WL, WK, \mathbf{P}) \tag{10.3.1}$$

$$QKD(WL, WK, \mathbf{P}) = QKS(WL, WK, \mathbf{P}) \tag{10.3.2}$$

要素供应始终等于要素禀赋 $\overline{QLS}$ 和 $\overline{QKS}$,表示充分就业:

$$QLS(WL, WK, \mathbf{P}) = \overline{QLS} \tag{10.3.3}$$

$$QKS(WL, WK, \mathbf{P}) = \overline{QKS} \tag{10.3.4}$$

第 8 章等式(8.6.1)到等式(8.6.15)的 CGE 模型结构,就是这么一个新古典主义宏观闭合的要素市场结构,这里不再重复。除此之外,还必须加上第 10.1 节考虑的价格基准问题。譬如以商品 1 价格为价格基准:

$$PA_a = 1 \tag{10.3.5}$$

或者以劳动价格 WL 为价格基准:

$$WL = \overline{WL} = 1 \tag{10.3.6}$$

如前所述,将 PA 或者 WL 固定作为价格基准后,内生变量少了一个。相应地,可以去掉商品 1 或者劳动力市场的均衡条件等式。或者在劳动力市场平衡等式(10.3.3)里加上一个瓦尔拉斯虚变量 $WALRAS$,如下:

$$QLS(WL, WK, \mathbf{P}) = \overline{QLS} + WALRAS \tag{10.3.6$'$}$$

另外,可以用价格指数如 GDP 价格指数,或者消费者价格指数 CPI 来作为价格基准。价格指数是所有商品的加权平均价格。这几种方法都可以建立一个有唯一解的完整的新古典主义 CGE 模型。

新古典主义的宏观闭合的设置,经济学理论上叫做瓦尔拉斯一般均衡。目前大部分流行 CGE 模型的 GAMS 程序,基本上是新古典主义的宏观闭合设置,加上一些小的变动。不过在现实世界里,很多时候经济并非处于瓦尔拉斯均衡状态。譬如一个市场经济处于萧条的情况,那就是凯恩斯均衡状态而不是瓦尔拉斯均衡状态。对很多发展中国家来说,或者是因为市场和价格机制不健全,或者是因为劳动力无限制供应的两元经济,它们的经济也不在瓦尔拉斯均衡状态。如果用新古典主义的模型来模拟政策的效果,就会南辕北辙,做出错误的结论。

10.4 凯恩斯宏观闭合

现实经济常常需要考虑其他的宏观经济条件。如果经济处在凯恩斯描述的萧条状况下,就不能用新古典主义闭合来模拟经济现状。新古典主义的结构假设劳动力市场充分就业,因而不能模拟财政刺激政策如何增加就业。凯恩斯闭合在现有 CGE 文献和应用中比较少见,而实际应用中又经常需要。因此我们后面对该模型设置和程序编写做更多的细节解释。

按照凯恩斯理论,在宏观经济萧条的状况下,劳动力大量失业,资本闲置,因此生产要素劳动和资本的供应量不受限制。要素的就业是内生的,由需求方面决定。劳动和商品价格则是刚性的。按照这个理论采取的 CGE 模型的系统闭合,称为凯恩斯闭合。在大型完整的 CGE 模型框架下,凯恩斯闭合还可以有其他细节的设置,如需求函数中的常数项和边际消费倾向、财富效应,等等。

下面我们设置一个较简单的通用 CGE 模型。然后在这个通用模型上加上不同的限制条件,就形成新古典主义、凯恩斯等不同的宏观闭合。这有助于读者比较和理解不同的宏观闭合。这个通用模型由下面等式(10.4.1)—等式(10.4.14)组成。可以看到,这个模型和等式(8.6.1)—等式(8.6.13)基本一样。稍许复杂点的地方是:(1)居民商品需求等式从原来第 8 章的固定份额形式(8.6.10)改成本章的 LES 形式(10.4.10);(2)为了分析和讨论方便,加了 *PGDP* 价格指数等式(10.4.14);(3)设置了 *WALRAS* 虚变量并被加在所有商品市场均衡等式中,而不是在劳动力市场均衡等式中,其道理后面会解释。

$$QA_a = \alpha_a^q[\delta_a^q QVA_a^{\rho_a} + (1-\delta_a^q)QINTA_a^{\rho_a}]^{\frac{1}{\rho_a}} \qquad a \in A \qquad (10.4.1)$$

$$\frac{PVA_a}{PINTA_a} = \frac{\delta_a^q}{(1-\delta_a^q)}\left(\frac{QINTA_a}{QVA_a}\right)^{1-\rho_a} \qquad a \in A \qquad (10.4.2)$$

$$PA_a \cdot QA_a = PVA_a \cdot QVA_a + PINTA_a \cdot QINTA_a \qquad a \in A \quad (10.4.3)$$

$$QVA_a = \alpha_a^{va}[\delta_a^{va} QLD_a^{\rho_a^{va}} + (1-\delta_a^{va})QKD_a^{\rho_a^{va}}]^{\frac{1}{\rho_a^{va}}} \qquad a \in A \qquad (10.4.4)$$

$$\frac{WL}{WK} = \frac{\delta_{La}^{va}}{(1-\delta_{La}^{va})}\left(\frac{QKD_a}{QLD_a}\right)^{1-\rho_a^{va}} \qquad a \in A \qquad (10.4.5)$$

$$PVA_a \cdot QVA_a = WL \cdot QLD_a + WK \cdot QKD_a \qquad a \in A \qquad (10.4.6)$$

$$QINT_{aa'} = ia_{aa'} \cdot QINTA_{a'} \qquad a \in A, a' \in A \qquad (10.4.7)$$

$$PINTA_{a'} = \sum_{a \in A} ia_{aa'} \cdot PA_a \qquad a' \in A \tag{10.4.8}$$

$$YH = WL \cdot QLS + WK \cdot QKS \tag{10.4.9}$$

$$PA_a \cdot QH_a = PA_a \cdot \gamma_a + \beta_a (YH - \sum_{a' \in A} PA_{a'} \cdot \gamma_{a'}) \qquad a \in A \tag{10.4.10}$$

$$QA_a = \sum_{a' \in A} QINT_{aa'} + QH_a + WALRAS \qquad a \in A \tag{10.4.11}$$

$$\sum_{a \in A} QLD_a = QLS \tag{10.4.12}$$

$$\sum_{a \in A} QKD_a = QKS \tag{10.4.13}$$

$$PGDP = \sum_{a \in A} PA_a \cdot gdpwt_a \tag{10.4.14}$$

模型中的内生变量有 17 组,如下:QA_a, QVA_a, $QINTA_a$, $QINT_{aa'}$, QLD_a, QKD_a, QLS_a, QKS_a, YH, QH_a, PA_a, PVA_a, $PINTA_a$, WL, WK, $PGDP$, $WALRAS$。注意等式(10.4.14)中的价格指数权重 $gdpwt$ 是个参数,不是变量。用 SAM 表数据校调估算,算出其数值后就固定为常数,在模型运行中该数值是不变的。在这个简单模型中,因为计算 GDP 的最终需求量只有居民消费量,因此,$gdpwt$ 的估算方法是:

$$gdpwt_a = QH_a / \sum_{a'} QH_{a'} \qquad a \in A,\ a' \in A \tag{10.4.15}$$

为了使等式数量和变量数量相等,我们必须设 3 个限制条件,将其中 3 个变量赋值固定,变为参数。

如果是新古典主义闭合,按照上一节的讨论,我们加上以下 3 个限制条件:

$$QLS = \overline{QLS} \tag{10.4.16}$$

$$QKS = \overline{QKS} \tag{10.4.17}$$

$$WL = \overline{WL} = 1 \tag{10.4.18}$$

等式(10.4.18)为价格基准的设置。如果要用 $PGDP$ 作为价格指数,可以用等式 $PGDP = \overline{PGDP} = 1$ 来替代。

如果是凯恩斯闭合,则要加上不同的限制条件。在凯恩斯条件下,实际要素供应 QLS 和 QKS 不等于要素禀赋,其差距就是经济萧条下存在的失业和资本闲置。劳动供应量 QLS 和资本供应量 QKS 被需求决定,等于劳动和资本的需求量,要被模型内生决定,如等式(10.4.12)和等式(10.4.13)。

那么凯恩斯宏观闭合设置的外生变量和限制条件是什么呢?凯恩斯模型中,要素和商品价格是刚性的。因此,我们将劳动和资本价格 WL 和 WK 固定改为外生,这两个外生给定量记为 $\overline{WL}$ 和 $\overline{WK}$。

除此之外,模型要有一个外生的规模总量控制变量,不然系统无法在数量上决定(undetermined)。新古典主义闭合中,由要素供应量也就是要素禀赋总量作为规模控制外生变量,决定整个经济的规模。凯恩斯状况的经济特点是需求决定,因此,在凯恩斯闭合中,由外生决定的需求总量决定经济规模。本模型的需求总量为居民总消费额。这个简单模型中总消费额等于总收入额 YH。因此,YH 为规模控制总量,外生给定。

这样,凯恩斯宏观闭合有下面 3 个限制条件:

$$WL = \overline{WL} = 1 \tag{10.4.19}$$

$$WK = \overline{WK} \tag{10.4.20}$$

$$YH = \overline{YH} \tag{10.4.21}$$

在式(10.4.1)—式(10.4.14)的通用模型后加上式(10.4.19)—式(10.4.21)三个限制条件,这样等式和内生变量都为 14 组,数量相等,矩阵为正方形,可以用 MCP 算法求解。这个凯恩斯宏观闭合的 CGE 模型的 GAMS 程序在第 10.6 节里。

前面新古典主义闭合固定劳动力价格 WL 为 1,是设置价格基准的缘故。这里凯恩斯闭合固定了两个价格,劳动力价格 WL 和资本价格 WK。但是其中一个同时也起了价格基准的功能,譬如上面 $WL = \overline{WL} = 1$。加上系统中已有一个 $WALRAS$ 虚变量,这个系统已确定了所有变量的数值,包括商品价格 PA 和价格指数 $PGDP$。因此,不能再加限制条件或对其他变量固定赋值,否则可能造成等式数量多于待定变量,系统超定(overdetermined)无解的错误。

假如要将 GDP 价格指数 $PGDP$ 认作价格基准,可以删掉资本价格限制条件(10.4.20),代之以

$$PGDP = \overline{PGDP} \tag{10.4.22}$$

用固定 $PGDP$ 来替代固定 WK,模型导出的结果是一样的。这个设置也符合理论,因为凯恩斯理论假设商品价格和工资都是刚性的。当名义工资 WL 和商品价格指数 $PGDP$ 都为刚性,意味着按照生活成本计算的实际工资(工资除以商品价格)也是刚性的。

前面说过,由于瓦尔拉斯法则造成的等式线性相关问题,为了所有价格确值,我们对某一价格赋值固定作为价格基准,然后加上一个瓦尔拉斯虚变量 $WALRAS$ 来满足解算法程序要求。在新古典主义闭合情况下可以把 $WALRAS$ 加在劳动力平衡公式里。但是在凯恩斯闭合的劳力市场等式中,QLS 本来就是待定的。如果再加一个待定的 $WALRAS$,变成 $\sum_{a \in A} QLD_a = QLS + WALRAS$,这一个等式要确定两个待定变量,造成没有确切解的欠定(underdetermined)问题,$WALRAS$ 也就不能起到检验作用。对此我们可以把 $WALRAS$ 虚变量加在商品部门的平衡等式里。理论上,把它加在某个商品市场上就可以了,但是在实际编写 GAMS 程序时要把某个别部门挑出来,分成两个子集,程序表述上要麻烦些。(读者如

果需要用子集分开的方式来编程,本节后面练习第6题有说明和提示)。这里我们就把 *WALRAS* 加在所有商品部门平衡等式中,如等式(10.4.11),其效果是一样的。

另外,在凯恩斯模型中,消费函数用LES函数更适合,因为LES函数包括了基本生存消费量,相当于凯恩斯模型中消费函数里的常数项。本节的凯恩斯闭合设置,虽然具有凯恩斯模型的价格刚性和要素未充分就业等主要特征,但是还不够完整。凯恩斯理论的另一部分描述是,因为居民储蓄过多而投资不足,造成了总需求不足,引起经济衰退。而本章的简单模型中,居民行为中没有储蓄,所有居民收入全形成了消费,因此不能充分体现凯恩斯萧条过程的原因和乘数效果。在以后章节的模型中,我们要引进储蓄和储蓄率,这样可以更好地模拟凯恩斯状态下的现实经济问题。

10.5 路易斯闭合

诺贝尔经济学奖得主亚瑟·路易斯(Arthur Leuis)描述发展中国家常见的经济状况是:资本紧缺,但是在劳动市场上,有大量的剩余劳力。劳动力价格被固定在生存工资水平上,在这个价格上,劳动供应量是无限制的。该理论被称为路易斯无限制劳动力供应理论。按照路易斯理论,相应地,CGE模型的宏观闭合要改成劳动价格固定,为外生变量 $\overline{WL}$,而劳动供应量不受限制,为内生变量。资本充分就业,资本供应量是受限制的,其数量等于资本禀赋 $\overline{QKS}$;资本价格弹性,为内生变量。或者说,在劳动市场上,类似凯恩斯设置,而在资本市场上,类似新古典主义的设置。路易斯闭合中,由资本禀赋总量 $\overline{QKS}$ 决定经济规模。因此,路易斯宏观闭合的模型设置是这样的:照抄第10.4节中式(10.4.1)—式(10.4.14)的14组模型方程组。然后加上下面3个限制条件,将里面原来17组的变量中的 *WL*,*QKS* 和 *PGDP* 赋值固定,使内生变量也减低为14组:

$$PGDP = \overline{PGDP} = 1 \quad \text{固定价格指数,同时设置了价格基准} \tag{10.5.1}$$

$$WL = \overline{WL} \quad \text{和上述等式一起,固定生存工资} \tag{10.5.2}$$

$$QKS = \overline{QKS} \quad \text{资本供应量有限制,由禀赋决定} \tag{10.5.3}$$

等式(10.5.1)的目的是固定商品价格。严格地说,在路易斯模型中,价格指数应该用消费者价格指数 *CPI* 而不是GDP价格指数 *PGDP*。*CPI* 更正确地反映了生活成本。路易斯模型中传统部门(农业部门等)的实际工资被固定在传统部门居民的生存水平上,因此名义工资和反映居民生活成本的商品价格的比例固定,即实际工资 *WL*/*CPI* 维持在固定的生存水平上。CPI价格是居民消费品的加权平均价格,如等式(10.1.5)和等式(10.1.6)所示。在这个简单模型中,因为GDP只包括居民消费品,因此 *CPI* 和 *PGDP* 是一回事。在有投资和政府等其他最终需求的更复杂的路易斯闭合具体建模中,应该用 *CPI* 来替代式(10.5.1)的

GDP 价格指数等式。

10.6 凯恩斯闭合宏观模型 GAMS 程序演示

例 10.6.1 利用第 8 章表 8.6.1 的 SAM 表和例 8.7.1 的参数数据，将第 10.4 节的凯恩斯闭合 CGE 模型编写 GAMS 程序。居民的需求函数为 LES 函数，用例 9.9.1 的参数数据。设 GDP 价格指数为价格基准，用加虚变量的方法，并且检验虚变量是否归零。建模、校准估算参数，并复制检验。最后按照凯恩斯理论，模拟最终需求增加(如居民需求增加 20%)引起对就业和资本利用的增加。

解：相应的 GAMS 程序如下。从最后程序运行结果中查验，虚变量 *WALRAS* 为 0，由此可见模型在均衡点上满意地收敛。将居民收入增加 20%来模拟外界冲击，结果劳力就业从 850 增加到 1 020，资本要素利用从 770 增加到 924，要素利用也各自增加 20%。

```
$title  例 10.6.1,设置价格基准和凯恩斯宏观闭合

$ontext
凯恩斯宏观闭合:劳动力和资本要素供应内生决定,居民总需求金额 YH 外生决定
固定劳动力价格和 GDP 价格指数,其中任何一个可以认作为价格基准。
$offtext

set ac   /agri, manu, serv, lab, cap, hh, total/;
set a(ac)   /agri, manu, serv/;
set f(ac)   /lab, cap/;

alias(ac, acp), (a, ap), (f, fp);

table sam(ac, acp)
            agri    manu    serv    lab     cap     hh      total
agri        260     320     150                     635     1365
manu        345     390     390                     600     1725
serv        400     365     320                     385     1470
lab         200     250     400                             850
cap         160     400     210                             770
hh                                  850     770             1620
total       1365    1725    1470    850     770     1620
;
```

```
parameter  rhoq(a)     /agri =   0.2,  manu = 0.3,   serv = 0.1/
           rhoVA(a)    /agri     0.25, manu  0.5,    serv  0.8/
           LESelas(a)  /agri     0.5,  manu  1.0,    serv  1.2/;

 * 定义参数
parameters

scaleAq(a)         QA 的 CES 函数参数
deltaq(a)          QA 的 CES 函数(增值部份)份额参数
scaleAVA(a)        VA 的 CES 函数参数
deltaVA(a)         VA 的 CES 函数(劳动部份)份额参数
ia(a,ap)           中间投入的投入产出系数
PA0(a)             商品 a 的价格
QA0(a)             商品 a 的数量
PVA0(a)            增值部分汇总价格
QVA0(a)            增值部分汇总量
PINTA0(a)          中间投入总价格
QINTA0(a)          中间投入总量
QINT0(a, ap)       中间投入个量
QLD0(a)            劳动需求
QKD0(a)            资本需求
QLS0               劳动量供应
QKS0               资本量供应
WL0                劳动价格
WK0                资本价格
gdpwt(a)           计算 GDP 价格指数用的权重
PGDP0              基准年度的 GDP 价格指数
YH0                居民收入,也等于总需求额
QH0(a)             居民对商品 a 的需求
bgtshr(a)          LES 函数中消费预算商品 a 的份额
bgtshrchk          LES 函数中消费预算商品 a 的份额参数检验
LESbeta(a)         LES 边际消费额
LESbetachk         LES 边际消费额参数和检验
LESsub(a)          LES 消费函数基本生存消费量
frisch             弗里希参数
;
```

```
* 参数(包括外生变量)赋值与精校

Frisch = -2;
PA0(a) = 1;
PVA0(a) = 1;
PINTA0(a) = 1;
WK0 = 1;
WL0 = 1;
QA0(a) = sam('total', a)/PA0(a);
QVA0(a) = SUM(f, sam(f, a));
QINT0(a, ap) = sam(a, ap)/PA0(a);
QINTA0(a) = SUM(ap, QINT0(ap, a));
ia(a, ap) = QINT0(a, ap)/QINTA0(ap);
QLS0 = sum(a, sam('lab', a))/WL0;
QKS0 = sum(a, sam('cap', a))/WK0;
QLD0(a) = sam('lab', a)/WL0;
QKD0(a) = sam('cap', a)/WK0;
deltaq(a) = PVA0(a) * QVA0(a) ** (1 - rhoq(a))/(PVA0(a) * QVA0(a) ** (1 -
rhoq(a)) + PINTA0(a) * QINTA0(a) ** (1 - rhoq(a)));
scaleAq(a) = QA0(a)/(deltaq(a) * QVA0(a) ** rhoq(a) + (1 - deltaq(a)) *
QINTA0(a) ** rhoq(a)) ** (1/rhoq(a));
deltaVA(a) = WL0 * QLD0(a) ** (1 - rhoVA(a))/(WL0 * QLD0(a) ** (1 - rhoVA
(a)) + WK0 * QKD0(a) ** (1 - rhoVA(a)));
scaleAVA(a) = QVA0(a)/(deltaVA(a) * QLD0(a) ** rhoVA(a) + (1 - deltaVA(a))
* QKD0(a) ** rhoVA(a)) ** (1/rhoVA(a));
YH0 = WL0 * QLS0 + WK0 * QKS0;
QH0(a) = SAM(a, 'hh')/PA0(a);
gdpwt(a) = QH0(a)/sum(ap, QH0(ap));
PGDP0 = sum(a, PA0(a) * gdpwt(a));
* 下面是 LES 函数模块
bgtshr(a) = SAM(a, 'hh')/YH0;
bgtshrchk = sum(a, bgtshr(a));
LESbeta(a) = LESelas(a) * bgtshr(a)/(sum(ap, LESelas(ap) * bgtshr(ap)));
LESbetachk = sum(a, LESbeta(a));
LESsub(a) = sam(a, 'hh') + (LESbeta(a)/PA0(a)) * (YH0/frisch);

display
```

```
PA0, PVA0, PINTA0, QA0, QVA0, QINTA0, QINT0, rhoq, rhoVA, scaleAq, deltaq,
scaleAVA, deltaVA, ia, frisch,
QLD0, QKD0, QLS0, QKS0, WL0, WK0, YH0, QH0, gdpwt, bgtshrchk, LESbetachk,
LESsub;

variable

PA(a), PVA(a), PINTA(a), WL, WK, QA(a), QVA(a), QINTA(a), QINT(a, ap), QLD
(a), QKD(a), QLS, QKS, YH, QH(a), PGDP,
*瓦尔拉斯法则,这里用加一个虚变量 WALRAS 的方法
WALRAS
;

*定义等式
equation

QAfn(a), QAFOCeq(a), PAeq(a), QVAfn(a), QVAFOC(a), PVAeq(a), QINTfn(a,
ap), PINTAeq(ap),
YHeq, QHeq(a), ComEqui(a), Leq, Keq, PGDPeq
;

QAfn(a)..
QA(a) =e= scaleAq(a) * (deltaq(a) * QVA(a) ** rhoq(a) + (1 - deltaq(a)) *
QINTA(a) ** rhoq(a)) ** (1/rhoq(a));

QAFOCeq(a)..
PVA(a)/PINTA(a) =e= (deltaq(a)/(1 - deltaq(a))) * (QINTA(a)/QVA(a)) **
(1 - rhoq(a));

PAeq(a)..
PA(a) * QA(a) =e= PVA(a) * QVA(a) + PINTA(a) * QINTA(a);

QVAfn(a)..
QVA(a) =e= scaleAVA(a) * (deltaVA(a) * QLD(a) ** rhoVA(a) + (1 - deltaVA
(a)) * QKD(a) ** rhoVA(a)) ** (1/rhoVA(a));

QVAFOC(a)..
```

```
WL/WK = e = (deltaVA(a)/(1 - deltaVA(a))) * (QKD(a)/QLD(a)) * * (1 - rhoVA
(a));

PVAeq(a)..
PVA(a) * QVA(a) = e = WL * QLD(a) + WK * QKD(a);

QINTfn(a, ap)..
QINT(a, ap) = e = ia(a, ap) * QINTA(ap);

PINTAeq(ap)..
PINTA(ap) = e = SUM(a, ia(a, ap) * PA(a));

YHeq..
YH = e = WL * QLS + WK * QKS;

QHeq(a)..
PA(a) * QH(a) = e = PA(a) * LESsub(a) + LESbeta(a) * (YH - sum(ap, PA(ap) *
LESsub(ap)));

* 瓦尔拉斯法则,这里用加一个虚变量 WALRAS 的方法
ComEqui(a)..
QA(a) = e = sum(ap, QINT(a, ap)) + QH(a) + WALRAS;

Leq..
Sum(a, QLD(a)) = e = QLS;

Keq..
Sum(a, QKD(a)) = e = QKS;

PGDPeq..
PGDP = e = sum(a, PA(a) * gdpwt(a));

* 赋予变量的初始值

PA.L(a) = PA0(a);
PVA.L(a) = PVA0(a);
PINTA.L(a) = PINTA0(a);
```

```
QA.L(a) = QA0(a);
QVA.L(a) = QVA0(a);
QINTA.L(a) = QINTA0(a);
QINT.L(a, ap) = QINT0(a, ap);
QLD.L(a) = QLD0(a);
QKD.L(a) = QKD0(a);
YH.L = YH0;
QH.L(a) = QH0(a);
QLS.L = QLS0;
QKS.L = QKS0;
WK.L = 1;
WALRAS.L = 0;

*凯恩斯闭合条件
WL.fx = 1;
PGDP.fx = PGDP0;
YH.fx = YH0;

*执行优化程序
model cgeKeynes  /all/;
solve cgeKeynes using mcp;
*检验 WALRAS 是否等于零
displayWALRAS.L, QLS.L, QKS.L;

*检验凯恩斯模型的乘数
YH.fx = YH0 * 1.2;
model checkKeynesYHup  /all/;
solve checkKEYnesYHup using mcp;
*检验 WALRAS 是否等于零
display WALRAS.L, QLS.L, QKS.L;

*End
```

练　　习

1. 学习设置价格基准。参照例 10.6.1 的 GAMS 程序。根据第 10.1 节有关设立价格基准和处理瓦尔拉斯线性相关问题的讨论，在以劳动力价格为价格基准的情况下，编制新古典主义闭合的 GAMS 程序。比较(1)删除劳动力市场均衡等式；(2)增加虚变量 *WALRAS*；以及(3)用 nlp 优化这三种方法的结果。

2. 检验货币中性和模型对价格的零阶齐次性质。在练习题 1 的基础上，将价格基准即劳动价格增加 20%，也就是，固定 $WL.fx=1.2$，而其他价格的初始值不变，仍然为 1。检验是否所有价格最后都增长了 20%。
3. 例 10.6.1 模拟了居民收入也就是需求总额 *YH* 增加 20%的情况。检查在这个冲击下，其他实物变量如劳力就业、GDP 以及各部门商品产出的变化。凯恩斯模型乘数的定义是 GDP 增长量和初始(autonomous)需求增长之比，即"ΔGDP/Δ 初始需求增加"，计算这个乘数。
4. 在练习题 1 的基础上，将价格基准从劳动力价格改为 GDP 价格指数，用虚变量 *WALRAS* 来处理瓦尔拉斯法线性相关问题。比较 GDP 价格指数增加 10%或劳动力价格增加 10%，是否零阶齐次性质仍然有效?
5. 将式(10.6.1)的模型改为路易斯闭合的 CGE 模型。路易斯理论认为随着资本积累的增长，现代工业部门不断吸收传统农业部门的剩余劳力。模拟资本增长 10%的情况下，劳动力就业增加多少。
6. 练习题 1 中，设置如下：仅在农业(agri)部门商品均衡等式中加 *WALRAS* 虚变量，而另外制造业和服务两个部门等式仍然维持原均衡等式。写出 GAMS 程序。使用的方式是，将农业部门写成商品部门子集 1，将剩下的两个部门写成子集 2，用不同子集来设置这两个不同等式。即

$$QA_a=\sum_{a'\in A}QINT_{aa'}+QH_a+WALRAS \qquad a='agri'$$

$$QA_a=\sum_{a'\in A}QINT_{aa'}+QH_a \qquad a='manu','serv'$$

提示：如果 SAM 表上有很多商品部门，在子集 2 中要一一列出所有非农业部门，比较繁琐。可以用下面的指令定义子集 1 和子集 2，比较简便。注意 Nagr('agri ')=NO 的用法：

```
set agr(a)"农业部门的子集"/agri/;
set Nagr(a)"除了农业之外的所有商品部门";
Nagr(a) = YES; Nagr('agri ') = NO。
```

▶11

政府和财政税收政策

11.1 政府

前面章节讨论的模型经济只有居民和企业两个经济人。而现代经济中，政府这个经济人扮演的角色非常重要。政府向居民和企业征税，然后开支，包括提供公共品和服务，也对居民和企业做转移支付。美国政府支出多年来占 GDP 支出的 20%以上，超过固定资产投资。本章介绍包括政府部分的 CGE 模型的设置。

图 11.1.1 显示了政府在经济中主要作用的流程。政府从消费者和企业中征税，这些税收包括所得税、增值税，等等。政府也从商品流通中征税，如销售税。一个经济通常都有很多税种，在第 4 章表 4.1.1 的解释性 SAM 表列举了一些主要税种所在的地方。不过，表 4.1.1 是高度概括的。在具体研究中，往往要根据研究重点进行进一步的归纳和分解。必要时要对研究的税种在 SAM 表上单独立项。譬如，为了研究增值税转型，往往要在 SAM 表中特别列出劳动增值税和资本增值税两个分别的账户。为了研究营改增（营业税改增值税），就要设置营业税账户。在 SAM 表和 CGE 模型设置中，对各个不同的税收和财政支出情况，既要灵活运用，又要符合经济理论。

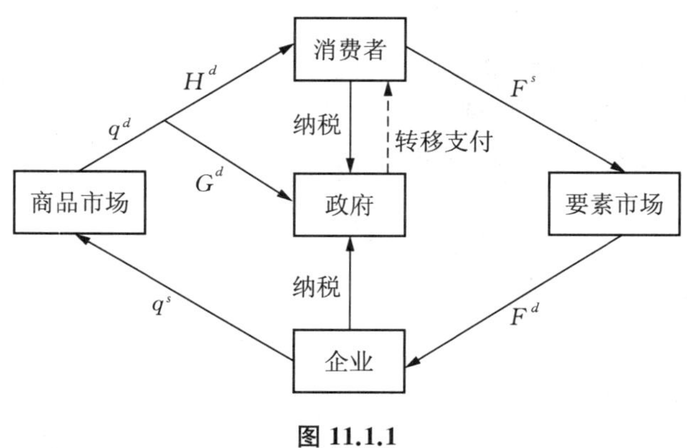

图 11.1.1

政府的支出包括政府消费和对居民与企业的转移支付。政府收入和支出不一定要相等，其差额就是财政盈余或者赤字。CGE 模型中常用政府净储蓄来表示财政盈余。如果净储蓄是负的，那么就是财政赤字。下面我们从具体例子开始，介绍包括政府的 CGE 模型的设置。

11.2 政府支出

我们先按照流程图 11.1.1 对 CGE 模型设置政府的相关函数。先考虑政府支出。政府支出金额记为 EG，政府支出包括政府在各个商品 a 上的消费 QG_a，以及对居民的转移支付额 $transfr_{hg}$：

$$EG = \sum_a PA_a \cdot QG_a + transfr_{hg} \tag{11.2.1}$$

政府消费 QG_a 如何决定？可以参照居民消费函数的方法设置政府的效用函数，然后求出政府消费函数。如果政府的效用函数是柯布—道格拉斯函数，那么，政府在商品 a 上的消费额 $PA_a \cdot QG_a$ 和总消费额有固定比例 α_{ga}。

$$PA_a \cdot QG_a = \alpha_{ga}(EG - transfr_{hg}) \tag{11.2.2}$$

当然，政府消费和转移支付也可以外生决定。在现实情况下，外生决定可能是更常见的情况。

政府的收入主要是税收，也可能有其他方面，如政府的投资收入。在中国，地方政府收入的一大块是拍卖土地使用权的收入。政府收入记为 YG。政府的收入和支出之差为政府净储蓄，如果是正的(负的)，表现为财政盈余(或赤字)：

$$GSAV = YG - EG \tag{11.2.3}$$

政府财政赤字靠发行债券来弥补。在一些国家中，也靠发行货币来弥补。政府通过发行货币的收入，也称为制币权收入或铸币税(seigniorage income)。虽然 CGE 模型文献中货币和债券很少直接出现，但是读者应该注意财政赤字和政府发行债券或者增发货币的相关关系。

11.3 直接税和所得税的 CGE 模型

政府征税，居民和企业向政府纳税，税收是政府的收入。在 SAM 表上要在相应的单元格里显示，在 CGE 模型中也做相应的变化。

先考虑直接税情况。直接税是发达国家的主要税种。直接税包括个人和企业所得税。个人所得税和收入相关，在累进所得税下税率 ti_h 按收入增加，在单一税率(flat tax)下税率为常数。假设一个模型经济如下面 SAM 表 11.3.1。居民税前收入 YH 包括要素收入 190＋165＝355，加上从政府得到的转移支付 $trnsfr_{hg}=5$，一共有 $YH=190+165+5=360$。这个模型经济的居民按照单一所得税率 $ti_h=10\%$ 缴纳所得税，有 $ti_h \cdot YH=10\% \cdot 360=36$。税后的居民可支配收入 $YDISH$

为 $YDISH=(1-ti_h)YH=(1-10\%)\cdot 360=324$。居民用可支配收入购买商品。

表 11.3.1　模型经济 SAM 表

	商品 1	商品 2	劳动	资本	居民	政府	汇总
商品 1					152	11	163
商品 2					172	20	192
要素(劳动)	110	80					190
要素(资本)	53	112					165
居　民			190	165		5	360
政　府					36		36
汇　总	163	192	190	165	360	36	

政府的税收收入 YG 等于居民纳税，$YG=ti_h\cdot YH$。这个简单模型中，我们假设政府遵守财政收支平衡，因此财政支出 $EG=YG$。

整个模型如下。商品集记为 A。居民直接所得税对生产模块没有直接影响：

$$QA_a=\alpha_a^q[\delta_a^q QLD_a^{\rho_a}+(1-\delta_a^q)QKD_a^{\rho_a}]^{\frac{1}{\rho_a}} \qquad a\in A \tag{11.3.1}$$

$$\frac{WL}{WK}=\frac{\delta_{La}^{va}}{(1-\delta_{La}^{va})}\left(\frac{QKD_a}{QLD_a}\right)^{1-\rho_a^{va}} \qquad a\in A \tag{11.3.2}$$

$$PA_a\cdot QA_a=WL\cdot QLD_a+WK\cdot QKD_a \qquad a\in A \tag{11.3.3}$$

居民税前收入形成变化了，增加了从政府的转移支付：

$$YH=WL\cdot QLS+WK\cdot QKS+transfr_{hg} \tag{11.3.4}$$

然后纳税，形成可支配收入，再有商品消费：

$$PA_a\cdot QH_a=shrh_a\cdot YH\cdot(1-ti_h) \qquad a\in A \tag{11.3.5}$$

然后增加了政府一块。分别描述财政收入和支出。政府财政收入来自所得税：

$$YG=ti_h\cdot YH \tag{11.3.6}$$

政府支出包括政府消费和转移支付两个部分。假设转移支付由外生决定，而政府消费有一个柯布—道格拉斯的效用函数，因此政府在各个商品的消费的份额比例是固定的。因此有：

$$PA_a\cdot QG_a=shrg_a\cdot(EG-transfr_{hg}) \qquad a\in A \tag{11.3.7}$$

然后描述政府财政收支平衡状况。这里假设收支平衡：

$$YG-EG=0 \tag{11.3.8}$$

商品和要素市场出清条件是（这个模型经济没有中间投入）：

$$QA_a = QH_a + QG_a \qquad a \in A \tag{11.3.9}$$

$$\sum_{a\in A} QLD_a = QLS \qquad a \in A \tag{11.3.10}$$

$$\sum_{a\in A} QKD_a = QKS \qquad a \in A \tag{11.3.11}$$

上面模型中，转移支付 $transfr_{hg}$，所得税率 ti_h，以及政府在各个商品上的消费份额 $shrg$ 都是参数(不是变量)，可以从 SAM 表中校调估算出来。模型一共有 11 个等式组。内生变量是 13 组，为 QA_a，QLD_a，QKD_a，QLS，QKS，YH，QH_a，QG_a，YG，EG，PA_a，WL，WK。

假设要素市场为新古典主义宏观闭合，要素供应等于要素禀赋 $\overline{QLS}$ 和 $\overline{QKS}$，要素充分就业，有下面的限制条件，将 QLS 和 QKS 赋值固定，性质上成为参数：

$$QLS = \overline{QLS} \tag{11.3.12}$$

$$QKS = \overline{QKS} \tag{11.3.13}$$

由此内生变量也降低为 11 组。等式数量和变量数量一致。不过，由于瓦尔拉斯法则，均衡价格还不是单一的。因此，要确定一个价格基准。可以用劳动 WL 作为价格基准：

$$WL = \overline{WL} = 1 \tag{11.3.14}$$

加了等式(11.3.14)后，WL 被赋值固定，变量数量变成 10 个，比等式数量少了 1 个。然后我们按照第 10.1 节的讨论进行修改。或者将劳动力市场出清的等式(11.3.10)去掉，或者加一个 $WALRAS$ 虚变量。即将等式(11.3.10)换成：

$$\sum_{a\in A} QLD_a = QLS + WALRAS \tag{11.3.15}$$

如此模型有 11 个等式，11 个内生变量，可解。用第 10.1 节中其他的设置价格基准的方法也可以，这里就不赘述。这个模型中，因为政府对居民的转移支付额 $transfr_{hg}$ 是不受价格影响的固定数额，因此，严格的货币中性不存在。

11.4 增值税

增值税在很多国家包括欧洲共同体国家是主要税种。因为增值税比较容易征收，也较少价格扭曲，联合国和世界银行特别向发展中国家推荐增值税的形式。增值税有三种，生产型、收入型和消费型。生产型对所有增值部分征税，收入型让固定资产投资部分按照每年折旧额免税，而消费型增值税允许固定资产投资在开支当年一次性全额免税。

假设模型经济征收生产型增值税，如 SAM 表 11.4.1。商品 1 增值额为 110 + 53 = 163，增值税 16.3，因此校调算出增值税率 $tvat = 16.3/163 = 10\%$。商品 2 也一样。下面我们以表 11.4.1 为模型经济设置 CGE 模型。

表 11.4.1　包括增值税的 SAM 表

	商品 1	商品 2	劳动	资本	居民	政府	汇总
商品 1					150	29.3	179.3
商品 2					190	30	220
要素(劳动)	110	70					180
要素(资本)	53	130					183
居　民			180	183		11	374
政　府	16.3	20			34		70.3
汇　总	179.3	220	180	183	374	70.3	

由于增值税是按要素投入额作基础计算向企业征收的，因此会影响企业的生产成本。生产函数不变，

$$QA_a = \alpha_a^q \left[\delta_a^q QLD_a^{\rho_a} + (1-\delta_a^q) QKD_a^{\rho_a}\right]^{\frac{1}{\rho_a}} \qquad a \in A \qquad (11.4.1)$$

在生产型增值税情况下，由于劳动和资本面临同一税率，下面可以看到，价格比价等于边际替代率的一阶优化条件不受影响：

$$\frac{WL}{WK} = \frac{(1+tvat)\cdot WL}{(1+tvat)\cdot WK} = \frac{\delta_{La}^{va}}{(1-\delta_{La}^{va})}\left(\frac{QKD_a}{QLD_a}\right)^{1-\rho_a^{va}} \qquad a \in A \quad (11.4.2)$$

但是价格关系函数要调整：

$$PA_a \cdot QA_a = (1+tvat)(WL \cdot QLD_a + WK \cdot QKD_a) \qquad a \in A \ (11.4.3)$$

居民部分不变，和上面等式(11.3.4)和等式(11.3.5)一样，这里不重复。政府税收中增加了增值税，因此等式(11.3.6)改为：

$$YG = ti_h \cdot YH + tvat \cdot \sum_a (WL \cdot QLD_a + WK \cdot QKD_a) \qquad (11.4.4)$$

政府支出，以及市场出清条件和等式(11.3.7)—等式(11.3.13)一样。因为生产型增值税不改变要素比价和使用比例的一阶条件[即等式(11.3.2)]，因此生产型增值税实际上是中性的。①最后，可以用 GDP 价格指数或者 CPI 作为价格基准。

11.5　收入型增值税

收入型增值税仅对劳动投入征收增值税，而资本投入免税。将劳动投入增值

① 有些说法认为收入型收入税是中性的，其实是不对的。见张欣、陈烨，《为什么说生产型增值税才是中性的?》，《财政研究》2009 年第 4 期。

税率记为 $tval$。等式(11.4.2)—等式(11.4.4)做相应修改，有

$$\frac{(1+tvat)\cdot WL}{WK}=\frac{\delta_{La}^{va}}{(1-\delta_{La}^{va})}\left(\frac{QKD_a}{QLD_a}\right)^{1-\rho_a^{va}} \quad a\in A \tag{11.5.1}$$

$$PA_a\cdot QA_a=(1+tvat)WL\cdot QLD_a+WK\cdot QKD_a \quad a\in A \tag{11.5.2}$$

$$YG=ti_h\cdot YH+tvat\cdot\sum_a WL\cdot QLD_a \tag{11.5.3}$$

注意收入型增值税改变了一阶优化条件，资本与劳动的比价降低，因此鼓励以资本替代劳动。因此，收入型增值税从这个意义上说不是中性的。用 CGE 模型研究这个替代作用时，应该调整宏观闭合。如果用新古典主义宏观闭合，因为所有价格都是弹性的，结果在上述等式(11.5.1)里，增值税率 $tvat$ 变动仅仅造成 WL 的相应下浮，结果对实际变量的影响并没有精确体现出来。但是用凯恩斯宏观闭合会有不同的结果，会有实际产出的变化。

11.6 包括政府财税政策的 CGE 模型

下面具体举例设置和模拟有居民所得税和增值税的 CGE 模型。这个模型经济有政府、居民和企业三个经济人。企业缴纳生产型增值税，居民缴纳所得税，政府将税收收入用来消费商品和做转移支付。本模型的数据基础和 SAM 表 11.4.1 是一样的。由于要研究不同类型的增值税，因此要对 SAM 表 11.4.1 做改动，将劳动和资本增值税的两个账户独立出来。结果如 SAM 表 11.6.1。本模型假设新古典主义宏观闭合，即要素禀赋始终充分就业，所有价格都是弹性的。整个政府和税收的 CGE 模型的数学表述综合如下。其中等式前面都曾经讨论过，这里不重复。

表 11.6.1

	商品 1	商品 2	劳动	资本	居民	政府	劳动增值税	资本增值税	汇总
商品 1					150	29.3			179.3
商品 2					190	30			220
要素(劳动)	110	70							180
要素(资本)	53	130							183
居　民			180	183		11			374
政　府					34		18	18.3	70.3
劳动增值税	11	7							18
资本增值税	5.3	13							18.3
汇　总	179.3	220	180	183	374	70.3	18	18.3	

$$QA_a=\alpha_a^q[\delta_a^q QLD_a^{\rho_a}+(1-\delta_a^q)QKD_a^{\rho_a}]^{\frac{1}{\rho_a}} \quad a\in A \tag{11.6.1}$$

$$\frac{WL}{WK}=\frac{(1+tval)\cdot WL}{(1+tvak)\cdot WK}=\frac{\delta_{La}^{va}}{(1-\delta_{La}^{va})}\left(\frac{QKD_a}{QLD_a}\right)^{1-\rho_a^{va}} \quad a\in A \quad (11.6.2)$$

$$PA_a\cdot QA_a=(1+tval)\cdot WL\cdot QLD_a+(1+tvak)\cdot WK\cdot QKD_a \quad a\in A \quad (11.6.3)$$

$$YH=WL\cdot QLS+WK\cdot QKS+transfr_{hg} \quad (11.6.4)$$

$$PA_a\cdot QH_a=shrh_a\cdot YH\cdot(1-ti_h) \quad a\in A \quad (11.6.5)$$

$$YG=ti_h\cdot YH+tval\cdot WL\cdot\sum_a QLD_a+tvak\cdot WK\cdot\sum_a QKD_a \quad (11.6.6)$$

$$PA_a\cdot QG_a=shrg_a\cdot(EG-transfr_{hg}) \quad a\in A \quad (11.6.7)$$

$$YG-EG=0 \quad (11.6.8)$$

$$QA_a=QH_a+QG_a \quad a=2 \quad (11.6.9)$$

$$\sum_{a\in A}QLD_a=QLS \quad (11.6.10)$$

$$\sum_{a\in A}QKD_a=QKS \quad (11.6.11)$$

$$GDP=\sum_{a\in A}(QH_a+QG_a) \quad (11.6.12)$$

$$PGDP\cdot GDP=\sum_{a\in A}PA_a\cdot(QH_a+QG_a) \quad (11.6.13)$$

$$QLS=\overline{QLS} \quad (11.6.14)$$

$$QKS=\overline{QKS} \quad (11.6.15)$$

$$PGDP=\overline{PGDP} \quad (11.6.16)$$

从 SAM 表数据中校调估算参数和外生变量 $transfr_{hg}$，所得税率 ti_h、消费者和政府在各个商品上的消费份额 $shrh_a$ 和 $shrg_a$。注意在校调估算参数时，参照式(11.6.5)和式(11.6.7)，要将税收和转移支付考虑进去。生产函数的要素弹性须外生给定。假设生产部门(商品)1 的劳动和资本要素弹性为 2.5，由此算出 $\rho_1=0.6$。类似地，假设生产部门 2 也是 $\rho_2=0.6$。下面第 11.8 节是相应的上面数学等式的 GAMS 程序。由于记号一样，读者可以比对了解模型上面的数学表达和第 11.8 节的 GAMS 程序。

模型由等式(11.6.1)—等式(11.6.13)共 13 组等式组成求解的系统组。内生变量有 15 组，为 QA_a，QLD_a，QKD_a，QLS，QKS，YH，QH_a，QG_a，YG，EG，GDP，PA_a，WL，WK，$PGDP$。设置限制等式(11.6.14)和等式(11.6.15)，内生变量降低为 13 组。等式和内生变量相等。

本模型采用 GDP 价格指数为价格基准 $\overline{PGDP}=1$。等式(11.6.16)将 $PGDP$

固定为 1,成了外生变量,这样少了一个内生变量。前面几节的模型用加一个 *WALRAS* 虚变量的办法,这里我们演练一下去除一个商品市场等式的方法。我们去除商品 1 的市场均衡等式,如等式(11.6.9)只是商品 2 的市场均衡条件。在商品市场上,只有商品 2 的供求等式($a=2$ 而不是 $a=1,\ 2$)。读者从第 11.8 节的 GAMS 程序运行中可以看到,其结果是一样的。

11.7 要素供应乘数和政府支出乘数

乘数(multiplier)是宏观经济学中常用的术语。乘数指政策冲击造成的外生变量或参数的初始变化,(在整个宏观经济结构下通过所有经济过程)最终导致的某个主要宏观经济变量的量变。譬如,凯恩斯的政府支出乘数(也称为"财政支出乘数"),是指政府财政支出增加和导致的 GDP 增加之比。其他乘数有货币供应乘数、就业乘数,等等。乘数有各种各样的,除了已经约定俗成的一些乘数名字外,文献中提到的其他的乘数还要从上下文里检查它的具体定义。

在上面新古典主义宏观闭合下,增加要素供应可以导致 GDP 产出增加。如果要研究资本存量的增加对 GDP 增长的贡献,可以定义资本供应乘数 μ_k 为:

$$\mu_k=\frac{\Delta GDP}{\Delta QKS} \tag{11.7.1}$$

其中 Δ 指增加量。

凯恩斯宏观闭合下的政府财政支出乘数 μ_e 定义为:

$$\mu_e=\frac{\Delta GDP}{\Delta EG} \tag{11.7.2}$$

用 CGE 模型来计算乘数是一个简便、实用的方法。建模成功后,将政策变化输入模型模拟运行,检查导出的应变量变化,就可以得到具体的数值结果。下面 GAMS 程序对表 11.6.1 的新古典主义 CGE 模型建模并计算资本供应乘数。可以看到,计算出来的资本供应乘数为 1.099。

11.8 政府和税收的 CGE 模型和 GAMS 编程

下面是对第 11.6 节的政府和税收 CGE 模型编制的 GAMS 程序。闭合为新古典主义,最后估算资本供应量乘数。这里解释一下在编制有税收项的 CGE 模型的 GAMS 程序的一些通常的做法。为了方便,校调估算参数阶段,包含有税收项的商品价格通常仍然设置为 1,如上述模型的商品价格 PA。这样商品 QA 的标准单位有相应调整,如下面 GAMS 语言程序里有 $QA0(a)=$ sam('total', a)/$PA0(a)$,即初始值 $QA0$ 和 $PA0$ 为:

$$QA0=(\text{中间投入总值}+\text{要素投入总值}+\text{增值税总值})/PA0 \tag{11.8.1}$$

因为 $PA0$ 等于 1,而 $PA0 \cdot QA0$ 的数值仍然等于 SAM 表上商品的包括税收项的最终总数,好像 $QA0$ 的数字包括了增值税总值,如商品 1 的 $QA=179.3$。这是因为 QA 的数量单位在包括增值税后做了调整,和以前没有增值税时不一样。在 GAMS 程序的校调估算参数时,这个将 QA 的数量单位标准化的任务是由调整参数 α_a^q 的数值来实现的。

在这个校调估算参数过程中,等式(11.8.1)表面看上去似乎是实际数量 QA 包含了税收数值。这实际是认识误区。注意这只是在校调估算参数的阶段,将 QA 的标准单位调整,以便有一个比较方便的初始状态数值集。在以后复制和政策模拟时,税收是属于价格类的变量,而不是属于实际数量的变量。这可以从下面模型中的两个函数表达看到,在政策模拟中,增值税 $tval$ 或者 $tvak$ 变化会影响 PA 的价格(11.8.2);而不直接影响 QA 的实际产量[生产函数(11.8.3)]。

$$PA_a = [(1+tval) \cdot WL]\frac{QLD_a}{QA_a} + [(1+tvak) \cdot WK]\frac{QKD_a}{QA_a} \quad (11.8.2)$$

$$QA_a = \alpha_a^q[\delta_a^q QLD_a^{\rho_a} + (1-\delta_a^q)QKD_a^{\rho_a}]^{1/\rho_a} \quad (11.8.3)$$

这个处理方法和概念澄清,在以后包含其他类似的税收项,或者中间交易项的更复杂的 CGE 模型中,都会经常遇到。下面是整个 GAMS 程序。

例 11.8.1 SAM 表为表 11.6.1。假设生产函数的指数 ρ 为 0.6。将第 11.6 节的新古典主义闭合的包括政府和税收的 CGE 模型编程,模拟资本供应量变化的冲击和计算资本供应乘数。

```
$title  例 11.8.1 新古典主义闭合的有政府和税收的 CGE 模型,计算资本供应量变化冲击与乘数

*定义集合所有账户 ac 和生产活动 a
set ac  /sec1, sec2, lab, cap, gov, hh, vatl, vatk, total/;
set a(ac)  /sec1, sec2/;

alias(ac, acp);

*读取 SAM 表的数值
table sam(ac, acp)
        sec1    sec2   lab   cap   hh    gov   vatl  vatk   total
sec1                               150   29.3               179.3
sec2                               190   30                 220
lab     110     70                                          180
cap     53      130                                         183
```

```
hh                      180     183             11                      374
gov                                     34              18      18.3    70.3
vatl     11       7                                                     18
vatk     5.3      13                                                    18.3
total    179.3    220   180     183     374     70.3    18      18.3

* 定义参数
parameters

PA0(a)               商品 a 的价格
WK0                  资本价格
WL0                  劳动价格
QA0(a)               商品 a 的数量
QLD0(a)              劳动需求
QKD0(a)              资本需求
QLS0                 劳动量供应
QKS0                 资本量供应
QH0(a)               居民对商品 a 的需求
YH0                  居民收入
EG0                  政府支出
YG0                  政府收入
QG0(a)               政府对商品 a 的需求
rho(a)               CES 函数参数  外生给定  假设等于 0.6
delta(a)             CES 函数参数  可以从 SAM 表中求出
scaleA(a)            CES 函数参数  可以从 SAM 表中求出
shrh(a)              居民收入中对商品 a 的消费支出  可以从 SAM 表中求出
shrg(a)              政府收入中对商品 a 的消费支出  可以从 SAM 表中求出
tih                  居民所得税税率可以从 SAM 表中求出
tval(a)              对劳动投入的增值税率
tvak(a)              对资本投入的增值税率
transfrhg0           政府对居民的转移收入
PGDP0                国民生产总值价格指数
GDP0                 国民生产总值
;

* 赋值并校调估算参数(包括外生变量)
PA0(a) = 1;
```

```
WK0 = 1;
WL0 = 1;
QA0(a) = sam('total', a)/PA0(a);
QLD0(a) = (sam('lab', a))/WL0;
QKD0(a) = sam('cap', a)/wk0;
QLS0 = sum(a, sam('lab', a))/WL0;
QKS0 = sum(a, sam('cap', a))/WK0;
QH0(a) = SAM(a, 'hh')/PA0(a);
transfrhg0 = sam('hh', 'gov');
YH0 = WL0 * QLS0 + WK0 * QKS0 + transfrhg0;
tih = sam('gov', 'hh')/YH0;
YG0 = tih * YH0 + sam('gov', 'vatl') + sam('gov', 'vatk');
EG0 = YG0;
QG0(a) = SAM(a, 'GOV')/PA0(a);
rho(a) = 0.6;
delta(a) = WL0 * QLD0(a) ** (1 - rho(a))/(WL0 * QLD0(a) ** (1 - rho(a)) +
WK0 * QKD0(a) ** (1 - rho(a)));
scaleA(a) = QA0(a)/(delta(a) * QLD0(a) ** rho(a) + (1 - delta(a)) * QKD0(a)
** rho(a)) ** (1/rho(a));
shrh(a) = PA0(a) * QH0(a)/((1 - tih) * YH0);
shrg(a) = PA0(a) * QG0(a)/(YG0 - transfrhg0);
tval(a) = sam('vatl', a)/sam('lab', a);
tvak(a) = sam('vatk', a)/sam('cap', a);
PGDP0 = 1;
GDP0 = sum(a, PA0(a) * sam(a, 'hh') + PA0(a) * sam(a, 'gov'))/PGDP0;

display
PA0, WK0, WL0, QA0, PGDP0, QLD0, QKD0, QLS0, QKS0, QH0, transfrhg0, YH0,
tih, YG0, QG0, shrh, shrg, tval, tvak, GDP0;

* 变量(内生变量)定义
variable
QA(a), QLD(a), QKD(a), YH, QH(a), QG(a), YG, EG, GDP, PA(a), WL, WK
* 下面 3 个内生变量将要变为外生变量,因为后面程序语言将它们加上固定数值
的后缀.fx
QLS, QKS, PGDP
;
```

```
* 下面对等式定义
* 因为加了 PGDP 为价格基准,减少了 1 个内生变量,相应地去除商品 1 的市场供求均衡等式,仅留下商品 1 的供求平衡等式 ComEqui2
equation
QAeq(a), FOCQAeq(a), PAeq(a), YHeq, QHeq(a), YGeq, QGeq(a), EGeq, ComEqui2,
Leq, Keq, GDPeq, PGDPeq
;

QAeq(a)..
QA(a) =e= scaleA(a) * (delta(a) * QLD(a) ** rho(a) + (1-delta(a)) * QKD(a) ** rho(a)) ** (1/rho(a));

FOCQAeq(a)..
((1+tval(a)) * WL)/((1+tvak(a)) * WK) =e= delta(a)/(1-delta(a)) * (QKD(a)/QLD(a)) ** (1-rho(a));

PAeq(a)..
PA(a) * QA(a) =e= (1+tval(a)) * WL * QLD(a) + (1+tvak(a)) * WK * QKD(a);

YHeq..
YH =e= WL * QLS + WK * QKS + transfrhg0;

QHeq(a)..
PA(a) * QH(a) =e= shrh(a) * YH * (1-tih);

YGeq..
YG =e= tih * YH + sum(a, tval(a) * WL * QLD(a)) + sum(a, tvak(a) * WK * QKD(a));

QGeq(a)..
PA(a) * QG(a) =e= shrg(a) * (EG-transfrhg0);

EGeq..
YG =e= EG;

ComEqui2..
QA('sec2') =e= QH('sec2') + QG('sec2');
```

```
Leq..
Sum(a, QLD(a)) = e = QLS;

Keq..
Sum(a, QKD(a)) = e = QKS;

GDPeq..
GDP = e = sum(a, QH(a) + QG(a));

PGDPeq..
PGDP * GDP = e = sum(a, PA(a) * (QH(a) + QG(a)));


*赋予变量的初始值
QA.L(a) = QA0(a);
QLD.L(a) = QLD0(a);
QKD.L(a) = QKD0(a);
YH.L = YH0;
QH.L(a) = QH0(a);
QG.L(a) = QG0(a);
YG.L = YG0;
EG.L = EG0;
GDP.L = GDP0;
PA.L(a) = PA0(a);
WL.L = WL0;
WK.L = WK0;
QLS.fx = QLS0;
QKS.fx = QKS0;
PGDP.fx = PGDP0;

*执行优化程序
model cge   /all/;
solve cge using mcp;

display PA.L, WK.L, WL.L, QA.L, QLD.L, QKD.L, QLS.L, QKS.L, QH.L, transfrhg0,
        YH.L, tih, YG.L, EG.L, QG.L, shrh, shrg, tval, tvak, PGDP0, GDP.L;
```

```
* 下面模拟资本要素变动政策
QKS.fx = QKS0 + 1;

parameter
GDPold  储存政策变动以前的 GDP 数值;
GDPold = GDP.L;

model sim1  /all/;
solve sim1 using mcp;

display PA.L, WK.L, WL.L, QA.L, QLD.L, QKD.L, QLS.L, QKS.L, QH.L, transfrhg0,
        YH.L, tih, YG.L, EG.L, QG.L, shrh, shrg, tval, tvak, PGDP0, GDP.L;

Parameter
Multiplier  资本供应乘数;
Multiplier = (GDP.L - GDPold)/1;

display  Multiplier;

* End
```


练　　习

1. 有下列 SAM 表，用 GAMS 编程，校调估算所得税率、消费者和政府在各个商品上的消费份额。

表 11.A.1　模型经济 SAM 表

	商品 1	商品 2	劳动	资本	居民	政府	汇总
商品 1					280	45	325
商品 2					250	90	340
要素(劳动)	200	130					330
要素(资本)	125	210					335
居　民			330	335		10	675
政　府					145		145
汇　总	325	340	330	335	675	145	

2. 对上述 CGE 模型做政策模拟分析。假设要素充分就业的新古典主义宏观闭合，

政府将生产型增值税改变成收入型增值税，即 $tvak=0$。修改第 11.6 节 CGE 模型和第 11.8 节的 GAMS 程序，检验结果。GDP 有什么变化，为什么？劳动和资本在两个生产、商品部门的变化是什么，为什么？

3. 现在假设这个经济处于经济萧条的状况下。参考第 10 章的内容，将模型改为凯恩斯宏观闭合，回答上题提出的同样问题。并且比较两种不同宏观闭合下的模拟结果差异及经济解释。这个 GAMS 程序的改动比习题 1 要大。提示：将要素价格固定，将 EG 作为外生；将要素供应 QLD 和 QKD 改为内生，将 $PGDP$ 放开(作为内生)。如果 EG 增加到 80，结果如何？如果资本的增值税降低到 5%，结果如何？

4. 这个模型中没有私人储蓄，因此不管用哪一个宏观闭合，政府财政预算总是平衡的，即 $YG=EG$。为什么？

▶12

储蓄与投资

12.1 储蓄

居民纳税之后的收入为可支配收入。居民可支配收入并不完全用在消费上，居民还会储蓄。如果居民储蓄在经济中最后没转换成需求，一般均衡状态就会被破坏。前面的CGE模型没有储蓄部分，也就没有这个问题。如果有储蓄，需要将储蓄转换为投资需求，才能回归一般均衡。这是宏观经济学理论也是凯恩斯学说的关键。本章介绍CGE模型中的储蓄部分和相关模型结构的设置。

这里先复习宏观经济学的一些基本原理。为简便起见，假设一个封闭经济（即没有外贸，闭关自守的经济），因此没有对外贸易部门与外贸变量，如进出口、外汇储备、汇率等。这里用宏观经济学教科书上的常用变量符号来阐述。

宏观经济均衡条件要求总供应等于总需求。在闭合经济的情况下，有：

$$Y = C + I + G \tag{12.1.1}$$

其中，Y 为总供应，通常在实际应用中为GDP产出。等号右边是总需求，分别是，C 为居民消费，I 为投资，G 为政府支出。这个等式表示总供应等于总需求。

等式（12.1.1）作为凯恩斯均衡条件理解的话，投资 I 是意愿投资。假如现实经济不在凯恩斯均衡状态下，上述等式（12.1.1）应该认做是国民经济核算恒等式（而不是凯恩斯均衡条件），这时 I 应该理解为事实投资，即包括意愿投资和非意愿的存货变化。在凯恩斯非均衡情况下，事实存货数量不等于意愿存货水平。于是企业调整存货，国民经济也随着调整国民产出。在CGE模型对SAM表数据估算和校调参数时，是假设SAM表数据是宏观均衡状态下的数据。在新古典主义或瓦尔拉斯均衡状态下，要素是充分就业的。在凯恩斯均衡状态下，要素不是充分就业的。等式（12.1.1）可以是新古典主义或凯恩斯宏观均衡状态的条件，具体要看要素是否充分就业和价格是否弹性等具体条件。如果要模拟在凯恩斯非均衡状态如经济萧条下的动态情况，等式（12.1.1）就需要引进存货变动，投资 I 就须分为意愿投资和存货变动。这些虽然是宏观经济学基础理论，但是在实际应用中要时时牢记，不然容易在概念和分析上出错。

投资是企业的支出。照理说,在 SAM 表中投资应该在企业的支出账户上。虽然可以这样设置,但也有一些不便利之处。最主要的考虑是,企业可以通过银行系统或直接市场融资来进行投资,企业投资不需要完全依靠(一般也不等于)企业本身储蓄。投资融资的渠道可能是各种各样的,如直接投资(企业发行股票和债券)或者间接投资(银行贷款)。但是,一国的总投资必须等于总储蓄。总投资可以包括企业和政府公共投资的;储蓄可以包括私人的和公共的,在开放经济下,还包括国外储蓄。因此,在宏观经济的 SAM 表中,经常将储蓄—投资账户独立设立,表示整个社会的总储蓄等于整个社会的总投资。

从收入角度来看,假设折旧项忽略不算,Y 等于国民收入。[①]Y 分解为居民消费 C,储蓄 S 和税收 T 三个部分:

$$Y = C + S + T \tag{12.1.2}$$

合并上面两个等式,可以得到:

$$I + G = S + T \tag{12.1.3}$$

或者是:

$$I = S + (T - G) \tag{12.1.3$'$}$$

这就是投资—储蓄的等式。等式左边是投资,等式右边是国内私人储蓄 S 加上政府储蓄 $GSAV = T - \mathrm{G}$。或者是:

$$I - S = T - G \equiv GSAV \tag{12.1.3$''$}$$

从以上等式可以看到,如果政府财政收支赤字,因此 $GSAV = T - G < 0$,必然要靠居民的超额储蓄 $S - I > 0$ 来弥补。同样可以看到,在第 11 章的简单 CGE 模型中,正因为没有储蓄 S 和投资 I,政府财政收支必须平衡。总结如下:

$$\text{意愿投资} + \text{非意愿投资} = \text{居民储蓄} + \text{其他社会储蓄} \tag{12.1.4}$$

或者说,

$$\text{总投资} = \text{总储蓄} \tag{12.1.5}$$

上面的宏观经济理论显示,由于会计恒等式(12.1.2)是给定的,投资—储蓄等式(12.1.3)是总供应—总需求等式(12.1.1)的镜像表述。如果总供应—总需求达到均衡,投资—储蓄也达到均衡。在 CGE 模型中,等式(12.1.1)或者等式(12.1.3)两者只需要其中一个即可。通常,CGE 模型中商品市场均衡等式,就是等式(12.1.1)。因此 CGE 模型中,等式(12.1.3)的投资储蓄等式在数学上和其他等式线性相关,在系统解算中是多余的。因此,在很多 CGE 模型中,没有投资—储蓄这个等式。如果要计算投资和储蓄行为,可以从其他宏观经济总量 Y, C, T 中推算出来。

不过,设置投资—储蓄等式也有好处。第一,投资—储蓄等式可以看成是解释储蓄去向的等式。居民储蓄的钱流向哪里了呢?如果不形成对商品的需求,就会

---

① 另外还须假设去除间接税等项。

破坏一般均衡状态。我们可以想象成这个经济里有一个超级银行，它将所有包括居民和其他机构的社会总储蓄转化成为投资。投资—储蓄等式就是这个超级银行的行为等式。这个投资—储蓄等式显性地表明了储蓄的去向是投资。如果没有这个公式，虽然如上面所述，CGE 模型内部还是隐含着储蓄最后会形成投资需求，但是很难直接看出来。另外，模型设置这里面有了错误也不容易检验。第二，宏观经济研究常常需要直接分析居民的储蓄行为、企业和政府的投资行为，以及储蓄投资之间衔接问题，因此，研究者可以在投资—储蓄等式中直接观察储蓄和投资这些变量。

如果在 CGE 模型中要设置投资—储蓄等式，在 SAM 表中可以设置相应账户。如表 12.3.1 的一个模型经济的 SAM 表。另外也可以参见第 4 章的"标准"SAM 表。这样可以对应起来。

如果一个包括居民储蓄的完整的 CGE 模型没有投资—储蓄等式，因为不是所有经济人(econmid agents)或经济机构(economic institutions)都穷尽他们的预算(即不花完自己的钱)，瓦尔拉斯法则就不成立。加了投资—储蓄等式后，所有居民没花完的钱，又用在投资需求上了。这样，从所有显性写出等式的方程组上看，瓦尔拉斯法则再次成立。因此，有些 CGE 模型有居民超额储蓄，却不设置投资—储蓄等式，这个模型里的等式都是线性独立的，解算的结果是唯一解。如果有居民储蓄的 CGE 模型加了投资—储蓄等式，因为它和模型其他等式线性相关，就需要加一个 *WALRAS* 虚变量来保证等式和变量相等的要求。这个 *WALRAS* 虚变量可以加在商品市场均衡等式上，如我们前面所做的，也可以加在投资—储蓄等式上，如 LHR 模型等文献所设。

严格地从理论上说，这个线性相关是因为宏观经济学上投资—储蓄等式是总供应—总需求互为镜像的缘故，而不是微观经济学意义上的瓦尔拉斯法则导出的缘故。原意的瓦尔拉斯法则是因为，一是每个经济人在效用最大化或者利润最大化时要穷尽(花完)他的预算，二是每个经济人的需求和供应函数等式都显性地包括在方程组中。这个储蓄—投资等式并不是这么一个经济人函数等式。数学上，它只是可以从模型中现有其他等式中导出的一个等式；经济学上，是宏观经济学上的投资—储蓄等式和总供应—总需求互为镜像的法则。不过很多 CGE 文献在加上储蓄—投资等式上时也用 *WALRAS* 来称呼被加的这个虚变量，虽然不严谨，但是只要理解这里面的特定意思和区别，只要提供了程序解算上的实际需要，借用这个名义也不妨碍。

12.2 CGE 模型中总需求—总供应和投资—储蓄两个等式的互为镜像关系

CGE 模型中等式繁琐，有时不太容易看出总供应—总需求和投资—储蓄两个等式函数相关(functionally dependent)互为镜像。这里用我们前面的 CGE 模型结构进行简化来说明。设宏观经济模型有一个商品 Q；两个要素，L，K；价格分别为 PA，WL，WK。商品供应量为 QS，商品需求量为 QD。劳动和资本供应量为

QLS，QKS。要素禀赋为$\overline{QLS}$，$\overline{QKS}$。生产函数为总产出生产函数，没有中间投入。从生产函数导出的企业的商品供应函数和要素需求函数为：

$$QS = Q^s(PA, WL, WK) \tag{12.2.1}$$

$$QLD = L^d(PA, WL, WK) \tag{12.2.2}$$

$$QKD = K^d(PA, WL, WK) \tag{12.2.3}$$

居民为要素所有者。居民从要素供应上得到收入 YH。

$$YH = Y^h(WL, WK, QLS, QKS) = WL \cdot QLS + WK \cdot QKS \tag{12.2.4}$$

居民向政府缴纳所得税 $tih \cdot YH$ 后的可支配收入为 $(1-tih)YH$，再去掉储蓄就是消费。边际消费倾向(由于没有常数项，这里也是平均消费倾向)是 mpc。给定消费总额，从效用函数导出居民对商品的需求。由于这里只有一种商品，因此全部消费额花在这个商品上。居民实物消费为 QH：

$$QH = \frac{1}{PA} \cdot mpc \cdot (1-tih) \cdot YH \tag{12.2.5}$$

企业实物投资支出为 $QINV$，这里假定是自生的(autonomous)(经济学上称独立于 GDP 数值变化的消费、投资等宏观支出变量部分为自生变化)。政府实物支出 QG，是外生的。允许政府有财政赤字，所以，QG 不受政府收入 $tih \cdot YH$ 的影响。居民、企业和政府需求汇总，有宏观总需求 QD：

$$QD = QH + \overline{QINV} + \overline{QG} \tag{12.2.6}$$

商品市场出清条件即总供应等于总需求：

$$QS = QD \tag{12.2.7}$$

要素市场出清，劳动和资本供需相等：

$$QLD = QLS \tag{12.2.8}$$

$$QKD = QKS \tag{12.2.9}$$

这里假设现有要素实际供应量为禀赋$\overline{QLS}$和$\overline{QKS}$，充分就业，有

$$QLS = \overline{QLS} \tag{12.2.10}$$

$$QKS = \overline{QKS} \tag{12.2.11}$$

式(12.2.1)—式(12.2.11)是一个完整的 CGE 模型，有等式(12.2.1)—等式(12.2.11)共 11 个等式，11 个内生变量：PA，WL，WK，QLD，QKD，QS，QD，YH，QH，QLS，QKS。另外的外生变量和参数包括$\overline{QINV}$，$\overline{QG}$，mpc 和 tih。如果将等式(12.2.7)代入等式(12.2.6)展开，有

$$QS = QH + \overline{QINV} + \overline{QG} \tag{12.2.12}$$

和习惯的总供应—总需求方程表达方法一致，即 $Y=C+I+G$。如果我们在上述模型中加上投资—储蓄等式。有

$$\overline{QINV} = \frac{1}{PA} \cdot (1-\overline{mpc}) \cdot (1-tih) \cdot YH + \frac{1}{PA} \cdot tih \cdot YH - \overline{QG} \tag{12.2.13}$$

在等式(12.2.13)右边，第一项是居民储蓄，第二项是政府税收，第三项是政府支出(这里没有转移支付，因此政府支出等于政府消费)。这是式(12.1.3)的投资—储蓄等式 $I=S+(T-G)$。

等式(12.2.13)并没有加新的内生变量。如果加在上述模型中，我们多了 1 个等式共有 12 个等式，但是内生变量还是 11 个。这是因为等式(12.2.13)，即投资—储蓄等式和前面的等式函数线性相关。下面证明。

证明：

将等式(12.2.5)和等式(12.2.6)合并，移项，可以得到：

$$\begin{aligned}\overline{QINV} &= QD - QH - \overline{QG} \\ &= QD - \frac{1}{PA} \cdot mpc \cdot (1-tih) \cdot YH - \overline{QG}\end{aligned} \tag{12.2.14}$$

YH 是税前的居民收入。上述一般均衡系统等式(12.2.1)、等式(12.2.2)、等式(12.2.3)、等式(12.2.6)、等式(12.2.9)形成居民税前收入产生对商品的总需求：

$$PA \cdot QD = PA \cdot QS = WL \cdot QLS + WK \cdot QKS = YH$$

因此有，$\frac{1}{PA}YH = QD$。将此代入等式(12.2.14)，有

$$\begin{aligned}\overline{QINV} &= QD - \frac{1}{PA} \cdot mpc \cdot (1-tih) \cdot YH - \overline{QG} \\ &= \frac{1}{PA}YH - \frac{1}{PA} \cdot mpc \cdot (1-tih) \cdot YH - \overline{QG} \\ &= \frac{1}{PA}YH[1 - mpc + mpc \cdot tih)] - \overline{QG} \\ &= \frac{1}{PA}(1-mpc)YH + \frac{1}{PA} \cdot mpc \cdot tih \cdot YH - \frac{1}{PA} \cdot tih \cdot YH \\ &\quad + \frac{1}{PA}tih \cdot YH - \overline{QG} \\ &= \frac{1}{PA}(1-mpc)YH - \frac{1}{PA} \cdot (1-mpc) \cdot tih \cdot YH \\ &\quad + \frac{1}{PA} \cdot tih \cdot YH - \overline{QG} \\ &= \frac{1}{PA}(1-mpc) \cdot (1-tih) \cdot YH + \frac{1}{PA} \cdot tih \cdot YH - \overline{QG}\end{aligned} \tag{12.2.15}$$

这和等式(12.2.13)一样。因此,等式(12.2.13)的储蓄—投资等式是从已有系统中可以导出的线性相关(lineary dependent)的一个等式。正式求解的时候,可以去掉这个等式。系统保留原来模型的 11 个等式。还有一个方法,是在等式(12.2.13)中加上虚拟变量 *WALRAS*。

$$\overline{QINV}=\frac{1}{p}\cdot(1-mpc)\cdot(1-tih)\cdot YH+\frac{1}{p}\cdot tih\cdot YH-\overline{QG}+WALRAS \tag{12.2.16}$$

这样,模型有 12 个等式,12 个变量。CGE 模型的模拟结果,虚变量 *WALRAS* 应该等于零(在具体操作中由于算法误差,*WALRAS* 可能是一个非常接近零的数值)。

12.3 封闭经济下的宏观 CGE 模型

下面我们具体设置一个包括储蓄的封闭经济的 CGE 模型。表 12.3.1 是某假想经济的 SAM 表。因为是封闭经济,没有国外账户。在最后一列或最下面一行,我们将投资—储蓄账户列出。政府从居民和企业那里征收个人所得税(162)和企业所得税(40)。政府在生产过程中征收增值税。如第 8 行的政府账户上,有增值税收入(85, 82)。政府对各个商品的开支有一个隐含的柯布—道格拉斯效用函数,因此,政府对各个商品的支出占其总支出的份额保持不变。

表 12.3.1 有私人和公共储蓄的模型经济 SAM 表

	农业	制造业	服务业	劳动	资本	居民	企业	政府	劳动增值税	资本增值税	储蓄—投资	汇总
农业	260	320	150			500		71			155	1 456
制造业	345	390	390			450		65			150	1 790
服务业	400	365	320			350		48			48	1 531
要素(劳动)	200	250	400									850
要素(资本)	210	400	210									820
居民				850	770			17				1 637
企业					50			40				90
政府						162	40		85	82		369
劳动增值税	20	25	40									85
资本增值税	21	40	21									82
储蓄—投资						175	50	128				353
汇总	1 456	1 790	1 531	850	820	1 637	90	369	85	82	353	8 896

这个模型的生产函数嵌套为两层。最上面一层的总产出是个 CES 函数，这个生产函数有两个投入，一个是中间投入，一个是增值。下面一层分别为中间投入和增值。中间投入部分的生产函数是列昂惕夫生产函数。增值部分的生产函数是 CES 函数，投入为两个生产要素：劳动、资本。居民的效用函数是 LES 函数。

现在先看生产模块。继续袭用前面模型的变量和参数符号：

a：商品为 $a=1, \cdots, n$。或者说，让生产活动的集合为 A，有 $a \in A$；

f：要素 $f=1, \cdots, m$；

QA_a：经济活动生产的商品数量以及相关部门 a 的数量；

PA_a：经济活动生产商品的价格以及相关部门 a 的商品价格；

QVA_a：相关部门 a 的增值投入数量；

PVA_a：含增值税的增值部分总价格指数；

$QINTA$：中间投入总量；

$PINTA$：中间投入总价格指数；

$QINT_{aa}$：经济活动部门生产的商品数量；

ia_{aa}：中间投入部分的投入产出数值和直接消耗系数，如第 8 章所解释的，是以中间投入总量作为分母的；

PA：商品 A 的价格指数；

QLS：劳动供应量；

QLD：劳动需求量；

WL：劳动力价格，即工资；

QKS：资本要素供应量；

QKD：资本要素需求量；

WK：资本市场的资本价格；

$tval$：劳动的增值税率；

$tvak$：资本的增值税率。

在收入和支出模块：

YH：居民以货币单位计算的收入；

EH：居民消费总额；

QH_a：居民对 a 部门商品的需求；

$YENT$：企业以货币单位计算的收入；

YG：政府以货币单位计算的收入；

$ENTSAV$：企业储蓄；

$GSAV$：政府储蓄；

$EINV$：以货币单位计算的总投资，可以想象成企业从自身、政府，以及居民储蓄中获得的融资来进行的投资；

EG：政府以货币单位计算的开支。

为了便利和建模，在一些文章如 LHR 模型中，将整个模型的结构整理成四个模块:生产模块,包括生产函数,利润最大化导出的需求和产出;价格模块;主体机构(institution)模块,阐述居民、企业、政府等;以及系统(system)模块,包括要素和商品市场上的供求平衡,政府财政平衡,等等。不过,为了读者从以前的基础上顺序渐进,在 SAM 表的账户上建立 CGE 模型,对建模的经济学理论有更深入的理解,我们这里还是顺着 SAM 表上的账户一个一个来解释。按照这个顺序,对商品生产活动、要素、居民、企业、政府、投资—储蓄等账户的相应等式和函数,做逐一说明。

首先我们看生产活动和商品部门的行为。表 12.3.1 列出三个生产活动(商品)部门。在下一章更复杂的 SAM 表和 CGE 模型中,SAM 表还要将生产活动和商品两个账户分开来。这里我们简化处理,一个生产部门只生产一个商品,商品和生产活动是一回事。

生产函数由两层的嵌套函数组成。最高一层的嵌套的生产函数有两个投入,增值 QVA 和总中间投入 $QINTA$。

$$QA_a = \alpha_a^q [\delta_a^q QVA_a^{\rho_a} + (1-\delta_a^q) QINTA_a^{\rho_a}]^{\frac{1}{\rho_a}} \qquad a \in A \qquad (12.3.1)$$

$$\frac{PVA_a}{PINTA_a} = \frac{\delta_a^q}{(1-\delta_a^q)} \left(\frac{QINTA_a}{QVA_a}\right)^{1-\rho_a} \qquad a \in A \qquad (12.3.2)$$

$$PA_a \cdot QA_a = PVA_a \cdot QVA_a + PINTA_a \cdot QINTA_a \qquad a \in A \quad (12.3.3)$$

嵌套函数的第二层,一个是增值,一个是中间投入。增值的生产函数为 CES 函数,有两个要素投入,劳动 QLD 和资本 QKD。$tval$ 和 $tvak$ 分别为劳动和资本的增值税率。

$$QVA_a = \alpha_a^{va} [\delta_{La}^{va} QLD_a^{\rho_a^{va}} + (1-\delta_{La}^{va}) QKD_a^{\rho_a^{va}}]^{\frac{1}{\rho_a^{va}}} \qquad a \in A \qquad (12.3.4)$$

$$\frac{(1+tval) \cdot WL}{(1+tvak) \cdot WK} = \frac{\delta_{La}^{va}}{(1-\delta_{La}^{va})} \left(\frac{QKD_a}{QLD_a}\right)^{1-\rho_a^{va}} \qquad a \in A \qquad (12.3.5)$$

$$\begin{aligned} PVA_a \cdot QVA_a = & (1+tval) \cdot WL \cdot QLD_a \\ & + (1+tvak) \cdot WK \cdot QKD_a \qquad a \in A \qquad (12.3.6) \end{aligned}$$

居民得到的劳动和资本的要素价格为 WL 和 WK。企业支付的则是包含增值税的要素价格 $(1+tval) \cdot WL$ 和 $(1+tvak) \cdot WK$。假设各生产活动部门的增值税率是一样的,要素价格在各个部门也是一样的,因此,要素价格和增值税率没有活动部门的下标 a。在表 12.3.1 的 SAM 表中的政府一行中,政府在每个活动部门征收的增值税为 $YVAT_a = tval \cdot WL \cdot QLD_a + tvak \cdot WK \cdot QKD_a$。可以校调估算出本表中的劳动和资本的增值税率都假设为 10%。中间投入的生产函数是列昂惕夫函数。

$$QINT_{aa'} = ia_{aa'} \cdot QINTA_{a'} \qquad a \in A, \ a' \in A \qquad (12.3.7)$$

$$PINTA_{a'} = \sum_{a \in A} ia_{aa'} \cdot PA_a \qquad a' \in A \qquad (12.3.8)$$

函数(12.3.3)、函数(12.3.6)、函数(12.3.8)形成了每个商品成本与价格的关系。等式(12.3.1)到等式(12.3.8)共8个函数组为生产模块。

主体机构模块中要从主体机构的行为方式出发导出各个主体机构对商品的需求。主体机构包括居民、企业和政府。

居民税前收入包括从劳动,资本投入获取的收入,加上政府对居民的转移支付(如社会保障)。$shif_{hk}$为资本收入分配给居民的份额。因此有:

$$WL \cdot QLS + shif_{hk} \cdot WK \cdot QKS + transfr_{h\,gov} = YH \qquad (12.3.9)$$

居民的可支配收入为$(1-ti_h)YH$,ti_h为所得税税率。再减去储蓄,由消费倾向mpc决定,有居民的消费总额EH:

$$EH = mpc \cdot (1 - ti_h) \cdot YH \qquad (12.3.10)$$

居民的效用函数为斯通—杰瑞函数,因此如第9章所解释的,商品需求函数是LES函数。用γ_a表示商品a的最低消费数量,用β_a表示在商品a上的边际消费份额,有

$$PA_a \cdot QH_a = PA_a \cdot \gamma_a + \beta_a (EH - \sum_{a' \in A} PA_{a'} \cdot \gamma_{a'}) \qquad a \in A \quad (12.3.11)$$

企业税前收入包括从资本投入获取的收入,加上政府对企业的转移支付(如中国政府对国有企业的补贴),$shif_{ent\,k}$为资本收入分配给企业的份额。有

$$YENT = shif_{ent\,k} WK \cdot QKS + transfr_{ent\,gov} \qquad (12.3.12)$$

企业对商品的需求包括中间投入需求$QINT_a$,以及投资$QINV_a$。这里假设投资是给定的外生变量,为$\overline{QINV_a}$。在变量上面加个横线表示是外生变量。上面的企业投资不一定等于企业储蓄,因为企业可以经过银行系统贷款,或者用股票市场直接融资,用居民和政府储蓄来弥补资金缺口。用货币计算的社会的总投资$EINV$由各个部门的投资组成:

$$EINV = \sum_a PA_a \cdot \overline{QINV_a} \qquad (12.3.13)$$

企业向政府按照税率ti_{ENT}缴纳企业所得税。企业的储蓄定义为企业的收入减去所得税:

$$ENTSAV = YENT - ti_{ENT} \cdot YENT = (1 - ti_{ENT})YENT \qquad (12.3.14)$$

这里,企业储蓄没有减去企业的投资。在大多数SAM表中,投资不在企业账户里,投资被看成是整个经济的固定资产形成。

政府的税收来源于增值税,以及从居民和企业征收的直接税(所得税):

$$YG = \sum_a (tval \cdot WL \cdot QLD_a + tvak \cdot WK \cdot QKD_a) + ti_h YH + ti_{ent} YENT \qquad (12.3.15)$$

政府的收入和支出之差为政府净储蓄，如果是正的(负的)，表现为财政盈余(赤字)。政府总支出等于收入加上财政赤字：

$$EG = YG - GSAV \tag{12.3.16}$$

政府支出包括政府在商品上的消费，以及对居民和企业的转移支付。假设政府在各商品上的消费 QGa 由一个柯布—道格拉斯效用函数决定，因此其占总额的比例 $shrg_a$ 不变。

$$PA_a \cdot QG_a = shrg_a \cdot (EG - transfr_{h\,g} - transf_{ent\,g}) \qquad a \in A \tag{12.3.17}$$

以上我们列出了居民、企业和政府三个主体机构的行为函数。下面是系统约束条件。商品市场上供求平衡，或者说，市场出清：

$$QA_a = \sum_{a'} QINT_{aa'} + QH_a + QINV_a + QG_a \qquad a \in A \tag{12.3.18}$$

要素市场出清，要素需求等于供应，有

$$\sum_a QLD_a = QLS \tag{12.3.19}$$

$$\sum_a QKD_a = QKS \tag{12.3.20}$$

为了研究价格指数 $PGDP$，我们再加上等式：

$$PGDP = \sum_{a \in A} PA_a \cdot gdpwt_a \tag{12.3.21}$$

如此，模型已经完成。注意表价格指数权重 $gdpwt$ 是个参数，从 SAM 表数据中按下面等式校调估算 $gdpwt$：

$$gdpwt_a = (QH_a + QINV_a + QG_a) / \sum_{a' \in A'} (QH_{a'} + QINV_{a'} + QG_{a'}) \tag{12.3.22}$$

以上函数(12.3.1)到函数(12.3.21)组成了这个 CGE 模型的基本部分。这里有 21 组等式。靠 SAM 表需要校调估算的参数和外生变量是：α_a^q，α_a^{va}，δ_a^q，δ_{LOha}^{va}，$ia_{aa'}$，$tval$，$tvak$，$shrh_a$，$shrg_a$，ti_h，ti_{ent}，MPC，$transfr_{h\,g}$，$transf_{ent\,g}$，$shif_{ent\,k}$，γ_a，$\overline{QINV}_a$，$gdpwt$。外界给定的参数为各个部门生产函数的弹性 ρ_a，ρ_a^{va}，以及 LES 函数参数 β_a，frisch。内生变量 24 组，分别为：QA_a，QVA_a，$QINTA_a$，$QINT_{aa'}$，QLD_a，QKD_a，QLS，QKS，QH_a，PA_a，PVA_a，$PINTA_a$，WL，WK，YH，EH，$YENT$，$ENSAV$，$EINV$，YG，EG，QG_a，$GSAV$，$PGDP$。这里内生变量比等式多了 3 个组，是因为宏观闭合设置的相应条件等式还没有交代。要根据不同的宏观闭合，补充 3 个限制等式，使模型求解的内生变量减少 3 组，内生变量也是 21 组，这样模型可解。

为了显性地交代社会总储蓄最后全部转移到投资需求上去，可以加上投资—储蓄的等式如下：

$$EINV=(1-mpc)\cdot(1-tih)\cdot YH+ENTSAV+GSAV+WALRAS \tag{12.3.23}$$

左边是投资，等式右边是居民储蓄 S，企业储蓄，加上政府净储蓄。如前所述，对模型求解来说，这个等式和其他等式线性相关，数学解算上是多余的。如果要加的话，必须在模型中加一个虚变量 $WALRAS$。$WALRAS$ 可以加在投资—储蓄等式中，也可以加在商品市场均衡等式中。如模型设置没有错误，$WALRAS$ 是零。这个等式和 $WALRAS$ 变量，也可以帮助检验模型是否设置正确。

12.4 储蓄投资和政府财政收支下的宏观闭合

12.4.1 新古典主义宏观闭合

如果是新古典主义的闭合，现存要素禀赋$\overline{QLS}$和$\overline{QKS}$充分就业，应该加以下 2 个等式来赋值：

$$QLS=\overline{QLS} \tag{12.4.1}$$

$$QKS=\overline{QKS} \tag{12.4.2}$$

然后要设置价格基准。如前所述，如果系统内有一个多余的线性相关等式，将某个价格设置为价格标准后，可以去掉一个要素或者商品市场的均衡条件等式。不过，等式(12.3.1)—等式(12.3.21)组成的模型中没有显性交代社会总储蓄花费在投资上的等式，功能上等于已经去掉了一个市场均衡条件，因此这 21 个等式是线性独立的。所以可以直接加上价格基准而不需要加虚变量。这里我们用 $PGDP$ 价格指数为价格基准：

$$PGDP=\overline{PGDP} \tag{12.4.3}$$

$\overline{PGDP}$的数值从 SAM 表数据中按照下面公式校调估算：

$$\overline{PGDP}=\sum_{a\in A}PA_a\cdot gdpwt_a \tag{12.4.4}$$

大多数情况下，价格基准$\overline{PGDP}$的数值校调计算出来为 1。不过在某些复杂的 SAM 表和 CGE 模型设置的情况下，初始的校调估算的 $PGDP$ 值不一定是 1。如第 13 章的例 13.4.1，校调出来的 $PGDP$ 值是 1.006。但是这非 1 状况并不影响它作为价格基准的功能。譬如校调出来的 $PGDP$ 值等于 1.02，以后 GAMS 程序模拟分析时就将基准价格放在 1.02 上。如果在报告中实在需要将它标准化为 1，可以事后从模型外面分开来计算，将 $PGDP$ 除以 1.02 规模标准化即可。

如果不用 *PGDP* 为价格基准,也可以用劳动力价格 *WL* 或者某一商品价格为价格基准。如用 *WL* 做价格基准,固定 $WL=1$。

为了研究或者检验的需要,可以再加上投资—储蓄等式(12.3.23)。因为加了这个线性相关等式,因此要再加一个 *WALRAS* 虚变量。这个变量,可以放在投资—储蓄等式上,也可以放在商品市场均衡等式(12.3.18)上。

本章练习题 1 要求读者为本节写 GAMS 程序。先用等式(12.3.1)—等式(12.3.22)等式组设置模型并复制检验。然后加上投资—储蓄等式和 WALRAS 虚变量,并复制检验与前面模型的一致性。

12.4.2 约翰森闭合①

挪威经济学家约翰森(Leif Johansen)是现代 CGE 模型的鼻祖。CGE 文献中经常提到的"约翰森闭合"和我们上面的新古典主义在要素市场的设置类似,如要素价格弹性,要素充分就业。不同的地方是在储蓄投资和政府收支上。约翰森闭合假设投资是外生的,而储蓄率是内生的。模型由储蓄率的调整来达到储蓄和投资平衡。因为储蓄率和消费倾向互为镜像,也就是说,约翰森闭合的特征是,*EINV* 设为外生,$EINV=\overline{EINV}$,而 *mpc* 改为内生变量。在具体设置模型时,要有等式和内生变量的一致性。如果不等,那就要根据经济学理论增加或者减少内生变量。

12.4.3 凯恩斯宏观闭合

如第 10 章所述,凯恩斯主义的宏观闭合下,要素供应量不等于禀赋,而是内生决定的。另外,要素和商品价格呈刚性。我们按照这个思路,在前面式(12.3.1)—式(12.3.21)模型上,加下面 3 个限制条件,使内生变量从 24 组降到 21 组。劳动力价格是外生固定的,如下:

$$WL=\overline{WL}=1 \tag{12.4.5}$$

同样,固定资本要素价格,如下:

$$WK=\overline{WK}=1 \tag{12.4.6}$$

除此之外,要交代规模总量控制变量。在新古典主义闭合下,模型的数量控制变量是要素禀赋。在凯恩斯宏观闭合下,基于经济理论,决定经济规模的是总需求。上述模型中投资 *QINV* 已经设置为外生,现在只要政府支出 *EG* 设置为外生就可以了。居民的商品消费,是从居民收入 *YH* 和需求函数中内生决定。*YH* 会

① Johansen, Leif, 1974, *A Multi-Sectoral Study of Economic Growth*, Second enlarged edition, Amsterdam: North-Holland.

受政府支出 EG 刺激的影响，所以不能再外生决定的。故有

$$EG = \overline{EG} \tag{12.4.7}$$

凯恩斯模型中，政府搞经济刺激常要增加财政赤字，不强求财政收支平衡，因此 $GSAV$ 内生。

此时我们有 21 组变量，和模型 21 组等式相等，可以求解。加上劳动价格被固定，可以将它作为价格基准。由此也可以得到其他价格的数值。

和第 12.4.2 节相同，可以在上述模型加上投资—储蓄的等式(12.3.23)，照抄如下。

$$EINV = (1 - mpc) \cdot (1 - tih) \cdot YH + ENTSAV + GSAV + WALRAS \tag{12.4.8}$$

因为它和其他等式线性相关，如模型设置没有错误，$WALRAS$ 是零。

12.5 凯恩斯闭合的封闭经济 CGE 模型举例

下面对上述模型采用凯恩斯闭合的框架做完整数学描述：

$$QA_a = \alpha_a^q [\delta_a^q QVA_a^{\rho_a} + (1 - \delta_a^q) QINTA_a^{\rho_a}]^{\frac{1}{\rho_a}} \qquad a \in A \tag{12.5.1}$$

$$\frac{PVA_a}{PINTA_a} = \frac{\delta_a^q}{(1 - \delta_a^q)} \left(\frac{QINTA_a}{QVA_a}\right)^{1-\rho_a} \qquad a \in A \tag{12.5.2}$$

$$PA_a \cdot QA_a = PVA_a \cdot QVA_a + PINTA_a \cdot QINTA_a \qquad a \in A \tag{12.5.3}$$

$$QVA_a = \alpha_a^{va} [\delta_{La}^{va} QLD_a^{\rho_a^{va}} + (1 - \delta_{La}^{va}) QKD_a^{\rho_a^{va}}]^{\frac{1}{\rho_a^{va}}} \qquad a \in A \tag{12.5.4}$$

$$\frac{(1 + tval) \cdot WL}{(1 + tvak) \cdot WK} = \frac{\delta_{La}^{va}}{(1 - \delta_{La}^{va})} \left(\frac{QKD_a}{QLD_a}\right)^{1-\rho_a^{va}} \qquad a \in A \tag{12.5.5}$$

$$\begin{aligned} PVA_a \cdot QVA_a = {} & (1 + tval) \cdot WL \cdot QLD_a \\ & + (1 + tvak) \cdot WK \cdot QKD_a \qquad a \in A \end{aligned} \tag{12.5.6}$$

$$QINT_{aa'} = ia_{aa'} \cdot QINTA_{a'} \qquad a \in A, \ a' \in A \tag{12.5.7}$$

$$PINTA_{a'} = \sum_{a \in A} ia_{aa'} \cdot PA_a \qquad a' \in A \tag{12.5.8}$$

$$YH = WL \cdot QLS + shif_{hk} \cdot WK \cdot QKS + transfr_{hg} \tag{12.5.9}$$

$$EH = mpc \cdot (1 - ti_h) \cdot YH \tag{12.5.10}$$

$$PA_a \cdot QH_a = PA_a \cdot \gamma_a + \beta_a (EH - \sum_{a' \in A} PA_{a'} \cdot \gamma_{a'}) \qquad a \in A \tag{12.5.11}$$

$$YENT = shif_{ent\,k} WK \cdot QKS + transfr_{ent\,g} \tag{12.5.12}$$

$$EINV = \sum_a PA_a \cdot \overline{QINV_a} \tag{12.5.13}$$

$$ENTSAV = YENT - YENT \cdot ti_{ENT} = (1 - ti_{ENT}) YENT \tag{12.5.14}$$

$$YG = \sum_a (tval \cdot WL \cdot QLD_a + tvak \cdot WK \cdot QKD_a) + ti_h YH + ti_{ent} YENT \tag{12.5.15}$$

$$EG = YG - GSAV \tag{12.5.16}$$

$$PA_a \cdot QG_a = shrg_a \cdot (EG - trnsfr_{h\,g} - transf_{ent\,g}) \tag{12.5.17}$$

$$QA_a = \sum_{a'} QINT_{aa'} + QH_a + QINV_a + QG_a + WALRAS \qquad a \in A \tag{12.5.18}$$

$$\sum_a QLD_a = QLS \tag{12.5.19}$$

$$\sum_a QKD_a = QKS \tag{12.5.20}$$

$$PGDP = \sum_{a \in A} PA_a \cdot gdpwt_a \tag{12.5.21}$$

$$EINV = (1 - mpc) \cdot (1 - tih) \cdot YH + ENTSAV + GSAV + WALRAS \tag{12.5.22}$$

上面模型有 22 组等式。里面有 25 组变量：PA_a，PVA_a，$PINTA_a$，WL，WK，QA_a，QVA_a，$QINTA_a$，$QINT_{aa'}$，QLD_a，QKD_a，QLS，QKS，YH，EH，QH_a，$YENT$，$EINV$，$ENTSAV$，YG，EG，QG_a，$GSAV$，$PGDP$，$WALRAS$。将 WL，WK，EG 三个变量赋值固定成参数，这样内生变量降低为 22 组，和上面 22 组等式数目相同。具体如下：

$$WL = \overline{WL} = 1 \tag{12.5.23}$$

$$WK = \overline{WK} = 1 \tag{12.5.24}$$

$$EG = \overline{EG} \tag{12.5.25}$$

例 12.5.1

(1) 对上述凯恩斯闭合 CGE 模型编程。生产函数弹性系数，LES 弹性系数如下表所示。弗里希参数为－2。校调估算各个参数，复制原来初始均衡状态。

	农　业	制造业	服务业
第一层生产函数	0.2	0.3	0.1
增值生产函数	0.25	0.5	0.8
LES 函数弹性	0.5	1.0	1.2

（2）先按原来21个等式组，没有投资—储蓄等式的CGE模型设置。然后复制验证。然后加上投资—储蓄等式。验证 *WALRAS* 虚变量趋零。

（3）计算政府支出的乘数。也就是说，如果政府开支 *EG* 增加1元，GDP增加多少？

（4）假如该国实施从增值税转型，从原来的生产型转到消费型增值税，也就是，原来对劳动和资本要素按同一税率征增值税，转型之后，对资本消费不再征税，$tvak=0$。模拟政策冲击的结果。

解：上述凯恩斯闭合CGE模型以及研究增值税转型冲击结果的GAMS程序如下。在没有投资—储蓄等式情况下，成功复制模型。加上投资—储蓄等式后，*WALRAS* 为零，复制结果一样。计算结果为(3)政府支出乘数为3.34；(4)增值税转型后，GDP增加了14.9%，GDP价格指数降低了4.8%。

```
$title  例12.5.1 包括私人和公共储蓄的凯恩斯闭合的CGE模型

*采用GDP价格指数作为价格基准
*加上并测试投资—储蓄公式

*定义集合所有账户ac和生产活动a
set ac      /agri, manu, serv, lab, cap, hh, ent, gov, vatl, vatk, invsav,
             total/;
set a(ac)   /agri, manu, serv/;
set f(ac)   /lab, cap/;
set vat(ac) /vatl, vatk/;

alias (ac, acp), (a, ap), (f, fp), (vat, vatp);

table sam(ac, acp)
       agri  manu  serv  lab  cap  hh   ent  gov  vatl  vatk  invsav  total
agri   260   320   150             500       71               155     1456
manu   345   390   390             450       65               150     1790
serv   400   365   320             350       48               48      1531
lab    200   250   400                                                850
cap    210   400   210                                                820
hh                       850  770            17                       1637
ent                           50             40                       90
gov                                162  40       85    82            369
vatl   20    25    40                                                 85
```

```
vatk     21   40   21                                                    82
invsav                                   175  50   128                   353
total    1456 1790 1531 850  820  1637 90   369  85   82   353
;

* 下面 3 行为 SAM 表外给定的参数数值
parameter  rhoq(a)      /agri =    0.2,  manu = 0.3,   serv = 0.1 /
           rhoVA(a)     /agri      0.25, manu   0.5,   serv   0.8 /
           LESelas(a)   /agri      0.5,  manu   1.0,   serv   1.2 /
           Frisch       /-2/;

* 定义参数
parameters

scaleAq(a)          QA 的 CES 函数参数
deltaq(a)           QA 的 CES 函数份额参数
scaleAVA(a)         VA 的 CES 函数参数
deltaVA(a)          VA 的 CES 函数劳动份额参数
ia(a,ap)            中间投入的投入产出系数
shrg(a)             政府收入中对商品 a 的消费支出
tih                 居民所得税税率
tiEnt               企业所得税税率
tval(a)             对劳动投入的增值税率
tvak(a)             对资本投入的增值税率
transfrHG0          政府对居民的转移收入
transfrEntG0        政府对企业的转移收入
shifhk              资本收入分配给居民的份额
shifentk            资本收入分配给企业的份额
mpc                 边际消费倾向(这里也是平均消费倾向)
bgtshr(a)           LES 函数中消费预算商品 a 的份额
bgtshrchk           LES 函数中消费预算商品 a 的份额参数检验
LESbeta(a)          LES 边际消费额
LESbetachk          LES 边际消费额参数和检验
LESsub(a)           LES 消费函数基本生存消费量

PA0(a)              商品 a 的价格
QA0(a)              商品 a 的数量
```

```
PVA0(a)          增值部分(含增值税)汇总价格
QVA0(a)          增值部分汇总量
PINTA0(a)        中间投入总价格
QINTA0(a)        中间投入总量
QINT0(a,ap)      中间投入个量
QLD0(a)          劳动需求
QKD0(a)          资本需求
WL0              劳动价格
WK0              资本价格
QLS0             劳动量供应
QKS0             资本量供应
YH0              居民收入
EH0              居民消费总额
QH0(a)           居民对商品 a 的需求
YENT0            企业收入
EINV0            投资总额
QINV0(a)         对商品 a 的投资的最终需求
ENTSAV0          企业储蓄
YG0              政府收入
EG0              政府支出
QG0(a)           政府对商品 a 的需求
GSAV0            政府储蓄
gdpwt(a)         计算 GDP 价格指数用的权重
PGDP0            基准年度的 GDP 价格指数
;

*参数(包括外生变量)赋值与校调
PA0(a) = 1;
PINTA0(a) = 1;
WK0 = 1;
WL0 = 1;
PGDP0 = 1;
tval(a) = sam('vatl', a)/sam('lab', a);
tvak(a) = sam('vatk', a)/sam('cap', a);
QLD0(a) = sam('lab', a)/WL0;
QKD0(a) = sam('cap', a)/WK0;
QVA0(a) = SUM(f, Sam(f, a));
```

```
* 以下增值汇总价格包含了增值税部分
PVA0(a) = ((1 + tval(a)) * WL0 * QLD0(a) + (1 + tvak(a)) * WK0 * QKD0(a))/QVA0(a);
QA0(a) = sam('total', a)/PA0(a);
QINT0(a, ap) = sam(a, ap)/PA0(a);
QINTA0(a) = SUM(ap, QINT0(ap, a));
ia(a, ap) = QINT0(a, ap)/QINTA0(ap);
QLS0 = sum(a, sam('lab', a))/WL0;
QKS0 = sum(a, sam('cap', a))/WK0;
deltaq(a) = PVA0(a) * QVA0(a) ** (1 - rhoq(a))/(PVA0(a) * QVA0(a) ** (1 -
rhoq(a)) + PINTA0(a) * QINTA0(a) ** (1 - rhoq(a)));
scaleAq(a) = QA0(a)/(deltaq(a) * QVA0(a) ** rhoq(a) + (1 - deltaq(a)) *
QINTA0(a) ** rhoq(a)) ** (1/rhoq(a));
deltaVA(a) = ((1 + tval(a)) * WL0) * QLD0(a) ** (1 - rhoVA(a))/(((1 + tval(a)) *
WL0) * QLD0(a) ** (1 - rhoVA(a)) + ((1 + tvak(a)) * WK0) * QKD0(a) ** (1 -
rhoVA(a)));
scaleAVA(a) = QVA0(a)/(deltaVA(a) * QLD0(a) ** rhoVA(a) + (1 - deltaVA(a)) *
QKD0(a) ** rhoVA(a)) ** (1/rhoVA(a));
transfrhg0 = sam('hh', 'gov');
transfrEntG0 = sam('ent', 'gov');
shifhk = sam('hh', 'cap')/(sam('hh', 'cap') + sam('ent', 'cap'));
YH0 = WL0 * QLS0 + shifhk * WK0 * QKS0 + transfrhg0;
tih = sam('gov', 'hh')/YH0;
mpc = sum(a, sam(a, 'hh'))/((1 - tih) * YH0);
EH0 = mpc * (1 - tih) * YH0;
QH0(a) = SAM(a, 'hh')/PA0(a);
bgtshr(a) = SAM(a, 'hh')/EH0;
bgtshrchk = sum(a, bgtshr(a));
* Below is the LES function block, the LES marginal share coefficient is
scaled to satisfy the constraint.
LESbeta(a) = LESelas(a) * bgtshr(a)/(sum(ap, LESelas(ap) * bgtshr(ap)));
LESbetachk = sum(a, LESbeta(a));
LESsub(a) = sam(a, 'hh') + (LESbeta(a)/PA0(a)) * (EH0/frisch);
shifentk = sam('ent', 'cap')/(sam('hh', 'cap') + sam('ent', 'cap'));
YENT0 = shifentk * WK0 * QKS0 + transfrEntG0;
QINV0(a) = sam(a, 'invsav')/PA0(a);
EINV0 = sum(a, QINV0(a) * PA0(a));
tiEnt = sam('gov', 'ent')/YEnt0;
```

```
ENTSAV0 = (1 - tiEnt) * YENT0;
YG0 = tih * YH0 + tiEnt * YENT0 + sam('gov ', 'vatl ') + sam('gov ', 'vatk ');
GSAV0 = sam('invsav ', 'gov ');
EG0 = YG0 - GSAV0;
QG0(a) = sam(a, 'gov ')/PA0(a);
shrg(a) = PA0(a) * QG0(a)/(EG0 - transfrhg0 - transfrEntG0);
gdpwt(a) = (QH0(a) + QINV0(a) + QG0(a))/sum(ap, (QH0(ap) + QINV0(ap) + QG0
(ap)));
PGDP0 = sum(a, PA0(a) * gdpwt(a));

display LESbeta, LESsub, LESelas, rhoq, rhoVA, bgtshrchk, LESbetachk, PA0,
WK0, WL0, QA0,
QLD0, QKD0, QLS0, QKS0, QH0, transfrhg0, YH0, tih, tient, shifhk, shifentk,
YG0, QG0, shrg, tval, tvak, gdpwt, PGDP0;

variable
PA(a), PVA(a), PINTA(a), WL, WK, QA(a), QVA(a), QINTA(a), QINT(a, ap), QLD
(a), QKD(a), QLS, QKS, YH, EH, QH(a), YENT, EINV, ENTSAV, YG, EG, QG(a),
GSAV, PGDP
;

* 下面对等式定义
equation

QAfn(a)
QAFOCeq(a)
PAeq(a)
QVAfn(a)
QVAFOC(a)
PVAeq(a)
QINTfn(a, ap)
PINTAeq(ap)
YHeq
EHeq
QHeq(a)
YENTeq
EINVeq
```

```
ENTSAVeq
YGeq
QGeq(a)
EGeq
ComEqui(a)
Leq
Keq
PGDPeq
;

QAfn(a)..
QA(a) =e= scaleAq(a) * (deltaq(a) * QVA(a) ** rhoq(a) + (1 - deltaq(a)) *
QINTA(a) ** rhoq(a)) ** (1/rhoq(a));

QAFOCeq(a)..
PVA(a)/PINTA(a) =e= (deltaq(a)/(1 - deltaq(a))) * (QINTA(a)/QVA(a)) ** (1 -
rhoq(a));

PAeq(a)..
PA(a) * QA(a) =e= PVA(a) * QVA(a) + PINTA(a) * QINTA(a);

QVAfn(a)..
QVA(a) =e= scaleAVA(a) * (deltaVA(a) * QLD(a) ** rhoVA(a) + (1 - deltaVA
(a)) * QKD(a) ** rhoVA(a)) ** (1/rhoVA(a));

QVAFOC(a)..
((1 + tval(a)) * WL)/((1 + tvak(a)) * WK) =e= (deltaVA(a)/(1 - deltaVA(a))) *
(QKD(a)/QLD(a)) ** (1 - rhoVA(a));

PVAeq(a)..
PVA(a) * QVA(a) =e= (1 + tval(a)) * WL * QLD(a) + (1 + tvak(a)) * WK * QKD(a);

QINTfn(a, ap)..
QINT(a, ap) =e= ia(a, ap) * QINTA(ap);

PINTAeq(ap)..
PINTA(ap) =e= SUM(a, ia(a, ap) * PA(a));
```

```
YHeq..
YH = e = WL * QLS + shifhk * WK * QKS + transfrhg0;

EHeq..
EH = e = mpc * (1 - tih) * YH;

QHeq(a)..
PA(a) * QH(a) = e = PA(a) * LESsub(a) + LESbeta(a) * (EH - sum(ap, PA(ap) *
LESsub(ap)));
YENTeq..
YENT = e = shifentk * WK * QKS + transfrentg0;

EINVeq..
EINV = e = sum(a, PA(a) * QINV0(a));

ENTSAVeq..
ENTSAV = e = (1 - tiEnt) * YENT;

YGeq..
YG = e = sum(a, tval(a) * WL * QLD(a)) + sum(a, tvak(a) * WK * QKD(a)) + tih *
YH + tiEnt * YENT;

EGeq..
EG = e = YG - GSAV;

QGeq(a).. PA(a) * QG(a) = e = shrg(a) * (EG - transfrhg0 - transfrEntg0);

ComEqui(a)..
QA(a) = e = sum(ap, QINT(a, ap)) + QH(a) + QINV0(a) + QG(a);

Leq..
Sum(a, QLD(a)) = e = QLS;

Keq..
Sum(a, QKD(a)) = e = QKS;

PGDPeq..
```

```
PGDP = e = sum(a, PA(a) * gdpwt(a));


* 赋予变量的初始值

PA.L(a) = PA0(a);
PVA.L(a) = PVA0(a);
PINTA.L(a) = PINTA0(a);
QA.L(a) = QA0(a);
QVA.L(a) = QVA0(a);
QINTA.L(a) = QINTA0(a);
QINT.L(a, ap) = QINT0(a, ap);
QLD.L(a) = QLD0(a);
QKD.L(a) = QKD0(a);
QLS.L = QLS0;
QKS.L = QKS0;
YH.L = YH0;
EH.L = EH0;
QH.L(a) = QH0(a);
YENT.L = YENT0;
EINV.L = EINV0;
ENTSAV.L = ENTSAV0;
YG.L = YG0;
QG.L(a) = QG0(a);
QLS.L = QLS0;
QKS.L = QKS0;
PGDP.L = PGDP0;

* 凯恩斯宏观闭合限制条件
WL.fx = 1;
WK.fx = 1;
EG.fx = EG0;

* 执行优化程序
model cge  /all/;
solve cge using mcp;
```

＊下面加上投资—储蓄等式(12.5.22)包括虚变量 WALRAS,证明投资—储蓄等式是线性相关的。

```
variable
WALRAS;
equations
ISeq;
ISeq..
EINV =e= (1-mpc)*(1-tih)*YH+ENTSAV+GSAV+WALRAS;
model cgewithIS /all/;
solve cgewithIS using mcp;
display WALRAS.L;
```

＊下面模拟政府增加支出的冲击结果及乘数

```
parameters
GDP0;
GDP0 = sum(a, (QH0(a)+QINV0(a)+QG0(a)));
EG.fx = EG0 + 1;
variable
GDP;
equations
GDPeq;
GDPeq..
GDP =e= sum(a, (QH(a)+QINV0(a)+QG(a)));
```

＊执行优化程序

```
model sim1  /all/;
solve sim1 using mcp;

Parameter
Multiplier government expenditure multiplier;
Multiplier = (GDP.L - GDP0)/1;
display  GDP0, GDP.L, Multiplier;
```

＊下面模拟增值税转型冲击的结果及税收乘数

```
tvak(a) = 0;
EG.fx = EG0;
```

＊执行优化程序

```
model sim2  /all/;
```

```
solve sim2 using mcp;

Parameter
TaxMultiplier tax change impact;
TaxMultiplier = GDP.L/GDP0;
display  tvak, EG.L, GDP0, GDP.L, TaxMultiplier;

* end
```

练　　习

1. 对第 12.4.1 节和第 12.4.2 节里的 CGE 模型编程，用新古典主义闭合。SAM 表为表 12.3.1。其他外来参数数据参考例 12.5.1。校调估算各个参数，复制原来初始均衡状态。然后加上投资—储蓄的等式(12.4.15)包括虚变量 *WALRAS*，证明投资—储蓄等式是线性相关的，数学解算上是多余的。
2. 用 SAM 表 12.3.1 的数据，编写 CGE 模型。要求：生产模块为两层嵌套函数，第一层是列昂惕夫；第二层有增值和中间投入。增值为 CES 函数，弹性为：agri 0.25，manu 0.5，serv 0.8。中间投入为列昂惕夫函数。居民效用函数为柯布—道格拉斯函数。政府可支配开支为柯布—道格拉斯函数导出的固定比例。
   (1) 对上述 CGE 模型编程，用凯恩斯闭合。校调估算各个参数，复制原来初始均衡状态，假设政府支出增加 5%，模拟各个变量的变化。
   (2) 假设政府财政赤字 128 不变，如果劳动禀赋增加 5%，模拟各个变量的变化。

▶13

开放经济的宏观 CGE 模型

13.1 开放经济中的活动、商品和国外账户

本章我们介绍开放经济的 CGE 模型，在前面的模型结构上加上世界其他地区(rest of world，简称 ROW)。

在不细分到产业部门的总量宏观模型中，如宏观经济学中的凯恩斯模型，常常只要考虑净出口(出口—进口)在最终需求中的作用即可。不过，在 CGE 模型中，由于要研究国民经济核算各个账户、产业部门、生产各个环节，碰到的问题要复杂得多。国内生产活动需要的中间投入商品包括国内生产的以及进口的中间商品，而国内生产活动生产出来的产品又要在国内需求和出口之间分配。譬如，钢铁企业用国内生产的和进口的矿石，企业要在国产和进口两种原料中做选择，进口矿石的数量和价格会影响国内钢铁的生产。国产的钢材有内销的，有出口的。居民和政府消费同样要在本国生产和国外进口之间进行选择，而内销和外销价格的不同也会影响钢铁企业在内销和外销之间的分配。

通常，SAM 表和 CGE 模型解决这个问题的方法是将生产活动(activity)和商品(commodity)两个账户区分开来。在第 4 章有关 SAM 表中已经谈到区分这两个账户，可以解决一些问题。譬如，在很多经济中有大量的自产自消费产品，如农民消费自己生产的食品。又譬如，可以分析在生产完成到最后消费者手中的中间环节的变量，如运输交易成本、销售税等。有时，又要研究不同生产部门生产同一产品的情况。例如，煤炭和水利部门都生产电力；国有企业和非国有企业都生产汽车的情况。这时，将生产活动和商品两个账户分开来有很大便利。

不过，在 CGE 模型中，这个区分的更大便利是处理在开放经济的模型中，进口商品、国产国内销售的商品，以及国产出口的商品三者之间的关系。

在开放经济模型结构中，商品分成 3 个部分。一是国内生产出口部分，记为 QE；一是国内生产国内销售部分，记为 QD；还有一个部分是市场上销售的进口商品，记为 QM。在活动和商品两个账户中，各由上面 3 个不同的部分组成。国内生产活动产出 QA 由 QE 和 QD 组成。国内销售的商品 QQ 由 QM 和 QD 组成。见图 13.1.1。

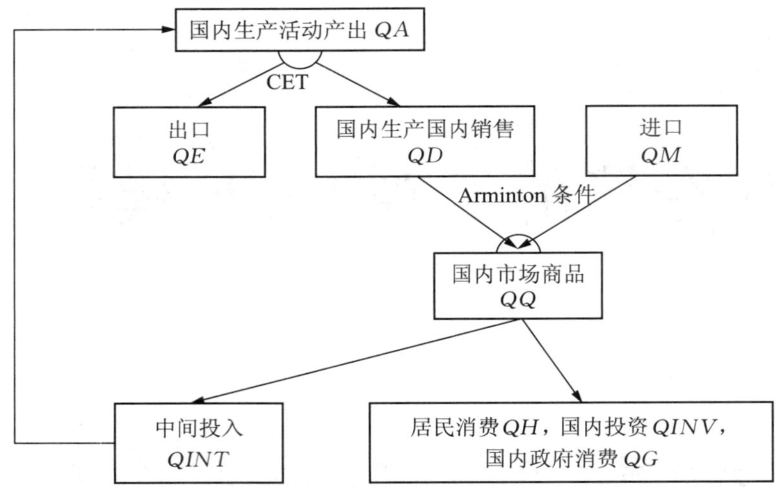

图 13.1.1　开放国家的市场销售商品流通过程

国内生产活动生产的商品 QA 在国内销售 QD 和出口 QE 中如何分配，会受国内价格和国际价格的相对水平影响。它们之间的关系犹如一个生产可能性边界，如图 13.1.2。这个生产可能性边界，由 CET(constant elasticity of transformation)函数来表示。CET 函数的数学表达和 CES 函数一样，只是参数 ρ 必须大于 1，这样才会产生相应的生产可能性边界的凸集形状。外凸的 CET 函数表示 QD 和 QE 是替代品但不是完全替代品。国内生产国内销售的部分记为 QD，其价格为 PD；出口的部分为 QE，其价格为 PE。

$$QA_a = \alpha_a^t [\delta_a^t QD_a^{\rho_a^t} + (1-\delta) QE_a^{\rho_c^t}]^{\frac{1}{\rho_a^t}} \qquad \rho_a^t > 1 \tag{13.1.1}$$

给定总产量 QA，企业选择 QD 和 QE 的组合以实现收入最大化。国内和出口相对价格的变化影响国内销售和出口的相对数量。这是由优化的一阶条件所决定的：

$$\frac{PD_a}{PE_a} = \frac{\delta_a^t}{(1-\delta_a^t)} \left(\frac{QE_a}{QD_a}\right)^{1-\rho_a^t} \tag{13.1.2}$$

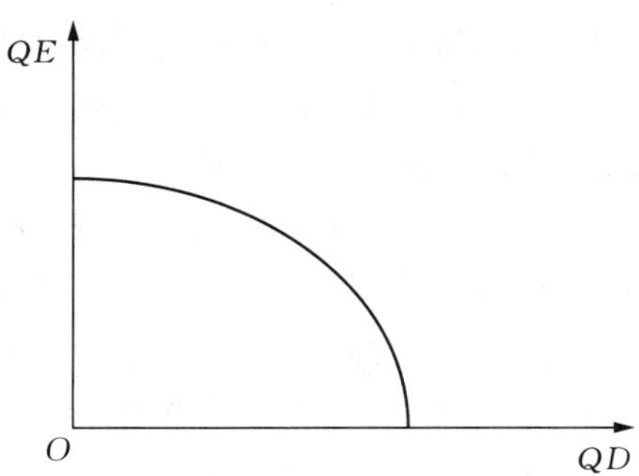

图 13.1.2　以生产可能性边界来表示的国内使用和出口之间的分配

国内市场销售的商品 QQ 由进口 QM 和国内生产国内销售 QD 两部分组成。这里，国内市场商品总供应记为 QQ，国内生产国内使用的商品仍然是 QD，进口商品记为 QM，其价格为 PM。QD 和 QM 可以相互替代，虽然不一定有完全替代性。CGE 模型中通常它们之间的关系用 CES 函数来表示。这个 CES 关系，被称为"阿明顿条件"，源于最早提出这个方法的学者阿明顿(Armington)的名字：

$$QQ_c = \alpha_c^q (\delta_c^q QD^{\rho_c^q} + (1-\delta_c^q) QM^{\rho_c^q})^{1/\rho_c^q} \tag{13.1.3}$$

这里下标 c 表示商品 c。由于同样的商品之间的相互替代性较大，ρ_c^q 应该介于 0—1 之间。另外可以看出，由于这个 CES 函数，进口和国内商品相对价格的变化，会影响它们之间数量的分配。这是因为它必须满足优化条件的一阶导数：

$$\frac{PD_c}{PM_c} = \frac{\delta_c^q}{(1-\delta_c^q)} \left(\frac{QM_c}{QD_c}\right)^{1-\rho_c^q} \tag{13.1.4}$$

在建模时，要对上面 PD_a 和 PD_c，QD_a 和 QD_c 的关系做交代。大部分 CGE 模型假设一个活动只产出一个商品，因此，PD_a 和 PD_c，QD_a 和 QD_c，在相对应的活动 a 和商品 c 上数量完全相等。

$$\begin{array}{ll} QD(\text{活动 }1) = QD(\text{商品 }1) & PD(\text{活动 }1) = PD(\text{商品 }1) \\ QD(\text{活动 }2) = QD(\text{商品 }2) & PD(\text{活动 }2) = PD(\text{商品 }2) \\ QD(\text{活动 }3) = QD(\text{商品 }3) & PD(\text{活动 }3) = PD(\text{商品 }3) \\ \cdots\cdots & \cdots\cdots \end{array} \tag{13.1.5}$$

当变量 PD 和 QD 有不同的定义域 a 和 c 下标时，数学上不是一回事，必须要把这一映射关系另外用数学等式表达出来。方法是用单位矩阵(identity matrix)**I** 来转换。如果有 n 个活动和商品，我们有 $n \times n$ 单位矩阵：

$$\mathbf{I} = \begin{bmatrix} 1 & 0 & \cdots & 0 \\ 0 & 1 & \cdots & 0 \\ \vdots & \vdots & \ddots & \vdots \\ 0 & 0 & \cdots & 1 \end{bmatrix} \tag{13.1.6}$$

然后有

$$\mathbf{QD(c)} = \mathbf{I} \times \mathbf{QD(a)},\ \mathbf{PD(c)} = \mathbf{I} \times \mathbf{PD(a)} \tag{13.1.7}$$

不过，在 GAMS 程序中，同一变量在两个不同定义域必须有不同的命名，不然程序只接受最后一个变量和它的定义域，而前面的同样名字的变量就被覆盖剔除。因此，须将上面的 PD_a 和 PD_c，QD_a 和 QD_c 重新命名为不同名字。这里不妨将 PD_a 改为 PDA_a，PD_c 改为 PDC_c，QD_a 改为 QDA_a，QD_c 改为 QDC_c。单位矩阵的元素为 $IDENT_{ac}$。有

$$QDC_c = \sum_a IDENT_{ac} \cdot QDA_a \tag{13.1.8}$$

表 13.1.1 开放经济描述性 SAM 表

	活　动	商　品	生产要素	居　民	企　业	政　府	储蓄投资	国　外	汇　总
活　动		国内生产国内销售 $QD \cdot PD$						出口 $QE \cdot pwe \cdot EXR$	$QA \cdot PA$
商　品	中间投入 $QINT \cdot PQ$			居民消费 $QH \cdot PQ$		政府消费 $QG \cdot PQ$	投资 $QINV \cdot PQ$		$QQ \cdot PQ$
生产要素（劳动,资本）	生产要素投入 QLS，QKS								要素收入
居　民			居民要素收入			政府向居民转移支付		国外对居民转移支付	居民总收入
企　业			企业要素收入						企业总收入
政　府	增值税,间接税	进口税，销售税	要素税	居民所得税	企业所得税			国外对政府的转移支付	政府总收入
储蓄投资				居民储蓄	企业储蓄	政府储蓄		国外净储蓄	总储蓄
国　外		进口 $QM \cdot pwm \cdot EXR$	对国外要素的支付		企业向国外支付盈余	政府对国外的支付			外汇支出
汇　总	$QA \cdot PA$	$QQ \cdot PQ$	要素支出	居民支出	企业支出	政府支出	总投资	外汇收入	

$$PDC_c = \sum_a IDENT_{ac} \cdot PDA_a \qquad (13.1.9)$$

上述两个等式建立了 PD_a 和 PD_c，QD_a 和 QD_c 一对一的对应关系。

表 13.1.1 描述了开放经济的 SAM 表传统格式。第一列活动账户是标准的生产模块，和过去闭合经济的 SAM 表一样。第一行活动账户将生产活动生产的产品 QA 分成国内销售 QD 和出口 QE 两个部分。第二列商品账户为国内市场供应的商品，分成国内生产和进口（包括进口税）两个部分。第二行商品账户和过去封闭经济的 SAM 表类似，为商品在国内市场上各个部门的使用，包括中间投入、居民消费 C、政府消费 QG、投资 I。和一般宏观经济模型的安排略有不同的是，这里 SAM 表中出口在另行列出的活动账户上，而典型的凯恩斯宏观经济模型的最终使用包括进出口：消费＋投资＋政府支出＋出口－进口。SAM 表这个安排为了账户安排和建模便利。因此 SAM 表对账户的解释和凯恩斯模型也不同。凯恩斯宏观模型的最终使用是国内外使用者对国内生产品的总需求，而上面 SAM 表的第二行商品账户是对国内市场上供应产品的使用。它包括了中间投入，但是不包括出口部分，因为出口不是国内市场上的商品。不过，这个商品账户的供应包括了进口的商品。

开放经济要对外经济活动，有对外货物服务的交流、进出口，也有对外进出的资金流，因此有国外账户。最后一列的国外账户表示的是这些对外交易造成的外汇收入，最后一行的国外账户表示的是对外交易上的外汇支出。经常性项目的外汇收支赤字，由资本账户和外汇储备变动来补偿，也就是，靠国外净储蓄（$FSAV$）来平衡。国外账户的收入支出都是外汇，但是要折成本国货币单位来计算，因此这些账户的数值应理解为汇率和外汇数量的乘积。比如，SAM 表 13.1.1 的（居民，国外）一项为“国外对国内居民的转移支付”，应该被认识或者设置为

$$\text{国外对国内居民的转移支付} = \text{国外对国内居民的外汇支付} \times \text{外汇汇率} \qquad (13.1.10)$$

汇率体制主要有两种，浮动汇率和固定汇率。相应地，CGE 模型通常用这两种外汇体制的闭合。一种是浮动汇率体制的闭合。在这种情况下，国际收支(balance of payments)保持平衡，由汇率 EXR 调节来实现。这时，$FSAV$ 等于零。经常性项目的赤字（盈余）等于资本项目的盈余（赤字）。另一种为固定汇率体制的闭合。这时，汇率 EXR 是固定的，而外汇收支一般不平衡，可以是赤字或者盈余，在模型中体现为由国外净储蓄 $FSAV$ 的调节来达到。国际收支的结算单位是国际储备货币如美元。因此有下面模型中的国际收支平衡等式，如等式(13.2.30)。

13.2 开放经济的 CGE 模型结构

这里我们从第 12 章的基础发展，建立开放经济的 CGE 模型。模型经济的 SAM 表为表 13.2.1。

表 13.2.1　开放经济的 SAM 表

	活动 1	活动 2	活动 3	商品 1	商品 2	商品 3	要素 1	要素 2	居民	企业	政府	劳动增值税	资本增值税	关税	储蓄投资	国外	汇总
活动 1(农业)				1 919												89.8	2 009
活动 2(工业)					3 072.44											260	3 332
活动 3(服务业)						2 576										80.4	2 657
商品 1(农产品)	280	420	240						1 050		100				67		2 157
商品 2(工业产品)	377	520	378						1 381		362.4				360		3 378
商品 3(服务)	220	350	540						1 239		180				150		2 679
要素 1(劳动)	650	700	690														2 040
要素 2(资本)	370	1 140	660														2 170
居民							2 040	1 970			182						4 192
企业								200									200
政府									321	95.1		224.4	238.7	30.2			909.4
劳动增值税	71.5	77	75.9														224.4
资本增值税	40.7	125.4	72.6														238.7
关税				7.2	16	7											30.2
储蓄投资									201.4	104.9	85					185.7	577
国外				230	290	95.9											615.9
汇总	2 009	3 332.40	2 657	2 157	3 378.4	2 679	2 040	2 170	4 192	200	909.4	224.4	238.7	30.2	577	615.9	18 796

所有生产部门的集合为 A，所有商品部门的集合为 C。为了简便起见，本章开放经济的 CGE 模型中，一个活动部门只生产一种商品。

和第 12 章一样，生产函数嵌套为两层。最上面一层的总产出是个 CES 函数，这个生产函数有两个投入，中间投入和增值。

$$QA_a = \alpha_a^q [\delta_a^q QVA_a^{\rho_a} + (1-\delta_a^q) QINTA_a^{\rho_a}]^{\frac{1}{\rho_a}} \qquad a \in A \tag{13.2.1}$$

$$\frac{PVA_a}{PINTA_a} = \frac{\delta_a^q}{(1-\delta_a^q)} \left(\frac{QINTA_a}{QVA_a}\right)^{1-\rho_a} \qquad a \in A \tag{13.2.2}$$

$$PA_a \cdot QA_a = PVA_a \cdot QVA_a + PINTA_a \cdot QINTA_a \qquad a \in A \tag{13.2.3}$$

下面一层分别为中间投入和增值两个部分。增值部分的生产函数是 CES 函数，投入为两个生产要素，劳动和资本。其价格分别为 WL 和 WK。

$$QVA_a = \alpha_a^{va} [\delta_{La}^{va} QLD_a^{\rho_a^{va}} + (1-\delta_{La}^{va}) QKD_a^{\rho_a^{va}}]^{\frac{1}{\rho_a^{va}}} \qquad a \in A \tag{13.2.4}$$

$$\frac{WL \cdot (1+tval)}{WK \cdot (1+tvak)} = \frac{\delta_{La}^{va}}{(1-\delta_{La}^{va})} \left(\frac{QKD_a}{QLD_a}\right)^{1-\rho_i} \qquad a \in A \tag{13.2.5}$$

$$PVA_a \cdot QVA_a = (1+tval) \cdot WL \cdot QLD_a + (1+tvak) \cdot WK \cdot QKD_a \qquad a \in A \tag{13.2.6}$$

中间投入部分的生产函数是列昂惕夫生产函数。在开放经济下，中间投入使用包括国内生产的和进口的加总的国内商品供应，即 QQ，其价格为 PQ。商品 QQ 的集合为 C，包括进口商品但是不包括出口商品。而 ica_{ca} 为中间投入部分的投入产出系数，这里指要生产一个单位 a 部门的总中间投入，需要使用多少 c 部门的商品。有：

$$QINT_{ca} = ica_{ca} \cdot QINTA_a \qquad a \in A,\ c \in C \tag{13.2.7}$$

$$PINTA_a = \sum_{c \in C} ica_{ca} \cdot PQ_c \qquad a \in A \tag{13.2.8}$$

国内生产活动的产出商品 QA 分为国内销售 QDA 和出口 QE 两部分，其替代关系由 CET 函数代表：

$$QA_a = \alpha_a^t [\delta_a^t QDA_a^{\rho_a^t} + (1-\delta) QE_a^{\rho_a^t}]^{\frac{1}{\rho_a^t}} \qquad \rho_a^t > 1,\ a \in A \tag{13.2.9}$$

国内生产国内销售的商品 QDA，其价格为 PDA。出口商品价格记为 PE。国内和出口相对价格的变化影响国内销售和出口的相对数量，这是由优化的一阶条件所决定的：

$$\frac{PDA_a}{PE_a} = \frac{\delta_a^t}{(1-\delta_a^t)} \left(\frac{QE_a}{QDA_a}\right)^{1-\rho_a^t} \qquad a \in A \tag{13.2.10}$$

活动部门的生产价格是由国内销售和出口两个价格加权平均合成的：

$$PA_a = PDA_a \cdot \frac{QDA_a}{QA_a} + PE_a \cdot \frac{QE_a}{QA_a} \qquad a \in A \qquad (13.2.11)$$

或者说，

$$PA_a \cdot QA_a = PDA_a \cdot QDA_a + PE_a \cdot QE_a \qquad a \in A \qquad (13.2.11')$$

等式(13.2.9)、等式(13.2.10)和等式(13.2.11′)组成了国内厂商在内销和出口两者间选择分配的优化条件。

出口价格受国际市场价格和汇率影响：

$$PE_a = pwe_a(1 - te_a)EXR \qquad a \in A \qquad (13.2.12)$$

EXR 是汇率。pwe 是用外币单位(如美元)计算的商品完税后的离岸价格。因为是国际经济学上的不能影响国际价格的“小国假设”，pwe 是外生的参数。te 是出口税，因为本 SAM 表上中没有出口税，因此 $te_a = 0$，有

$$PE_a = pwe_a \cdot EXR \qquad a \in A \qquad (13.2.12')$$

从上述等式可以看到，如果 pwe、te 和汇率 EXR 为外界给定，PE 即被确定。从 PA 可以导出价格 PD。

国内市场上供应的商品 c 是 QQ_c。在开放经济中，QQ_c 包括国产内销的部分 QDC_c，其价格为 PDC_c，以及进口的部分 QM_c，其价格为 PM_c。国内市场上供应的商品，为国内各个主体机构包括消费者、企业、政府所需求。除了这些最终需求外，还有生产活动的中间投入的需求。QQ_c 在国内生产供应的和进口之间的替换关系由阿明顿条件来描述。

$$QQ_c = \alpha_c^q (\delta_c^q QDC_c^{\rho_c^q} + (1 - \delta_c^q) QM_c^{\rho_c^q})^{1/\rho_c^q} \qquad c \in C \qquad (13.2.13)$$

$$\frac{PDC_c}{PM_c} = \frac{\delta_c^q}{(1 - \delta_c^q)} \left(\frac{QM_c}{QDC_c}\right)^{1-\rho_c^q} \qquad c \in C \qquad (13.2.14)$$

市场上销售商品的价格 PQ_c 是两者的加权平均数：

$$PQ_c = PDC_c \cdot \frac{QDC_c}{QQ_c} + PM_c \frac{QM_c}{QQ_c} \qquad c \in C \qquad (13.2.15)$$

也可以写成：

$$PQ_c \cdot QQ_c = PDC_c \cdot QDC_c + PM_c \cdot QM_c \qquad c \in C \qquad (13.2.15')$$

式(13.2.13)、式(13.2.14)和式(13.2.15′)三个等式形成了该经济在 PQ、PDC、PM 价格下决定 QQ、QDC 和 QM 三者之间按照阿明顿条件供应分配的优化条件。进口商品的价格 PM_c 由国际市场价格、汇率和关税决定：

$$PM_c = pwm_c(1 + tm_c)EXR \qquad c \in C \qquad (13.2.16)$$

tm 为进口商品的关税。pwm 是用外币计算的付关税前的进口商品价格。按照国际经济学上的“小国假设”，pwm 被国际市场外生决定。如第 13.1 节所述，因为活

动和商品一对一，因此，国内生产国内销售的活动和商品的价格和数量一致，有下面一对一映射关系：

$$QDC_c = \sum_a IDENT_{ac} \cdot QDA_a \tag{13.2.17}$$

$$PDC_c = \sum_a IDENT_{ac} \cdot PDA_a \tag{13.2.18}$$

等式(13.2.1)—等式(13.2.18)共 18 个等式完成了生产模块包括活动和商品之间的关系。

开放经济模型的主体机构包括居民、企业、政府和国外(ROW)，比前一章多了国外部分。劳动力为居民所有，劳动力总供应为 QLS。居民的收入为：

$$YH = WL \cdot QLS + shif_{h\,k} \cdot WK \cdot QKS + transfr_{h\,gov} \tag{13.2.19}$$

$transfr_{h\,gov}$ 为政府对居民的转移支付。资本要素收入分配给居民和企业。资本总供应为 QKS，$shif_{h\,k}$ 为资本要素收入分配给居民的份额，$shif_{ent\,k}$ 为资本要素收入分配给企业的份额。

居民的可支配收入为 $(1-ti_h)YH$，ti_h 为居民的所得税率。再减去储蓄，由消费倾向 mpc_h 决定。效用函数为柯布—道格拉斯函数，从效用函数导出的居民对商品 c 的消费需求是：

$$PQ_c \cdot QH_c = shrh_c \cdot mpc \cdot (1-ti_h) \cdot YH \qquad c \in C \tag{13.2.20}$$

企业税前收入包括从资本投入获取的收入加上政府对企业的转移支付(如补贴)。不过 SAM 表 13.2.1 中只有前一项，没有政府补贴项的数字。企业也可能从国外得到转移收入，不过本 SAM 表中，这个海外给国内企业的转移支付 $transfr_{ent\,row}=0$。因此有：

$$YENT = shif_{ent\,k} \cdot WK \cdot QKS \tag{13.2.21}$$

如第 12 章定义的，企业的储蓄等于企业的收入减去所得税

$$ENTSAV = (1-ti_{ent})YENT \tag{13.2.22}$$

该国经济总投资，即资本形成，由各个部门的投资组成。并且假设投资外生决定：

$$EINV = \sum_c PQ_c \cdot \overline{QINV_c} \qquad c \in C \tag{13.2.23}$$

政府的税收为从生产活动中征收的增值税，从居民中征收的所得税，从企业中征收的所得税(所得税率为 ti_{ent})，还有进口关税：

$$\begin{aligned} YG = &\sum_a (tval_a \cdot WL \cdot QLD_a + tvak_a \cdot WK \cdot QKD_a) + ti_h \cdot YH_h \\ &+ ti_{ent} \cdot YENT + \sum_c tm_c \cdot pwm_c \cdot QM_c \cdot EXR \end{aligned} \tag{13.2.24}$$

上述等式中最后一项分别为进口关税收入。

政府支出包括政府在商品上的消费，以及对居民和企业的转移支付：

$$EG = \sum_{c} PQ_{c} \cdot QG_{c} + transfr_{h\,g} + transfr_{ent\,g} \tag{13.2.25}$$

假设政府在商品上消费按比例内生决定，上述函数改为：

$$PQ_{c} \cdot QG_{c} = shrg_{c}(EG - transfr_{h\,g} - transfr_{ent\,g}) \qquad c \in C \tag{13.2.25$'$}$$

本 SAM 表中，没有政府对企业的转移支付，因此 $transfr_{ent\,g} = 0$。政府的收入和支出为政府净储蓄 $GSAV$。如果是正的(负的)，表现为财政盈余(赤字)。这里政府不强求财政收支平衡，因此 $GSAV$ 内生：

$$GSAV = YG - EG \tag{13.2.26}$$

国外市场的供应量(进口量)和需求量(出口量)，在这个模型中，是国际经济学中的"小国假设"。也就是，在给定价格的条件下，这些数量是内生的。这个国家任何意愿的进口量和出口量都不受限制。因此，前面生产模块中的 CET 条件的部分，已经决定了出口数量；阿明顿条件的部分，已经决定了进口的数量。

系统平衡条件，也就是市场出清。这里有进口商品和出口商品一些细节需要调整。在国内市场供应和需求的条件为，所有国内生产内销加上进口的等于所有国内需求的。有

$$QQ_{c} = \sum_{a} QINT_{c\,a} + \sum_{h} QH_{c\,h} + \overline{QINV}_{c} + QG_{c} \qquad c \in C \tag{13.2.27}$$

可以看出，这是 SAM 表上商品账户的行平衡条件。因为 QQ 为国内市场销售商品，它包括进口商品，但是不包括出口部分。

要素市场出清，要求要素需求等于供应，有

$$\sum_{a} QLD_{a} = QLS \tag{13.2.28}$$

$$\sum_{a} QKD_{a} = QKS \tag{13.2.29}$$

这里 QLS 和 QKS 是劳动和资本供应的总数。

开放经济有外汇收支平衡的问题。经常性项目的外汇收支赤字，由资本账户和外汇储备变动来补偿，也就是，靠国外净储蓄($FSAV$)来补偿。汇率体制主要有两种，浮动汇率和固定汇率。相应地，CGE 通常有两种外汇体制的闭合。一种是浮动汇率体制的闭合。在这种情况下，国际收支平衡，由汇率 EXR 调节来实现。这时，$FSAV$ 等于零。经常性项目的赤字(盈余)等于资本项目的盈余(赤字)。另一种为固定汇率体制的闭合。这时，汇率 EXR 是固定的，而外汇收支一般不平衡，可以是赤字或者盈余，在模型中体现为国外储蓄 $FSAV$ 的变化。国际收支的结算单位是国际储备货币如美元。本 SAM 表的海外账户交易简单，只有经常性项目即贸易进出口来往，没有资本项目来往，没有国内外的转移支付，因此国际收

支平衡等式简化为：

$$\sum_{c} pwm_c \cdot QM_c = \sum_{a} pwe_a \cdot QE_a + FSAV \tag{13.2.30}$$

注意这个等式中使用的单位是外汇的货币单位，如美元。在 SAM 表中要换成本国货币单位，将等式两边乘以汇率 EXR：

$$\sum_{c} pwm_c \cdot QM_c \cdot EXR = \sum_{a} pwe_a \cdot QE_a \cdot EXR + FSAV \cdot EXR \tag{13.2.30$'$}$$

综合等式(13.2.1)到等式(13.2.30)共 30 组等式，构成了这个开放经济的 CGE 模型的核心部分。内生变量为：QA_a，QVA_a，$QINTA_a$，PA_a，PVA_a，$PINTA_a$，$QINT_{aa'}$，QLD_a，QKD_a，QLS，QKS，WL，WK，QDA_a，PDA_a，QDC_c，PDC_c，QE_a，PE_a，EXR，QQ_c，PQ_c，QM_c，PM_c，YH，QH_a，$YENT$，$ENSAV$，$EINV$，YG，EG，QG，$GSAV$，$FSAVE$，共 34 个变量组。需要加上 4 个限制条件，使等式和变量数量相等。

本模型中我们假定固定汇率体制的闭合。$FSAV$ 为内生变量，而 EXR 为外生决定。有

$$EXR = \overline{EXR} \tag{13.2.31}$$

和第 12 章的模型类似，新古典主义宏观闭合要加上下面三个限制条件。要素供应等于要素禀赋：

$$QLS = \overline{QLS} \tag{13.2.32}$$

$$QKS = \overline{QKS} \tag{13.2.33}$$

取某一价格为基准价格。这里不妨取劳动价格为基准价格，有

$$WL = 1 \tag{13.2.34}$$

这样是 30 组等式和 30 组内生变量，模型已经完整可解。如第 12 章解释的，所有等式都是线性独立的，因此解算的变量是唯一解。如第 12 章解释的，如果要提瓦尔拉斯法则的话，目前还不成立。这是因为瓦尔拉斯法则的条件——所有经济人或经济机构都穷尽他们的预算并且有相应的等式——还没有满足，我们还缺少一个将全部社会储蓄花完为投资的“超级银行”的经济人。

虽然不是绝对需要，但是为了观察和检验方便，我们加上投资—储蓄等式。投资—储蓄的等式要在等式右边加上国外净储蓄，表明所有国内外储蓄最后都转换成国内的投资需求。因为这个等式和其他等式线性相关，没有增加新的变量，因此要加上虚变量 $WALRAS$。

$$\begin{aligned} EINV = {} & (1 - mpc)(1 - ti_h) \cdot YH + ENTSAV + GSAV \\ & + EXR \cdot FSAV + WALRAS \end{aligned} \tag{13.2.35}$$

这样,模型是 31 个等式和 31 个内生变量,可解。如果 GAMS 程序没有错误,*WALRAS* 是零。

通常,为了研究重要宏观经济变量 *GDP* 和 GDP 指数 *PGDP*,可以加上这两个变量,以及下面两个等式:

$$GDP = \sum_{c}(QH_c + \overline{QINV}_c + QG_c - QM_c) + \sum_{a} QE_a \tag{13.2.36}$$

$$PGDP \cdot GDP = \sum_{c \in C} PQ_c \cdot (QH_c + \overline{QINV}_c + QG_c) + \sum_{a} PE_a \cdot QE_a - \sum_{c} PM_c \cdot QM_c + \sum_{c} tm_c \cdot pwm_c \cdot EXR \cdot QM_c \tag{13.2.37}$$

因为关税收入是名义 GDP 的一部分,因此要包括进去。这里增加了两个等式,也增加了 *GDP* 和 *PGDP* 两个变量,模型完整可解。

13.3 估算校调国外部分参数的一些问题

上一节设置的开放经济的 CGE 模型中,各个生产函数、CET 函数和阿明顿条件函数的弹性 ρ_a, ρ_a^{va}, ρ_a^t, ρ_c^q 需要外界给定。靠 SAM 表校调估算(calibrated)的参数除了投入产出系数,函数的规模项和份额项如 ica_{ca}, α_a^q, α_a^{va}, δ_a^q, δ_{LOha}^{va} 等外,还有各种税率包括 $tval$, $tvak$, ti_h, ti_{ent}, tm_c 等;各种转移支付包括 $transfr_{h\,ent}$, $transfr_{h\,gov}$ 等;经济主体机构在要素收入上的分成:$shif_{hk}$, $shif_{ent\,k}$;主体机构在各个商品上消费占总额的比例:$shrh_a$ 等;以及其他参数包括 mpc_h。还有要估计的参数是国际价格,pwm_c 和 pwe_c,这点下面将解释。

SAM 表上国外账户的收支数值是外汇折算成本国货币单位的值。因此,这些账户单项里的数值要被理解为外汇数量乘以汇率的乘积,如第 13.1 节所解释的。譬如,假如有国外对本国政府的转移支付 $transfr_{g\,row}$,这本来是外汇数量,但是要折算成成本国货币单位,那就要乘以汇率,为 $transfr_{g\,row} \cdot EXR$。假设该 SAM 表的本国是中国。在 SAM 表(政府,国外)坐标格子上的数值为 7 亿元人民币。该格子里的数值须理解为 $tranfr_{g\,row} \cdot EXR = 1 \times 7 = 7$ 亿元。汇率 *EXR* 为 7 元兑 1 美元。那么倒算过去,外国政府给中国政府的转移支付 $transfr_{g\,row}$ 就是 1 亿美元。这些数值要变成本币单位 RMB 元后,才能加到 CGE 模型中有其他交易条目的等式上。例如,如果海外给国内企业的转移支付 $transfr_{ent\,row}$ 不是零,前面企业收入的等式(13.2.21)就要改为:

$$YENT = shif_{ent\,k} \cdot WK \cdot QKS + transfr_{ent\,row} \cdot EXR \tag{13.3.1}$$

最后有 $transfr_{ent\,row} \cdot EXR$ 的一项,其中 $transfr_{ent\,row}$ 要乘以汇率。在储蓄—投资等式(13.2.35)中也可以看到,类似地,国外储蓄 *FSAV* 也是外币计算的国外净储蓄。SAM 表上国外账户各项的数值是外汇价格 *EXR* 乘以实际外汇数量的乘积。

不过，在 CGE 模型实际操作上，通常将汇率 EXR 标准化设置为 1，而不是用实际的官方汇率。现实情况下官方或市场汇率一般不等于 1，譬如 1 美元等于 7 元人民币。$EXR=1$，这怎么理解呢？这里，可以将该外汇的单位理解为等于 1/7 美元，因此有 $EXR=1$。我们再举例。假如在（政府，国外）坐标格子上的数值为 7 亿元人民币。实际上的情况是国外政府转移给中国政府 1 亿美元，所以有 $1\times 7=7$。这么想：国外政府的转移支付是用 1/7 美元的单位来计算的，也就是，国外政府转移支付给中国政府 7 亿个 1/7 美元单位的外汇，而这个 1/7 的美元单位和人民币汇率之比 =1。这个汇率标准化设置可以简化模型中的计算，又不会给政策研究带来问题。譬如研究课题是汇率升值或者贬值的变化，因为通常是考虑变化的百分比，和我们前面对部门产出单位进行标准化一样，将汇率单位标准化为 1 并不影响结果。

进口税率和出口税率，可以从 SAM 表校调估算出来。如表 13.2.1 中商品 1 的进口税值是 7.2，进口总额价值是 230，因此商品 1 的进口税率是 $tm_1=7.2/230=0.313\%$。国内市场的进口商品的价格是以本币为单位计算的等式(13.2.16)，即 $PM_c=pwm_c\cdot(1+tm_c)\cdot EXR$，据此可以倒算出商品的国际市场价格如下：

$$pwm_c=\frac{PM_c}{(1+tm_c)\cdot EXR} \tag{13.3.2}$$

由于 PM_c 和 EXR 都标准化设置成 1，pwm_c 要根据上述等式求出来：$pwm_c=1/(1+tm_c)$。如果进口税率大于零，国际价格 pwm_c 要小于 1。

同理，对出口商品的国际价格，根据等式(13.2.12)，$PE_a=pwe_a(1-te_a)\cdot EXR$，可以如此计算：

$$pwe_a=\frac{PE_a}{(1-te_a)\cdot EXR} \tag{13.3.3}$$

SAM 表上的国外账户，虽然是外汇收支，但是由于汇率是 1，因此是汇率标准化单位计算的外汇价值。举例来说，在商品 1 这一列上，国内进口完税前的价值为 230，即进口用的外汇支出 230，虽然是外汇支出，但是以标准化汇率单位计算的外汇。国内的进口商品完税后的价值为：

$$PM_1\cdot QM_1=pwm_1\cdot(1+tm_1)\cdot EXR\cdot QM_1=230+7.2=237.2 \tag{13.3.4}$$

在校调估算时，因为国内价格 PM 初始设置为 1，因此 QM_1 是 237.2，包括进口税部分。剔除这个非外汇支出的进口税，即进口税前的以外汇支出来计算的商品 c 的进口额为：

$$\frac{PM_c}{(1+tm_c)\cdot EXR}\cdot QM_c=pwm_c\cdot QM_c \tag{13.3.5}$$

譬如，商品 1 进口要付的外汇是，$pwm_1\cdot QM_1=\dfrac{1}{EXR}\cdot 230=230$。如果进口税大

于 0,那么 $pwm_c < 1$,也就意味着 $QM_c > 230$。国际收支平衡等式(13.2.30)中用国际货币支付的进口总额是加总的等式(13.3.5)的表达,即 $\sum_c pwm_c \cdot QM_c$。类似地,我们可以知道为什么用国际货币计算的出口总额是 $\sum_a pwe_c \cdot QE_c$。

开放经济 CGE 模型中一些相关的外生给定的函数参数,一般可以在国内外文献中找到。如上述国内生产国内消费的和进口或者出口的替代弹性率,有表 13.3.1。然后可以根据替代弹性率 ε 和 CES、CET 函数幂 ρ 之间的关系求出。按照传统习惯,为了方便,替代弹性率是由绝对值来表述的。在实际求解中,对 CES 函数的替代弹性率,如表 13.3.1 的左面一列"国内生产和进口之间的替代弹性率",是 CES 函数,可以用公式 $\rho = 1 - \frac{1}{\varepsilon}$ 求出。而表 13.3.1 上的 CET 函数的替代弹性率实际是负数的绝对值。因此,对表 13.3.1 的右面一列"国内消费和出口之间的替代弹性率",在计算时要加上负号,还原到原来的负数。用公式 $\rho = 1 - \frac{1}{-\varepsilon}$ 求出。例如,农业部门的 CET 函数的幂是 $\rho = 1 - \frac{1}{-3.9} = 1.256$。

表 13.3.1　国内生产国内消费的和进口或者出口的替代弹性率

商品部门	国内生产和进口之间的 阿明顿 CES 替代弹性率	国内消费和出口之间的 CET 替代弹性率(绝对值)
农　业	1.42	3.90
矿　产	0.50	2.90
制造业	3.55	2.90
服　务	2.00	0.70

资料来源:de Melo, J. and David Tarr, 1992, *A General Equilibrium Analysis of US Foreign Trade Policy*, The MIT Press, Cambridge, Massachusetts.

13.4　开放经济的 CGE 模型

根据表 13.2.1 的 SAM 表和第 13.2 节的讨论,下面对相应的 CGE 模型列出等式并编制 GAMS 程序。要素和商品价格、汇率都是弹性的,要素禀赋给定,这些都是新古典主义闭合的设置。一个理想的理论上的新古典主义模型,应该有资本市场出清,国内私人投资(资本形成)和国内私人储蓄相等;政府财政收支平衡,等等。不过,从本 SAM 表出发,也是现实世界的情况,政府财政收支经常不是平衡的。虽然本模型不是理论上的理想的新古典主义模型,但是保存着基本特征,如要素充分就业和价格完全弹性等。本模型中,投资与国外净储蓄外生给定。另外,由于一些货币额的变量如各种转移支付,外国净储蓄等是固定的,这个模型的价格不是零阶齐次的,也不是完全货币中性的。

$$QA_a = \alpha_a^q [\delta_a^q QVA_a^{\rho_a} + (1-\delta_a^q) QINTA_a^{\rho_a}]^{\frac{1}{\rho_a}} \qquad a \in A \qquad (13.4.1)$$

$$\frac{PVA_a}{PINTA_a} = \frac{\delta_a^q}{(1-\delta_a^q)} \left(\frac{QINTA_a}{QVA_a}\right)^{1-\rho_a} \qquad a \in A \qquad (13.4.2)$$

$$PA_a \cdot QA_a = PVA_a \cdot QVA_a + PINTA_a \cdot QINTA_a \qquad a \in A \quad (13.4.3)$$

$$QVA_a = \alpha_a^{va} [\delta_{La}^{va} QLD_a^{\rho_a^{va}} + (1-\delta_{La}^{va}) QKD_a^{\rho_a^{va}}]^{\frac{1}{\rho_a^{va}}} \qquad a \in A \qquad (13.4.4)$$

$$\frac{WL \cdot (1+tval)}{WK \cdot (1+tvak)} = \frac{\delta_{La}^{va}}{(1-\delta_{La}^{va})} \left(\frac{QKD_a}{QLD_a}\right)^{1-\rho_i} \qquad a \in A \qquad (13.4.5)$$

$$PVA_a \cdot QVA_a = (1+tval) \cdot WL \cdot QLD_a + (1+tvak) \cdot WK \cdot QKD_a \qquad a \in A \qquad (13.4.6)$$

$$QINT_{ca} = ica_{ca} \cdot QINTA_a \qquad a \in A, c \in C \qquad (13.4.7)$$

$$PINTA_a = \sum_{c \in C} ica_{ca} \cdot PQ_c \qquad (13.4.8)$$

$$QA_a = \alpha_a^t [\delta_a^t QDA_a^{\rho_a^t} + (1-\delta) QE_a^{\rho_a^t}]^{\frac{1}{\rho_a^t}} \qquad \rho_a^t > 1, a \in A \qquad (13.4.9)$$

$$\frac{PDA_a}{PE_a} = \frac{\delta_a^t}{(1-\delta_a^t)} \left(\frac{QE_a}{QDA_a}\right)^{1-\rho_a^t} \qquad a \in A \qquad (13.4.10)$$

$$PA_a \cdot QA_a = PDA_a \cdot QDA_a + PE_a \cdot QE_a \qquad a \in A \qquad (13.4.11)$$

$$PE_a = pwe_a \cdot EXR \qquad a \in A \qquad (13.4.12)$$

$$QQ_c = \alpha_c^q (\delta_c^q QDC_c^{\rho_c^q} + (1-\delta_c^q) QM_c^{\rho_c^q})^{1/\rho_c^q} \qquad c \in C \qquad (13.4.13)$$

$$\frac{PDC_c}{PM_c} = \frac{\delta_c^q}{(1-\delta_c^q)} \left(\frac{QM_c}{QDC_c}\right)^{1-\rho_c^q} \qquad c \in C \qquad (13.4.14)$$

$$PQ_c \cdot QQ_c = PDC_c \cdot QDC_c + PM_c \cdot QM_c \qquad c \in C \qquad (13.4.15)$$

$$PM_c = pwm_c (1+tm_c) EXR \qquad c \in C \qquad (13.4.16)$$

$$QDC_c = \sum_a IDENT_{ac} \cdot QDA_a \qquad c \in C \qquad (13.4.17)$$

$$PDC_c = \sum_a IDENT_{ac} \cdot PDA_a \qquad c \in C \qquad (13.4.18)$$

$$YH = WL \cdot QLS + WK \cdot shif_{hk} \cdot QKS + transfr_{h\,gov} \qquad (13.4.19)$$

$$PQ_c \cdot QH_c = shrh_c \cdot mpc \cdot (1-ti_h) \cdot YH \qquad c \in C \qquad (13.4.20)$$

$$YENT = shif_{ent\,k} \cdot WK \cdot QKS \qquad (13.4.21)$$

$$ENTSAV = (1-ti_{ent}) YENT \qquad (13.4.22)$$

$$EINV = \sum_c PQ_c \cdot \overline{QINV_c} \qquad c \in C \qquad (13.4.23)$$

$$YG = \sum_a (tval_a \cdot WL \cdot QLD_a + tvak_a \cdot WK \cdot QKD_a) + ti_h \cdot YH$$
$$+ ti_{ent} \cdot YENT + \sum_c tm_c \cdot pwm_c \cdot QM_c \cdot EXR \quad (13.4.24)$$

$$PQ_c \cdot QG_c = shrg_c (EG - transfr_{h\,g} - transfr_{ent\,g}) \qquad c \in C \quad (13.4.25)$$

$$GSAV = YG - EG \quad (13.4.26)$$

$$QQ_c = \sum_a QINT_{c\,a} + \sum_h QH_{c\,h} + \overline{QINV}_c + QG_c \qquad c \in C \quad (13.4.27)$$

$$\sum_a QLD_a = QLS + WALRAS \quad (13.4.28)$$

$$\sum_a QKD_a = QKS \quad (13.4.29)$$

$$\sum_c pwm_c \cdot QM_c = \sum_a pwe_a \cdot QE_a + FSAV \quad (13.4.30)$$

$$EINV = \sum_h (1 - mpc_h)(1 - ti_h) \cdot YH + ENTSAV + GSAV$$
$$+ EXR \cdot FSAV + WALRAS \quad (13.4.31)$$

$$GDP = \sum_c (QH_c + \overline{QINV}_c + \overline{QG}_c - QM_c) + \sum_a QE_a \quad (13.4.32)$$

$$PGDP \cdot GDP = \sum_{c \in C} PQ_c \cdot (QH_c + \overline{QINV}_c + \overline{QG}_c) + \sum_a PE_a \cdot QE_a$$
$$- \sum_c PM_c \cdot QM_c + \sum_c tm_c \cdot pwm_c \cdot EXR \cdot QM_c$$
$$(13.4.33)$$

模型包括等式(13.4.1)—等式(13.4.33)共 33 组等式。内生变量为 37 组：QA_a，QVA_a，$QINTA_a$，PA_a，PVA_a，$PINTA_a$，$QINT_{aa'}$，QLD_a，QKD_a，QLS，QKS，WL，WK，QDA_a，PDA_a，QDC_c，PDC_c，QE_a，PE_a，EXR，QQ_c，PQ_c，QM_c，PM_c，YH，QH_a，$YENT$，$ENSAV$，$EINV$，YG，EG，QG，$GSAV$，$FSAVE$，GDP，$PGDP$，$WALRAS$。然后按照等式(13.4.34)—等式(13.4.37)赋值固定，这样内生变量减少到 33 组，可以求解，其中 $WL = 1$ 设置了劳动力价格为价格基准。

$$QLS = \overline{QLS} \quad (13.4.34)$$

$$QKS = \overline{QKS} \quad (13.4.35)$$

$$WL = 1 \quad (13.4.36)$$

$$FSAV = \overline{FSAV} \quad (13.4.37)$$

例 13.4.1 对上面模型用 GAMS 编程，校调估算参数和外生变量，复现检验，并且计算劳动要素供应量对 GDP 的乘数。需要外界给定的参数如表 13.4.1：

	农业	工业	服务业
第一层生产函数 ρ 值	0.2	0.3	0.1
增值生产函数 ρ 值	0.3	0.2	0.5
阿明顿函数 ρ 值	0.4	0.6	0.4
CET 函数 ρ 值	1.4	1.4	2.0

解:GAMS 程序如下。模拟结果显示劳动力供应对 GDP 的乘数为 1.1。

```
$title  例 13.4.1 第 13 章的开放经济的 CGE 模型新古典主义闭合

* 定义集合所有账户 ac 和生产活动 a
set ac       /sec1, sec2, sec3, com1, com2, com3, lab, cap, hh, ent, gov,
vatl, vatk, tariff, invsav, row, total/;
set a(ac)    /sec1, sec2, sec3/;
set c(ac)    /com1, com2, com3/;
set f(ac)    /lab, cap/;
set vat(ac) /vatl, vatk/; set acnt(ac)除了总数之外的所有账户;
acnt(ac) = YES;
acnt('total') = NO;

alias (ac, acp), (a, ap), (c, cp), (f, fp), (vat, vatp), (acnt, acntp);

* 注意下面对大型 SAM 表的写法。如果表上列账户太多,可以将右边的列的数据
移到下面
* 重复每行的抬头,另外在列的抬头左边,加上一个“+”号。

table sam(ac,acp)
        sec1    sec2    sec3    com1      com2      com3      lab     cap
sec1                            1919.4
sec2                                      3072.44
sec3                                                2576.1
com1    280     420     240
com2    377     520     378
com3    220     350     540
lab     650     700     690
cap     370     1140    660
hh                                                            2040    1970
```

```
ent                                                                         200
gov
vatl      71.5      77        75.9
vatk      40.7      125.4     72.6
tariff                                  7.2       16        7
invsav
row                                     230       290       95.9
total     2009.2    3332.4    2656.5    2156.6    3378.44   2679      2040      2170

        + hh        ent       gov       vatl      vatk      tariff    invsav    row       total
sec1                                                                            89.8      2009.2
sec2                                                                            259.96    3332.4
sec3                                                                            80.4      2656.5
com1      1049.6              100                                     67                  2156.6
com2      1381.04             362.4                                   360                 3378.44
com3      1239                180                                     150                 2679
lab                                                                                       2040
cap                                                                                       2170
hh                            182                                                         4192
ent                                                                                       200
gov       321       95.1                224.4     238.7     30.2                          909.4
vatl                                                                                      224.4
vatk                                                                                      238.7
tariff                                                                                    30.2
invsav    201.36    104.9     85                                                185.74    577
row                                                                                       615.9
total     4192      200       909.4     224.4     238.7     30.2      577       615.9     18795.74
;

table Identac(a, c)
          com1      com2      com3
sec1      1
sec2                1
sec3                          1
;

* 先检查 SAM 表数值是否有误。方法:行列总和是否相等。行列总和误差,应该等于零;
```

```
parameters

samchk(ac);
samCHK(acnt) = sum(acntp, SAM(acntp, acnt))-sum(acntp, SAM(acnt, acntp));

display samchk;

* 生产函数参数
parameter  rhoAa(a)   /sec1 =  0.2,  sec2 = 0.3,  sec3 = 0.1/
           rhoVA(a)   /sec1    0.3,  sec2   0.2,  sec3   0.5/
           rhoQq(c)   /com1    0.4,  com2   0.6,  com3   0.4/
           rhoCET(a)  /sec1    1.4,  sec2   1.4,  sec3   2.0/;

* 定义参数
parameters

scaleAa(a)        QA 的 CES 函数参数
deltaAa(a)        QA 的 CES 函数份额参数
scaleQq(c)        QQ 的 Arminton 函数参数
deltaQq(c)        QQ 的 Arminton 函数份额参数
scaleCET(a)       CET 函数参数
deltaCET(a)       CET 函数份额参数
scaleAVA(a)       VA 的 CES 函数参数
deltaVA(a)        VA 的 CES 函数劳动份额参数
ica(c,a)          中间投入的投入产出系数
shrh(c)           居民群收入对商品 c 的消费支出份额
shrg(c)           政府收入中对商品 c 的消费支出份额
tih               居民的所得税税率
tiEnt             企业所得税税率
tval(a)           对劳动投入的增值税率
tvak(a)           对资本投入的增值税率
transfrHG0        政府对居民群的转移收入
transfrhent0      企业对居民群 h 的转移收入(私人保险公司支付保险金等)
shifhk            资本收入分配给居民的份额
shifentk          资本收入分配给企业的份额
mpc               居民的边际消费倾向(这里也是平均消费倾向)
tm(c)             进口税率
```

PA0(a)	生产活动 a 的价格
QA0(a)	生产活动 a 的数量
PVA0(a)	增值部分(含增值税)汇总价格
QVA0(a)	增值部分汇总量
PINTA0(a)	中间投入总价格
QINTA0(a)	中间投入总量
QINT0(c, a)	中间投入个量
QLD0(a)	劳动需求
QKD0(a)	资本需求
WL0	劳动价格
WK0	资本价格
PQ0(c)	国内市场商品 c 的价格
QQ0(c)	国内市场商品 c 的数量
PM0(c)	进口商品 c 的价格
QM0(c)	进口商品 c 的数量
PE0(a)	国内生产商品 a 出口的价格
QE0(a)	生产商品 c 出口的数量
PDA0(a)	国内生产国内使用活动 a 的价格
QDA0(a)	国内生产国内使用活动 a 的数量
PDC0(c)	国内生产国内使用商品 c 的价格
QDC0(c)	国内生产国内使用商品 c 的数量
EXR0	汇率
pwm(c)	进口商品 c 的国际价格
pwe(a)	出口生产活动 a 商品的国际价格
QLS0	劳动量总供应
QKS0	资本量总供应
YH0	居民群收入
EH0	居民消费总额
QH0(c)	居民对商品 c 的需求
YENT0	企业收入
EINV0	投资总额
QINV0(c)	对商品 c 的投资的最终需求
ENTSAV0	企业储蓄
YG0	政府收入
EG0	政府支出
QG0(c)	政府对商品 c 的需求
GSAV0	政府储蓄

```
PGDP0          国民生产总值价格指数
GDP0           实际国民生产总值
FSAV0          国外储蓄
EG0chk         用来检查和 EG0 是不是一致
vadded0        总增值,用它和支出法两个方法来检查是不是一致
GDP0chk        增值法和支出法两个方法是不是一致
;

*参数(包括外生变量)赋值与校调

*嵌套生产函数参数和起始值

PA0(a) = 1;
PVA0(a) = 1;
PINTA0(a) = 1;
PDA0(a) = 1;
PDC0(c) = 1;
PE0(a) = 1;
PM0(c) = 1;
PQ0(c) = 1;
EXR0 = 1;
WK0 = 1;
WL0 = 1;
QA0(a) = sam('total ', a)/PA0(a);
*以下增值汇总看上去像是包含了增值税部分,实际应该看成是 QVA 单位被校调
到 PVA0 = 1 的情况
QVA0(a) = (SUM(f, sam(f, a)) + sam('vatl ', a) + sam('vatk ', a))/PVA0(a);
QINT0(c, a) = sam(c, a)/PQ0(c);
QINTA0(a) = SUM(c, QINT0(c, a));
ica(c, a) = QINT0(c, a)/QINTA0(a);
QLD0(a) = sam('lab ', a)/WL0;
QKD0(a) = sam('cap ', a)/WK0;
QLS0 = sam('total ', 'lab ')/WL0;
QKS0 = sam('total ', 'cap ')/WK0;
tval(a) = sam('vatl ', a)/sam('lab ', a);
tvak(a) = sam('vatk ', a)/sam('cap ', a);
```

```
* 下面为国外部分
* 在 tm(c)前加条件 $ sam('row', c),表示必须有进口数额方才可以执行。这是因为要避免分母为零的情况。
tm(c) $ sam('row', c) = sam('tariff', c)/sam('row', c);
pwm(c) $ sam('row', c) = PM0(c)/((1 + tm(c)) * EXR0);
QM0(c) = (sam('row', c) + sam('tariff', c))/PM0(c);
pwe(a) = PE0(a)/EXR0;
QE0(a) = sam(a, 'row')/PE0(a);
QDA0(a) = sum(c, sam(a, c))/PDA0(a);
QDC0(c) = sum(a, sam(a, c))/PDC0(c);
QQ0(c) = QDC0(c) + QM0(c);

display QDA0, QDC0, QQ0;

deltaAa(a) = PVA0(a) * QVA0(a) ** (1 - rhoAa(a))/(PVA0(a) * QVA0(a) ** (1 - rhoAa(a)) + PINTA0(a) * QINTA0(a) ** (1 - rhoAa(a)));
scaleAa(a) = QA0(a)/(deltaAa(a) * QVA0(a) ** rhoAa(a) + (1 - deltaAa(a)) * QINTA0(a) ** rhoAa(a)) ** (1/rhoAa(a));
deltaVA(a) = ((1 + tval(a)) * WL0) * QLD0(a) ** (1 - rhoVA(a))/(((1 + tval(a)) * WL0) * QLD0(a) ** (1 - rhoVA(a)) + ((1 + tvak(a)) * WK0) * QKD0(a) ** (1 - rhoVA(a)));
scaleAVA(a) = QVA0(a)/(deltaVA(a) * QLD0(a) ** rhoVA(a) + (1 - deltaVA(a)) * QKD0(a) ** rhoVA(a)) ** (1/rhoVA(a));
* CET function calibration 内销和出口之间的选择  CET 函数  校调参数
deltaCET(a) = PDA0(a) * QDA0(a) ** (1 - rhoCET(a))/(PDA0(a) * QDA0(a) ** (1 - rhoCET(a)) + PE0(a) * QE0(a) ** (1 - rhoCET(a)));
scaleCET(a) = QA0(a)/(deltaCET(a) * QDA0(a) ** rhoCET(a) + (1 - deltaCET(a)) * QE0(a) ** rhoCET(a)) ** (1/rhoCET(a));
* Arminton Condition 在国内生产和进口商品之间的选择  校调参数
deltaQq(c) = PDC0(c) * QDC0(c) ** (1 - rhoQQ(c))/(PDC0(c) * QDC0(c) ** (1 - rhoQq(c)) + PM0(c) * QM0(c) ** (1 - rhoQq(c)));
scaleQQ(c) = QQ0(c)/(deltaQq(c) * QDC0(c) ** rhoQq(c) + (1 - deltaQq(c)) * QM0(c) ** rhoQq(c)) ** (1/rhoQq(c));
* 其他参数和外生变量的校调估算
transfrhg0 = sam('hh', 'gov');
shifhk = (sam('hh', 'cap')/WK0)/QKS0;
shifentk = (sam('ent', 'cap')/WK0)/QKS0;
```

```
YH0 = WL0 * QLS0 + shifhk * WK0 * QKS0 + transfrhg0;
tih = sam('gov', 'hh')/YH0;
mpc = sum(c, sam(c, 'hh'))/((1 - tih) * YH0);
EH0 = mpc * (1 - tih) * YH0;
QH0(c) = SAM(c, 'hh')/PQ0(c);
shrh(c) = (PQ0(c) * QH0(c))/EH0;
YENT0 = shifentk * WK0 * QKS0;
QINV0(c) = sam(c, 'invsav')/PQ0(c);
EINV0 = sum(c, PQ0(c) * QINV0(c));
tiEnt = sam('gov', 'ent')/YEnt0;
ENTSAV0 = (1 - tiEnt) * YENT0;
YG0 = tih * YH0 + tiEnt * YENT0 + sum(a, tval(a) * WL0 * QLD0(a) + tvak(a) * WK0 *
QKD0(a)) + sam('gov', 'tariff');
QG0(c) = sam(c, 'gov')/PQ0(c);
GSAV0 = sam('invsav', 'gov');
EG0 = YG0 - GSAV0;
shrg(c) = PQ0(c) * QG0(c)/(EG0 - transfrhg0);
GDP0 = sum(c, QH0(c) + QINV0(c) + QG0(c) - QM0(c)) + sum(a, QE0(a));
PGDP0 = (sum(c, PQ0(c) * (QH0(c) + QINV0(c) + QG0(c) - PM0(c) * QM0(c) + tm(c) *
pwm(c) * QM0(c) * EXR0)) + sum(a, PE0(a) * QE0(a)))/GDP0;
FSAV0 = sam('invsav', 'row');

EG0chk = sum(c, sam(c, 'gov')) + transfrhg0 - EG0;
vadded0 = sum(a, (1 + tval(a)) * WL0 * QLD0(a) + (1 + tvak(a)) * WK0 * QKD0(a)) +
sum(c, tm(c) * pwm(c) * QM0(c) * EXR0);
GDP0chk = vadded0 - PGDP0 * GDP0;

display ica, PQ0, EG0, EG0chk, PGDP0, GDP0, vadded0, GDP0chk, identac,
shrg;

variable
PA(a), PVA(a), PINTA(a), QA(a), QVA(a), QINTA(a), QINT(c, a), WL, WK, QLD(a),
QKD(a), PDA(a), QDA(a), PDC(c), QDC(c), PE(a), QE(a),
EXR, PQ(c), QQ(c), PM(c), QM(c), YH, QH(c), YENT, ENTSAV, EINV, YG, EG, QG(c),
GSAV, FSAV, QLS, QKS, PGDP, GDP, WALRAS
;
```

* 下面对等式定义。为了节省空间,用逗号分开 equation,以压缩空间。
* 劳动和要素供应量等于禀赋的等式,由后面赋值固定的指令 QLS.fx = QLS0 和 QKS.fx = QKS0 完成。

```
equation
QDCQDA(c), PDCPDA(c), QAfn(a), QAFOCeq(a), PAeq(a), QVAfn(a), QVAFOC(a), PVAeq(a), QINTfn(c, a), PINTAeq(a),
CETfn(a), CETFOC(a), PCETeq(a), PEeq(a), QQfn(c), QQFOC(c), PQeq(c), PMeq(c), Yheq, QHeq(c), YENTeq, ENTSAVeq, EINVeq,
Ygeq, QGeq, GSAVeq, ComEqui(c), Leq, Keq, FEXeq, GDPeq, PGDPeq, Iseq
;

QAfn(a)..
QA(a) =e= scaleAa(a) * (deltaAa(a) * QVA(a) ** rhoAa(a) + (1 - deltaAa(a)) * QINTA(a) ** rhoAa(a)) ** (1/rhoAa(a));

QAFOCeq(a)..
PVA(a)/PINTA(a) =e= (deltaAa(a)/(1 - deltaAa(a))) * (QINTA(a)/QVA(a)) ** (1 - rhoAa(a));

PAeq(a)..
PA(a) * QA(a) =e= (PVA(a) * QVA(a) + PINTA(a) * QINTA(a));

QVAfn(a)..
QVA(a) =e= scaleAVA(a) * (deltaVA(a) * QLD(a) ** rhoVA(a) + (1 - deltaVA(a)) * QKD(a) ** rhoVA(a)) ** (1/rhoVA(a));

QVAFOC(a)..
((1 + tval(a)) * WL)/((1 + tvak(a)) * WK) =e= (deltaVA(a)/(1 - deltaVA(a))) * (QKD(a)/QLD(a)) ** (1 - rhoVA(a));

PVAeq(a)..
PVA(a) * QVA(a) =e= (1 + tval(a)) * WL * QLD(a) + (1 + tvak(a)) * WK * QKD(a);

QINTfn(c, a)..
QINT(c, a) =e= ica(c, a) * QINTA(a);

PINTAeq(a)..
```

```
PINTA(a) = e = SUM(c, ica(c, a) * PQ(c));

CETfn(a)..
QA(a) = e = scaleCET(a) * (deltaCET(a) * QDA(a) ** rhoCET(a) + (1 - deltaCET
(a)) * QE(a) ** rhoCET(a)) ** (1/rhoCET(a));

CETFOC(a)..
PDA(a)/PE(a) = e = (deltaCET(a)/(1 - deltaCET(a))) * (QE(a)/QDA(a)) ** (1 -
rhoCET(a));

PCETeq(a)..
PA(a) * QA(a) = e = PDA(a) * QDA(a) + PE(a) * QE(a);

PEeq(a)..
PE(a) = e = pwe(a) * EXR;

QQfn(c)..
QQ(c) = e = scaleQq(c) * (deltaQq(c) * QDC(c) ** rhoQq(c) + (1 - deltaQq(c)) *
QM(c) ** rhoQq(c)) ** (1/rhoQq(c));

QQFOC(c)..
PDC(c)/PM(c) = e = (deltaQq(c)/(1 - deltaQq(c))) * (QM(c)/QDC(c)) ** (1 -
rhoQq(c));

PQeq(c)..
PQ(c) * QQ(c) = e = PDC(c) * QDC(c) + PM(c) * QM(c);

PMeq(c)..
PM(c) = e = pwm(c) * (1 + tm(c)) * EXR;

* 下面两个函数是从生产活动 a 到商品 c 的映射关系
QDCQDA(c)..
QDC(c) = e = sum(a, identac(a, c) * QDA(a));

PDCPDA(c)..
PDC(c) = e = sum(a, identac(a, c) * PDA(a));
```

```
YHeq..
YH = e = WL * QLS + shifhk * WK * QKS + transfrhg0;

QHeq(c)..
PQ(c) * QH(c) = e = PQ(c) * shrh(c) * mpc * (1 - tih) * YH;

YENTeq..
YENT = e = shifentk * WK * QKS;

ENTSAVeq..
ENTSAV = e = (1 - tiEnt) * YENT;

EINVeq..
EINV = e = sum(c, PQ(c) * QINV0(c));

YGeq..
YG = e = sum (a, tval(a) * WL * QLD(a) + tvak(a) * WK * QKD(a)) + tih * YH
            + tiEnt * YENT + sum(c, tm(c) * pwm(c) * QM(c) * EXR);

QGeq(c)..
PQ(c) * QG(c) = e = shrg(c) * (EG - transfrhg0);

GSAVeq..
GSAV = e = YG - EG;

ComEqui(c)..
QQ(c) = e = sum(a, QINT(c, a)) + QH(c) + QINV0(c) + QG(c);

Leq..
Sum(a, QLD(a)) = e = QLS;

Keq..
Sum(a, QKD(a)) = e = QKS;

FEXeq..
sum(c, pwm(c) * QM(c)) = e = sum(a, pwe(a) * QE(a)) + FSAV;
```

```
GDPeq..
GDP =e= sum(c, QH(c) + QINV0(c) + QG(c) - QM(c)) + sum(a, QE(a));

PGDPeq..
PGDP * GDP =e= sum(c, PQ(c) * (QH(c) + QINV0(c) + QG(c))) + sum(a, PE(a) *
QE(a)) - sum(c, PM(c) * QM(c)) + sum(c, tm(c) * pwm(c) * QM(c) * EXR);

ISeq..
EINV =e= (1 - mpc) * (1 - tih) * YH + ENTSAV + GSAV + EXR * FSAV + walras;

*赋予变量的初始值

PDA.L(a) = 1;
QDA.L(a) = QDA0(a);
PDC.L(c) = 1;
QDC.L(c) = QDC0(c);
PA.L(a) = PA0(a);
PVA.L(a) = PVA0(a);
PINTA.L(a) = PINTA0(a);
QA.L(a) = QA0(a);
QVA.L(a) = QVA0(a);
QINTA.L(a) = QINTA0(a);
QINT.L(c, a) = QINT0(c, a);
QLD.L(a) = QLD0(a);
QKD.L(a) = QKD0(a);
WK.L = 1;
PE.L(a) = 1;
QE.L(a) = QE0(a);
EXR.L = 1;
PQ.L(c) = 1;
QQ.L(c) = QQ0(c);
PM.L(c) = 1;
QM.L(c) = QM0(c);
YH.L = YH0;
QH.L(c) = QH0(c);
YENT.L = YENT0;
ENTSAV.L = ENTSAV0;
```

```
EINV.L = EINV0;
YG.L = YG0;
EG.L = EG0;
GSAV.L = GSAV0;
PGDP.L = PGDP0;
GDP.L = GDP0;
WALRAS.L = 0;

* 下面对几个变量赋值固定,使它们变成参数或外生变量。WL 规定为价格基准
WL.fx = 1;
QLS.fx = QLS0;
QKS.fx = QKS0;
FSAV.fx = FSAV0;

* 执行优化程序
model cge  /all/;
solve cge using mcp;

display
QINT.L, QINTA.L, QINT0, qda.L, qdc.L, qm.L, qe.L, qq.L, tm, pwm, pwe, tval,
tvak, gdp.L, pgdp.L, WALRAS.L;

* 下面模拟劳动禀赋增加冲击的结果及劳动要素供应乘数
Parameter
GDPold;
GDPold = GDP.L;
QLS.fx = QLS0 + 1;

model sim  /all/;
solve sim using mcp;

Parameter
Multiplier labor multiplier;
Multiplier = (GDP.L-GDPold)/1;

display  Multiplier;

* END
```

表 13.A.1　模型经济的 SAM 表

	活动 1	活动 2	活动 3	商品 1	商品 2	商品 3	要素 1	要素 2	居民	企业	政府	增值税	关税	储蓄投资	国外	汇总
活动 1(农业)				1 992											80	2 072
活动 2(工业)					2 982.40										300	3 282.4
活动 3(服务业)						2 560.8									30	2 590.8
商品 1(农产品)	300	410.2	250						1 000		100			67		2 127.2
商品 2(工业产品)	400	500	420						1 200		362.4			360		3 242.4
商品 3(服务)	238	385	560						1 079		180			150		2 592
要素 1(劳动)	700	740	800													2 240
要素 2(资本)	350	1 100	460													1 910
居民							2 240	1 668.8			183.2					4 092
企业								241.2								241.2
政府									321	241.2		332	16.4			910.6
增值税	84	147.2	100.8													332
关税				5.2	10	1.2										16.4
储蓄投资									492		85				0	577
国外				130	250	30										410
汇总	2 072	3 282.40	2 590.8	2 127.2	3 242.4	2 592	2 240	1 910	4 092	241.2	910.6	332	16.4	577	410	18 280.8

练　　习

1. 用 SAM 表 13.A.1 的数据,编写 CGE 模型的数学表达式。要求:生产模块为两层嵌套函数,第一层是列昂惕夫;第二层有增值和中间投入。增值为 CES 函数,中间投入为列昂惕夫函数。居民效用函数为 LES 函数。用凯恩斯宏观闭合。外汇市场为固定汇率,$FSAV$ 内生。
   (1) 对上述 CGE 模型用 GAMS 编程。估算 LES 函数外生参数的相应信息为:三个商品需求的收入弹性 e_j 分别为 0.4、1.2 和 1.5,费里希弹性为 −2。政府可支配开支为柯布—道格拉斯函数导出的固定比例。CET 和阿明顿的弹性参数参考表 13.3.1 选择。校调估算各个参数,复制原来初始均衡状态。
   (2) 假设政府支出增加 5%,模拟各个变量的变化。

▶14

子账户细分、交叉以及账户内不规则情况的处理

14.1 开放经济模型的扩展

本章我们在 13 章的基础上扩展，考虑分析现实经济需要考虑的多种复杂情况。第一，居民账户细分有多个群体；各群体所得税率，消费倾向等不同。第二，多种活动和商品部门相互交叉，有一个活动生产几种商品，也有几个活动生产同一种商品。第三，包括营业税等更多税种和转移支付，而各个部门或者活动可能交付的税种各有不同。第四，SAM 表的账户内个别数据缺损不规则，必须用其他函数和程序来替代的情况。

表 14.1.1 是该子账户细分的开放模型经济的 SAM 表。这个模型，被 Lofgran、Harris 和 Robinson(2002)称为“标准 CGE 模型”。他们原意是这个模型是通用的，几乎考虑到了所有现实经济的情况。一般读者和研究者只要照抄模型，对各自情况做相应的参数变化和条件设置，就可以模拟运用，省了自己写模型、编程序的麻烦。但实际上，一个认真的严肃的用 CGE 模型研究现实经济的学者不可能削足适履，将现实的经济情况按不现实的现成模型条件硬套。因此，应该还是要懂得“标准”模型的原理，以便自己可以跳出框架，独立建模或修改模型。

下面我们具体讨论该模型的设置。

14.2 多居民群体

在研究经济问题中，经常需要将居民分成不同群体，以便研究政策对不同群体居民的影响。譬如，为了研究经济政策对城乡居民的影响，要分开城市和农村两群居民；或者，为了研究对收入分配的影响，要分成不同收入居民群体。这可以在 SAM 表中将居民账户细分成不同的居民群体，在 CGE 模型中将居民群体用下标指数 h 来代表。如居民群体的集合为 $\mathbf{H}$，然后有 X_h 表示居民群 h 的变量，再做相应改动。

表 14.1.1　子账户细分的开放模型经济的 SAM 表

	活动 1	活动 2(国有企业)	活动 2(私有企业)	活动 2(外资企业)	活动 3	商品 1	商品 2	商品 3	劳动	资本	居民(农村)	居民(城市)	企业	政府	劳动增值税	资本增值税	营业税	关税	储蓄投资	国外	汇总
活动 1						2 000	206.1														2 206.1
活动 2(国有企业)							1 306.2														1 306.16
活动 2(私有企业)							1 120.7														1 120.7
活动 2(外资企业)							914.7														914.7
活动 3								2 605.9													2 605.9
商品 1	320	170	180	80	240						540	474		64.4					67	60.6	2 196
商品 2	457	221	234	100	410						598	859		392.7					220	274.96	3 766.66
商品 3	220	144.5	153	68	540						300	604.8		297.2					190	88.4	2 605.9
劳动	700	240	290	190	670																2 090
资本	370	442	200	400	670																2 082
居民(农村)									950	520				70							1 540
居民(城市)									1 140	1 350			20	53.8							2 563.8
企业										212				19.4							231.4
政府											20	276	161.4		184.6	183.56	75.9	31		10.04	942.5
劳动增值税	91	31.2	37.7	24.7																	184.6
资本增值税	48.1	57.46	26	52																	183.56
营业税					75.9																75.9
关税						12	19														31
储蓄投资											82	350	50	45						−50	477
国外						184	200														384
汇总	2 206.1	1 306.16	1 120.70	914.70	2 605.9	2 196	3 766.66	2 605.9	2 090	2 082	1 540	2 563.8	231.4	942.5	184.6	183.56	75.9	31	477	384	

例如，本章 SAM 表的模型经济里，居民主体 H 细分了两个群，城市和农村。下标 h 作为指数，即 $h=$农村，城市。设劳动力总供应量为 $QLSAGG$。每个居民群的收入为 YH_h。居民群 h 占劳力总数的比例为 $shif_{hl}$，居民群 h 从劳动要素投入（工资）得到的收入为 $WL \cdot shif_{hl} \cdot QLSAGG$。资本要素的收入要分配给居民和企业。资本总供应为 $QKSAGG$，$shif_{hk}$ 为资本要素收入分配给居民群 h 的份额，$shif_{ent\,k}$ 为资本要素收入分配给企业的份额。居民群 h 从资本要素投入得到的收入为 $WK \cdot shif_{hk} \cdot QKSAGG$。$transfr_{h\,ent}$ 为企业对居民群 h 的转移支付，如私人保险公司给退休居民支付的养老保险金。$transfr_{h\,gov}$ 为政府对居民群 h 的转移支付，$transfr_{h\,row}$ 为国外对居民群 h 的转移支付。因此，居民群 h 的收入为：

$$\begin{aligned} YH_h = & WL \cdot shif_{hl} \cdot QLSAGG + WK \cdot shif_{hk} \cdot QKSAGG \\ & + transfr_{h\,ent} + transfr_{h\,gov} + transfr_{h\,row} \end{aligned} \quad h \in H$$

(14.2.1)

居民群 h 的可支配收入为 $(1-ti_h)YH_h$，ti_h 为居民群 h 的所得税率。再减去储蓄，由储蓄倾向 mpc_h 决定。两个居民群可以有不同的储蓄倾向。假设效用函数为柯布—道格拉斯函数，从效用函数导出的居民群 h 对商品 c 的消费需求是：

$$PQ_c \cdot QH_{ch} = shrh_{ch} \cdot mpc_h \cdot (1-ti_h) \cdot YH_h, \; c \in C, \; h \in H$$

(14.2.2)

本章最后有相应的 GAMS 语言程序写法展示。如果消费需求函数是 LES 函数，GAMS 程序内容要多一些。因为不同的居民群体有不同的弗里希系数，和不同的恩格尔收入弹性。本书第 15 章有 LES 消费函数的具体演示。

如果将居民分成不同的地区，或者不同的收入，其原理和技巧是一样的，先确定相应的集合定义域和相应的变量，然后设置函数。

14.3 多重生产活动和多重商品交叉的处理和开放经济的 QX 设置格式

在第 4 章和第 13 章有关 SAM 表中已经谈到 SAM 表和 CGE 模型研究中常常需要分开生产活动（activity）和商品（commodity）两个账户，以便研究一些现实经济问题。譬如有时要研究不同生产部门生产同一产品的情况。例如，煤炭和水利部门都生产电力；大型农场和个体农户都生产小麦；国有企业，外资和非国有国内企业都生产汽车，在内外资企业所得税差异下或者税率并轨对它们各有何种影响等各种情况。有时，一个生产活动同时要生产多种产品，如农业部门既生产农产品也生产一些工业产品，水利部门同时生产电力和农业生产用水，等等。这时，需要将生产活动和商品两个账户分开来。另外，将这两个账户分开来，可以方便加入和分析在生产完成到最后消费者手中的中间环节的变量，如运输交易成本、销售税等。表 14.1.1 的 1—5 行和 6—8 列组成的子部分就描述了这么一个多重活动到多重商品的关系。表 14.3.1 是另外一个 SAM 表的相应子部分,描述了多重活动到多重商品这么一个关系。

表 14.3.1 生产活动和商品两个账户的关系

		商品			活动汇总值 QA
		农业	工业	服务业	
生产活动	农业(国有农场)	850	150		1 000
	农业(小农)	1 021			1 021
	国有工业		1 409		1 409
	外资企业		346		346
	非国有内资企业		1 284		1 284
	服务业			1 933	1 933
商品汇总值 QX		1 871	3 189	1 933	

表 14.3.1 有 6 个活动部门,生产 3 种商品。其中,农业(国有农场)、国有工业、外资企业和非国有内资工业 4 个生产活动部门生产工业商品。而大农场农业生产活动同时生产农业商品和工业商品。服务活动只生产服务商品,服务商品也只有服务部门生产。因此,在服务部门,是一个活动部门对一个商品的一对一状况。大部分 CGE 模型和 SAM 表,包括前面第 13 章,在可能情况下采取一对一的状况,比较简便。不过,有时因为研究需要,必须考虑多部门对一商品,和一部门生产多种商品的交叉复杂状况。

我们将生产活动的产出设为 QA,相应的生产部门集为 A。生产出来商品的集合为 C,生产活动部门 a 产出的商品 c 的变量记为 $QXAC_{ac}$。商品 C 的总量为 QX_c。类似生产过程中的投入产出列昂惕夫关系,我们可以建立一个从活动到商品的固定比例关系 sax_{ac},有

$$sax_{ac} = QXAC_{ac} / QX_c \tag{14.3.1}$$

从而建立如下关系:

$$QXAC_{ac} = sax_{ac} \cdot QX_c \tag{14.3.2}$$

因为:

$$QA_a = \sum_c QXAC_{ac} \tag{14.3.3}$$

从而有

$$QA_a = \sum_c sax_{ac} \cdot QX_c \tag{14.3.4}$$

因为商品 c 的 QX_c 总值应该等于所有生产 c 的活动部门的成本,因此这个关

系 $PX_c \cdot QX_c = \sum_a (PA_a \cdot QXAC_{ac})$ 必须成立。又因为 $QXAC_{ac} = sax_{ac} \cdot QX_c$，将两式合并，化简，得到下列价格关系：

$$PX_c = \sum_a (sax_{ac} \cdot PA_a) \tag{14.3.5}$$

例 14.3.1 写出表 14.2.1 的活动—商品分配比例 sax_{ac}，并且写出相应的 GAMS 语言部分。

表 14.3.2 多重生产活动和商品交叉账户的模型经济案例

		商品		
		农业	工业	服务业
生产活动	农业(大农场)	0.454	0.047	
	农业(小农)	0.546		
	国有工业		0.442	
	外资企业		0.108	
	国内非国有企业		0.403	
	服务业			1.000

解：相应的 GAMS 语言部分是：

```
set     a     /agrilarge, agrismall, manusoe, manufdi, manupriv, serv/
        c     /comagri, commanu, comserv/;

table sax(a, c)
                comagri         commanu         comserv
agrilarge       0.454           0.047
agrismall       0.546
manusoe                         0.442
manufdi                         0.108
manupriv                        0.403
serv                                            1.000
;

parameter  QA(a), PA0(a), PX(c);

parameter  QX0(c)
/comagri            1871
commanu             3189
comserv             1933/
```

```
;

PA0(a) = 1;
QA(a) = sum(c, sax(a, c) * QX0(c));
PX(c) = sum(a, sax(a, c) * PA0(a));

display PX, QX0, PA0, QA;
```

活动到商品的映射关系也可以用 CES 等非固定比例关系来描述。这和我们处理进出口的 CET 和阿明顿设置类似。譬如,一个生产活动生产几种商品的关系,可以用 CET 的关系来描述,几个生产活动生产同一商品 QX 的关系,可以用 CES 的关系描述,使用的技巧和技术是一样的,这里不重复详述。

第 13 章的 SAM 表和 CGE 模型的活动产出 QA 直接分成国内销售 QD 和出口 QE 两项。对有多种活动和多种商品交叉的状况下,现在学界研究也经常采取 QX 的设置格式,如本章第 14.1.1 节的 SAM 表。注意,和第 13 章的 SAM 表不同的是,在这个 SAM 表中,出口 QE 是在商品账户中,而 QD 不在 SAM 表上直接出现,而要在模型等式中计算出来。这个设置的缺点是理论上不太直观,但是在建模和运行过程中实际的算法步骤和解算是差不多的。图 14.3.1 展示了 QX 设置方式的流程,可以看出,比图 13.1.1 只是多了一层从 QA 到 QX 的过程。而这个过程,恰恰是描述多重活动到多重商品的交叉状况。在活动到商品由非线性函数组成的情况下,这个描述有的时候要复杂些。

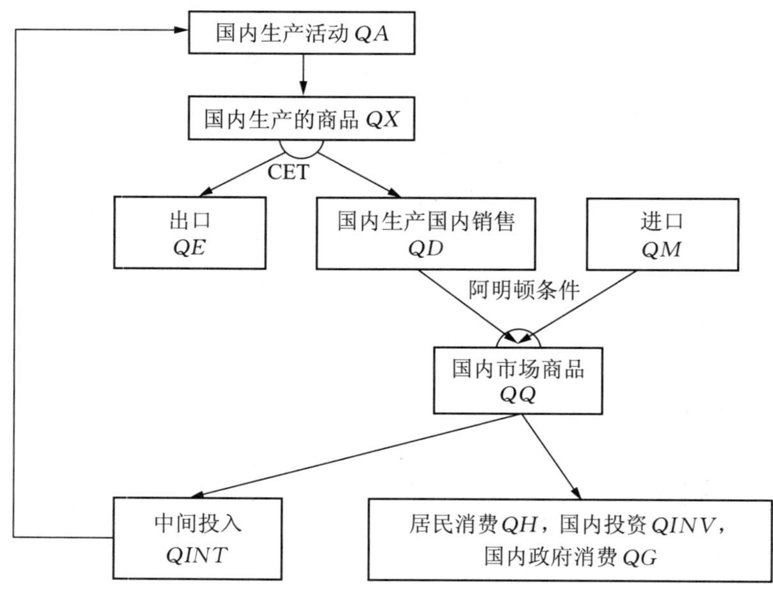

图 14.3.1　开放国家的市场销售商品流通过程

QX 设置的另外一个长处是在商品列上可以加入从活动到商品之间中间环节的运输交易成本，以及销售税。方法是在商品和要素之间加入相应账户，确定流量，然后在 CGE 模型设置中考虑进去。由于方法和处理增值税、营业税情况类似，这里不赘述。

14.4 账户内个体数据不规则状况的处理

除了前面所述的一些复杂情况外，SAM 表 14.1.1 显示，政府对某些产业的产出征收营业税，营业税为基于生产成本的价内税。营业税率记为 $tbus$。在活动 1 和活动 2 部门，有增值税但没有营业税。在活动 3 部门，有营业税但没有增值税。这个情况和中国过去情况类似。活动 3 是服务业。在服务业和建筑业方面，中国政府以前一直以营业税替代增值税。2012 年开始逐步在服务业运输业中取消营业税，代之以增值税。设活动部门 a 的营业税率为 $tbus_a$，最上面一层的总产出 CES 函数写为：

$$PA_a \cdot QA_a = (1 + tbus_a)(PVA_a \cdot QVA_a + PINTA_a \cdot QINTA_a) \qquad a \in A \tag{14.4.1}$$

校调估算参数 $tbus_a$ 的等式是：

$$tbus_a = \text{部门 } a \text{ 的营业税} / (PVA_a \cdot QVA_a + PINTA_a \cdot QINTA_a) \qquad a \in A \tag{14.4.2}$$

相应的 GAMS 程序校调估算参数 $tbus_a$ 的程式是：

```
tbus(a) = sam('bustax', a)/(sum(c, sam(c, a)) + sum(f, sam(f, a)));
```

不管活动部门是否征收营业税，由于分母是增值和中间投入总值，不会是零，因此在所有活动部门上述程序的运行不应有问题。

不过，有些情况下，个别数据的缺省会造成分母是零的情况，那就要在程序和等式上修正。例如，对进口关税率的校调估算等式是：

$$tm_c = \text{商品 } c \text{ 的进口关税} / \text{商品 } c \text{ 的进口额} \tag{14.4.3}$$

本模型商品 3 没有进口。在估算进口税率 tm 时，分母"进口额"在商品 3 为零，出现分母为零的情况，GAMS 程序会停止运行。解决的方法是用条件指令 $ 来控制。在 GAMS 程序中，"$"符号作为条件指令，意为"在……的条件情况下该程式有效"。它放置在程式第一个定义之后。例如，在解决上面分母进口额为零的问题时，我们设置 $ 条件指令如下：

```
tm(c) $ sam('row', c) = sam('tariff', c)/sam('row', c);
```

这里意为，如果在 SAM 表上，商品 c 的进口额单元格 sam('row',c)里的数据不是 0 的情况下，本程式执行，不然就不执行。从而避免分母为零致使程序运行停止的情况。

同样的情况发生在阿明顿条件情况下。本模型正常情况下，阿明顿条件的相应等式是：

$$QQ_c = \alpha_c^q (\delta_c^q QD_c^{\rho_c^q} + (1-\delta_c^q) QM_c^{\rho_c^q})^{1/\rho_c^q} \qquad c \in C \tag{14.4.4}$$

$$\frac{PD_c}{PM_c} = \frac{\delta_c^q}{(1-\delta_c^q)} \left(\frac{QM_c}{QD_c}\right)^{1-\rho_c^q} \qquad c \in C \tag{14.4.5}$$

$$PQ_c \cdot QQ_c = PD_c \cdot QD_c + PM_c QM_c \qquad c \in C \tag{14.4.6}$$

在商品 3 账户上，$QM_3 = 0$。因为 GAMS 程序也不允许幂函数底数为零，等式(14.4.4)和等式(14.4.5)的 GAMS 程式在运行中会受阻。在模型的程序中，我们用 $ sam('row', c)条件控制指令将这两个等式修改如下：

```
QQfn(c) $ sam('row', c)..
QQ(c) = e = scaleQq(c) * (deltaQq(c) * QD(c) ** rhoQq(c) + (1 - deltaQq(c)) *
QM(c) ** rhoQq(c)) ** (1/rhoQq(c));
QQFOC(c) $ sam('row', c)..
PD(c)/PM(c) = e = (deltaQq(c)/(1 - deltaQq(c))) * (QM(c)/QD(c)) ** (1 -
rhoQq(c));
```

这样，在 $QM_3 = 0$ 的情况下，上述程式不被执行。

不过，这又造成了另外一个问题。因为一些模型中程式或等式不被执行，跳过去了，整个模型可能造成等式数量和内生变量数量不匹配。因此，在模型中要做相应修改。这里要交代在 $QM_3 = 0$ 的情况下，产出 QQ 和 QD 的关系，以及价格 PQ 和 PD 的关系。我们有

$$QQ_c = QD_c,\ c \in C \text{ 以及 } QM_c = 0 \text{ 的情况下} \tag{14.4.7}$$

$$PQ_c = PD_c,\ c \in C \text{ 以及 } QM_c = 0 \text{ 的情况下} \tag{14.4.8}$$

相应地，我们加上下面两个 GAMS 程式：

```
QQfnNoImport(c) $ (sam('row',c) = 0)..
QQ(c) = e = QD(c);
PQPDCNoImportfn(c) $ (sam('row',c) = 0)..
PQ(c) = e = PD(c);
```

其中，条件指令 $ (sam('row', c)=0)表示，在 SAM 表上，商品 c 的进口额为零的情况下，执行该指令。因此，在 $QM_3 = 0$ 下，我们用上述等式(14.4.7)和等式(14.4.8)，替代了等式(14.4.4)和等式(14.4.5)。整个模型等式和内生变量仍然相等，因此可解。

14.5 开放经济国家的 QX 结构模型

下面我们以 SAM 表 14.1.1 为数据基础，设置 CGE 模型。先设置一个通用型模型，然后考虑不同的宏观闭合。生产模块为两层嵌套的生产函数，如下：

$$QA_a = \alpha_a^A [\delta_a^A QVA_a^{\rho_a^A} + (1-\delta_a^A) QINTA_a^{\rho_a^A}]^{1/\rho_a^A} \qquad a \in A \qquad (14.5.1)$$

$$\frac{PVA_a}{PINTA_a} = \frac{\delta_a^A}{(1-\delta_a^a)} \left(\frac{QINTA_a}{QVA_a}\right)^{1-\rho_a^A} \qquad a \in A \qquad (14.5.2)$$

$$PA_a \cdot QA_a = (1 + tbus_a)(PVA_a \cdot QVA_a + PINTA_a \cdot QINTA_a) \qquad a \in A \qquad (14.5.3)$$

$$QVA_a = \alpha_a^{va} [\delta_{La}^{va} QLD_a^{\rho_a^{va}} + (1-\delta_{La}^{va}) QKD_a^{\rho_a^{va}}]^{1/\rho_a^{va}} \qquad a \in A \qquad (14.5.4)$$

$$\frac{WL \cdot (1 + tval)}{WK \cdot (1 + tvak)} = \frac{\delta_{La}^{va}}{(1-\delta_{La}^{va})} \left(\frac{QKD_a}{QLD_a}\right)^{1-\rho_i} \qquad a \in A \qquad (14.5.5)$$

$$PVA_a \cdot QVA_a = (1 + tval) \cdot WL \cdot QLD_a + (1 + tvak) \cdot WK \cdot QKD_a \qquad a \in A \qquad (14.5.6)$$

$$QINT_{ca} = ica_{ca} \cdot QINTA_a \qquad a \in A, c \in C \qquad (14.5.7)$$

$$PINTA_a = \sum_{c \in C} ica_{ca} \cdot PQ_c \qquad a \in A \qquad (14.5.8)$$

国内生产活动 QA 产出到商品 QX 的关系为：

$$QA_a = \sum_c sax_{ac} \cdot QX_c \qquad a \in A \qquad (14.5.9)$$

$$PX_c = \sum_a sax_{ac} \cdot PA_a \qquad c \in C \qquad (14.5.10)$$

QX 分为国内销售 QD 和出口 QE 两部分，其替代关系由 CET 函数代表：

$$QX_c = \alpha_c^t [\delta_c^t QD_c^{\rho_c^t} + (1-\delta_c^t) QE_c^{\rho_c^t}]^{1/\rho_c^t} \qquad \rho_c^t > 1, c \in C \qquad (14.5.11)$$

$$\frac{PD_c}{PE_c} = \frac{\delta_c^t}{(1-\delta_c^t)} \left(\frac{QE_c}{QD_c}\right)^{1-\rho_c^t} \qquad c \in C \qquad (14.5.12)$$

$$PX_c \cdot QX_c = PD_c \cdot QD_c + PE_c \cdot QE_c \qquad c \in C \qquad (14.5.13)$$

由于出口没有出口税，$te_c = 0$，

$$PE_c = pwe_c(1 - te_c) \cdot EXR = pwe_c \cdot EXR \qquad c \in C \qquad (14.5.14)$$

QQ_c 是在国内市场上的商品。如果 c 部门有进口的商品，在国内生产内销商品和进口商品之间选择的为阿明顿条件，其等式是：

$$QQ_c = \alpha_c^q (\delta_c^q QD_c^{\rho_c^q} + (1-\delta_c^q) QM_c^{\rho_c^q})^{1/\rho_c^q} \qquad c \in C \qquad \text{当 } QM_c > 0 \text{ 时} \qquad (14.5.15)$$

$$\frac{PD_c}{PM_c} = \frac{\delta_c^q}{(1-\delta_c^q)} \left(\frac{QM_c}{QD_c}\right)^{1-\rho_c^q} \qquad c \in C \qquad \text{当 } QM_c > 0 \text{ 时} \qquad (14.5.16)$$

如果 c 部门没有进口商品，其替代函数是：

$$QQ_c = QD_c \qquad c \in C \qquad \text{当 } QM_c = 0 \text{ 时} \tag{14.5.15'}$$

$$PQ_c = PD_c \qquad c \in C \qquad \text{当 } QM_c = 0 \text{ 时} \tag{14.5.16'}$$

对任何 c 部门,下面等式都适用:

$$PQ_c \cdot QQ_c = PD_c \cdot QD_c + PM_c QM_c \qquad c \in C \tag{14.5.17}$$

$$PM_c = pwm_c(1 + tm_c)EXR \qquad c \in C \tag{14.5.18}$$

以上等式(14.5.1)—等式(14.5.18)共 18 个等式完成了生产模块包括活动和商品之间的关系。每个居民群的收入为:

$$\begin{aligned} YH_h = & WL \cdot shif_{h\,l} \cdot QLSAGG + WK \cdot shif_{h\,k} \cdot QKSAGG \\ & + transfr_{h\,ent} + transfr_{h\,gov} \end{aligned} \qquad h \in H \tag{14.5.19}$$

假设效用函数为柯布—道格拉斯函数。由此导出的居民群 h 对商品 c 的消费需求是:

$$PQ_c \cdot QH_{c\,h} = shrh_{c\,h} \cdot mpc_h \cdot (1 - ti_h) \cdot YH_h \qquad c \in C,\ h \in H \tag{14.5.20}$$

企业税前收入:

$$YENT = shif_{ent\,k} \cdot WK \cdot QKSAGG + transfr_{ent\,gov} \tag{14.5.21}$$

企业的储蓄为:

$$ENTSAV = (1 - ti_{ent})YENT \tag{14.5.22}$$

总投资额 $EINV$ 由各个部门的投资 $QINV$ 组成:

$$EINV = \sum_c PQ_c \cdot QINV_c \qquad c \in C \tag{14.5.23}$$

政府的税收为从生产活动中征收的增值税和营业税,从居民中征收的个人所得税,从企业中征收的企业所得税(所得税率为 ti_{ent}),贸易中征收关税,以及得到国外对政府的转移支付 $transfr_{g\,row}$。

$$\begin{aligned} YG = & \sum_a (tval_a \cdot WL \cdot QLD_a + tvak_a \cdot WK \cdot QKD_a) + \sum_a \frac{tbus_a}{1 + tbus_a} \cdot PA_a \cdot QA_a \\ & + \sum_h ti_h \cdot YH_h + ti_{ent} \cdot YENT + \sum_c tm_c \cdot pwm_c \cdot QM_c \cdot EXR \\ & + \sum_c te_c \cdot pwe_c \cdot QE_c \cdot EXR + tranfr_{g\,row} \cdot EXR \end{aligned} \tag{14.5.24}$$

这个模型中,没有出口关税,因此 $\sum_c te_c \cdot pwe_c \cdot QE_c \cdot EXR = 0$。$tranfr_{g\,row}$ 表示该国接受外援或者该国政府拥有大量国外政府或者商业债券,因此获得利息收入,如中国政府每年有大量美元债券利息收入的情况。

政府支出包括政府在商品上的消费 QG_c，以及对居民和企业的转移支付。假设政府在商品上消费按比例决定：

$$PQ_c \cdot QG_c = shrg_c(EG - transfr_{h\,g} - transfr_{ent\,g}) \qquad c \in C \quad (14.5.25)$$

政府的收入和支出为政府净储蓄 $GSAV$：

$$GSAV = YG - EG \qquad (14.5.26)$$

国外市场，采用的是国际经济学中的"小国假设"。在给定价格和汇率条件下，这些数量是内生的。任何意愿的进口和出口量都不受限制。系统平衡条件是所有国内供应的等于所有国内需求的。有

$$QQ_c = \sum_a QINT_{c\,a} + \sum_h QH_{c\,h} + QINV_c + QG_c \qquad c \in C \quad (14.5.27)$$

因为 QQ 为所有国内供应的，因此，上式等号右边没有出口 QE。

要素市场均衡等式为：

$$\sum_a QLD_a = QLSAGG \qquad (14.5.28)$$

$$\sum_a QKD_a = QKSAGG \qquad (14.5.29)$$

这里 $QLSAGG$ 和 $QKSAGG$ 是劳动和资本要素实际供应的总数。在不同的宏观闭合下，有不同的设置。在新古典主义闭合中，要素充分就业，它们等于要素禀赋。在经济萧条情况下，它们小于劳动和资本的要素禀赋。

国际市场上外汇收支平衡的等式是：

$$\begin{aligned}\sum_c pwm_c \cdot QM_c &= \sum_a pwe_c \cdot QE_c + \sum_h transfr_{h\,row} + transfr_{ent\,row} \\ &\quad + transfr_{g\,row} + FSAV \\ &= \sum_a pwe_c \cdot QE_c + transfr_{g\,row} + FSAV\end{aligned} \qquad (14.5.30)$$

因为在 SAM 表 14.1.1 中，国外对居民和企业的转移支付为零。

加上投资—储蓄的等式和虚变量 $WALRAS$，有

$$\begin{aligned}EINV = &\sum_h (1 - mpc_h)(1 - ti_h) \cdot YH + ENTSAV + GSAV \\ &+ EXR \cdot FSAV + WALRAS\end{aligned} \qquad (14.5.31)$$

为了研究宏观经济变量 GDP 和 $PGDP$，加下面等式

$$GDP = \sum_{c \in C} (QH_c + QINV_c + QG_c + QE_c - QM_c) \qquad (14.5.32)$$

$$\begin{aligned}PGDP \cdot GDP = &\sum_{c \in C} PQ_c \cdot (QH_c + QINV_c + QG_c) + \sum_c PE_c \cdot QE_c \\ &- \sum_c PM_c \cdot QM_c + \sum_c tm_c \cdot pwm_c \cdot EXR \cdot QM_c\end{aligned}$$

$$(14.5.33)$$

以上式(14.5.1)—式(14.5.33)共 33 组等式构成了 QX 结构的开放经济的 CGE 模型的通用部分。其中,等式组(14.5.15)和等式组(14.5.16)有不同情况下的替代函数(14.5.15′)和函数(14.5.16′)。内生变量为:QA_a, QVA_a, $QINTA_a$, PA_a, PVA_a, $PINTA_a$, $QINT_{aa'}$, QLD_a, QKD_a, $QLSAGG$, $QKSAGG$, WL, WK, QX_c, QD_c, QE_c, PX_c, PD_c, PE_c, QQ_c, PQ_c, QM_c, PM_c, YH, QH_{ch}, $QINV_c$, QG_c, $YENT$, $ENTSAV$, $EINV$, YG, EG, $GSAV$, $FSAVE$, GDP, $PGDP$, EXR, $WALRAS$,共 38 个。

这里内生变量比等式多了 5 组。下面根据宏观闭合选择限制条件。

14.6 新古典主义宏观闭合

如果采用新古典主义的宏观闭合,要素价格是弹性的,内生决定。要素供应量外生决定。对上述第 14.5 节的模型相应增加 5 个限制条件。首先,劳动和资本供应由禀赋决定,有

$$QLSAGG = \overline{QLSAGG} \tag{14.6.1}$$

$$QKSAGG = \overline{QKSAGG} \tag{14.6.2}$$

选择劳动价格为价格基准,有

$$WL = 1 \tag{14.6.3}$$

一个严格理论意义的新古典主义模型还要交代国内私人资本市场出清和政府行为。理想上,应该设置一个投资行为函数:

$$QINV_c = INVH_c(r, YH, ZH) + INVENT_c(r, ENTSAVE, ZENT) + QINV_{c,t-1} \tag{14.6.4}$$

$INVH$ 为民用住宅投资函数。r 为利率,由中央银行如中国人民银行决定,或由美联储外生决定。ZH 为未来收入、居民信心等其他影响住宅建设的因素。$INVENT$ 为企业投资函数,$ZENT$ 为企业家信心指数等其他影响企业投资的因素。$QINV_{c,t-1}$ 是前期发生的投资。这需要从已有计量经济学文献中获取或导出投资行为函数。如果没有相应数据设置一个可行的投资行为函数,可以简单地将 $QINV$ 设为外生决定:

$$QINV_c = \overline{QINV_c} \tag{14.6.5}$$

然后决定汇率机制。在外汇市场上,新古典主义闭合常采取浮动汇率制。因此汇率 EXR 仍然为内生变量,而国外储蓄被固定:

$$FSAV = \overline{FSAV} \tag{14.6.6}$$

经过增加式(14.6.1)、式(14.6.2)、式(14.6.3)、式(14.6.5)和式(14.6.6)5个限制条件,等式和变量数量相等,模型已经完整可解,而且已经包括了*WALRAS*虚变量。接下来我们对上面模型编程。

14.7 读入SAM表文件和新古典主义闭合的GAMS程序

如果GAMS程序特别长,为了简洁,也为了未来修改更新方便,我们可以将一些模块指令写成子程序文件,然后用$include的指令将文件读入。在主程序读入的位置就等于在这个位置上加入这个子程序中的所有指令。这个子文件须是ASCII的text文件,在$include指令后面,要将文件夹的地址和文件名字加上。如c:\document\gamsfile1.txt。

很多大型CGE模型所用的SAM表包括几百个账户甚至更多。在这种情况下不宜在主程序内写SAM表,因为这样做会致使主程序冗长繁琐,检错困难。正确做法是将SAM表写成独立的子程序文件,易于检错和未来SAM表的更新替换。然后在主程序中用$include指令将文件读入。

由于用Excel等电子表格程序处理数据比较方便,研究者可以先在Excel上制作SAM表。GAMS网站的程序提供一个XLS2GAMS.exe的软件,它可以将Excel的电子表格文件转换成GAMS的文件名字后缀为.inc的text数据文件。下面是实例。注意数据文件前面几行是该软件打印出来的自我说明。因为前面有“*”号,因此被读为文字说明,并非GAMS指令。

如果要检验读入的SAM表是否正确,可以用指令去检查行总和是否等于列总和。相应的GAMS程序在下面的实例中有演示。

例14.7.1 将表14.1.1用XLS2GAMS.exe转换成text数据文件。文件命名为chap14QXsam.inc。文件结果如下。

```
* -------------------------------
* XLS2GMS 2.8       Feb 14, 2009 23.0.2 WIN 5776.9411 VIS x86/MS Windows
* Erwin Kalvelagen, GAMS Development Corp.
* -------------------------------
* Application: Microsoft Excel
* Version:       10.0
* Workbook:      D:\CGEtextbook\SAM\chap14Sam.xls
* Sheet:         model2
* Range:         $A$38:$V$59
* -------------------------------
```

```
            sec1    sec2soe    sec2pri sec2fdi sec3    com1 com2     com3
lab  cap  hhr  hhu     ent    gov    vatl    vatk    bustax tariff invsav
row total
sec1                                                        2000 206.1
2206.1
sec2soe                                                          1306.16
1306.16
sec2pri                                                          1120.7
1120.7
sec2fdi                                                           914.7
914.7
sec3                                                                    2605.9
2605.9
com1         320      170         180       80         240
540  474              64.4                                  67      60.6   2196
com2         457      221         234       100       410
598  859              392.7                                 220      274.96
3766.66
com3         220      144.5       153       68        540
300  604.8             297.2                                    190      88.4
2605.9
lab        700      240        290      190      670
2090
cap        370      442        200      400      670
2082
hhr
950  520                            70
1540
hhu
1140 1350                 20       53.8
2563.8
ent
212                          19.4
231.4
gov
20    276      161.4        184.6 183.56 75.9   31              10.04
942.5
```

```
vatl        91      31.2        37.7     24.7
184.6
vatk        48.1    57.46       26        52
183.56
bustax                                                  75.9
75.9
tariff                                                          12    19
31
invsav
82   350     50     45                                                     -50      477
row                                                              184   200
384
total       2206.1 1306.16    1120.7   914.7     2605.9 2196 3766.66 2605.9
2090 2082 1540 2563.8 231.4 942.5 184.6 183.56 75.9    31       477
384
* ---------------------------------
```

假设这个文件被存在硬盘 I 的根目录上，那么，只要在主程序中的适当位置用下面的指令就可以将 SAM 表读入。

```
table sam(ac,acp)
$INCLUDE I:\chap14QXSAM.inc
```

例 14.7.2 将上面 14.6 节的新古典主义闭合 CGE 模型编 GAMS 程序。数据用表 14.1.1 的 SAM 表。制作独立的 SAM 表文件，在主程序中读入。CET 和 CES 函数的弹性指数或者幂指数按合理情况自行选择。模拟资本禀赋增加 10% 后的冲击，报告对 GDP、资本价格，和价格指数的影响。

解：GAMS 模型如下。模拟资本总供应增加 10%以后，GDP 增加 4.9%，在以劳动力价格 *WL* 为价格基准的情况下，资本价格降低 4.7%，冲击后的价格指数 *PGDP* 为 98.3，冲击前的 *PGDP* 为 1.007，价格指数下降了 2.4%。

```
$title  例 14.7.2 开放经济的多活动部门多商品部门的 CGE 模型，新古典主义闭合

*定义集合所有账户 ac 和生产活动 a
set ac      /sec1, sec2soe, sec2pri, sec2fdi, sec3, com1, com2, com3, lab,
cap, hhr, hhu, ent, gov, vatl, vatk, bustax, tariff, invsav, row, total/;
set a(ac)   /sec1, sec2soe, sec2pri, sec2fdi, sec3/;
```

```
set c(ac)   /com1, com2, com3/;
set f(ac)   /lab, cap/;
set h(ac)   /hhr, hhu/;
set vat(ac) /vatl, vatk/;
set acnt(ac)  除了总数之外的所有账户;
acnt(ac) = YES; acnt('total') = NO;

alias (ac, acp), (a, ap), (c, cp), (f, fp), (h, hp), (vat, vatp);
alias (acnt, acntp);

*这里 SAM 表是从外面用 txt 文件引进
table sam(ac, acp)
$ INCLUDE I:\chap14QXSAM.inc

*先检查 SAM 表数值是否有误。方法:行列总和是否相等。
parameters
samchk(ac);

*行列总和误差,应该等于零;
samCHK(acnt) = sum(acntp, SAM(acntp, acnt)) - sum(acntp, SAM(acnt, acntp));

display samchk, sam;

*生产函数参数
parameter rhoAa(a)  /sec1 =  0.2,  sec2soe = 0.5,  sec2pri = 0.5, sec2fdi = 0.5,
sec3 = 0.1/
          rhoVA(a)  /sec1    0.3,  sec2soe = 0.6,  sec2pri = 0.6, sec2fdi = 0.6,
sec3   0.5/
          rhoQq(c)  /com1    0.4,  com2   0.7,  com3   0.2/
          rhoCET(c)/com1     1.4,  com2   1.4,  com3   2.0/;

*定义参数
parameters
sax(a, c)        活动 a 和商品 c 之间的分配比例
scaleAa(a)       QA 的 CES 函数参数
deltaAa(a)       QA 的 CES 函数份额参数
scaleQq(c)       QQ 的 Arminton 函数参数
```

deltaQq(c)	QQ 的 Arminton 函数份额参数
scaleCET(c)	CET 函数参数
deltaCET(c)	CET 函数份额参数
scaleAVA(a)	VA 的 CES 函数参数
deltaVA(a)	VA 的 CES 函数劳动份额参数
ica(c, a)	中间投入的投入产出系数
shrh(c, h)	居民群 h 收入对商品 c 的消费支出份额
shrg(c)	政府收入中对商品 c 的消费支出份额
tih(h)	居民群 h 的所得税税率
tiEnt	企业所得税税率
tval(a)	对劳动投入的增值税率
tvak(a)	对资本投入的增值税率
tbus(a)	对生产活动 a 的营业税率,间接税率
transfrHG0(h)	政府对居民群 h 的转移收入
transfrEntG0	政府对企业的转移收入
transfrhent0(h)	企业对居民群 h 的转移收入(私人保险公司支付保险金等)
transfrhrow0(h)	国外对居民群 h 的转移支付(劳务输出,外汇汇款等)
transfrEntRow0	国外对企业的转移支付
transfrgRow0	国外对政府的转移支付
shifhl(h)	劳动要素禀赋中居民群 h 的份额
shifhk(h)	资本收入分配给居民群 h 的份额
shifentk	资本收入分配给企业的份额
mpc(h)	居民群 h 的边际消费倾向(这里也是平均消费倾向)
tm(c)	进口税率
te(c)	出口税率
PA0(a)	生产活动 a 的价格
QA0(a)	生产活动 a 的数量
PVA0(a)	增值部分(含增值税)汇总价格
QVA0(a)	增值部分汇总量
PINTA0(a)	中间投入总价格
QINTA0(a)	中间投入总量
QINT0(c, a)	中间投入个量
QLD0(a)	劳动需求
QKD0(a)	资本需求
WL0	劳动价格
WK0	资本价格
PX0(c)	生产活动产出的 QX 商品 c 的价格

```
QX0(c)          生产活动产出的 QX 商品的数量
PQ0(c)          国内市场商品 c 的价格
QQ0(c)          国内市场商品 c 的数量
PM0(c)          进口商品 c 的价格
QM0(c)          进口商品 c 的数量
PE0(c)          国内生产商品 c 出口的价格
QE0(c)          生产商品 c 出口的数量
PD0(c)          国内生产国内使用商品 c 的价格
QD0(c)          国内生产国内使用商品 c 的数量
EXR0            汇率
pwm(c)          进口商品 c 的国际价格
pwe(c)          出口生产活动 c 商品的国际价格
QLSAGG0         劳动量总供应
QKSAGG0         资本量总供应
QLS0(h)         居民群 h 的劳动量供应
QKS0(h)         居民群 h 的资本量供应
YH0(h)          居民群 h 收入
EH0(h)          居民 h 消费总额
QH0(c, h)       居民 h 对商品 c 的需求
YENT0           企业收入
EINV0           投资总额
QINV0(c)        对商品 c 的投资的最终需求
ENTSAV0         企业储蓄
YG0             政府收入
EG0             政府支出
QG0(c)          政府对商品 c 的需求
GSAV0           政府储蓄
PGDP0           国民生产总值价格指数
GDP0            实际国民生产总值
FSAV0           国外储蓄
EG0chk          用来检查和 EG0 是不是一致
vadded0         总增值,用它和支出法两个方法来检查是不是一致
GDP0chk         增值法和支出法两个方法是不是一致
YHAGG0          所有居民的名义收入总量
;

* 参数(包括外生变量)赋值与校调
```

```
PX0(c) = 1;
QX0(c) = sum(a, sam(a, c))/PX0(c);
sax(a, c) = sam(a, c)/QX0(c);
PA0(a) = 1;
PVA0(a) = 1;
PD0(c) = 1;
PE0(c) = 1;
PM0(c) = 1;
*PQ0(国内市场商品合成价格)由于有交易成本,起始值不一定等于1,要后面被估算求出来。
EXR0 = 1;
PINTA0(a) = 1;
WK0 = 1;
WL0 = 1;
tval(a) = sam('vatl', a)/sam('lab', a);
tvak(a) = sam('vatk', a)/sam('cap', a);
tbus(a) = sam('bustax', a)/(sum(c, sam(c, a)) + sum(f, sam(f, a)));
QLD0(a) = sam('lab', a)/WL0;
QKD0(a) = sam('cap', a)/WK0;
QVA0(a) = (SUM(f, sam(f, a)) + sam('vatl', a) + sam('vatk', a))/PVA0(a);
QA0(a) = sam('total', a)/PA0(a);
QLS0(h) = sam(h, 'lab')/WL0;
QKS0(h) = sam(h, 'cap')/WK0;
QLSAGG0 = sum(h, QLS0(h));
QKSAGG0 = sum(h, QKS0(h)) + sam('ent', 'cap')/WK0;

*下面为国外部分
*在tm(c)前加条件$sam('row', c),表示必须有进口数额方才可以执行。这是因为要避免分母为零的情况。
tm(c)$sam('row', c) = sam('tariff', c)/sam('row', c);
pwm(c) = PM0(c)/((1 + tm(c))*EXR0);
QM0(C) = (sam('row', c) + sam('tariff', c))/PM0(c);
te(c) = 0;
pwe(c) = PE0(c)/((1 - te(c))*EXR0);
QE0(c) = sam(c, 'row')/PE0(c);
QD0(c) = QX0(c) - QE0(c);
QQ0(c) = QD0(c) + QM0(c);
```

```
PQ0(c) = (sam(c, 'total ') - sam(c, 'row '))/QQ0(c);

* 生产模块的参数校调估算,因为要先获取 PQ 数值,因此移到国外部分的后面
QINT0(c, a) = sam(c, a)/PQ0(c);
QINTA0(a) = SUM(c, QINT0(c, a));
ica(c, a) = QINT0(c, a)/QINTA0(a);
deltaAa(a) = PVA0(a) * QVA0(a) ** (1 - rhoAa(a))/(PVA0(a) * QVA0(a) ** (1 -
rhoAa(a)) + PINTA0(a) * QINTA0(a) ** (1 - rhoAa(a)));
scaleAa(a) = QA0(a)/(deltaAa(a) * QVA0(a) ** rhoAa(a) + (1 - deltaAa(a)) *
QINTA0(a) ** rhoAa(a)) ** (1/rhoAa(a));
deltaVA(a) = ((1 + tval(a)) * WL0) * QLD0(a) ** (1 - rhoVA(a))/(((1 + tval
(a)) * WL0) * QLD0(a) ** (1 - rhoVA(a)) + ((1 + tvak(a)) * WK0) * QKD0(a) ** (1 -
rhoVA(a)));
scaleAVA(a) = QVA0(a)/(deltaVA(a) * QLD0(a) ** rhoVA(a) + (1 - deltaVA(a))
* QKD0(a) ** rhoVA(a)) ** (1/rhoVA(a));
* CET function calibration
deltaCET(c) = PD0(c) * QD0(c) ** (1 - rhoCET(c))/(PD0(c) * QD0(c) ** (1 -
rhoCET(c)) + PE0(c) * QE0(c) ** (1 - rhoCET(c)));
scaleCET(c) = QX0(c)/(deltaCET(c) * QD0(c) ** rhoCET(c) + (1 - deltaCET(c))
* QE0(c) ** rhoCET(c)) ** (1/rhoCET(c));
* Arminton Condition 在国内生产和进口商品之间的关系
deltaQQ(c) = PD0(c) * QD0(c) ** (1 - rhoQQ(c))/(PD0(c) * QD0(c) ** (1 - rhoQq
(c)) + PM0(c) * QM0(c) ** (1 - rhoQq(c)));
scaleQQ(c) = QQ0(c)/(deltaQQ(c) * QD0(c) ** rhoQq(c) + (1 - deltaQq(c)) *
QM0(c) ** rhoQq(c)) ** (1/rhoQq(c));
transfrhg0(h) = sam(h, 'gov ');
transfrhent0(h) = sam(h, 'ent ');
transfrhrow0(h) = sam(h, 'row ');
transfrEntG0 = sam('ent ', 'gov ');
transfrEntRow0 = 0;
transfrgRow0 = sam('gov ', 'row ');
shifhl(h) = (sam(h, 'lab ')/WL0)/QLSAGG0;
shifhk(h) = (sam(h, 'cap ')/WK0)/QKSAGG0;
shifentk = (sam('ent ', 'cap ')/WK0)/QKSAGG0;
YH0(h) = shifhl(h) * WL0 * QLSAGG0 + shifhk(h) * WK0 * QKSAGG0 + transfrhent0(h) +
transfrhg0(h) + transfrhrow0(h) * EXR0;
tih(h) = sam('gov ', h)/YH0(h);
```

```
mpc(h) = sum(c, sam(c, h))/((1 - tih(h)) * YH0(h));
EH0(h) = mpc(h) * (1 - tih(h)) * YH0(h);
QH0(c, h) = SAM(c, h)/PQ0(c);
shrh(c, h) = (PQ0(c) * QH0(c, h))/EH0(h);
YENT0 = shifentk * WK0 * QKSAGG0 + transfrEntG0;
QINV0(c) = sam(c, 'invsav')/PQ0(c);
EINV0 = sum(c, PQ0(c) * QINV0(c));
tiEnt = sam('gov', 'ent')/YEnt0;
ENTSAV0 = (1 - tiEnt) * YENT0 - sum(h, transfrhEnt0(h));
YHAGG0 = sum(h, YH0(h));
YG0 = sum(h, tih(h) * YH0(h)) + tiEnt * YENT0 + sum(a, tval(a) * WL0 * QLD0(a)
      + tvak(a) * WK0 * QKD0(a)) + sum(a, sam('bustax', a)) + sam('gov', '
      tariff') + sam('gov', 'row');
QG0(c) = sam(c, 'gov')/PQ0(c);
GSAV0 = sam('invsav', 'gov');
EG0 = YG0 - GSAV0;
shrg(c) = PQ0(c) * QG0(c)/(EG0 - sum(h, transfrhg0(h)) - transfrEntG0);
GDP0 = sum(c, sum(h, QH0(c, h)) + QINV0(c) + QG0(c) + QE0(c) - QM0(c));
PGDP0 = (sum(c, PQ0(c) * (sum(h, QH0(c, h)) + QINV0(c) + QG0(c)) + PE0(c) *
        QE0(c) - PM0(c) * QM0(c) + tm(c) * pwm(c) * QM0(c) * EXR0))/GDP0;
FSAV0 = sam('invsav', 'row');
EG0chk = sum(c, sam(c, 'gov')) + transfrhg0('hhr') + transfrhg0('hhu') +
transfrEntG0 - EG0;
vadded0 = sum(a, (1 + tval(a)) * WL0 * QLD0(a) + (1 + tvak(a)) * WK0 * QKD0(a)) +
sum(a, tbus(a) * (PINTA0(a) * QINTA0(a) + PVA0(a) * QVA0(a))) + sum(c, tm(c) *
pwm(c) * QM0(c) * EXR0);
GDP0chk = vadded0 - PGDP0 * GDP0;

display sax, ica, PQ0, EG0, EG0chk, PGDP0, GDP0, vadded0, GDP0chk;

variable
PA(a), PVA(a), PINTA(a), WL, WK, QA(a), QVA(a), QINTA(a), QINT(c, a), QLD
(a), QKD(a), QX(c), QD(c), QE(c), PX(c), PD(c),
PE(c), PQ(c), QQ(c), PM(c), QM(c), YH(h), QH(c, h), QINV(c), QG(c), YENT,
ENTSAV, EINV, YG, EG, GSAV, QLSAGG, QKSAGG, FSAV,
GDP, PGDP, EXR, walras
;
```

```
* 下面对等式定义
equation

QAfn(a), QAFOCeq(a), PAeq(a), QVAfn(a), QVAFOC(a), PVAeq(a), QINTfn(c, a),
PINTAeq(a), QAQXeq(a), PXeq(c), CETfn(c), CETFOC(c), PXCET(c), PEeq(c),
QQfn(c), QQfnNoImport(c), QQFOC(c), PQP DCNoImportfn(c), PQeq(c), PMeq(c),
YHeq(h), QHeq(c, h), YENTeq, ENTSAVeq, EINVeq, Ygeq, QGeq(c), GSAVeq,
ComEqui(c), Leq, Keq, FEXeq, ISeq, GDPeq, PGDPeq
;

QAfn(a)..
QA(a) =e= scaleAa(a) * (deltaAa(a) * QVA(a) ** rhoAa(a) + (1 - deltaAa(a)) *
QINTA(a) ** rhoAa(a)) ** (1/rhoAa(a));

QAFOCeq(a)..
PVA(a)/PINTA(a) =e= (deltaAa(a)/(1 - deltaAa(a))) * (QINTA(a)/QVA(a)) **
(1 - rhoAa(a));

PAeq(a)..
PA(a) * QA(a) =e= (1 + tbus(a)) * (PVA(a) * QVA(a) + PINTA(a) * QINTA(a));

QVAfn(a)..
QVA(a) =e= scaleAVA(a) * (deltaVA(a) * QLD(a) ** rhoVA(a) + (1 - deltaVA
(a)) * QKD(a) ** rhoVA(a)) ** (1/rhoVA(a));

QVAFOC(a)..
((1 + tval(a)) * WL)/((1 + tvak(a)) * WK) =e= (deltaVA(a)/(1 - deltaVA(a)))
* (QKD(a)/QLD(a)) ** (1 - rhoVA(a));

PVAeq(a)..
PVA(a) * QVA(a) =e= (1 + tval(a)) * WL * QLD(a) + (1 + tvak(a)) * WK * QKD(a);

QINTfn(c, a)..
QINT(c, a) =e= ica(c, a) * QINTA(a);

PINTAeq(a)..
PINTA(a) =e= SUM(c, ica(c, a) * PQ(c));
```

```
QAQXeq(a)..
QA(a) =e= sum(c, sax(a, c) * QX(c));

PXeq(c)..
*PX(c) * QX(c) =e= sum(a, PA(a) * sax(a, c) * QA(a));
PX(c) =e= sum(a, PA(a) * sax(a, c));

CETfn(c)..
QX(c) =e= scaleCET(c) * (deltaCET(c) * QD(c) ** rhoCET(c) + (1 - deltaCET
(c)) * QE(c) ** rhoCET(c)) ** (1/rhoCET(c));

CETFOC(c)..
PD(c)/PE(c) =e= (deltaCET(c)/(1 - deltaCET(c))) * (QE(c)/QD(c)) ** (1 -
rhoCET(c));

PXCET(c)..
PX(c) * QX(c) =e= (PD(c) * QD(c) + PE(c) * QE(c));

PEeq(c)..
PE(c) =e= pwe(c) * (1 - te(c)) * EXR;

QQfn(c) $ sam('row', c)..
QQ(c) =e= scaleQq(c) * (deltaQq(c) * QD(c) ** rhoQq(c) + (1 - deltaQq(c)) *
QM(c) ** rhoQq(c)) ** (1/rhoQq(c));

QQfnNoImport(c) $ (sam('row', c) = 0)..
QQ(c) =e= QD(c);

QQFOC(c) $ sam('row', c)..
PD(c)/PM(c) =e= (deltaQq(c)/(1 - deltaQq(c))) * (QM(c)/QD(c)) ** (1 -
rhoQq(c));

PQPDCNoImportfn(c) $ (sam('row', c) = 0)..
PQ(c) =e= PD(c);

PQeq(c)..
PQ(c) * QQ(c) =e= PD(c) * QD(c) + PM(c) * QM(c);
```

```
PMeq(c)..
PM(c) =e= pwm(c) * (1 + tm(c)) * EXR;

YHeq(h)..
YH(h) =e= shifhl(h) * WL * QLSAGG + shifhk(h) * WK * QKSAGG + transfrhent0(h) +
transfrhg0(h) + transfrhrow0(h) * EXR;

QHeq(c, h)..
PQ(c) * QH(c, h) =e= shrh(c, h) * mpc(h) * (1 - tih(h)) * YH(h);

YENTeq..
YENT =e= shifentk * WK * QKSAGG + transfrentg0 + transfrEntRow0 * EXR;

ENTSAVeq..
ENTSAV =e= (1 - tiEnt) * YENT - sum(h, transfrhEnt0(h));

EINVeq..
EINV =e= sum(c, PQ(c) * QINV(c));

YGeq..
YG =e= sum(a, tval(a) * WL * QLD(a) + tvak(a) * WK * QKD(a)) + sum(a, tbus(a) *
(PINTA(a) * QINTA(a) + PVA(a) * QVA(a))) + sum(h, tih(h) * YH(h)) + tiEnt *
YENT + sum(c, tm(c) * pwm(c) * QM(c) * EXR) + sum(c, te(c) * pwe(c) * QE(c) *
EXR) + transfrgrow0 * EXR;

QGeq(c)..
PQ(c) * QG(c) =e= shrg(c) * (EG - sum(h, transfrhg0(h)) - transfrEntg0);

GSAVeq..
GSAV =e= YG - EG;

ComEqui(c)..
QQ(c) =e= sum(a, QINT(c, a)) + sum(h, QH(c, h)) + QINV(c) + QG(c);

Leq..
Sum(a, QLD(a)) =e= QLSAGG;
```

```
Keq..
Sum(a, QKD(a)) = e = QKSAGG;

FEXeq..
sum(c, pwm(c) * QM(c)) = e = sum(c, pwe(c) * QE(c)) + transfrgrow0 + FSAV;

ISeq..
EINV = e = sum(h, (1 - mpc(h)) * (1 - tih(h)) * YH(h)) + ENTSAV + GSAV + EXR *
FSAV + walras;

GDPeq..
GDP = e = sum(c, sum(h, QH(c, h)) + QINV(c) + QG(c) + QE(c) - QM(c));

PGDPeq..
PGDP * GDP = e = sum(c, PQ(c) * (sum(h, QH(c, h)) + QINV(c) + QG(c))) + sum(c,
PE(c) * QE(c)) - sum(c, PM(c) * QM(c)) + sum(c, tm(c) * pwm(c) * QM(c) * EXR);

* 赋予变量的初始值

PA.L(a) = PA0(a);
PVA.L(a) = PVA0(a);
PINTA.L(a) = PINTA0(a);
QA.L(a) = QA0(a);
QVA.L(a) = QVA0(a);
QINTA.L(a) = QINTA0(a);
QINT.L(c, a) = QINT0(c, a);
QLD.L(a) = QLD0(a);
QKD.L(a) = QKD0(a);
PX.L(c) = 1;
QX.L(c) = QX0(c);
PD.L(c) = 1;
QD.L(c) = QD0(c);
PE.L(c) = 1;
QE.L(c) = QE0(c);
PQ.L(c) = 1;
QQ.L(c) = QQ0(c);
PM.L(c) = 1;
```

```
QM.L(c) = QM0(c);
YH.L(h) = YH0(h);
QH.L(c, h) = QH0(c, h);
YENT.L = YENT0;
ENTSAV.L = ENTSAV0;
EINV.L = EINV0;
YG.L = YG0;
EG.L = EG0;
GSAV.L = GSAV0;
WK.L = 1;
EXR.L = 1;
GDP.L = GDP0;
PGDP.L = PGDP0;
walras.L = 0;

* 新古典主义宏观闭合条件
QLSAGG.fx = QLSAGG0;
QKSAGG.fx = QKSAGG0;
WL.fx = 1;
QINV.fx(c) = QINV0(c);
FSAV.fx = FSAV0;

* 执行优化程序
model cge   /all/;
solve cge using mcp;

* 下面模拟资本禀赋增加 10% 冲击的结果
QKSAGG.fx = QKSAGG0 * 1.1;

model sim1   /all/;
solve sim1 using mcp;

parameter
GDPmultiplier 资本禀赋增加 10% 对 GDP 的影响;
gdpmultiplier = (gdp.L - gdp0)/gdp0;
display gdpmultiplier;

* end
```

14.8 凯恩斯宏观闭合和 GAMS 程序

假设这个经济正遇经济萧条,大量劳动和资本要素闲置。而该国的汇率机制采取的是固定汇率体制。这个状况,和中国 2009 年初的经济形势大致类似。现在设置这个宏观形势下的 CGE 模型。这个经济性质属于凯恩斯宏观闭合。因为是凯恩斯经济环境,须加上凯恩斯理论的刚性价格条件。通过生产模块,劳动和资本要素价格是其他所有价格的基础,所以假设 2 个要素价格设置固定:

$$WL = \overline{WL} = 1 \tag{14.8.1}$$

$$WK = \overline{WK} = 1 \tag{14.8.2}$$

凯恩斯宏观闭合还必须有需求方面的数量外生量,使之有解。假设政府消费总额和投资是外生决定的,有

$$EG = \overline{EG} \tag{14.8.3}$$

$$QINV_c = \overline{QINV_c} \tag{14.8.4}$$

这样,QG 和 $QINV$ 的数值被赋值固定,不再是变量。

然后确定汇率体制。假如是浮动汇率体制,那么 EXR 为内生变量,$FSAV$ 数值固定。现在假定是固定汇率体制,那么 $FSAV$ 为内生变量,而 EXR 为外生决定:

$$EXR = \overline{EXR} \tag{14.8.5}$$

加了上面 5 个数值限制条件后,整个模型等式和变量各为 32 组。矩阵为正方形。这时模型已经完全可解。

例 14.8.1 将上面的凯恩斯闭合 CGE 模型编 GAMS 程序。数据用表 14.1.1 的 SAM 表。制作独立的 SAM 表文件,在主程序中读入。CET 和 CES 函数的弹性指数或者幂指数按合理情况自行选择。

(1) 不包括投资—储蓄等式情况下,校调估算参数,复制模型。

(2) 不包括投资—储蓄等式情况下,校调估算参数,复制模型,检验 $WALRAS$ 是否趋 0,复制结果是否一样。

(3) 模拟宏观刺激措施,政府开支额 EG 增加 10%后,计算凯恩斯财政支出对 GDP 的乘数,以及劳动就业增加幅度。

解:编程如下:照抄第 14.7.2 节 GAMS 程序,然后把程序中"*赋予变量的初始值"那一栏下面部分删除,改换以下部分。编程后,模型复制和模拟成功,$WALRAS$ 为零。模拟结果为:凯恩斯财政支出对 GDP 的乘数为 3.424。政府开支增加 10%以后,劳动就业增加 6.6%。

```
*赋予变量的初始值

PA.L(a) = PA0(a);
PVA.L(a) = PVA0(a);
PINTA.L(a) = PINTA0(a);
QA.L(a) = QA0(a);
QVA.L(a) = QVA0(a);
QINTA.L(a) = QINTA0(a);
QINT.L(c, a) = QINT0(c, a);
QLD.L(a) = QLD0(a);
QKD.L(a) = QKD0(a);
PX.L(c) = 1;
QX.L(c) = QX0(c);
PD.L(c) = 1;
QD.L(c) = QD0(c);
PE.L(c) = 1;
QE.L(c) = QE0(c);
PQ.L(c) = 1;
QQ.L(c) = QQ0(c);
PM.L(c) = 1;
QM.L(c) = QM0(c);
YH.L(h) = YH0(h);
QH.L(c, h) = QH0(c, h);
YENT.L = YENT0;
ENTSAV.L = ENTSAV0;
EINV.L = EINV0;
YG.L = YG0;
GSAV.L = GSAV0;
FSAV.L = FSAV0;
GDP.L = GDP0;
PGDP.L = PGDP0;
walras.L = 0;
QLSAGG.L = QLSAGG0;
QKSAGG.L = QKSAGG0;

*凯恩斯宏观闭合条件
WK.fx = 1;
```

```
WL.fx = 1;
QINV.fx(c) = QINV0(c);
EG.fx = EG0;
EXR.fx = 1;

* 执行优化程序
model cge  /all/;
solve cge using mcp;

* 下面模拟政府开支额增加 10% 冲击的结果
EG.fx = EG0 * 1.1;

model sim1  /all/;
solve sim1 using mcp;

parameters
GDPmultiplier  政府开支增加 10% 对 GDP 的影响
laborincrease  政府开支增加 10% 对就业的影响;

gdpmultiplier = (gdp.L - gdp0)/(Eg.L - Eg0);
laborincrease = (QLSAGG.L - QLSAGG0)/QLSAGG0;
display gdpmultiplier, laborincrease;

* end
```

练　习

1. 用前面 SAM 表 13.1.1 的数据。将该 SAM 表改编成表 14.1.1 的 QX 设置形式，即出口在商品一栏里而不是在第 13 章的活动一栏里。
2. 在第 14.1.1 节的 SAM 表上编写 CGE 模型的数学表达式。要求：生产模块为两层嵌套函数，第一层是列昂惕夫；第二层有增值和中间投入。增值为 CES 函数，中间投入为列昂惕夫函数。居民效用函数为 LES 函数。用新古典主义宏观闭合。投资外生。政府开支总额和在每个商品上的开支为柯布—道格拉斯函数导出的固定比例。外汇市场为固定汇率，$FSAV$ 内生。
3. 对第 14.2 节问题的 CGE 模型用 GAMS 编程。估算 LES 函数外生参数的相应信息为：三个商品需求的收入弹性 e_i 分别为 0.4、1.2 和 1.5，弗里希弹性为－2。

CET 和阿明顿的弹性参数参考表 13.3.1 选择。校调估算各个参数,复制原来初始均衡状态。

4. (1) 假设整个经济各个部门的全要素产率都提高 15%,即第一层生产函数 $QA_a = \alpha_a^A [\delta_a^A QVA_a^{\rho_a^A} + (1-\delta_a^A) QINTA_a^{\rho_a^A}]^{1/\rho_a^A}$ 中的 α_a^A 在原来基础上增加 15%,模拟分析各个主要经济变量的变化。

(2) 假设只有活动 2 部门的全要素产率提高 20%,其他部门没有变化,模拟分析各个主要经济变量的变化。

▶15

CGE 模型的设计和改进，技术性检验和政策模拟结果评估

15.1 根据研究问题和经济学理论设计 CGE 模型和宏观闭合

常有学生说，他的 CGE 模型不能显示结果，或者他的结果和预期大不一致。一个常见的原因是他错误地抄写了现成而又不适用的宏观闭合设置。因此，在做 CGE 模型时，一定要根据经济学原理，按照被研究的经济体制的类型和情况选择、设计、设置和修改宏观闭合，绝不能生搬硬套现成的模型。譬如，因为新古典主义闭合在现有文献中比较流行，常有学生照抄标准的新古典主义闭合的 CGE 模型来研究政府财政刺激措施，或者提价、降价措施，发现得不出结果。这是因为，标准的新古典主义闭合中价格是系统内生决定的，劳动力等要素是充分就业的，因此政府的刺激措施不可能增加就业数量，价格为内生变量时就不能作为外生变量去模拟政策冲击。因此，在这些情况下，必须要根据经济学理论，修改宏观闭合和模型结构。譬如在模拟财政刺激对就业的影响时，在模型中要允许劳动力要素的实际供应量内生决定。然后看模型的结果是否和经济学理论预期一致，以及模型收敛指标(如 *WALRAS* 数值)是否接近零。

比较有效的方法是，先从抄写本书现成的类似程序开始，根据研究问题和经济学原理，逐步增加新的内容，或逐步修改内容。每加一个内容或者修改一个内容，譬如加一个账户，或者修改一个等式，就运行一下，看是不是顺畅。如果出了问题，就可以锚定是那个新内容带来了问题，集中精力修改程序解决这个问题。修改好了，再加其他的新内容。

下面我们举例说明，如何根据研究问题和经济学理论设计 CGE 模型和宏观闭合。假设研究的问题是中国实施增值税转型对经济的影响。中国原来采取生产型增值税，即对资本和劳动要素投入都征收增值税，如 SAM 表 14.1.1 所示。2009 年中国实施增值税转型，将原来的生产型增值税改为消费型增值税，即减免企业因为资本投入要缴的增值税。目的是希望刺激企业增加和更新机器设备，提高劳动生

产率，促进产业升级，刺激投资。假设要研究的课题是，如果资本投入缴纳的增值税率从原来的13%(也即SAM表14.1.1上的增值税税率)减到5%，对相关经济各变量的冲击或影响是什么？

在选择和设计宏观闭合时，首先注意到这里新古典主义闭合不适用。因为新古典主义闭合中要素价格具有完全弹性，而要素使用量被固定在禀赋上。因此，减低资本增值税率的结果是造成加税前的资本价格 WK 相对劳动价格 WL 的上涨，两者相互抵销，加税后的相对价格没有什么大变化，最后对实际经济变量的数量没有影响。因此，价格完全弹性的新古典主义的闭合在此并不适合。

事实上，在转型经济和中等收入国家的中国，甚至在发达国家或地区如美国、日本、西欧等的经济环境下，要素价格也不是完全弹性的，要素价格具有一定的刚性。因此我们可以试用第14.8节的凯恩斯宏观闭合的CGE模型，考虑从它的基础上改进。先在这个模型上模拟增值税转型，即设置增值税率 $tvak$ 降低到0.05的政策冲击。测试下来，模型运行正常，复制和模拟都很顺利。

虽然模型能正常运行，但是根据经济学理论，模型的结构和结果是有些问题的。我们需要考虑进行改进。

第一，第14章凯恩斯闭合将劳动力价格(工资)WL 和资本价格 WK 两者固定，因此增值税转型冲击后工资和资本相对价格的比例仍然是1∶1，这不符合理论预期。理论认为，如果单将资本增值税率降低(这里降低8个百分点)，促进了资本需求，虽然完税后的资本价格相对工资会便宜些，但是完税前的资本价格应该对工资上涨。也就是说，资本价格应该上涨，幅度在0—8%之间。因为劳动力价格被设置为价格基准，资本价格不能固定，它要有调整的空间。

考虑中等收入程度或发展中国家的经济现状中还有大量剩余劳力，劳动力价格 WL 接近生存工资，呈刚性，因此模型中劳动价格维持刚性是可以接受的。再考虑在转型和发展中国家的经济现状中，资本供应虽有弹性但相对短缺，资本供应和价格正相关。这个特征正好和上面要让资本额价格有调整空间的考虑相吻合。根据上述考虑，我们设置一个资本供应函数，如下：

$$K = \kappa W^{\varepsilon} \tag{15.1.1}$$

其中 K 为资本供应，W 为资本价格，κ 为规模因子，ε 为幂。可以看到，ε 也是资本供应量的价格弹性。假设资本供应的成本/价格是递增的，因此资本供应函数应该是凹函数，即 $\varepsilon < 1$。将式(15.1.1)写成CGE模型程序的变量符号，为：

$$QKSAGG = kscale * WK ** kelas \tag{15.1.2}$$

其中 $kelas$ 为弹性，数值需要外界给定。$kscale$ 为规模因子，可以从SAM表中校调估算得到。在模型中加入这个资本供应函数后，资本供应量 $QKSAGG$ 和资本价格 WK 都是内生变量，由CGE模型系统计算决定。

将资本供应函数加入上述模型后，假设 $\varepsilon = 0.3$，同时将资本价格 WK 放松，即将指令固定赋值条件 WK.fx＝1 改成变量 WK.L＝1。

第二，考虑各部门的投资可能会受资本价格的影响，不再固定各部门的投资数量 $QINV$。理论上，资本价格会影响未来的投资行为，需要另设一个投资行为函数 $QINV_c = f(WK, Z)$，其中 Z 为其他投资影响因素。不过我们这里为简便起见，没有这个函数，而是设置一个投资总额 $EINV$ 决定投资的函数。各部门投资品 $QINV$ 需求的绝对量不再固定，而假设各部门投资量为投资总额 $EINV$ 的固定份额 $shrinv$。

$$PQ_c \cdot QINV_c = shrinv_c \cdot EINV \tag{15.1.3}$$

第三，因为是发展中国家，我们有兴趣检验居民消费恩格尔系数的变化。因此在模型中考虑用 LES 需求函数来替代原来的固定消费份额的设置。从理论上说，这个改变使居民花费在商品 c 上的消费份额不再是常数，而有些弹性。假设从其他资料里得到了需要的参数信息，我们将城乡居民的需求函数改为 LES 函数。

$$PQ_c \cdot QH_{c,h} = PQ_c \cdot \gamma_{c,h} + \beta_{c,h}(EH_h - \sum_{h \in H, c \in C} PQ_c \cdot \gamma_{c,h}) \qquad h \in H, c \in C \tag{15.1.4}$$

这也是向读者演示多商品多居民群体的模型下如何设置 LES 函数的 GAMS 程序。相比柯布—道格拉斯函数，LES 函数的优点是，可以有更精确的需求弹性，也可以捕捉经济发展时居民消费倾向变化的恩格尔效应。缺点是，需要很多弹性系数和弗里希系数等外来数据。而柯布—道格拉斯函数不需要这些数据。

第四，发展中国家的外汇体制通常比较僵化和刚性。一是汇率常和国际货币如美元或欧元盯住挂钩；二是国际收支不能承受太大的赤字或波动，外汇进出管制严格。考虑到这些特征，我们同时固定汇率和固定 $FSAV$。

$$EXR = \overline{EXR} \tag{15.1.5}$$

$$FSAV = \overline{FSAV} \tag{15.1.6}$$

第五，为了检验居民居住成本，设置消费者价格指数 CPI：

$$CPI = \sum_{c \in C} PQ_c \cdot cpiwt_c \tag{15.1.7}$$

该权重从 SAM 表数据中校调估算得到。

$$cpiwt_c = \sum_h QH_{c,h} / \sum_{h \in H, c \in C} QH_{c,h} \tag{15.1.8}$$

下面第 15.2 节总结这个转型和发展中国家经济类型的宏观闭合的 CGE 模型和 GAMS 程序。

15.2 转型经济和发展中国家经济的宏观闭合：CGE 模型和 GAMS 程序

如前所述，在第 14.5 节的标准模型基础上，我们根据转型和发展中国家的经济特征对模型做了相应的宏观闭合设计和修改，总结如下：

(1) 劳动力市场有剩余劳动，因此，劳动力供应内生，劳动价格固定 $WL=\overline{WL}=1$。

(2) 资本市场相对紧缺，由资本供应函数描述：$K=\kappa W^{\epsilon}$。资本供应和资本价格都是这个函数中的变量。

(3) 政府总开支外生决定 $EG=\overline{EG}$。

(4) 外汇体制是固定汇率制 $EXR=\overline{EXR}$，也控制外汇进出，$FSAV=\overline{FSAV}$。

(5) 将消费需求函数从第 14.5 节模型中的柯布—道格拉斯函数改为 LES 函数。

相应的 CGE 数学模型如下：

$$QA_a=\alpha_a^A\left[\delta_a^A QVA_a^{\rho_a^A}+(1-\delta_a^A)QINTA_a^{\rho_a^A}\right]^{1/\rho_a^A} \quad a\in A \tag{15.2.1}$$

$$\frac{PVA_a}{PINTA_a}=\frac{\delta_a^A}{(1-\delta_a^a)}\left(\frac{QINTA_a}{QVA_a}\right)^{1-\rho_a^A} \quad a\in A \tag{15.2.2}$$

$$PA_a\cdot QA_a=(1+tbus_a)(PVA_a\cdot QVA_a+PINTA_a\cdot QINTA_a) \quad a\in A \tag{15.2.3}$$

$$QVA_a=\alpha_a^{va}\left[\delta_{La}^{va}QLD_a^{\rho_a^{va}}+(1-\delta_{La}^{va})QKD_a^{\rho_a^{va}}\right]^{1/\rho_a^{va}} \quad a\in A \tag{15.2.4}$$

$$\frac{WL\cdot(1+tval)}{WK\cdot(1+tvak)}=\frac{\delta_{La}^{va}}{(1-\delta_{La}^{va})}\left(\frac{QKD_a}{QLD_a}\right)^{1-\rho i} \quad a\in A \tag{15.2.5}$$

$$PVA_a\cdot QVA_a=(1+tval)\cdot WL\cdot QLD_a+(1+tvak)\cdot WK\cdot QKD_a \quad a\in A \tag{15.2.6}$$

$$QINT_{ca}=ica_{ca}\cdot QINTA_a \quad a\in A,\ c\in C \tag{15.2.7}$$

$$PINTA_a=\sum_{c\in C}ica_{ca}\cdot PQ_c \quad a\in A \tag{15.2.8}$$

$$QA_a=\sum_c sax_{ac}\cdot QX_c \quad a\in A \tag{15.2.9}$$

$$PX_c=\sum_a sax_{ac}\cdot PA_a \quad c\in C \tag{15.2.10}$$

$$QX_c=\alpha_c^t\left[\delta_c^t QD_c^{\rho_c^t}+(1-\delta_c^t)QE_c^{\rho_c^t}\right]^{1/\rho_c^t} \quad \rho_c^t>1,\ c\in C \tag{15.2.11}$$

$$\frac{PD_c}{PE_c}=\frac{\delta_c^t}{(1-\delta_c^t)}\left(\frac{QE_c}{QD_c}\right)^{1-\rho_c^t} \quad c\in C \tag{15.2.12}$$

$$PX_c\cdot QX_c=PD_c\cdot QD_c+PE_c\cdot QE_c \quad c\in C \tag{15.2.13}$$

$$PE_c=pwe_c(1-te_c)\cdot EXR \quad c\in C \tag{15.2.14}$$

如果 c 部门有进口的商品，其等式是：

$$QQ_c = \alpha_c^q (\delta_c^q QD_c^{\rho_c^q} + (1-\delta_c^q) QM_c^{\rho_c^q})^{1/\rho_c^q} \qquad c \in C \qquad \text{当 } QM_c > 0 \text{ 时} \tag{15.2.15}$$

$$\frac{PD_c}{PM_c} = \frac{\delta_c^q}{(1-\delta_c^q)} \left(\frac{QM_c}{QD_c}\right)^{1-\rho_c^q} \qquad c \in C \qquad \text{当 } QM_c > 0 \text{ 时} \tag{15.2.16}$$

如果 c 部门没有进口商品，其替代函数是：

$$QQ_c = QD_c \qquad c \in C \qquad \text{当 } QM_c = 0 \text{ 时} \tag{15.2.15$'$}$$

$$PQ_c = PD_c \qquad c \in C \qquad \text{当 } QM_c = 0 \text{ 时} \tag{15.2.16$'$}$$

对任何 c 部门，下面等式都适用：

$$PQ_c \cdot QQ_c = PD_c \cdot QD_c + PM_c QM_c \qquad c \in C \tag{15.2.17}$$

$$PM_c = pwm_c (1 + tm_c) EXR \qquad c \in C \tag{15.2.18}$$

居民群：

$$\begin{aligned} YH_h = & WL \cdot shif_{h\,l} \cdot QLSAGG + WK \cdot shif_{h\,k} \cdot QKSAGG \\ & + transfr_{h\,ent} + transfr_{h\,gov} + transfr_{h\,row} \cdot EXR \end{aligned} \qquad h \in H \tag{15.2.19}$$

$$EH_h = mpc_h \cdot (1 - ti_h) \cdot YH_h \qquad h \in H \tag{15.2.20}$$

$$PQ_c \cdot QH_{c,h} = PQ_c \cdot \gamma_{c,h} + \beta_{c,h} (EH_h - \sum_{h \in H, c \in C} PQ_c \cdot \gamma_{c,h}) \qquad h \in H, c \in C \tag{15.2.21}$$

企业：

$$YENT = shif_{ent\,k} \cdot WK \cdot QKSAGG + transfr_{ent\,gov} + transfr_{ent\,row} \cdot EXR \tag{15.2.22}$$

$$ENTSAV = (1 - ti_{ent}) YENT - \sum_h transfr_{h,ent} \tag{15.2.23}$$

各个部门的投资需求如下，其中 $shrinv_c$ 为商品 c 在总投资额中的百分比参数：

$$PQ_c \cdot QINV_c = shrinv_c \cdot EINV \qquad c \in C \tag{15.2.24}$$

政府：

$$\begin{aligned} YG = & \sum_a (tval_a \cdot WL \cdot QLD_a + tvak_a \cdot WK \cdot QKD_a) \\ & + \sum_a tbus_a \cdot (PVA_a \cdot QVA_a + PINTA_a \cdot QINTA_a) \\ & + \sum_h ti_h \cdot YH_h + ti_{ent} \cdot YENT \\ & + \sum_c tm_c \cdot pwm_c \cdot QM_c \cdot EXR \\ & + \sum_c te_c \cdot pwe_c \cdot QE_c \cdot EXR \\ & + tranfr_{g\,row} \cdot EXR \end{aligned} \tag{15.2.25}$$

$$PQ_c \cdot QG_c = shrg_c(EG - transfr_{h\,g} - transfr_{ent\,g}) \qquad c \in C \tag{15.2.26}$$

$$GSAV = YG - EG \tag{15.2.27}$$

商品、要素和外汇市场均衡：

$$QQ_c = \sum_a QINT_{ca} + \sum_h QH_{ch} + QINV_c + QG_c \qquad c \in C \tag{15.2.28}$$

$$\sum_a QLD_a = QLSAGG \tag{15.2.29}$$

$$\sum_a QKD_a = QKSAGG \tag{15.2.30}$$

$$QKSAGG = \kappa \cdot WK^{\varepsilon} \tag{15.2.31}$$

$$\begin{aligned}\sum_c pwm_c \cdot QM_c = \sum_a pwe_c \cdot QE_c + \sum_h transfr_{h\,row} \\ + transfr_{ent\,row} + transfr_{g\,row} + FSAV\end{aligned} \tag{15.2.32}$$

$$\begin{aligned}EINV = \sum_h (1 - mpc_h)(1 - ti_h) \cdot YH + ENTSAV \\ + GSAV + EXR \cdot FSAV + WALRAS\end{aligned} \tag{15.2.33}$$

为了研究宏观经济变量 GDP，$PGDP$ 和 CPI：

$$GDP = \sum_{c\in C}(QH_c + QINV_c + QG_c + QE_c - QM_c) \tag{15.2.34}$$

$$\begin{aligned}PGDP \cdot GDP = \sum_{c\in C} PQ_c \cdot (QH_c + QINV_c + QG_c) + \sum_c PE_c \cdot QE_c \\ - \sum_c PM_c \cdot QM_c + \sum_c tm_c \cdot pwm_c \cdot EXR \cdot QM_c\end{aligned} \tag{15.2.35}$$

$$CPI = \sum_{c\in C} PQ_c \cdot cpiwt_c \tag{15.2.36}$$

以上式(15.2.1)—式(15.2.35)共 36 组等式构成了发展中和转型经济的 CGE 模型的通用部分。其中，等式组(15.2.15)和等式组(15.2.16)有不同情况下的替代函数(15.2.15′)和函数(15.2.16′)。内生变量为：QA_a，QVA_a，$QINTA_a$，PA_a，PVA_a，$PINTA_a$，$QINT_{aa'}$，QLD_a，QKD_a，$QLSAGG$，$QKSAGG$，WL，WK，QX_c，QD_c，QE_c，PX_c，PD_c，PE_c，QQ_c，PQ_c，QM_c，PM_c，YH，EH，QH_{ch}，$QINV_c$，QG_c，$YENT$，$ENTSAV$，$EINV$，YG，EG，$GSAV$，$FSAVE$，GDP，$PGDP$，CPI，EXR，$WALRAS$ 共 40 个内生变量组。对 WL，EG，EXR，$FSAVE$ 赋值固定后，为 36 组等式和 36 组内生变量，模型可解。

下面是相应的 GAMS 程序和部分打印结果。设资本供应函数的弹性为 0.3，LES 参数如表 15.2.1。SAM 表是表 14.4.1。

表 15.2.1　LES 消费需求函数的参数

	居民(农村)	居民(城市)
商品 1 弹性	0.5	0.4
商品 2 弹性	1.0	1.1
商品 3 弹性	1.2	1.4
弗里希参数	−4	−2

例 15.2.1　对上述转型经济和发展中国家经济的 CGE 模型编写 GAMS 程序。模拟资本使用增值税率降低到 5%的情况下，对主要经济变量的影响。显示模拟部分的打印结果。

```
$title　第 15 章 15.2 节　发展中经济，转型经济宏观闭合的 CGE 模型，研究增值税转型

* 增加了资本供应函数，消费需求函数为 LES

set ac
/sec1, sec2soe, sec2pri, sec2fdi, sec3, com1, com2, com3, lab, cap, hhr,
hhu, ent, gov, vatl, vatk, bustax, tariff, invsav, row, total/;
set a(ac)   /sec1, sec2soe, sec2pri, sec2fdi, sec3/;
set c(ac)   /com1, com2, com3/;
set f(ac)   /lab, cap/;
set h(ac)   /hhr, hhu/;
set vat(ac)   /vatl, vatk/;

alias(ac, acp), (a, ap), (c, cp), (f, fp), (h, hp), (vat, vatp);

* SAM 表从外面用 txt 文件引进，文件夹的地址要完整正确
table sam(ac, acp)
$INCLUDE I:\\chap14QXSAM.inc

display sam;

* 生产函数参数
parameter rhoAa(a) /sec1 =  0.2, sec2soe = 0.5, sec2pri = 0.5, sec2fdi = 0.5,
sec3 = 0.1/
          rhoVA(a) /sec1    0.3, sec2soe = 0.6, sec2pri = 0.6, sec2fdi = 0.6,
```

```
sec3  0.5/
          rhoQq(c)  /com1  0.4,  com2  0.7,  com3  0.2/
          rhoCET(c) /com1  1.4,  com2  1.4,  com3  2.0/
          Frisch(h) /hhr   -4,  hhu   -2/;

table     LESelas(c, h)    LES 消费需求函数弹性参数
                           hhr            hhu
              com1         0.5            0.4
              com2         1.0            1.1
              com3         1.2            1.4;

* 定义参数
parameters

kelas               资本供应的价格弹性
kscale              资本供应函数的规模
sax(a, c)           活动 a 和商品 c 之间的分配比例
scaleAa(a)          QA 的 CES 函数参数
deltaAa(a)          QA 的 CES 函数份额参数
scaleQq(c)          QQ 的 Arminton 函数参数
deltaQq(c)          QQ 的 Arminton 函数份额参数
scaleCET(c)         CET 函数参数
deltaCET(c)         CET 函数份额参数
scaleAVA(a)         VA 的 CES 函数参数
deltaVA(a)          VA 的 CES 函数劳动份额参数
ica(c, a)           中间投入的投入产出系数
shrg(c)             政府支出中对商品 c 的消费支出份额
shrinv(c)           投资支出额中对商品 c 的消费支出份额
tih(h)              居民群 h 的所得税税率
tiEnt               企业所得税税率
tval(a)             对劳动投入的增值税率
tvak(a)             对资本投入的增值税率
tbus(a)             对生产活动 a 的营业税率,间接税率
transfrHG0(h)       政府对居民群 h 的转移收入
transfrEntG0        政府对企业的转移收入
transfrhent0(h)     企业对居民群 h 的转移收入(私人保险公司支付保险金等)
transfrhrow0(h)     国外对居民群 h 的转移支付(劳务输出,外汇汇款等)
```

transfrEntRow0	国外对企业的转移支付
transfrgRow0	国外对政府的转移支付
shifhl(h)	劳动要素禀赋中居民群 h 的份额
shifhk(h)	资本收入分配给居民群 h 的份额
shifentk	资本收入分配给企业的份额
mpc(h)	居民群 h 的边际消费倾向(这里也是平均消费倾向)
bgtshr(c, h)	LES 函数中居民群 h 可支配收入中消费预算商品 a 的份额
bgtshrchk(h)	LES 函数中居民群 h 消费预算商品 c 的份额之和，检验是否等于 1
LESbeta(c, h)	LES 居民群 h 对商品 c 的边际消费额
LESbetachk(h)	LES 居民群 h 边际消费额参数之和，检验是否等于 1
LESsub(c, h)	LES 居民群 h 对商品 c 消费函数基本生存消费量
tm(c)	进口税率
te(c)	出口税率
PA0(a)	生产活动 a 的价格
QA0(a)	生产活动 a 的数量
PVA0(a)	增值部分(含增值税)汇总价格
QVA0(a)	增值部分汇总量
PINTA0(a)	中间投入总价格
QINTA0(a)	中间投入总量
QINT0(c, a)	中间投入个量
QLD0(a)	劳动需求
QKD0(a)	资本需求
WL0	劳动价格
WK0	资本价格
PX0(c)	生产活动产出的 QX 商品 c 的价格
QX0(c)	生产活动产出的 QX 商品的数量
PQ0(c)	国内市场商品 c 的价格
QQ0(c)	国内市场商品 c 的数量
PM0(c)	进口商品 c 的价格
QM0(c)	进口商品 c 的数量
PE0(c)	国内生产商品 c 出口的价格
QE0(c)	生产商品 c 出口的数量
PD0(c)	国内生产国内使用商品 c 的价格
QD0(c)	国内生产国内使用商品 c 的数量
EXR0	汇率
pwm(c)	进口商品 c 的国际价格

```
pwe(c)          出口生产活动 c 商品的国际价格
QLSAGG0         劳动量总供应
QKSAGG0         资本量总供应
QLS0(h)         居民群 h 的劳动量供应
QKS0(h)         居民群 h 的资本量供应
YH0(h)          居民群 h 收入
EH0(h)          居民 h 消费总额
QH0(c, h)       居民 h 对商品 c 的需求
YENT0           企业收入
EINV0           投资总额
QINV0(c)        对商品 c 的投资的最终需求
ENTSAV0         企业储蓄
YG0             政府收入
EG0             政府支出
QG0(c)          政府对商品 c 的需求
GSAV0           政府储蓄
PGDP0           国民生产总值价格指数
GDP0            实际国民生产总值
cpiwt(c)        消费者价格指数权重
CPI0            消费者价格指数
FSAV0           国外储蓄
EG0chk          用来检查和 EG0 是不是一致
vadded0         总增值,用它和支出法两个方法来检查是不是一致
GDP0chk         增值法和支出法两个方法是不是一致
YHAGG0          所有居民的名义收入总量
aaaa
;

*参数(包括外生变量)赋值与校调
kelas = 0.3;
PX0(c) = 1;
QX0(c) = sum(a, sam(a, c))/PX0(c);
sax(a, c) = sam(a, c)/QX0(c);
PA0(a) = 1;
PVA0(a) = 1;
PD0(c) = 1;
PE0(c) = 1;
```

```
PM0(c) = 1;
```

＊PQ0(国内市场商品合成价格)由于有交易成本,起始值不一定等于 1,要后面被估算求出来。

```
EXR0 = 1;
PINTA0(a) = 1;
WK0 = 1;
WL0 = 1;
tval(a) = sam('vatl', a)/sam('lab', a);
tvak(a) = sam('vatk', a)/sam('cap', a);
tbus(a) = sam('bustax', a)/(sum(c, sam(c, a)) + sum(f, sam(f, a)));
QLD0(a) = sam('lab', a)/WL0;
QKD0(a) = sam('cap', a)/WK0;
QVA0(a) = (SUM(f, sam(f, a)) + sam('vatl', a) + sam('vatk', a))/PVA0(a);
QA0(a) = sam('total', a)/PA0(a);
QLS0(h) = sam(h, 'lab')/WL0;
QKS0(h) = sam(h, 'cap')/WK0;
QLSAGG0 = sum(h, QLS0(h));
QKSAGG0 = sum(h, QKS0(h)) + sam('ent', 'cap')/WK0;
```

＊下面为国外部分

＊在 tm(c)前加条件 $ sam('row', c),表示必须有进口数额方才可以执行。这是因为要避免分母为零的情况。

```
tm(c) $ sam('row', c) = sam('tariff', c)/sam('row', c);
pwm(c) = PM0(c)/((1 + tm(c)) * EXR0);
QM0(C) = (sam('row', c) + sam('tariff', c))/PM0(c);
te(c) = 0;
pwe(c) = PE0(c)/((1 - te(c)) * EXR0);
QE0(c) = sam(c, 'row')/PE0(c);
QD0(c) = QX0(c) - QE0(c);
QQ0(c) = QD0(c) + QM0(c);
PQ0(c) = (sam(c, 'total') - sam(c, 'row'))/QQ0(c);
```

＊生产模块的参数校调估算,因为要先获取 PQ 数值,因此移到国外部分的后面

```
QINT0(c, a) = sam(c, a)/PQ0(c);
QINTA0(a) = SUM(c, QINT0(c, a));
ica(c, a) = QINT0(c, a)/QINTA0(a);
deltaAa(a) = PVA0(a) * QVA0(a) ** (1 - rhoAa(a))/(PVA0(a) * QVA0(a) ** (1 -
```

```
rhoAa(a)) + PINTA0(a) * QINTA0(a) ** (1 - rhoAa(a)));
scaleAa(a) = QA0(a)/(deltaAa(a) * QVA0(a) ** rhoAa(a) + (1 - deltaAa(a)) *
QINTA0(a) ** rhoAa(a)) ** (1/rhoAa(a));
deltaVA(a) = ((1 + tval(a)) * WL0) * QLD0(a) ** (1 - rhoVA(a))/(((1 + tval
(a)) * WL0) * QLD0(a) ** (1 - rhoVA(a)) + ((1 + tvak(a)) * WK0) * QKD0(a) **
(1 - rhoVA(a)));
scaleAVA(a) = QVA0(a)/(deltaVA(a) * QLD0(a) ** rhoVA(a) + (1 - deltaVA(a)) *
QKD0(a) ** rhoVA(a)) ** (1/rhoVA(a));
* CET function calibration
deltaCET(c) = PD0(c) * QD0(c) ** (1 - rhoCET(c))/(PD0(c) * QD0(c) ** (1 - rho-
CET(c)) + PE0(c) * QE0(c) ** (1 - rhoCET(c)));
scaleCET(c) = QX0(c)/(deltaCET(c) * QD0(c) ** rhoCET(c) + (1 - deltaCET(c))
* QE0(c) ** rhoCET(c)) ** (1/rhoCET(c));
* Arminton Condition 在国内生产和进口商品之间的关系
deltaQQ(c) = PD0(c) * QD0(c) ** (1 - rhoQQ(c))/(PD0(c) * QD0(c) ** (1 - rhoQq
(c)) + PM0(c) * QM0(c) ** (1 - rhoQq(c)));
scaleQQ(c) = QQ0(c)/(deltaQQ(c) * QD0(c) ** rhoQq(c) + (1 - deltaQq(c)) * QM0
(c) ** rhoQq(c)) ** (1/rhoQq(c));
transfrhg0(h) = sam(h, 'gov');
transfrhent0(h) = sam(h, 'ent');
transfrhrow0(h) = sam(h, 'row');
transfrEntG0 = sam('ent', 'gov');
transfrEntRow0 = 0;
transfrgRow0 = sam('gov','row');
shifhl(h) = (sam(h, 'lab')/WL0)/QLSAGG0;
shifhk(h) = (sam(h, 'cap')/WK0)/QKSAGG0;
shifentk = (sam('ent', 'cap')/WK0)/QKSAGG0;
YH0(h) = shifhl(h) * WL0 * QLSAGG0 + shifhk(h) * WK0 * QKSAGG0 + transfrhent0
(h) + transfrhg0(h) + transfrhrow0(h) * EXR0;
tih(h) = sam('gov', h)/YH0(h);
mpc(h) = sum(c, sam(c, h))/((1 - tih(h)) * YH0(h));
EH0(h) = mpc(h) * (1 - tih(h)) * YH0(h);
QH0(c, h) = SAM(c, h)/PQ0(c);
bgtshr(c, h) = SAM(c, h)/EH0(h);
bgtshrchk(h) = sum(c, bgtshr(c, h));
* Below is the LES function block, the LES marginal share coefficient is
scaled to satisfy the constraint.
```

```
LESbeta(c, h) = LESelas(c, h) * bgtshr(c, h)/(sum(cp, LESelas(cp, h) *
bgtshr(cp, h)));
LESbetachk(h) = sum(c, LESbeta(c, h));
LESsub(c, h) = sam(c, h) + (LESbeta(c, h)/PQ0(c)) * (EH0(h)/frisch(h));
YENT0 = shifentk * WK0 * QKSAGG0 + transfrEntG0;
QINV0(c) = sam(c, 'invsav')/PQ0(c);
EINV0 = sum(c, PQ0(c) * QINV0(c));
shrinv(c) = (PQ0(c) * QINV0(c))/EINV0;
tiEnt = sam('gov', 'ent')/YEnt0;
ENTSAV0 = (1 - tiEnt) * YENT0 - sum(h, transfrhEnt0(h));
YHAGG0 = sum(h, YH0(h));
YG0 = sum(h, tih(h) * YH0(h)) + tiEnt * YENT0 + sum(a, tval(a) * WL0 * QLD0(a)
      + tvak(a) * WK0 * QKD0(a)) + sum(a, sam('bustax', a)) + sam('gov',
      'tariff') + sam('gov','row');
QG0(c) = sam(c, 'gov')/PQ0(c);
GSAV0 = sam('invsav', 'gov');
EG0 = YG0 - GSAV0;
FSAV0 = sam('invsav', 'row');
shrg(c) = PQ0(c) * QG0(c)/(EG0 - sum(h, transfrhg0(h)) - transfrEntG0);
GDP0 = sum(c, sum(h, QH0(c, h)) + QINV0(c) + QG0(c) + QE0(c) - QM0(c));
PGDP0 = (sum(c, PQ0(c) * (sum(h, QH0(c, h)) + QINV0(c) + QG0(c)) + PE0(c) *
        QE0(c) - PM0(c) * QM0(c) + tm(c) * pwm(c) * QM0(c) * EXR0))/GDP0;
cpiwt(c) = sum(h, QH0(c, h))/(sum(cp, sum(h, QH0(cp, h))));
CPI0 = sum(c, cpiwt(c) * PQ0(c));
kscale = sam('cap', 'total')/(WK0 ** kelas);
EG0chk = sum(c, sam(c, 'gov')) + transfrhg0('hhr') + transfrhg0('hhu') +
transfrEntG0 - EG0;
vadded0 = sum(a, (1 + tval(a)) * WL0 * QLD0(a) + (1 + tvak(a)) * WK0 * QKD0(a))
 + sum(a, tbus(a) * (PINTA0(a) * QINTA0(a) + PVA0(a) * QVA0(a))) + sum(c,tm
(c) * pwm(c) * QM0(c) * EXR0);
GDP0chk = vadded0 - PGDP0 * GDP0;

display
sax, ica, PQ0, EG0, EG0chk, PGDP0, GDP0, vadded0, GDP0chk, kscale, tvak,
bgtshrchk, LESbetachk, shrinv;

variable
PA(a), PVA(a), PINTA(a), WL, WK, QA(a), QVA(a), QINTA(a), QINT(c, a), QLD
```

```
(a), QKD(a), QX(c), QD(c), QE(c), PX(c), PD(c), PE(c), PQ(c), QQ(c),
PM(c), QM(c), YH(h), EH(h), QH(c, h), QINV(c), QG(c), YENT, ENTSAV, EINV,
YG, EG, GSAV, QLSAGG, QKSAGG, FSAV, GDP, PGDP, CPI, EXR, walras
;

* 下面对等式定义
equation

QAfn(a), QAFOCeq(a), PAeq(a), QVAfn(a), QVAFOC(a), PVAeq(a), QINTfn(c, a),
PINTAeq(a), QAQXeq(a), PXPAeq(c), CETfn(c), CETFOC(c), PXCET(c),
PEeq(c), QQfn(c), QQfnNoImport(c), QQFOC(c), PQPDCNoImportfn(c), PQeq(c),
PMeq(c), YHeq(h), EHeq(h), QHeq(c, h), YENTeq, ENTSAVeq,
QINVeq(c), Ygeq, QGeq, GSAVeq, ComEqui(c), Leq, Keq, Ksupply, FEXeq, ISeq,
GDPeq, PGDPeq, CPIeq
;

QAfn(a)..
QA(a) =e= scaleAa(a) * (deltaAa(a) * QVA(a) ** rhoAa(a) + (1 - deltaAa(a)) *
QINTA(a) ** rhoAa(a)) ** (1/rhoAa(a));

QAFOCeq(a)..
PVA(a)/PINTA(a) =e= (deltaAa(a)/(1 - deltaAa(a))) * (QINTA(a)/QVA(a)) **
(1 - rhoAa(a));

PAeq(a)..
PA(a) * QA(a) =e= (1 + tbus(a)) * (PVA(a) * QVA(a) + PINTA(a) * QINTA(a));

QVAfn(a)..
QVA(a) =e= scaleAVA(a) * (deltaVA(a) * QLD(a) ** rhoVA(a) + (1 - deltaVA(a))
 * QKD(a) ** rhoVA(a)) ** (1/rhoVA(a));

QVAFOC(a)..
((1 + tval(a)) * WL)/((1 + tvak(a)) * WK) =e= (deltaVA(a)/(1 - deltaVA(a)))
 * (QKD(a)/QLD(a)) ** (1 - rhoVA(a));

PVAeq(a)..
PVA(a) * QVA(a) =e= (1 + tval(a)) * WL * QLD(a) + (1 + tvak(a)) * WK * QKD(a);
```

```
QINTfn(c, a)..
QINT(c, a) =e= ica(c, a) * QINTA(a);

PINTAeq(a)..
PINTA(a) =e= SUM(c, ica(c, a) * PQ(c));

QAQXeq(a)..
QA(a) =e= sum(c, sax(a, c) * QX(c));

PXPAeq(c)..
PX(c) =e= sum(a, PA(a) * sax(a, c));

CETfn(c)..
QX(c) =e= scaleCET(c) * (deltaCET(c) * QD(c) ** rhoCET(c) + (1 - deltaCET
(c)) * QE(c) ** rhoCET(c)) ** (1/rhoCET(c));

CETFOC(c)..
PD(c)/PE(c) =e= (deltaCET(c)/(1 - deltaCET(c))) * (QE(c)/QD(c)) ** (1 -
rhoCET(c));

PXCET(c)..
PX(c) * QX(c) =e= (PD(c) * QD(c) + PE(c) * QE(c));

PEeq(c)..
PE(c) =e= pwe(c) * (1 - te(c)) * EXR;

QQfn(c) $ sam('row', c)..
QQ(c) =e= scaleQq(c) * (deltaQq(c) * QD(c) ** rhoQq(c) + (1 - deltaQq(c)) *
QM(c) ** rhoQq(c)) ** (1/rhoQq(c));

QQfnNoImport(c) $ (sam('row', c) = 0)..
QQ(c) =e= QD(c);

QQFOC(c) $ sam('row', c)..
PD(c)/PM(c) =e= (deltaQq(c)/(1 - deltaQq(c))) * (QM(c)/QD(c)) ** (1 -
rhoQq(c));
```

```
PQPDCNoImportfn(c) $ (sam('row', c) = 0)..
PQ(c) = e = PD(c);

PQeq(c)..
PQ(c) * QQ(c) = e = PD(c) * QD(c) + PM(c) * QM(c);

PMeq(c)..
PM(c) = e = pwm(c) * (1 + tm(c)) * EXR;

YHeq(h)..
YH(h) = e = shifhl(h) * WL * QLSAGG + shifhk(h) * WK * QKSAGG + transfrhent0(h)
 + transfrhg0(h) + transfrhrow0(h) * EXR;

EHeq(h)..
EH(h) = e = mpc(h) * (1 - tih(h)) * YH(h);

QHeq(c, h)..
PQ(c) * QH(c, h) = e = PQ(c) * LESsub(c, h) + LESbeta(c, h) * (EH(h) - sum(cp,
PQ(cp) * LESsub(cp, h)));

YENTeq..
YENT = e = shifentk * WK * QKSAGG + transfrentg0 + transfrEntRow0 * EXR;

ENTSAVeq..
ENTSAV = e = (1 - tiEnt) * YENT - sum(h, transfrhEnt0(h));

QINVeq(c)..
PQ(c) * QINV(c) = e = shrinv(c) * EINV;

YGeq..
YG = e = sum(a, tval(a) * WL * QLD(a) + tvak(a) * WK * QKD(a)) + sum(a, tbus(a)
 * (PINTA(a) * QINTA(a) + PVA(a) * QVA(a))) + sum(h, tih(h) * YH(h))

 + tiEnt * YENT + sum(c, tm(c) * pwm(c) * QM(c) * EXR) + sum(c, te(c) * pwe(c)
 * QE(c) * EXR) + transfrgrow0 * EXR;

QGeq(c)..
PQ(c) * QG(c) = e = shrg(c) * (EG - sum(h, transfrhg0(h)) - transfrEntg0);
```

```
GSAVeq..
GSAV = e = YG - EG;

ComEqui(c)..
QQ(c) = e = sum(a, QINT(c, a)) + sum(h, QH(c, h)) + QINV(c) + QG(c);

Leq..
Sum(a, QLD(a)) = e = QLSAGG;

Keq..
Sum(a, QKD(a)) = e = QKSAGG;

Ksupply..
QKSAGG = e = kscale * WK ** kelas;

FEXeq..
sum(c, pwm(c) * QM(c)) = e = sum(c, pwe(c) * QE(c)) + transfrgrow0 + FSAV;

ISeq..
EINV = e = sum(h, (1 - mpc(h)) * (1 - tih(h)) * YH(h)) + ENTSAV + GSAV + EXR *
FSAV + walras;

GDPeq..
GDP = e = sum(c, sum(h, QH(c, h)) + QINV(c) + QG(c) + QE(c) - QM(c));

PGDPeq..
PGDP * GDP = e = sum(c, PQ(c) * (sum(h, QH(c, h)) + QINV(c) + QG(c))) + sum(c,
PE(c) * QE(c)) - sum(c, PM(c) * QM(c)) + sum(c, tm(c) * pwm(c) * QM(c) * EXR);

CPIeq..
CPI = e = sum(c, cpiwt(c) * PQ(c));

* 赋予变量的初始值

PA.L(a) = PA0(a);
PVA.L(a) = PVA0(a);
PINTA.L(a) = PINTA0(a);
```

```
QA.L(a) = QA0(a);
QVA.L(a) = QVA0(a);
QINTA.L(a) = QINTA0(a);
QINT.L(c, a) = QINT0(c, a);
QLD.L(a) = QLD0(a);
QKD.L(a) = QKD0(a);
PX.L(c) = 1;
QX.L(c) = QX0(c);
PD.L(c) = 1;
QD.L(c) = QD0(c);
PE.L(c) = 1;
QE.L(c) = QE0(c);
PQ.L(c) = 1;
QQ.L(c) = QQ0(c);
PM.L(c) = 1;
QM.L(c) = QM0(c);
YH.L(h) = YH0(h);
EH.L(h) = EH0(h);
QH.L(c, h) = QH0(c, h);
YENT.L = YENT0;
ENTSAV.L = ENTSAV0;
EINV.L = EINV0;
YG.L = YG0;
EG.L = EG0;
GSAV.L = GSAV0;
GDP.L = GDP0;
PGDP.L = PGDP0;
walras.L = 0;
WK.L = 1;
CPI.L = CPI0;
EINV.L = EINV0;

* 中等收入国家经济宏观闭合条件
WL.fx = 1;
EG.fx = EG0;
EXR.fx = 1;
FSAV.fx = FSAV0;
```

```
* 执行优化程序
model cge   /all/;
solve cge using mcp;

* 下面模拟增值税转型政策冲击的结果
tvak(a) = 0.05;

model sim1   /all/;
solve sim1 using mcp;

* end
```

以下是打印出来的部分模拟结果：

```
GAMS Rev 230 WEX-VIS 23.0.2 x86/MS Windows          02/22/17 11:26:41 Page 10
第 15 章 15.2 节  发展中经济,转型经济宏观闭合的 CGE 模型,研究增值税转型
Model Statistics     SOLVE sim1 Using MCP From line 436

MODEL STATISTICS

BLOCKS OF EQUATIONS           38     SINGLE EQUATIONS        113
BLOCKS OF VARIABLES           40     SINGLE VARIABLES        117
NON ZERO ELEMENTS            491     NON LINEAR N-Z          271
DERIVATIVE POOL               39     CONSTANT POOL           110
CODE LENGTH                1,885

GENERATION TIME      =      0.015 SECONDS      3 Mb   WIN230-230 Feb 12, 2009
EXECUTION TIME       =      0.031 SECONDS      3 Mb   WIN230-230 Feb 12, 2009

               S O L V E      S U M M A R Y
      MODEL      sim1
      TYPE       MCP
      SOLVER     PATH                   FROM LINE   436
**** SOLVER STATUS     1 NORMAL COMPLETION
**** MODEL STATUS      1 OPTIMAL
RESOURCE USAGE, LIMIT           0.045          1000.000
ITERATION COUNT, LIMIT          3             10000
```

```
EVALUATION ERRORS                0              0
PATH           Feb 14, 2009 23.0.2 WIN 6185.9411 VIS x86/MS Windows
113 row/cols, 463 non-zeros, 3.63% dense.

---- VAR PA
              LOWER       LEVEL       UPPER       MARGINAL
sec1          -INF        1.001       +INF          .
sec2soe       -INF        0.999       +INF          .
sec2pri       -INF        1.002       +INF          .
sec2fdi       -INF        0.996       +INF          .
sec3          -INF        1.037       +INF          .

---- VAR PVA
              LOWER       LEVEL       UPPER       MARGINAL
sec1          -INF        0.995       +INF          .
sec2soe       -INF        0.991       +INF          .
sec2pri       -INF        0.994       +INF          .
sec2fdi       -INF        0.991       +INF          .
sec3          -INF        1.054       +INF          .

---- VAR PINTA
              LOWER       LEVEL       UPPER       MARGINAL
sec1          -INF        1.008       +INF          .
sec2soe       -INF        1.010       +INF          .
sec2pri       -INF        1.010       +INF          .
sec2fdi       -INF        1.010       +INF          .
sec3          -INF        1.017       +INF          .

                  LOWER       LEVEL       UPPER       MARGINAL
---- VAR WL       1.000       1.000       1.000         .
---- VAR WK       -INF        1.062       +INF          .

---- VAR QA
              LOWER       LEVEL       UPPER       MARGINAL
sec1          -INF        2277.066    +INF          .
sec2soe       -INF        1367.243    +INF          .
sec2pri       -INF        1173.110    +INF          .
```

sec2fdi	-INF	957.476	+INF	.
sec3	-INF	2699.756	+INF	.

---- VAR QVA

	LOWER	LEVEL	UPPER	MARGINAL
sec1	-INF	1257.287	+INF	.
sec2soe	-INF	819.412	+INF	.
sec2pri	-INF	588.953	+INF	.
sec2fdi	-INF	705.342	+INF	.
sec3	-INF	1362.551	+INF	.

---- VAR QINTA

	LOWER	LEVEL	UPPER	MARGINAL
sec1	-INF	1019.840	+INF	.
sec2soe	-INF	547.952	+INF	.
sec2pri	-INF	584.231	+INF	.
sec2fdi	-INF	252.208	+INF	.
sec3	-INF	1259.035	+INF	.

---- VAR QINT

	LOWER	LEVEL	UPPER	MARGINAL
com1.sec1	-INF	327.331	+INF	.
com1.sec2soe	-INF	173.953	+INF	.
com1.sec2pri	-INF	185.470	+INF	.
com1.sec2fdi	-INF	81.357	+INF	.
com1.sec3	-INF	253.923	+INF	.
com2.sec1	-INF	467.469	+INF	.
com2.sec2soe	-INF	226.139	+INF	.
com2.sec2pri	-INF	241.111	+INF	.
com2.sec2fdi	-INF	101.697	+INF	.
com2.sec3	-INF	433.785	+INF	.
com3.sec1	-INF	225.040	+INF	.
com3.sec2soe	-INF	147.860	+INF	.
com3.sec2pri	-INF	157.650	+INF	.
com3.sec2fdi	-INF	69.154	+INF	.
com3.sec3	-INF	571.327	+INF	.

```
---- VAR QLD
              LOWER      LEVEL      UPPER      MARGINAL
sec1          -INF      722.980     +INF          .
sec2soe       -INF      249.562     +INF          .
sec2pri       -INF      304.157     +INF          .
sec2fdi       -INF      196.385     +INF          .
sec3          -INF      757.138     +INF          .

---- VAR QKD
              LOWER      LEVEL      UPPER      MARGINAL
sec1          -INF      389.697     +INF          .
sec2soe       -INF      475.620     +INF          .
sec2pri       -INF      217.070     +INF          .
sec2fdi       -INF      427.843     +INF          .
sec3          -INF      609.416     +INF          .

---- VAR QX
              LOWER      LEVEL      UPPER      MARGINAL
com1          -INF     2061.328     +INF          .
com2          -INF     3713.567     +INF          .
com3          -INF     2699.756     +INF          .

---- VAR QD
              LOWER      LEVEL      UPPER      MARGINAL
com1          -INF     1999.055     +INF          .
com2          -INF     3425.311     +INF          .
com3          -INF     2611.348     +INF          .

---- VAR QE
              LOWER      LEVEL      UPPER      MARGINAL
com1          -INF       62.273     +INF          .
com2          -INF      288.255     +INF          .
com3          -INF       88.349     +INF          .

---- VAR PX
              LOWER      LEVEL      UPPER      MARGINAL
com1          -INF        1.001     +INF          .
```

```
com2          - INF       0.999        + INF            .
com3          - INF       1.037        + INF            .

---- VAR PD
              LOWER       LEVEL        UPPER        MARGINAL
com1          - INF       1.001        + INF            .
com2          - INF       0.999        + INF            .
com3          - INF       1.038        + INF            .

---- VAR PE
              LOWER       LEVEL        UPPER        MARGINAL
com1          - INF       1.000        + INF            .
com2          - INF       1.000        + INF            .
com3          - INF       1.000        + INF            .

---- VAR PQ
              LOWER       LEVEL        UPPER        MARGINAL
com1          - INF       1.001        + INF            .
com2          - INF       0.999        + INF            .
com3          - INF       1.038        + INF            .

---- VAR QQ
              LOWER       LEVEL        UPPER        MARGINAL
com1          - INF     2201.497       + INF            .
com2          - INF     3654.022       + INF            .
com3          - INF     2611.348       + INF            .

---- VAR PM
              LOWER       LEVEL        UPPER        MARGINAL
com1          - INF       1.000        + INF            .
com2          - INF       1.000        + INF            .
com3          - INF       1.000        + INF            .

---- VAR QM
              LOWER       LEVEL        UPPER        MARGINAL
com1          - INF      202.442       + INF            .
com2          - INF      228.711       + INF            .
```

```
com3        - INF     - 4.55E - 13    + INF           .

---- VAR YH
            LOWER       LEVEL        UPPER       MARGINAL
hhr         - INF      1645.726      + INF           .
hhu         - INF      2749.293      + INF           .

---- VAR EH
            LOWER       LEVEL        UPPER       MARGINAL
hhr         - INF      1536.723      + INF           .
hhu         - INF      2078.001      + INF           .

---- VAR QH
            LOWER       LEVEL        UPPER       MARGINAL
com1.hhr    - INF       559.919      + INF           .
com1.hhu    - INF       486.591      + INF           .
com2.hhr    - INF       642.497      + INF           .
com2.hhu    - INF       922.658      + INF           .
com3.hhr    - INF       321.885      + INF           .
com3.hhu    - INF       644.368      + INF           .

---- VAR QINV
            LOWER       LEVEL        UPPER       MARGINAL
com1        - INF        68.624      + INF           .
com2        - INF       225.724      + INF           .
com3        - INF       187.713      + INF           .

---- VAR QG
            LOWER       LEVEL        UPPER       MARGINAL
com1        - INF        64.328      + INF           .
com2        - INF       392.942      + INF           .
com3        - INF       286.352      + INF           .

                    LOWER       LEVEL        UPPER       MARGINAL
---- VAR YENT       - INF      248.518       + INF           .
---- VAR ENTSAV     - INF       55.178       + INF           .
---- VAR EINV       - INF      489.109       + INF           .
```

```
---- VAR YG          - INF        918.479      + INF       .
---- VAR EG         897.500       897.500     897.500      .
---- VAR GSAV        - INF         20.979      + INF       .
---- VAR QLSAGG      - INF       2230.223      + INF       .
---- VAR QKSAGG      - INF       2119.645      + INF       .
---- VAR FSAV       - 50.000      - 50.000    - 50.000     .
---- VAR GDP         - INF       4811.325      + INF       .
---- VAR PGDP        - INF          1.018      + INF       .
---- VAR CPI         - INF          1.010      + INF       .
---- VAR EXR        1.000           1.000      1.000       .
---- VAR walras      - INF      5.0119E - 8    + INF       .

**** REPORT SUMMARY:        0          NONOPT
                            0      INFEASIBLE
                            0       UNBOUNDED
                            0       REDEFINED
                            0          ERRORS

EXECUTION TIME    =    0.016 SECONDS    2 Mb   WIN230 - 230 Feb 12, 2009
```

15.3 可靠性、稳健性和敏感性等技术性分析

CGE 模型运行后，要对结果作一连串技术性分析以验证模型和结果的可靠性。第一，如第 15.2 节已经展示过的，要看模型是否成功复制。第二，要检查优化过程的收敛结果，如 *WALRAS* 虚变量是否趋零。第三，要看模拟结果是否符合经济理论预期，具有理论可靠性。譬如第 15.2 节 CGE 模型程序运行后，其增值税转型政策冲击模拟结果如表 15.3.1。

表 15.3.1　增值税转型政策冲击模拟部分结果(资本供应函数弹性 0.3)

	减税前	增值税转型减税后	百分比变化
国民生产总值	4 616	4 811	4.2%
活动 1 部门就业	700	723	3.3%
活动 2 部门国有企业就业	240	250	4.2%
活动 2 部门私有企业就业	290	304	4.8%
活动 2 部门外资企业就业	190	196	3.2%
活动 3 部门就业	670	757	13.0%

(续表)

	减税前	增值税转型减税后	百分比变化
总资本使用	2 082	2 120	1.8%
总投资额	477	489	2.5%
价格指数(*PGDP*)	1.007	1.018	1.1%
消费者价格指数(*CPI*)	1.000	1.010	1.0%
劳动力价格	1.00	1.00	价格基准
资本价格	1.00	1.062	6.2%
财政盈余(*GSAVE*)	45	20.979	−53.4%

上面这些结果符合经济理论的预期。政策是,降低资本投入增值税率,同时保持政府商品购买量不变。这刺激了国民生产总值、资本使用和总投资的增长。对劳动就业来说,企业交付资本增值税后的资本单位成本下降。原来资本价格为 1,增值税率为 13%,完税后资本单位成本是 $1+0.13=1.13$。现在由于资本需求增加,资本价格上涨为 1.062,不过由于增值税率降低到 5%,实际完税后资本单位成本为 $1.062\times1.05=1.115$,比原来下降了 1.5 个百分点。对劳动力就业来说有两个作用,一是资本相对便宜,会有替代劳动力降低劳动力需求的作用;二是经济增长又刺激劳动力需求。本模型的结果是后者占主导地位,因此,在所有商品部门都呈现了就业增长,特别是资本使用较低的服务业部门。假如劳动和资本要素的替代弹性很大,同时经济刺激的作用不大,增值税转型也可能造成劳力需求的减少。①

由于资本价格上涨 6.2 个百分点,我们预期会传导给商品价格,*PGD* 和 *PCPI* 有所上涨。报告结果是价格指数 *PGDP* 和 *CPI* 分别增加 1.1 和 1.0 个百分点。由于税收减少而支出保持不变,预期政府财政盈余减少。报告结果是 *GSAVE* 减少了 53.4%。所有这些结果和经济理论预期一致。

第四,要做稳健性和敏感性分析。计量经济学做分析时,一个变量有很多的观察值,计量经济学可以从大数据中用统计技术直接计算结果的可信程度。CGE 模型不同。CGE 模型的数据来自一张 SAM 表,一个变量就一个观察数据。另外加上一些外界给定的参数,如生产函数、效用函数、供应函数的弹性数据。这些数据都会带有随机误差。因此,CGE 模型要测试这些数据在随机误差范围之内扰动后,模型的模拟结果是否仍然稳健,和原来预期没有发生重大变化,这叫稳健性分析。对弹性等参数数值进行变化后,测试模拟结果的变化范围,叫做敏感性分析。因为牵涉到的变量太多,在稳健性敏感性分析中,到底哪些数值要测试,扰动范围有多大,这些要靠理论和经验来具体判断。

举上面增值税转型模型的例子来说。我们根据经济学理论判断,感觉资本供

① 参看陈烨、张欣、寇恩惠、刘明:《增值税转型对就业负面影响的 CGE 模拟分析》,《经济研究》2010 年第 9 期。

应函数弹性的数值存在的误差可能比较大。模型原来用的资本供应弹性参数为0.3，如果是0.7，弹性比原来增加一倍多，模型模拟结果如何？表15.3.2将两个模拟结果进行比较。变化的方向和经济学理论预测一致：较高的资本供应弹性，在税率降低之后，会刺激资本使用、总产出和总投资额。然后检查这些变量对这个弹性数值敏感性如何。可以看到，造成的误差很小，一般在5%以下。总投资额 *EINV* 增加比较大，为8.18%，但也在预期范围内。唯一看上去比较大的是政府财政盈余。但是仔细想一下，导出这个比例时用的基数是不对的。正确的方法是用政府总收入或总开支作为基数。如果我们考虑到增值税转型冲击前政府的财政盈余是45，而政府收入 *YG*=942，这样财政盈余为政府收入的4.8%。在资本供应弹性0.3时政府收入 *YG* 为到918，盈余降低到21，盈余减少到政府收入的2.3%。在资本供应弹性为0.7时政府收入 *YG* 为944，盈余为46，盈余为政府收入的4.9%。从这个占政府收入的总量水平来看，只是(4.9－2.3＝)2.6个百分点的不同。因此，可以得出结论说，供应函数弹性对其他变量的模拟数值的敏感性不大，对总投资额有所影响，对政府财政盈余数值从百分比角度来说影响有限，但是有不同方向的波动。类似地，我们可以对其他一些数值和参数扰动，如生产函数中的替代弹性参数等，进行稳健性敏感性分析。如果结果都如表15.3.2所示，模拟结果并没有大变化，特别是，没有方向性和正负符号的改变，我们可以总结说，整个模型和模拟结果是稳健的。

表15.3.2　增值税转型政策冲击模拟结果，供应函数弹性值的敏感性分析

	模拟结果(kelas = 0.3)	模拟结果(kelas = 0.7)	误　差
国民生产总值	4 811	4 943	2.74%
活动1部门就业	723	739	2.21%
活动2部门国有企业就业	250	257	2.80%
活动2部门私有企业就业	304	313	2.96%
活动2部门外资企业就业	196	202	3.06%
活动3部门就业	757	782	3.30%
总资本使用	2 120	2 174	2.55%
总投资额	489	529	8.18%
价格指数(*PGDP*)	1.018	1.019	0.10%
消费者价格指数	1.01	1.01	0.00%
劳动力价格	1.00	1.00	0.00%
资本价格	1.062	1.064	0.19%
财政盈余(*GSAVE*)	20.979	46.087	119.68%*

注：* 见文章中的讨论。

15.4 政策模拟结果的评估:对居民福利影响的评估指标 *EV* 和 *CV*

上面对模型模拟结果从技术方面,如可靠性、稳健性和敏感性,进行检验分析。除此之外,还要从经济学和公共政策方面对结果进行优劣性的分析和评估。一个政策对各个经济和社会变量的影响,往往是多方面的,有积极的也有消极的,很少有十全十美的。譬如,前面第 14 章中讨论的增值税转型,如果在资本供应弹性较低的情况下(如 $\varepsilon = 0.3$),虽然对产出、固定资产投资和就业有刺激作用,但是在政府财政收支盈余上却恶化了。因此,对一个政策进行综合评价,往往和决策者的偏好有关。通常,在 CGE 模型模拟后,应该将政策对各个主要变量的影响详细列出来,以便从各个角度进行分析。然后,建立一些综合指标,以便对各个可供选择的政策方案进行比较。

评价一个公共政策的好坏,通常要估计该政策对居民福利的影响。居民福利是提高了呢还是降低了,程度有多大?理论上,可以用 CGE 模型中的居民效用函数,来检测效用的变化方向与程度。例如,某 CGE 模型的居民效用函数是 $U(QH)$,QH 为居民消费的商品向量。如果政策变化前居民初始消费是 $QH0$,而政策冲击后的消费是 $QH1$,那么,居民福利的变化为 $U(QH1)-U(QH0)$。

不过,效用函数的单位,英文为 util,理论和实践上难以确定固定标准,问题多多。因此,在实际应用上,大家倾向于用货币单位来衡量效用变化程度。①居民效用从 $U(QH0)$ 到 $U(QH1)$ 的变化,可以用这里隐含的实际收入变化来衡量。即,如果商品价格维持不变,政府需要给居民多少补偿或者从居民身上拿走多少货币收入,使居民政策冲击后的福利程度恢复到原来的初始福利水平?

从这个思路出发,福利经济学用货币单位来检测居民福利或效用程度的两个指标:等价性变化量(equivalent variation)简称 EV;和补偿性变化量(compensate variation)简称 CV。图 15.4.1 直观地解释了这两个概念。

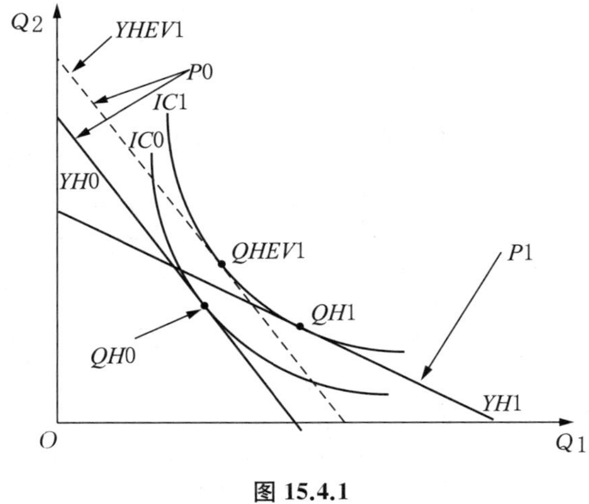

图 15.4.1

① 经济学上,相应的效用函数为货币度量效用函数(money metric utility function)。

假设政策施行前的初始状况下，居民的货币收入为 $YH0$，面临的商品价格向量为 $\mathbf{P}0$，居民对商品的消费需求向量为 $\mathbf{QH}0$。居民达到的福利/效用程度以无差异曲线 $IC0$ 代表。实施该公共政策后，居民的货币收入为 $YH1$，面临的商品价格向量为 $\mathbf{P}1$，居民对商品的消费需求向量为 $\mathbf{QH}1$。居民达到的福利/效用为无差异曲线 $IC1$。假如价格仍在初始价格 $\mathbf{P}0$，为了维持和 $\mathbf{QH}1$ 一样的福利/效用水平，居民的最低预算支出用虚线 $YHEV1$ 表示。由于应对预算支出变化而相对价格没有变化，居民的商品消费需求向量为 $\mathbf{QHEV}1$，不过 $\mathbf{QHEV}1$ 和 $\mathbf{QH}1$ 处在同一福利效用水平 $IC1$。因此 $YHEV1$ 和 $YH0$ 的差别，以货币单位衡量了在政策冲击下居民福利/效用的变化。这个变化量，称为等价性变化量 EV。其数学表示是：

$$EV = e(\mathbf{P}0,\ u(\mathbf{QH}1)) - e(\mathbf{P}0,\ u(\mathbf{QH}0)) \tag{15.4.1}$$

其中，$e(\mathbf{P},\ u)$为微观经济学中的支出函数(expenditure function)。

类似地，如果用政策冲击后的价格来衡量，称为补偿性变化量 CV。其数学表示是：

$$CV = e(\mathbf{P}1,\ u(\mathbf{QH}1)) - e(\mathbf{P}1,\ u(\mathbf{QH}0)) \tag{15.4.2}$$

通俗地讲，就是需要从居民货币收入中减少(或者负补偿)多少，使之回到原来的效用水平。图 15.4.2 中，在价格 $\mathbf{P}1$ 的情况下，达到 $IC0$ 效用程度的支出为虚线 $YHCV0$ 所示。$YH1$ 和 $YHCV0$ 所隐含的货币收入差别，即为 CV。

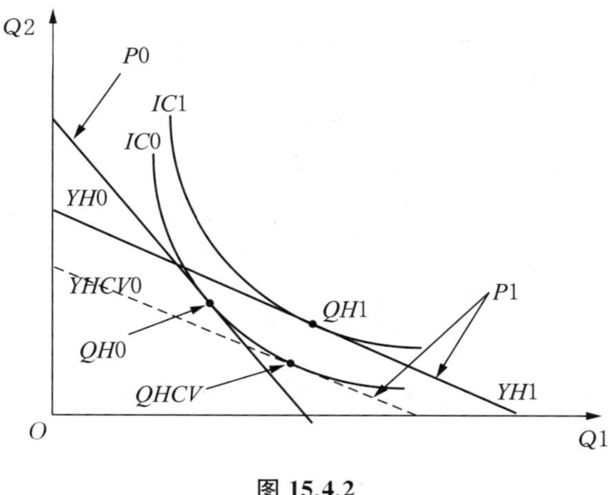

图 15.4.2

如果居民的效用函数为柯布—道格拉斯函数，可以用下面的方法计算 EV 和 CV。根据 SAM 表数据，校调估算求出居民群体 h 在各商品上的消费份额 $shrh(c,\ h)$，它们分别为柯布—道格拉斯效用函数中相应商品的幂。即，居民群体 h 的效用函数为：

$$UHH_{c,h} = \prod_{c} QH_{c,h}^{shrh_{c,h}} \qquad \sum_{c} shrh(c,\ h) = 1 \tag{15.4.3}$$

例如在第 14 章的 SAM 表上可以算出,农村居民对各个商品的消费份额分别为其总支出 EH 的 0.375 5，0.415 9，0.208 6。因此农村居民的效用函数为：

$$UHH_{hhr} = QH_1^{0.3755} \cdot QH_2^{0.4159} \cdot QH_3^{0.2086} \quad (15.4.4)$$

类似地,城市居民的效用函数为：

$$UHH_{hhu} = QH_1^{0.2446} \cdot QH_2^{0.4433} \cdot QH_3^{0.3121} \quad (15.4.5)$$

简便起见,下面将居民群体下标 h 省略掉。从柯布—道格拉斯函数求出的支出函数为(具体推算技术参看第 9 章)：

$$e(\mathbf{p},\ u(\mathbf{QH})) = u(\mathbf{QH}) \cdot \prod_c \left(\frac{p_c}{shrh_c}\right)^{shrh_c} \quad (15.4.6)$$

计算 EV 时,用初始价格 $\mathbf{P}0$,有

$$\begin{aligned} EV &= e(\mathbf{P}0,\ u(\mathbf{QH}1)) - e(\mathbf{P}0,\ u(\mathbf{QH}0)) \\ &= u(\mathbf{QH}1) \cdot \prod_c \left(\frac{p_c^0}{shrh_c}\right)^{shrh_c} - u(\mathbf{QH}0) \cdot \prod_c \left(\frac{p_c^0}{shrh_c}\right)^{shrh_c} \quad (15.4.7) \\ &= [u(\mathbf{QH}1) - u(\mathbf{QH}0)] \cdot \prod_c \left(\frac{p_c^0}{shrh_c}\right)^{shrh_c} \end{aligned}$$

计算 CV 时,用政策冲击后的价格 $\mathbf{P}1$,有

$$\begin{aligned} CV &= e(\mathbf{P}1,\ u(\mathbf{QH}1)) - e(\mathbf{P}1,\ u(\mathbf{QH}0)) \\ &= [u(\mathbf{QH}1) - u(\boldsymbol{QH}0)] \cdot \prod_c \left(\frac{p_c^1}{shrh_c}\right)^{shrh_c} \end{aligned} \quad (15.4.8)$$

例 15.4.1 第 14 章中的模型经济中,居民的效用函数为柯布—道格拉斯函数。假设居民的效用函数中只包括当年消费的商品。计算政府开支增加 10%后刺激政策变化对居民福利的 EV 和 CV。写出相应 GAMS 程序指令。

解:相应的 GAMS 程序语言如下。这个子程序可以加在第 14.8 节的模型经济程序最后运行,导出 EV 和 CV 的结果。

```
*15.4.1 柯布—道格拉斯效用函数 GAMS 程序上计算 EV 和 CV,评估政策对居民的
福利效果
*定义效用函数
parameter
utility0(h), utility1(h), EV(h), CV(h);
*在模拟政策运行结果后,QH.L 已是政策施行后的居民消费量,PQ.L 则是政策施行
后的价格,有
utility0(h) = PROD(c, QH0(c, h) ** shrh(c, h));
utility1(h) = PROD(c, QH.L(c,h) ** shrh(c, h));
EV(h) = (utility1(h) - utility0(h)) * PROD(c, (PQ0(c)/shrh(c, h)) ** (shrh
```

```
(c, h)));
CV(h) = (utility1(h) - utility0(h)) * PROD(c, (PQ.L(c)/shrh(c, h)) ** (shrh
(c, h)));
display  utility0, utility1, EV, CV;
```

计算机打印出来的计算结果为：

	农村居民	城市居民
---- utility0 初始效用	hhr 498.383,	hhu 665.691
---- utility1 政策冲击后效用	hhr 530.037,	hhu 708.751
---- EV 等价性变化量	hhr 91.331,	hhu 125.346
---- CV 补偿性变化量	hhr 91.331,	hhu 125.346

由于价格 PQ 前后没有变化，因此 EV 和 CV 的结果是一样的。从等价性变化量 EV 指标衡量，税改后农村居民收入增加 91.331，城市居民增加 125.346。从补偿性变化量 CV 指标看，也是同样数值。如果价格 PQ 在政策后发生变化，那么 EV 和 CV 的结果就会不同。下面是增值税转型的实例，可以看到 EV 和 CV 结果是不同的。

例 15.4.2 第 15.2 节的 LES 需求函数意味着其效用函数为斯通—杰瑞效用函数。在第 15.2 节 GAMS 程序和最后加上相应程式，并导出 z 增值税转型后 EV 和 CV 的结果，加以评估。

解：斯通—杰瑞效用函数的原始形式为等式(9.3.2)：

$$u(\mathbf{q})=\prod_{i=1}^{n}(q_i-\gamma_i)^{\beta_i} \qquad \sum_{i=1}^{n}\beta_i=1 \tag{15.4.9}$$

相应的支出函数为：

$$e(\mathbf{p},\ u)=\sum_{i}^{n}p_i\gamma_i+u\prod_{j=1}^{n}\left(\frac{p_j}{\beta_j}\right)^{\beta_j},\ \sum_{i=1}^{n}\beta_i=1 \tag{15.4.10}$$

$$\begin{aligned}EV&=e(\mathbf{P}0,\ u(\mathbf{QH}1))-e(\mathbf{P}0,\ u(\mathbf{QH}0))\\&=\sum_{i}^{n}p_i^0\gamma_i+u(\mathbf{QH}1)\prod_{j=1}^{n}\left(\frac{p_j^0}{\beta_j}\right)^{\beta_j}-\sum_{i}^{n}p_i^0\gamma_i-u(\mathbf{QH}0)\prod_{j=1}^{n}\left(\frac{p_j^0}{\beta_j}\right)^{\beta_j}\\&=[u(\mathbf{QH}1)-u(\mathbf{QH}0)]\cdot\prod_{j=1}^{n}\left(\frac{p_j^0}{\beta_j}\right)^{\beta_j}\end{aligned} \tag{15.4.11}$$

$$\begin{aligned}CV&=e(\mathbf{P}1,\ u(\mathbf{QH}1))-e(\mathbf{P}1,\ u(\mathbf{QH}0))\\&=[u(\mathbf{QH}1)-u(\mathbf{QH}0)]\cdot\prod_{j=1}^{n}\left(\frac{p_j^1}{\beta_j}\right)^{\beta_j}\end{aligned} \tag{15.4.12}$$

相应的GAMS子程序为：

```
*15.4.2 斯通—杰瑞效用函数的 GAMS 程序上计算 EV 和 CV,评估政策对居民的福利效果
parameter
utility0(h), utility1(h), EV(h), CV(h);
*QH.L 是政策施行后的居民消费量,PQ.L 则是政策施行后的价格,有
utility0(h) = PROD(c, (QH0(c, h) - LESsub(c, h)) ** LESbeta(c, h));
utility1(h) = PROD(c, (QH.L(c, h) - LESsub(c, h)) ** LESbeta(c, h));
EV(h) = (utility1(h) - utility0(h)) * PROD(c, (PQ0(c)/LESbeta(c, h)) **
(LESbeta(c, h)));
CV(h) = (utility1(h) - utility0(h)) * PROD(c, (PQ.L(c)/LESbeta(c, h)) **
(LESbeta(c, h)));
display  utility0, utility1, EV, CV;
```

把上面的子程序加在第15.1节的增值税转型CGE模型最下面，运行后，EV 和 CV 的结果如下：

	农村居民	城市居民
---- utility0 初始效用	hhr 126.666,	hhu 378.107
---- utility1 政策冲击后效用	hhr 157.051,	hhu 423.232
---- EV 等价性变化量	hhr 86.237,	hhu 115.631
---- CV 补偿性变化量	hhr 87.178,	hhu 117.461

从等价性变化量 EV 指标衡量，增值税转型后农村居民收入增加86.237，城市居民增加115.631。从补偿性变化量 CV 指标看，增值税转型后农村居民收入增加87.178，城市居民增加117.461。不过，我们也注意到，增值税转型后财政盈余减少了24。在评估政策对整个宏观经济的效益时，要把方方面面的影响都考虑进去，综合评估。

15.5 支出函数复杂或者没有显式函数的情况

如果效用函数是比柯布—道格拉斯更复杂的函数如Translog、TL等，要显性写出支出函数就比较困难和累赘。实际操作时，不必硬要求出显式支出函数，而可以直接用GAMS的优化程序求出。如果已知效用函数为 $U(\mathbf{QH})$，给定消费向量 $\mathbf{QH}1$ 从而给定效用水平 $U(\mathbf{QH}1)$。支出函数 $e(\mathbf{P}, U(\mathbf{QH}1))$ 隐含在下面求解支出最小化问题中：

$$\min e = \mathbf{P} \cdot \mathbf{QH} \quad \text{s.t.} \quad U(\mathbf{QH}) \geqslant U(\mathbf{QH1}) \tag{15.5.1}$$

假如政策冲击前后价格向量和居民消费需求向量分别为($P0$, $QH0$)和($P1$, $QH1$),先在 GAMS 程序中设置下列联立方程

$$\begin{cases} \min\limits_{QH} EXPEN = P0 \cdot QH \\ U(QH) \geqslant U(QH1) \end{cases} \tag{15.5.2}$$

GAMS 程序解出的上述问题的 $EXPEN$ 即为政策冲击后的等价福利在 $P0$ 下的最小支出,记为 $EXPEN1$,即图 15.3.1 的 $YHEV1$。然后减去初始支出 $P0 \cdot QH0$,即得到等价性变化量 EV:

$$EV = EXPEN1 - P0 \cdot QH0 \tag{15.5.3}$$

以上方法适用于任何复杂的效用函数,包括动态 CGE 模型中跨期优化模型。方式也标准而简洁。

例 15.5.1 假设模型中居民需求函数为 LES 函数,因而得知效用函数是斯通—杰瑞函数 $U(\mathbf{QH}) = \sum_c \beta_c \ln(\mathbf{QH}_c - \mathbf{LESSUB}_c)$。其中 LESSUB 为 LES 消费函数在商品 c 上的生存消费量。已知参数数据、政策冲击前后价格向量和居民消费需求向量分别如表 15.5.1、表 15.5.2、表 15.5.3 所示。求政策冲击造成的 CV。

表 15.5.1 已知 LES 效用函数参数

	商品 1(com1)	商品 2(com2)	商品 3(com3)
LESSUB	20	15	10
Beta	0.3	0.32	0.38

表 15.5.2 初始价格与居民消费

	商品 1(com1)	商品 2(com2)	商品 3(com3)
P0	1	1	1
QH0	36.5	32.6	30.9

表 15.5.3 政策冲击后的价格和居民消费

	商品 1(com1)	商品 2(com2)	商品 3(com3)
P0	1.2	0.8	1.3
QH0	34.0	37.4	26.37

解:从上面可以看到,在政策冲击后,价格、名义收入、各个商品的消费都有升有降,难以直接推断福利增加与否以及增加多少。因此要具体计算 EV 和 CV 方可得出结论。虽然对斯通—杰瑞函数可用例 15.4.2 中的支出函数计算,不过(1)必须用斯通—杰瑞的原始函数形式而不是对数形式;(2)如果是其他更复杂的效用函

数，可能没有显性支出函数可以利用。所以这里用隐性函数求解方式，通用和方便。下面是计算 EV 的 GAMS 程序。程序运行模拟结果发现，居民福利水平下降了。EV 为－3.459。

```
$title 第 15 章例 15.4.1 隐性函数计算 EV

set c           /com1, com2, com3/;
parameter       LESbeta(c)/ com1  =  0.3,  com2  =  0.32,  com3  =  0.38/
                LESSub(c)  / com1      20,  com2       15,  com3       10/
                P0(c)      / com1       1,  com2        1,  com3        1/
                QH0(c)     / com1    36.5,  com2     32.6,  com3     30.9/
                P1(c)      / com1     1.2,  com2      0.8,  com3      1.3/
                QH1(c)     / com1      34,  com2     37.4,  com3    26.37/;

variables
QH(c)      可调整 QH 数值的变量
Expen      目标函数的数值，即最小支出；

equations
utility
Expenditure;

utility..
sum(c, LESbeta(c) * log(QH(c) - LESSub(c))) =g= sum(c, LESbeta(c) * log(QH1
(c) - LESSub(c)));
expenditure..
expen =e= sum(c, P0(c) * QH(c));

QH.L(c) = QH1(c);

model EVsolve  /utility, expenditure/;
solve EVsolve using nlp minimizing expen;

parameter
expen1
EV;
```

```
expen1 = expen.L;
EV = expen1 - sum(c, P0(c) * QH0(c));

display EV, expen1;

* end 结束
```

15.6 根据问题和目的设计评估指标

对前面讨论总结如下。第一，在设计 CGE 模型前，先通盘考虑要研究的问题和经济环境。第二，要根据经济学理论设计数学理论模型和宏观闭合特征。第三，根据 GAMS 程序要求，在经济学理论允许的范围内修改等式和限制条件，使模型能被解算。第四，检验模型结果的可靠性。第五，检验模型的稳健性和参数敏感性。第六，评估政策。

做课题研究时，要根据研究的问题和目的，采纳和设置评估体系。如果模型用上述福利效用函数，比较政策施行前和政策冲击后该福利效用变化的程度，可以用等价性变化或者补偿性变化等指标来衡量福利效用的变化。

研究政策时，由于问题的需要，也经常需要评价一些其他指标。比如某项政策对就业的影响，这时需要模拟和检查政策对劳动需求的变化。又比如，有时要考虑政策对价格的影响，这时要模拟和检查政策对价格的影响。还有其他研究问题，如检验国民生产总值、人均收入增长率、政府财政收入、外汇平衡对产业结构的影响、外贸，等等，都需要对 CGE 模型结构和政策评价作各种不同的设置。CGE 模型里要设置相应的函数，特别要注意设置与研究目标相关的宏观闭合，以及主要的相关变量，分出哪些是内生变量，哪些是外生变量。这里，需要根据理论、经验和智慧来设置好模型。评估时要把政策冲击造成的方方面面的影响都考虑进去，然后根据研究需要和经济学及公共政策学理论，设置权重，综合评估。

练　　习

1. 用 SAM 表 13.1.1 的数据。在前面第 14 章的练习题 2 和 3 的模型和程序上，假设活动 2 部门的生产率提高而其他活动部门没有，写出相应的 GAMS 程序。然后用 EV 和 CV 计算生产率提高后对居民福利的影响。

▶16

标准 CGE 模型的局限和拓展

第 13、第 14 和第 15 章的 CGE 模型结构，有时被称为 CGE 的标准模型。标准模型研究成熟，结构稳定，数据来源比较丰富，在一般政策研究中标准模型已经够用。但是标准模型也有它的局限性。标准模型是单个国家的，静态的。它基于规模报酬不变的生产函数，没有考虑储蓄、休闲和公共品的效用，也没有独立设置的货币和金融资本市场关系，等等。

近年来 CGE 模型在各个方向还有很多拓展。这里对标准模型几个重要方向的扩展作概括介绍。有兴趣的读者可以从国外相关文献作进一步了解。将来本书续编会在这些方面做进一步的详述。

16.1 储蓄和未来消费

第 15 章讨论的评估政策对居民福利水平的影响的方法，也是不少 CGE 模型文献所使用的，仅仅着眼于居民的当前消费。从更综合的角度看，这样做是片面的。除了消费之外，居民还要储蓄。储蓄是居民对未来商品(future goods)的消费，按理也应该包括在居民的福利/效用中。不然，在研究对储蓄有影响的政策时，会得出错误的结论，似乎在给定可支配收入下，储蓄越少越好。

通常 CGE 模型将储蓄设置为居民可支配收入中的固定份额，即平均储蓄率。譬如，居民的税后可支配收入记为 $YDISH$，居民储蓄为 $HSAV$，平均消费倾向为 apc，有

$$HSAV=(1-apc)\cdot YDISH \tag{16.1.1}$$

理论上可以这么来解释，居民效用包括现时消费的商品 QH 和未来商品的消费。未来商品为 $HSAV/P_{future}$，即储蓄除以未来商品价格 P_{future}，假设为 1。如果居民的福利由柯布—道格拉斯效用函数描述：

$$U(QH_1,\cdots,QH_n,HSAV/P_{future})=\prod_{c=1}^{n}QH_c^{shrh_c}\cdot(HSAV/P_{future})^{(1-apc)} \tag{16.1.2}$$

其中，$\sum_{1}^{n} shrh_c + (1 - apc) = 1$，即 $\sum_{1}^{n} shrh_c = apc$。可以求出，其对储蓄的需求为可支配收入的固定比例$(1-apc)$。该结果和模型原来对储蓄和可支配收入关系的设置即等式(16.1.1)一致。

如果居民的效用函数是 LES，可以这么解释目前的设置，即居民对未来商品的需求的 beta 值等于储蓄率 $1-apc$，对未来商品的生存消费量为零，如下：

$$U(QH_1, \cdots, QH_n, HSAV/P_{future}) = \sum_{c=1}^{n} [\beta_c \ln(QH_c - \text{LESSUB}_c) + \beta_s \ln(HSAV/P_{future})] \tag{16.1.3}$$

其中，$\sum_{c}^{n} \beta_c + \beta_s = 1$，而 $\beta_s = 1 - apc$。这样的话，平均储蓄率 apc 就不再是一个常数。

不过，如果居民经济行为是理性的和风险规避的，他们对未来商品的生存消费量应该大于零。新的效用函数如下。

$$U(QH_1, \cdots, QH_n, HSAV/P_{future}) = \sum_{c=1}^{n} [\beta_c \ln(QH_c - \text{LESSUB}_c) + \beta_s \ln(HSAV/P_{future} - \text{LESSUB}_{future})] \tag{16.1.4}$$

如果一项政策会影响居民的储蓄率，对这项政策评价时，效用函数中应该包括储蓄，即居民对未来商品的需求。如果不影响储蓄率，并且模型中的效用函数是式(16.1.2)的柯布—道格拉斯函数或者式(16.1.3)的 LES 函数，由于结论不受影响，因此，用前面两节的注重现时消费的评价方法，也是可以的。如果 CGE 模型的居民行为是跨期优化的或者动态的，居民储蓄率受利率和预期的影响，那么，储蓄多少会影响到居民的长期或者生命周期(life-cycle)的福利和效用。在这种情况下，模型要相应进行设置，对政策变动造成的福利效应必须考虑储蓄变化的因素。另外，在研究社会保障等问题的代际交叠(overlapping generation)的 CGE 模型中，还要考虑同期内各个年龄段居民群体的不同行为和做相应的函数设置，特别是工作年龄段群体的储蓄和退休年龄段群体的负储蓄，对整个系统均衡的影响。

16.2 休闲

在典型的新古典主义经济模型中，如第 6 章所讨论的，居民的效用函数里包括消费和休闲。在工资和商品相对价格变化下，居民增加劳动供应从而获得更多的消费品，同时减少休闲。或者反之。

如果现实经济具备两个条件，一是已经充分就业；二是经济结构基本上符合新古典主义的框架；并且，研究上有必要考虑休闲对劳动供应的影响，那么，在 CGE 模型设置时，可以将居民的劳动供应量 QLS 设置为内生，由居民在消费和休闲之间选择最后导致的结果。具体方法是,将居民的效用函数设置为嵌套的两层,如图 16.2.1。

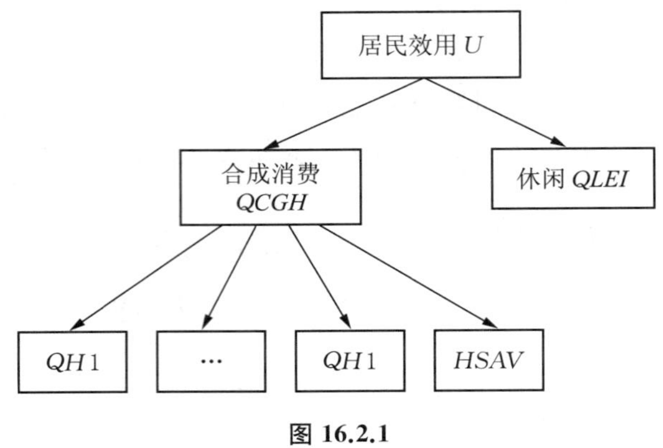

图 16.2.1

也有 CGE 文献设置三层的嵌套效用函数,将储蓄放在第一层,然后是合成消费与休闲,最后是合成消费的分解。但是这种分法和现时可支配收入被分解为储蓄和消费的常规框架不太一致。

图 16.2.1 的嵌套效用函数的第一层是居民在休闲 $QLEI$ 和合成消费品 $QCGH$ 的选择:

$$U(QCGH,\ QLEI) \tag{16.2.1}$$

相应的预算约束是:

$$\begin{gathered} PQCGH \cdot QCGH \leqslant w \cdot QLS + YEXTRA - TAX \\ QLS = \bar{L} - QLEI \end{gathered} \tag{16.2.2}$$

其中 $\bar{L}$ 是居民的时间禀赋,$YEXTRA$ 为居民除劳动收入外的货币收入,TAX 为税收。这里隐含的假设是休闲时间价格等于劳动时间价格。然后有第二层效用函数:

$$QCGH = U^{cg}(QH_1,\ \cdots,\ QH_n,\ HSAV/P_{future}) \tag{16.2.3}$$

和预算平衡:

$$PQCGH \cdot QCGH = \sum_c PQH_c \cdot QH_c + HSAV \tag{16.2.4}$$

在实际应用中,第一层效用函数常常用 CES 函数,在校调估算函数参数时,需要从外界得到时间禀赋和休闲—消费替代弹性率两个参数数据。劳动经济学在这方面文献很多,可以根据具体情况参考相应文献,借用数据。对时间禀赋,一般可以得到的信息是居民劳动与休闲的比例,从比例中可以推算时间禀赋 $\bar{L}$。一个粗略的参数是劳动、休闲和睡觉等各占 1/3。一个比较详细的多年调查数据可见 Aguiar 和 Hurst(2006)。Fox(2002)的计算认为休闲(等于劳动价格乘以休闲时间)和消费(等于劳动供应收入)的比例为 1∶4。假如用 Fox 的数据,设置劳动价格和消费品价格皆为 1，从 SAM 表已知初始的劳动供应 QLS，据此，居民时间禀赋可以如此推算：

$$\bar{L}=((1+4)/4)\cdot QLS \tag{16.2.5}$$

然后根据外界得到的休闲—消费替代弹性率，可以推算出 CES 函数的幂 ρ。第二层函数可以用常规处理的效用函数如 CES、LES 等。前面讲过，这里不重复。

如果不能直接得到休闲—消费替代弹性率，可以用很多现成研究（如 MaCurdy and Thomas，1981）提供的劳动供应的弹性数据，据此推算 CES 函数休闲—消费替代弹性率或者幂 ρ。假如有第一层的 CES 效用函数①如下面等式：

$$U(Q,\ l)=\delta_1\cdot Q^{\rho}+\delta_2\cdot l^{\rho} \tag{16.2.6}$$

其中 Q 为合成消费品量，l 为休闲。假如用 Fox 的休闲和消费比例数据，那么 $\delta_1/\delta_2=4$。字母 n 为劳动数量，$\bar{L}$ 为时间禀赋。有

$$n+l=\bar{L} \tag{16.2.7}$$

令 w 为劳动价格，p 为合成消费品价格，Y 为劳动外收入减去税收，即 $Y=YEXTRA-TAX$。将合成消费品价格认做价格基准，标准化（normalize）为 1，有 $p=1$。预算约束是：

$$pQ=Q=wn+Y=w(\bar{L}-l)+Y \tag{16.2.8}$$

劳动供应弹性 e_n 的数学定义为：

$$e_n=\frac{\mathrm{d}n}{\mathrm{d}w}\cdot\frac{w}{n} \tag{16.2.9}$$

休闲的需求弹性 e_l 的数学定义以及它和劳动供应弹性的关系为：

$$e_l\equiv\frac{\mathrm{d}l}{\mathrm{d}w}\cdot\frac{w}{l}=\frac{\mathrm{d}(\bar{L}-n)}{\mathrm{d}w}\cdot\frac{w}{l}=-\frac{\mathrm{d}n}{\mathrm{d}w}\cdot\frac{w}{l}\,\frac{n}{n}=-e_n\cdot\frac{n}{l} \tag{16.2.10}$$

等式（16.2.6）的 CES 效用函数的替代弹性 ε 定义是：

$$\varepsilon\equiv\frac{\mathrm{d}(Q/l)}{\mathrm{d}(w/p)}\cdot\frac{wl}{pQ} \tag{16.2.11}$$

因为 $p=1$，简化并且推导如下：

$$\varepsilon\equiv\frac{\mathrm{d}(Q/l)}{\mathrm{d}w}\cdot\frac{wl}{Q}=\frac{l\,\mathrm{d}Q-Q\,\mathrm{d}l}{l^2\,\mathrm{d}w}\,\frac{wl}{Q}=\frac{\mathrm{d}Q}{\mathrm{d}w}\,\frac{w}{Q}-\frac{w\,\mathrm{d}l}{l\,\mathrm{d}w}=\frac{w}{Q}\,\frac{\mathrm{d}Q}{\mathrm{d}w}-e_l \tag{16.2.12}$$

① 见第 9.2 节，效用函数单调变换不影响边际替代率，也不影响据此导出的函数如需求函数和支出函数等。因此，$(\delta_1\cdot QCGH^{\rho}+\delta_2\cdot QLEI^{\rho})^{1/\rho}$ 被等式 $U(Q,\ l)=\delta_1\cdot Q^{\rho}+\delta_2\cdot l^{\rho}$ 的简洁的 CES 函数形式替代。

对预算约束等式(16.2.8)求导,有

$$dQ = dw(\bar{L} - l) - w dl = n dw - w dl \tag{16.2.13}$$

把等式(16.2.13)和等式(16.2.8)代入等式(16.2.12),有

$$\begin{aligned}
\varepsilon &= \frac{w}{Q}\frac{dQ}{dw} - e_l = \frac{w}{dw}\frac{(n dw - w dl)}{(wn + Y)} - e_l = \frac{wn}{wn + Y} - \frac{w^2 dl}{(wn + Y)dw} - e_l \\
&= \frac{1}{1 + Y/(wn)} - \frac{w \cdot dl}{(n + Y/w)dw}\frac{l}{l} - e_l = \frac{1}{1 + Y/(wn)} - e_l\frac{l}{(n + Y/w)} - e_l \\
&= \frac{1}{1 + Y/(wn)} - e_l\left(\frac{\bar{L} + Y/w}{n + Y/w}\right)
\end{aligned} \tag{16.2.14}$$

把劳动供应弹性 e_n 代入等式里面:

$$\varepsilon = \frac{1}{1 + Y/(wn)} + e_n \cdot \frac{n}{(\bar{L} - n)}\left(\frac{w\bar{L} + Y}{wn + Y}\right) \tag{16.2.15}$$

如果从外部文献中,能获得劳动供应弹性数据,也能直接得到或间接推算出禀赋 $\bar{L}$,譬如从上面所述的 Fox 的休闲与消费的比例数据推算出来的 $\bar{L}$,再从 SAM 表上获取 n,Y 数据,再设 w 为 1,即可根据等式(16.2.15)推算出 CES 效用函数的替代弹性 ε。CES 函数的幂函数 ρ 则可用 $\rho = 1 - 1/\varepsilon$ 公式推出。如果要显性写出消费品价格 p,或者 p 不作为价格基准的话,也可以用上述方法推算,虽然表述不太简洁。

虽然新古典主义理论模型标准的做法是让居民函数中有休闲和消费的选择,但是在模拟实际经济的 CGE 模型应用中,这种设置是常常不符合现实经济情况的。这是因为,第一,在发展中国家或者发达国家在经济萧条时,存在大量失业或者剩余劳力。这时,休闲的影子价格不是 w,甚至可能是零。第二,理论和实证结果表明,即使在充分就业的情况下,由于劳动供应曲线常常不是简单上斜的,甚至还可能有倒弯(backward-bending),因此,劳动供应或者休闲需求很可能不被工资变动影响,即 $\frac{dQLS}{dw} = -\frac{dl^d}{dw} = 0$,或者几乎接近于零。第三,大量计量经济学实证研究表明,在全体居民行为汇总的情况下,工资变化并不影响劳动力总供应量。因此,在大多数情况下,不能生搬硬套上面的休闲—消费的模型设置。而前面章节模型中对劳动总供应量固定的设置,应该更切合经济的实际情况,也避免了 CGE 模型结构设置上不必要的繁琐。

16.3 公共物品与政府支出

上面对居民或者公众福利、效用内容中,其实还遗漏了一个重要部分,即政府提供的公共财或公共物品。政府向居民征税,除了对居民的转移支付之外,其他开

支也不完全是浪费的。政府购买和开支中包括了提供公共物品，如国防、基础建设、环境保护、治安、城市管理、教育、公共卫生、健康服务，等等，这些公共物品，为居民所需，提高了他们的福利和效用。如果不把政府提供的公共物品考虑进去，在研究财税政策时，最好把税减到零，这样在给定的产出下，居民的福利最大。但是，如果考虑政府征税以提供公共物品后，结论就会不一样。

公共物品的一个特点是非竞争的(non-rival)。非竞争性商品具有这种特性：该商品可以被消费者共享，个人的消费量只受总供应量变化的影响，而不受其他消费者人数变化的影响。例如，居民 A 对国防的消费不会降低居民 B 对国防的消费额。设商品 QH_g 为政府消费中非竞争性公共物品如国防、气象服务等在政府财政中的支出。假设该经济有 n 个居民，政府提供公共物品 QH_g；而由于公共物品的非竞争性，在效用函数中，居民总体对公共物品的消费为 $n \cdot QH_g$，以总体人数的 n 倍数扩大。当然，并不是所有政府消费都是非竞争性的公共物品(如政府给老弱病残提供的免费服务和物品)，故设政府消费中的竞争性(rival)物品为 QH_r。另外，政府在提供公共品当中有效率问题(如官僚主义或者腐败)，因此在政府在公共品上的支出和居民实际得到的消费上会打折扣。假设政府的效率因素为 $GEFFI$。模型中居民效用函数成为：

$$U(QH_1, \cdots, QH_n, QH_r \cdot GEFFI_r, n \cdot QH_g \cdot GEFFI_g, Leisure, HSAV/P_{future}) \quad (16.3.1)$$

为了模型简洁，具体设置时可以将公共物品和其他私人商品放在一个居民效用函数里面，而不必用嵌套效用函数的形式。譬如斯通—杰瑞函数形式是：

$$\begin{aligned} & U(QH_1, \cdots, QH_n, QH_r, QH_g, HSAV/P_{future}) \\ = & \sum_c \beta_c \ln(QH_c - LESSUB_c) + \sum_r \beta_r \ln(QH_r \cdot GEFFI_r - LESSUB_r) \\ & + \sum_g \beta_g \ln(n \cdot QH_g \cdot GEFFI_g - n \cdot LESSUB_g) + \beta_s \ln(HSAV/P_{future}) \end{aligned} \quad (16.3.2)$$

其中，$\sum_c \beta_c + \sum_r \beta_r + \sum_g \beta_g + \beta_s = 1$。而 $\beta_s = 1 - apc$，为平均储蓄率。下标 g 为政府消费中的非竞争性公共物品，r 为政府消费中的竞争性消费物品。

16.4 多区域模型

多区域模型将几个地区或国家的 CGE 模型链接在一起。在多国区域模型中，将几个成员国家之间相互影响的变量实行链接。这里的变量可以包括有形贸易、服务、运输、要素流动，等等。

贸易模型中，成员国之间相互进出口要链接。一个国家商品出口到多个国家，进口来源也可以来自多方。假设区域集团 R 中有 n 个国家，国家 s 从其他 $n-1$ 的国家的进口如图 16.4.1 所示。

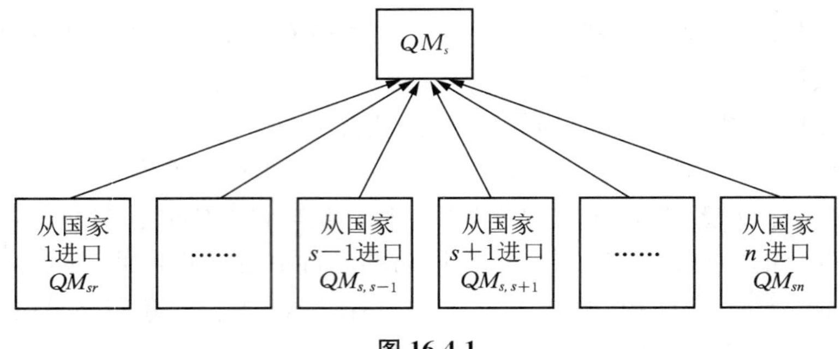

图 16.4.1

设置函数时，在标准模型的进口 QM 用嵌套的方式加上这一层。可以用固定比例，也可以用 CES 函数，表示从各个国家的进口商品相互可以替代，相互之间的价格替代弹性是一样的，因此可以放在一个 CES 函数里，有

$$
\begin{aligned}
QM_{cs} &= \alpha_{cs}^{M}(\delta_{cs1}^{M} QM_{c,s,1}^{\rho_{cs}^{M}} + \cdots + \delta_{c,s,s-1}^{M} QM_{c,s,s-1}^{\rho_{cs}^{M}} \\
&\quad + \delta_{c,s,s+1}^{M} QM_{c,s,s+1}^{\rho_{cs}^{M}} + \cdots + \delta_{c,s,n}^{M} QM_{c,s,n}^{\rho_{cs}^{M}})^{1/\rho_{cs}^{M}} \\
&= \alpha_{cs}^{M}\left(\sum_{r} \delta_{csr}^{M} QM_{csr}^{\rho_{cs}^{M}}\right)^{1/\rho_{cs}^{M}}
\end{aligned}
\tag{16.4.1}
$$

$$
\sum_{r=1}^{n-1} \delta_{csr}^{M} = 1
$$

其中，QM_{cs}是国家 s 的商品 c 的总进口。QM_{csr}是该国 s 从国家 r 进口的商品 c。这被称为第二层阿明顿条件。

国家 s 进口商品 c，目标为成本最小化，给定总进口 QM_{cs}，和各个进口来源的进口税完税后的价格 PM_{csr}，为：

$$
\min_{QM_{csr}} \sum_{r} PM_{csr} QM_{csr} \quad \text{s.t.} \quad QM_{cs} = \alpha_{cs}^{m}\left(\sum_{r} \delta_{csr}^{M} QM_{csr}^{\rho_{rs}^{M}}\right)^{1/\rho_{cs}^{M}} \tag{16.4.2}
$$

以及价格关系：

$$
PM_{cs} \cdot QM_{cs} = \sum_{r} PM_{csr} QM_{csr} \tag{16.4.3}
$$

各个进口来源的设置进口关税率 tm_{csr}，有

$$
PM_{csr} = pwm_{csr}(1 + tm_{csr}) EXR_{s} \tag{16.4.4}
$$

其中 pwm_{csr} 为进口税完税前的到岸价格(CIF 价格)。从上面求出的最优 QM_{csr} 即是从国家 r 来的进口。

由于有众多的进口变量，如果用前面经常用的联立方程方法，即第 7 章式(7.4.7)的方法 1，数学和程序等式表达太繁琐。直接用条件需求函数，即用第 7 章的方程(7.4.8)的方法，反而简洁。对 s 国从 r 国进口的商品 c 的条件需求函数为：

$$QM_{csr}=\frac{QM_{cs}}{\alpha_{cs}^{M}}\left(\frac{\delta_{csr}}{PM_{csr}}\right)^{1/(1-\rho)}\left(\sum_{j}^{m-1}\delta_{csj}^{1/(1-\rho_{csj})}\cdot PM_{csj}^{\rho_{csj}/(\rho_{csj}-1)}\right)^{-1/\rho_{csj}}(j\neq s)$$

(16.4.5)

再加上价格关系，即将式(16.4.3)—式(16.4.5)三个等式联立，形成多来源进口的双层阿明顿嵌套关系。

出口方面类似。如果国家 s 的商品 c 出口去向有 $n-1$ 个国家，可以在出口总数 QE 上加一层 CET 嵌套。设国家 s 的商品 c 的总出口为 QE_{cs}。QE_{csr} 是该国 s 出口到国家 r 的商品 c。有下面 CET 函数：

$$\begin{aligned}QE_{cs}&=\alpha_{cs}^{E}(\delta_{cs1}^{E}QE_{c,s,1}^{\rho_{cs}^{E}}+\cdots+\delta_{c,s,s-1}^{E}QE_{c,s,s+1}^{\rho_{cs}^{E}}\\&\quad+\delta_{c,s,s+1}^{E}QE_{c,s,s+1}^{\rho_{cs}^{E}}+\cdots+\delta_{c,s,n}^{E}QE_{c,s,n}^{\rho_{cs}^{E}})\,1/\rho_{cs}^{E}\\&=\alpha_{cs}^{E}\left(\sum_{r}\delta_{csr}^{E}QM_{csr}^{\rho_{cs}^{E}}\right)1/\rho_{cs}^{E}\end{aligned}\qquad(16.4.6)$$

$$\sum_{r=1}^{n-1}\delta_{csr}^{E}=1$$

其中 $\rho_{cs}^{E}>1$。出口行为的优化目标是，选择到各国的出口 QE_{csr}，使出口总值 $z=\sum_{r}PE_{csr}QE_{csr}$ 最大化。PE_{cs} 和 PE_{csr} 分别为商品 c 出口的总价格和卖到国家 r 的完税前的离岸价格。假如各个出口去向的出口关税率为 te_{csr}，有

$$PE_{csr}=pwe_{csr}(1-te_{csr})EXR_{s}\qquad(16.4.7)$$

用类似前面阿明顿条件的方法，给定商品 c 的出口总量 QE_{cs} 和合成价格 PE_{csr}，从 CET 函数导出优化下的 QE_{csr} 的条件供应函数是：

$$QE_{crs}=\frac{QE_{cs}}{\alpha_{cs}^{E}}\left(\frac{\delta_{csr}}{PE_{csr}}\right)^{1/(1-\rho)}\left(\sum_{j}^{m-1}\delta_{csj}^{1/(1-\rho_{csj})}\cdot PE_{csj}^{\rho_{csj}/(\rho_{csj}-1)}\right)^{-1/\rho_{csj}}(j\neq s)$$

(16.4.8)

因为等式(16.4.6)是规模报酬不变，在优化状态下也要满足下面的价格条件：

$$PE_{cs}\cdot QE_{cs}=\sum_{r}PE_{csr}QE_{csr}\qquad(16.4.9)$$

将方程组(16.4.7)—(16.4.9)联立，就是第二层嵌套的多去向的出口 CET 函数。

通常假设国际航运中没有物理损耗，因此，在每个商品 c 上，国家 s 从国家 r 的进口等于国家 r 对国家 s 的出口，有

$$QM_{csr}=QE_{crs}(r,\ s\in R,\ r\neq s)\qquad(16.4.10)$$

这就是各个贸易国家相互之间的最主要链接关系。SAM 表也要相应地做调整。

另外一个考虑的因素是海运部门的活动。海运成本反映在各个商品的离岸价和到岸价的差别，以及国际实际贸易流量。这个海运成本就成为这条流量线上对海运服务的需求。如商品 c 从国家 r 到国家 s 的国际海运成本是：

$$PTR \cdot TRSEA_{csr} = pwm_{csr} \cdot QM_{csr} - pwe_{crs} \cdot QE_{crs}$$
$$= (pwm_{csr} - pwe_{crs}) \cdot QM_{csr} (r, s \in R, r \neq s) \tag{16.4.11}$$

其中，PTR 是单位海运价格，$TRSEA_{csr}$ 是海运量。谁来提供海运服务呢？一般从各个国家的服务运输部门中的净产出中扣除。国际海运服务的需求数据可以较容易找到。不过到底哪个国家(来源地)提供了多少国际海运服务，由于完整数据不容易得到，常常要在技术上做些个案估计、假定、处理和调整。最后，整个国际海运服务的供应和需求要平衡。多国模型的重要信息和数据库来源是 GTAP。

上面说的多国模型，也可以被用在一个国家内部的几个地区中。如 Rich Jones 和 John Whalley(1988)的加拿大内部多区域和 Horridge, Naqvi 等(1996)的澳大利亚内部多区域的 MMRF 模型。一个国家内部的多地区模型有其特殊问题和困难，譬如地区间的贸易流量、一些产品的边界归属、要素流动等通常没有直接数据，要用其他的间接方法来解决。另外一个研究方向是将空间变量技术手段引进到多国模型，这时，$TRSEA_{csr}$ 成为空间变量如距离的函数。

16.5 动态模型

标准模型是静态的，因此不能研究和模拟多时期的经济变动。另外，在标准模型中，资本的形成和消费之间的关系没有交代，也是一个缺陷。当然还有其他的，比如消费者对储蓄和未来消费的决定，资本积累、劳动力增加、技术进步和劳动生产率提高，等等。在研究动态和预测未来的宏观经济变量时，标准模型是不够的。动态的 CGE 模型试图解决这些问题。

动态模型设置的理论基础是动态经济模型。有宏观经济和增长理论作为基础。CGE 文献中绝大多数的动态模型都在新古典主义增长理论的框架下。结构有按时期递推的、代际交叠(ovrelapping generation)优化的、随机动态(dynamic stochastic CGE)等等。

和标准 CGE 模型一样，动态 CGE 模型常被用来研究在不同政策冲击下，相关经济变量发生的长期动态变化。和常规的时间序列宏观预测模型的功能不一样的是，CGE 模型要研究更多细节方面如产业部门未来的变化。

设置动态模型，第一步要搜集数据和建设相应的数据基础。和标准静态模型类似，做出基期(base-year)SAM 表和相关的外生变量、参数数据。除此之外，还要取得动态外生变量数据。然后校调计算必要的动态模型所需要的参数。第二步，在原有政策环境下，递推计算将来每期的经济变化，这个估算出来的动态结果叫做基本线(baseline)情景。第三步，把要研究的供选择的政策放入模型，再模拟计算政策冲击后的新的动态结果，也被称为反事实模拟或反事实实验(counterfactual experienments)，然后比较它和基本线的区别。

学界研究的有不同类型的动态模型。比较实用的动态 CGE 模型是递推(recursive)动态模型。它是一个反复迭代计算的分期静态 CGE 模型。多期之间的相互链接影响用函数关系交代清楚,加上必需的动态的外生变量和外生给定的参数,然后以递推形式反复调整计算下一期的 CGE 模型。计算的期数往往是有限的,譬如 30 年,这对一般政策分析已经足够。

下面介绍基本的递推动态模型结构,如王直(2003)的有关中国加入 WTO 后对国际贸易的动态影响。①

首先设置和交代每期 CGE 模型外生决定的主要变量,这里包括动态下要素禀赋和机构主体需求等的变化。还有期际之间一些重要的链接关系。

先说劳动要素和总供应量。在动态模型中,未来劳动总供应量的变化通常使用外界数据。这是由于人口和工作年龄劳动力变化有它自身的规律,人口学和人口统计学领域的研究通常提供了更可靠直接的数据和预测。如王直(2003)用的是国际劳工组织(ILO)的未来各国劳力增长的预测。假如从这些外界文献中得到劳动力总量的年增长率在未来时期 t 预测为 $popgw_t$,劳动力总供应(或者说劳动力禀赋)为 $QLSAGG_t$,有下列期际递推关系:

$$QLSAGG_{t+1} = (1 + popgw_t) \cdot QLSAGG_t \tag{16.5.1}$$

在每期内部,如果研究需要,可以进一步分解不同类型的劳动力变化。譬如研究课题需要分解熟练劳力和非熟练劳力,可以设置熟练劳力的动态增长函数,通常是高等教育动态变量的函数。如果研究课题需要分解城市劳动力和农村劳动力,可以设置城乡移民的函数,通常是设置动态的城市化程度变量的函数。如果有更直接可靠的外生数据,可以直接用外生数据。

资本要素和供应量。每期的资本供应可以设置成为动态内生的,因为和以前时期的投资,也即资本形成有关。设时期 t 的资本存量为 $QKSTOCK_t$,折旧率为 $deprate_t$,有

$$QKSTOCK_{t+1} = (1 - deprate_t)QKSTOCK_t + QINV_t \tag{16.5.2}$$

即当期资本存量,减去折旧部分,加上资本形成(即投资),为下一年的资本存量。初始时期的资本存量和折旧的统计数据可以从外界获得。据此可以推算折旧率 $deprate_t$:

$$deprate_t = DEP_t / QKSTOCK_t \tag{16.5.3}$$

或者在已有的历史数据的基础上校调估算。然后在递推计算中用这个折旧率。未来时期的折旧率通常被假设是固定的,即动态稳定的。每年的折旧包括在当年生产过程的资本投入中。

如果还要考虑其他要素投入,如土地、自然资源等,可以类似地设置。校调估算和预测这些相关不可再生要素的禀赋的动态变化,要尽量依靠那些领域已有的

---

① WANG, Zhi, "The Impact of China's WTO Accession on Pattern of World Trade," *Journal of Policy Modeling*, Vol.25, pp.1—41, 2003.

研究提供的数据。

除了劳动和资本两个最重要的要素之外，推动经济增长的还有技术。诺贝尔经济学奖得主索罗观察美国经济增长的历史数据发现，劳动和资本使用量的增长并不能完全解释 GDP 的增长，大概每年两个百分点的增长率要由劳动、资本使用量以外的因素来解释。他用技术发展方面的贡献来解释这个额外的生产率的提高，发展出索罗增长模型(Solow，1956，1957)，成为新古典主义理论的经典之一。和增长理论模型一样，动态模型中的技术对增长的贡献可以有相应的设置方法，如由所有要素参与的全要素生产率(TFP，total factor productivity)，资本体现的技术(capital embodied technology)，劳动体现的技术(labor embodied technology)，等等。如果 CGE 模型中第一层的生产函数是 CES 函数，那么，它的规模因素即全要素生产率 TFP，如第 14 章生产函数(14.5.1)中的 α_a^A。

假如已有可靠的研究对象国家的未来的全要素增长率 TFP 的预测数字 tfp_t，理论上可以直接应用。不过，通常情况下，更容易得到的相对可靠的数据是现有研究文献中对该国未来 GDP_t 或者经济增长率的预测数字。[①]在这个情况下，先将模型递推一期，考虑到所有其他要素如劳动和资本在当期 t 的投入，计算当期 t 的 GDP_t 数值，然后用外界预测 GDP 数值和这个当期计算的 GDP 值比较，从而推算未被要素投入量解释的技术贡献部分，从而推算当期整个经济各个部门平均的全要素增长率 tfp_t。具体地，把预测的 GDP_t 作为外生，tfp_t 作为内生，在第一层生产函数上将 tfp_t 乘以原来校调估算基础期年的 α_a^A，在模型内校调估算 tfp_t。以同样方法递推校调估算未来各期的 tfp_t。用这个 tfp_t 预测的 GDP 值，和现有外界的 GDP 预测数值相符，以此来建立动态模型的基准线。不过使用这个全体经济部门平均的 tfp_t 也有一个很大缺点。我们知道，在现实经济发展中，各个部门生产率提高是不一致的，甚至可以差异极大。如果外界数据提供了更细节的各个部门的增长率预测数字，则可以相应地在各个部门细节调整计算，再在总体上平衡。这样从模型运行中得到基准线预测数字更符合现实。然后在做政策模拟时，将估算出来的(如果有更细化的部门的)tfp_t 作为固定参数，模拟计算政策冲击后各期的经济变量的变化。

除了上述生产模块方面的动态变量外，动态模型还得考虑需求方面的变量。居民的效用函数通常是 LES 函数或者柯布—道格拉斯函数。LES 的好处是可以模拟随着收入增长的恩格尔曲线消费结构调整的效应，食物在总消费中所占份额的减少，而服务消费份额增加。居民的储蓄由储蓄率($1-mpc$)乘以当期可支配收入决定。储蓄率虽然也可以简单化地设定为固定参数，不过，在动态模型中，更多的是将它处理为部分内生的，反映居民对未来消费的考虑。如果当期的消费者价格指数(CPI_t)相对未来 CPI_{t+1} 增加，居民可能会增加储蓄率，以未来消费来替代

① 如王直(2003)用的是 Oxford Economic Forecasting，IMF 的 World Economic Outlook 也是常常引用的预测数值。

当期消费。这时，可以用第 16.1 节中介绍的包括储蓄的效用函数去导出内生的受当期与未来 CPI 价格影响的储蓄率。

总投资额 $EINV$ 在动态模型中通常被设置为至少是部分内生的。一种做法是简单设为当期 GDP 的固定比例份额。不过，经济理论认为投资也是前期增长率的函数，因此有

$$\begin{aligned} EINV_t &= \gamma_1 \cdot PGDP_t \cdot GDP_t + \gamma_2 \cdot PGDP_t \cdot (GDP_t - GDP_{t-1}) \\ &= \lambda_1 \cdot PGDP_t \cdot GDP_t - \gamma_2 \cdot PGDP_t \cdot GDP_{t-1} \end{aligned} \tag{16.5.4}$$

其中，γ_1，γ_2，λ_1 等为参数，$\lambda_1=\gamma_1+\gamma_2$。通过整合，可以看出，内生的投资量是一个时滞的 GDP 的函数。参数 γ_1，γ_2，λ_1 可以从已有历史经济数据中用计量经济学的方法估算。

政府的预算包括税收和支出。这里要根据所有外界得到的信息，如未来政府债券利息偿付、税率变化、社会保险支付，等等。长期的动态模型要考虑政府长期的负债状况。从长期来说，政府支出应该基本平衡，或每年允许有限的财政赤字增速上限，大致等于经济增长率，这是考虑到政府有铸币税收入(seigniorage income)的缘故。如果研究课题为财政政策的冲击，在短期内一个国家可以允许较大程度的财政赤字或盈余动荡。不过，如果是一个长期动态模型，政策冲击模拟最后收敛的结果还是要回到上述的长期可持续财政稳健的状态。

净出口和国外净储蓄 $FSAV$。理论上，在弹性汇率体制下，净出口和 $FSAV$ 互为镜像。净出口是经常性项目外汇收入，然后反映在资本项目和外汇储备的 $FSAV$ 的变化中。在标准模型中，因为是静态的，如果采取小国假设，$FSAV$ 可以不等于零，如前面第 14 章的模型。国际经济学理论上认为，$FSAV$ 不可以长期持续地向同一方向扭曲。一个国家不能长期持续地处在贸易赤字，或者贸易盈余的状态。不过，理论和观察到的实际情况看上去不太一致，譬如美国可以连续 30 年地经历贸易赤字(部分是因为美元作为世界储备货币的缘故)，日本连续了 27 年的贸易盈余，①等等。很多预测模型(如 Oxford Economic Forecasting)，根据现实经济情况，对各个国家的 $FSAV$ 的长期预测数值不是零，也就是，这些预测模型认为这些国家可以在相当长的一段时期中有持续的贸易赤字或盈余。不过，按照理论，模型设置的最后收敛的稳态状态 $FSAV$ 应该不太偏出均衡值零。或者说，至少贸易赤字或盈余占 GDP 值的比例不应太大。

上述几个变量在各期的 CGE 模型中，必须满足投资—储蓄等式：

$$EINV_t = HHSAV_t + ENTSAV_t + GSAV_t + EXR \cdot FSAV_t$$

其中 $HHSAV$ 为居民储蓄。这表示，投资总额要等于所有国内和国外储蓄，要有资金来源。在整个动态模型设置中，和静态模型一样，要算好外生和内生的动态变

① 日本在 1981 年到 2007 年，27 年期间连续贸易盈余。

量的数量,使内生变量的数量等于独立函数的数量。譬如上述投资—储蓄等式表示,假如投资 *EINV*、居民储蓄 *HHSAV*、企业储蓄 *ENTSAV* 和政府储蓄 *GSAV* 这些行为已经在模型中被其他函数所规定,那么国外储蓄 *FSAV* 就成为余数(residual),不能再独立规定。这时模型经济犹如小国经济,如第 14 章的模型。如果国外储蓄 *FSAV* 被国际收支行为函数规定,如 $FSAV=0$,那么等式中其他函数要允许有弹性。通常是居民储蓄和企业储蓄上假设一个调整因素,使之部分内生,以满足投资—储蓄等式。

多区域的动态模型在国际贸易中应用广泛。比较常用的模型包括世界银行的 Linkage 模型,以及法国国际经济学研究中心(Centre d'Etudes Prospectives et d'Informations Internationales, CEPII)的 MIRAGE 模型。这些模型的程序语言是 GAMS,旨在提供多国动态 CGE 模型的模板,便于国际贸易政策研究者借用。①

学界对递推动态模型的批评是这类模型的经济人(机构主体)的动态行为方式只是基于过去的历史,而缺乏前瞻性(forward looking)的行为调整。代际和动态优化模型则将行为主体的行为在多期或者无限期动态状态下优化(如 Devarajan and Go, 1998)。也有内生增长动态模型的研究(如 Diao, Roe and Yeldan, 1999)。虽然总量化的理论动态模型在代际优化,随机动态优化等方面有很多成熟的研究,但是在用到多部门的实际现实经济的 CGE 模型中,还有不少困难,很多 CGE 动态模型都变成高度总量化的,反而失去了 CGE 对细节产业部门关注的优点。澳大利亚流派的 Dixon 和 Rimmer(2002)等发展的莫纳什模型(Monash Model),是在细节产业部门做了努力的尝试,并应用到澳大利亚经济上。②

16.6 在其他方向的发展

除了在多区域和多时期动态的方向外,学界也努力将其他方面宏观经济理论模型的发展引入 CGE 模型,突破标准模型的局限。其中包括非充分竞争如存在垄断(monopoly)、寡头(oligopoly)、垄断竞争(monopolistic compeition)市场的情况,存在外部负经济(negative extrenatiliy)如污染或者外部正经济如基础建设和公共品,生产函数为非规模报酬不变的情况,对二元经济(dual economy)结构和收入分配影响,等等。

标准模型中的生产函数都是规模报酬不变的函数。如果事实上有规模递减或者递增的生产函数,通常,可以用增加一个要素的投入(如土地、技术要素,或者企业家管理要素)等方法,将之改造成规模报酬不变的函数。如果因为研究问题需要对付规模报酬递减的生产函数,譬如某些部门如服务修理业等部门,可以另行设置该部门的规模报酬递减的生产函数。不过要注意的是,如果有规模报酬递减的生

---

① 世界银行 Kym Anderson, Will Martin 和 Dominique Van Der Mensbrugghe 用 Mirage 做了大量政策研究文章,如 Anderson 等(2005)。

② 见 Dixon 和 Timmer(1998)。

产函数，模型结构要有相应的改造。

第一，如果原来生产模块中导出商品供应函数和要素需求函数采取的方法是求解第7章的联立方程(7.4.7)的方法(即本书中用得最多的)，在规模报酬递减的生产函数情况下就不能直接采用该方法，而要进行改造。这是因为原来方程(7.4.7)中的价格函数 $pq = w_1x_1 + w_2x_2$ 同时作为"产出商品价格=生产边际成本"的在市场充分竞争下利润最大化的一阶优化条件；而在规模报酬递减的情况下这个价格函数不再是一阶优化条件。因此在方程(7.4.7)中要用具体的 $p = \frac{\partial c(w_1, w_2, q)}{\partial q}$ 来替换原来的价格函数。其中 $c(w_1, w_2, q)$ 为成本函数。第二，在规模报酬递减的情况下，企业收入不等于企业成本，因为利润一般会大于零。要设置 $pq = c(\mathbf{w}, q) + \pi$ 的函数，其中 π 为利润。第三，要设置利润 π 是如何分配给机构主体如居民的函数。

假如市场不是充分竞争的，也就是商品价格为销售量的函数 $p(q)$，上面的一阶优化条件 $p = \frac{\partial c(w_1, w_2, q)}{\partial q}$ 还要进一步改造。企业行为优化时要同时考虑需求方面的反应。这时要用"边际收益=生产边际成本"的一阶条件来替代，即 $\frac{\partial [p(q) \cdot q]}{\partial q} = \frac{\partial c(w_1, w_2, q)}{\partial q}$。

虽然规模报酬递减的生产函数使模型结构复杂一些，但是它的生产集是凸集，因此不影响一般均衡点的存在。随着内生增长模型理论(endogenous growth theory)的风行，学界对规模报酬递增的生产函数兴趣增大。应用和实践中也有研究规模报酬递增生产函数的需要。譬如，中国的制造业部门的生产率提高，很大部分归功于国外直接投资 FDI(forien direct investment)。这些外资投入对增长的贡献，不单是有形的资本投入，它们还给国内企业和劳动力带来信息、知识和技能这些无形的投入，进一步提高了生产率。在生产函数中，这些无形贡献提高了生产率的规模因素。因此可以认为，第14章生产函数(14.5.1)中的 α_a^A 也是资本投入 QKS 的函数。这样，部门 a 的生产函数就变为报酬递增的函数。

问题在于，如果存在规模报酬递增的生产函数，生产集不再保持凸性，理论上不能保证一般均衡点存在，会影响 CGE 模型的求解。在这种情况下，要根据个案来处理。如果规模报酬递增只发生在少数几个活动或者商品部门，而要素供应总量又是限制的，因而不影响全局，可能 CGE 模型仍然有解。如果还有问题，那就要对该部门的增长或者要素使用做一些限制，如加一个要素供应量的上限，使模型有解。

CGE 模型发展的一个潮流是应用于发展中国家，并且根据发展中国家的情况进行改造。例如，LHR 的标准模型就考虑到了发展中国家有很多非市场的经济活动的情况。Stifel, David C.和 Erik Thorbecke(2003)批评了以前的多区域 CGE 模型忽略了发展中国家城乡二元经济的经济结构。以非洲国家为例，这些经济有城乡的地区差别，而城乡内部又有正规和非正规经济的差别。从这个角度出发，他们提出双二元 CGE 模型理论(dual-dual CGE model)。他们在模型中对要素做了细化分解。劳动分解为熟练和非熟练劳力,资本分解为农业资本和其他资本。居民分解出 9 个部分,包括农村非熟练人员、地主、城市非正规部门人员、城市正规部门非熟练人员、城市正规部门熟练人员、资本家,等等。由于这些细化,CGE 模型可以进一步分析公共政策对不同居民群体的影响,从而研究对收入分配和贫困人数的影响。他们认为双二元结构可以分析公共政策冲击在发展中国家对国民收入分配,城乡和居民之间的收入差距,得出更现实和可靠的结论。不过,他们的研究目前仅用在实验性数据上,还没有用到具体国家中。

如果要研究社会保障关系、代际借贷、货币发行、财政赤字和国债发行和利息支付、金融市场的行为对经济的影响等等的动态关系,则需要在 CGE 模型中加入外显的货币、金融资产市场、债券市场,等等。对目前很多债务累累的国家,金融资本市场的动态变化对经济的长期影响其实非常重要。标准 CGE 模型没有包括这些方面。近年来有相当的文献在货币和金融市场方面进行努力①,不过大多局限在理论模型或者变量高度概括的结构设置,在具体应用到有很多细节的多部门的现实经济中,还有很多工作要做。

练　　习

1. 已知在均衡状态下劳动供应和休闲的比例为 2∶1,工资的劳动供应弹性 $e=0.2$,Y 等数据用 SAM 表 14.1.1。按照方程(16.2.14),写出 GAMS 程序,校调估算劳动和休闲的 CES 效用函数的幂 ρ。

① Naastepad, C.W.M., "A Real-Financial CGE Model with reference to India", working paper, Erasmus University Rotterdam, 2000; and Aglietta and et al, "A World OLG-CGE Model with Imperfect Financial Markets, Exchange Rates and Stochastic Lifetime".

参考文献

Adelman, Irma and Sherman Robinson, 1978, *Income Distribution Policy in Developing Countries: A Case Study of Korea*, Stanford University Press.

Aguiar, Mark and Erik Hurst, 2006, "Measuring Trends in Leisure: The Allocation of Time over Five Decades", *Working Papers*, Federal Reserve Bank of Boston, January.

Anderson, Kym, Martin, Will, Van Der Mensbrugghe, Dominique, 2005, "Would Multilateral Trade Reform Benefit Sub-Saharan Africans?", World Bank Policy Research Paper 3616, June.

Balistreri, Edward J. and Thomas F.Rutherford, 2000, *Dynamic General Equilibrium Analysis At the State Level: Assessing the Economic Implications of the Kyoto Protocol*, University of Colorado.

Ballard, Charles L., Don Fullerton, John B.Shoven and John Whalley, 1985, *A General Equilibrium Model for Tax Policy Evaluation*, Chicago: University of Chicago Press.

Ballard C., Shoven J. and Whalley J., 1985, "The Total Welfare Cost of The United States Tax System: A General Equilibrium Appoach", *National Tax Journal*, 38, pp.125—140.

Bandara J.S., 1991, "Computable General Equilibrium Models for Development Policy Analysis in LDCs", *Journal of Economic Surveys*, 5(1), pp.3—69.

Ballard Charles L. and Don Fullerton, 1992, "Distortionary Taxes and the Provision of Public Goods", *Journal of Economic Perspectives*, 6(3), pp.117—131.

Bassanini, Andrea, Jørn Henrik Rasmussen, Stefano Scarpetta, 1999, "The Economic Effects of Employment-Conditional Income Support Schemes for the Low-Paid: An Illustration from a CGE Model Applied to Four OECD Countries", OECD Economics Department Working Paper, No.224.

Bergman, Lars and Magnus Henrekson, 2003, "CGE Modeling of Environmental Policy and Resource Management", in Maler Karl-Goran and Vincent Jeffrey, *Handbook of Environmental Economics*, Elsevier Science, pp.1274—1302.

Bovernger L., 1985, "Dynamic General Equilibrium Tax Models with Adjustment Costs", in A. Manne, ed. Economic Equilibrium: Model Formulation and Solution. Mathematical Programming Study 23, Amsterdan: North-Holland.

Böhringer, C.S.Boeters and M.Feil, 2005, "Taxation and Unemployment: An Applied General Equilibrium Models", *Economic Modelling*, 22, pp.81—108.

Brooke, A., D.Kendrick and A.Meeraus, 1988, *GAMS. A User's Guide*, Redwood City, Ca.: Scientific Press.

De Melo, J., 1988, "Computable General Equilibrium Models for Trade Policy Analysis in Developing Countries: A Survey," *Journal of Policy Modeling*, 10(3), pp.469—503.

Dervis, K., J. De Melo and Sherman Robinson, 1982, *General Equilibrium Models for Development Policy*, Cambridge, Cambridge University Press.

Devarajan S., D.S. Go, J.D.Lewis, S.Robinson, P.Sinko, 1997, *Simple General Equilibrium Modeling, in Applied Methods for Trade Policy Analysis: A Handbook* (J.F.Francois and K.A.Reinert ed.), Cambridge: Cambridge U.Press, pp.156—185.

Devarajan, S. and D. S. Go, 1998, "The Simplest Dynamic General-Equilibrium Model of an Open Economy", *Journal of Policy Modeling*, 20(6), pp.677—714.

Devarajan S., J.D.Lewis, S.Robinson, 2002, "The Influence of Computable General Equilibrium Models on Policy", *TMD discussion Paper*, No.98, Washington D.C.:IFPRI.

Diao X., Fan S. and Zhang X., 2003, "China's WTO Accession: Impacts on Regional Agricultural Income-A Multi-region, General Equilibrium Analysis", *Journal of Comparative Economics*, 31, pp.332—351.

Diao X., Terry Roe and Erinc Yeldan, 1999, "Strategic Plicies and Growth: an Applied Model of R & D-driven Endogenous Growth", *Journal of Development Economics*, 60(3), pp.343—380.

Dixon, Peter and Maureen Rimmer, 2002, *Dynamic General Equilibrium Modelling for Forecasting and Policy: a Practical Guide and Documentation of MONASH*, North Holland.

Dixon, Peter B. and Maureen T. Rimmer, 1998, "Forecasting and Policy Analysis with a Dynamic CGE Model of Australia", Working Paper Op-90, Centre of Policy Studeis and the Impact Project, Monash University, Australia.

Dixon, P. B., B. R. Parmenter, J. Sutton and D. P. Vincent, 1982, *ORANI: A Multisectoral Model of the Australian Economy*, Amsterdam: North-Holland.

Feltenstein A., 1986, "An Intertemporal General Equilibrium Analysis of Financial Crowding Out: A Policy Model and an Application to Australia", *Journal of Public Economics*, 31(1), Oct., pp.79—104.

Formby J. and Medema S., 1995, "Tax Neutrality and Social Welfare in A Computational General Equilibrium Framework", *Public Finance Quarterly*, 23(4), pp.419—448.

Fox, Alan, 2002, "Incorporating Labor-Leisure Choice into a Static General Equilibrium Model", working paper, U.S. International Trade Commission,Washington D.C..

Frisch R.A., 1959, "Complete Scheme for Computing All Direct and Cross Demand Elasticities in a Model with Many Sectors", *Econometrica*, 27(2), pp.177—196.

Garbaccio R.F., 1994, "Price Reform and Structural Change in the Chinese Economy: Policy Simulations Using a CGE Model", *China Economic Review*, 6(1), pp.1—34.

Gilbert, John and Wahl, Thomas, 2002, "Applied General Equilibrium Assessment of Trade Liberalization in China", *The World Economy*, 25,6, pp.697—731.

Ginsburgh, V. and M.Keyzer, 2002, "*The Structure of Applied General Equilibrium Models*", The MIT Press.

Go D. andKearney M., 2003, "The Effectiveness of South African Value Added Tax: A Computable General Equilibrium Analysis", Unpublished manuscript, The World Bank, March.

GTAP, The Global Trade Analysis Project(GTAP), coordinated by the Center for Global Trade Analysis, housed in the Department of Agricultural Economics, Purdue University. https://www.gtap.agecon.purdue.edu/default.asp.

Varian, Hal, 1992, *Microeconomic Analysis*, W.W.Norton.

Harrision Glenn, et. al. eds., 2000, *Using Dynamic General Equilibrium Models for Policy Analysis*, North-Holland, Elsevier Chapter 1, introduction, pp.1—12.

Haufler, A., 1993, *Commodity Tax Harmonization in the European Community: A General Equilibrium Analysis of Tax Policy Options in the Internal Market*, Heidelberg: Physica-Verlag.

Hoffmann S., S.Robinson and S.Subramanian, 1996, "The Role of Defense Cuts in the California Recession Computable General Equilibrium Models and Interstate Factor Mobility", *Journal of Regional Science*, 36(4), pp.571—575.

Horridge, Mark and Glyn Wittwer, 2008, "The Economic Impacts of a Construction Project, using SinoTerm, a multi-rigional CGE model of China", forthcoming, *China Economic Review*.

Johansen, Leif, 1960, *A Multi-sectoral Study of Economic Growth*, Amsterdan: North-Holland.

Jones, R. and J. Whalley, 1988, "Regional Effects of Taxes in Canada: An Applied General Equilibrium Approach", *Journal of Public Economics*, pp.1—28.

Jorgenson, D. W., 1998a, *Growth. Volume 1: Econometric General Equilibrium Modeling*, Cambridge: The MIT Press.

Kehoe T. J., J. Serra-Puche, 1983, "A Computational General Equilibrium Model with Endogenous Unemployment: An Analysis of the 1980 Fiscal Reform inMexico", *Journal of Public Economics*, 22, pp.1—26.

Kehoe T.J., P.Noyola, A.Manyesa, C.Polo and F.Sancho, 1988, "A General Equilibrium Analysis of the 1986 Tax Reform in Spain", *European Economic Review*, 32, pp.334—342.

Kemal D., de Melo J. and Robinson S., 1982, *General Equilibrium Models for Development Policy*, Cambridge: Cambridge University Press.

Lofgren H., R.L.Harris and S.Robinson, 2001, "A Standard Computable General Equilibrium (CGE) Model in GAMS", Trade and Macroeconomics Division Discussion Paper No. 75. http://www.ifpri.org.

MaCurdy, Thomas, 1981, "An Empirical Model of Labor Supply in a Life-Cycle Setting", *Journal of Political Economy*, Vol.89, pp.1059—1085.

Mas-Colell, D. Whinston and Green, 1995, *Microeconomic Theory*, Oxford University Press, Inc..

McDonald, Scott and Karen Thierfelder, 2004, Deriving a Global Social Accounting Matrix from GTAP Versions 5 and 6 Data, GTAP Technical Paper No. 22.Purdue University, https://www.gtap.agecon.purdue.edu/resources/tech_papers.asp.

McKibbin, Warwick and Zhi Wang, 1998, "The G-cubed(Agriculture) Model: A tool for Analyzing Agriculture in a Globalizing World", Brookings Discussion Paper in International Economics, No.139, Brookings Institution, Washington D.C., June.

Patrick Canning and Zhi Wang, 2005, "A Flexible Mathematical Programming Model to Estimate Interregional Input-Output Accounts", *Journal of Regional Sciences*, 45(3), pp.539—563.

Pereira A., 1988a, "DAGEM: A Dynamic Applied General Equilibrium Model for Tax Policy Evaluation", University of California, San Diego, Working Paper, pp.8—17.

Pereira A.M. and Shoven J.B., 1988, "A Survey of Dynamic Computational General Equilibrium

Models for Tax Evaluation", *Journal of Policy Modeling*, 10(3), pp.401—436.

Peter, Matthew W., Mark Horridge, G. A. Meagher, Fazana Naqvi and B.R. Parmenter, 1996, The Theoretical Structure of Monsah-MRF", Centre of Policy Studies and the IMPACT Project Preliminary Working Paper No.OP-85,Monash University, Clayton, pp.55.

Piggott, John, 1980, "A General Equilibrium Evaluation of Australian Tax Policy", *Ph.D. dissertation*, U. of London.

Piggott, John and Whalley, John, 1985, *U.K. Tax Policy and Applied General Equilibrium Analysis*. NY: Cambridge U.Press.

Pyatt, G, 1988, "ASAM Approach to Modeling," *Journal of Policy Modeling*, 10(3): pp.327—352.

Rattso, Jorn, 1982, "Different macroclosures of the original Johansen model and their impact on policy evaluation", *Journal of Policy Modeling*, Elsevier, vol.4(1), pp.85—97, March.

Robinson, S., A.Cattaneo and M.El Said, 2001, "Updating and Estimating a Social Accounting Matrix Using Cross Entropy Methods", *Economic Systems Research*, Vol. 13, No. 1, pp.47—64.

Robinson S. and K. Thierfelder, 1999, "A note on Ttaxes, Prices, Wages, and Welfare in General Equilibrium models", Trade and Macroeconomics Division Discussion Paper No.39, IFPRI.

Robinson S., A.Y.Naude, R.H.Ojeda, J.D.Lewis and S. Devarajan, 1999, "From Stylized Models: Building Multisector CGE Models for Policy Analysis", *North American Journal of Economics and Finance*, 10, pp.5—38.

Robinson, Sherman, 1991, "Macroeconomics, Financial Variables, and Computable General Equilibrium Models", *World Development*, Elsevier, vol.19(11), pp.1509—1525, November.

Robinson, Sherman, 1989, "Multisectoral models", in Hollis Chenery & T.N. Srinivasan ed., *Handbook of Development Economics*, edition 1, volume 2, chapter 18, pp.885—947, Elsevier.

Guest, Ross, 2006, "Population Ageing, Fiscal Pressure and Tax Smoothing: A CGE Application to Australia", *Fiscal Studies*, 27(2), pp.183—203.

Rurtherford T.F., M.K. Light, 2001, A General Equilibrium Model for Tax Policy Analysis in Columbia 2001, www.gamsworld.org/mpsge/debreu/dnp2001.pdf.

Scarf, Herbert E., 1967, "On the Computation of Equilibrium Prices", in Feliner, W.J. ed., *Ten Economic Studies in the Tradition of Irving Fisher*, New York: John Wiley & Sons.

Scarf, Herbert E. and Hansen, Terje, 1973, *The Computation of Economic Equilibria*, New Haven: Yale U.Press.

Shoven, John and John Whalley, 1992, *Applying General Equilibrium*, Cambridge University Press.

Shoven, J.B. and J.Whalley, 1984, "Applied General Equilibrium Models of Taxation and International Trade", *Journal of Economic Literature*, Vol. 22, pp.1007—1051.

Shoven, John B. and Whalley, John, 1973, "General Equilibrium with Taxes: A Computational Procedure and an Existence Proof", *Review of Economic Studies*, 60, Oct., pp.281—321.

Shoven, John B. and Whalley, John, 1972, "A General Equilibrium Calculation of the Effects of Differential Taxation of Income from Capital in the U.S.", *Journal of Public Economics*, 84(6), Dec., pp.215—240.

Solow, Robert M., 1956, "A Contribution to the Theory of Economic Growth", *Quarterly Journal of Economics*, 70(1), pp.65—94.

Stifel, David C. and Erik Thorbecke, 2003, "A dual-dual CGE model of an archetype African Economy: Trade Reform, Migration and Poverty", *Journal of Policy Modeling*, Vol.25, pp.207—235.

Taylor, L. and S.L.Black, 1974, "Practical General Equilibrium Estimation of Resources Pulls under Trade Liberalization", *Journal of International Economics*, Vol. 4 (1), April, pp.37—58.

Theil, Henri, 1971, *Principle of Econometrics*, John Wiley & Sons, Inc., New York.

Thissen M., 1999, "Financial CGE Models: Two decades of Research", www. eco. rug. hl/medewerk/thissen/files/somfincgereport.pdf.

United Nations Statistics Division, "The System of National Accounts 1993".

Vargas, Eliécer, Dean Schreiner, Gelson Tembo and David Marcouiller, 2000, *Computable General Equilibrium Modeling for Regional Analysis*", Regional Research Institute, West Virginia University.

Wang Y., Xu D., Wang Z., Zhai F., 2004, "Options and Impact of China's Pension Reform: A Computable General Equilibrium Analysis", *Journal of Comparative Economics*, 32, pp.105—127.

Wang, Zhi and G.Edward Schuh, 2000, "The Impact of Economic Integration among Taiwan, Hong Kong and China(mainland): A Computable General Equilibrium Analysis", *Pacific Economic Review*, 5(2), pp.229—262, Special Issue on Hong Kong Reversion to China.

Wang Zhi and Fan Zhai, 1998, "Tariff Reduction, Tax Replacement, and Implications for Income Distribution in China", *Journal of Comparative Economics*, 26, pp.358—387.

Xu, Dianqing, Zhi Wang, Fan Zhai, 2002, "China's Income Tax Reform and its Impacts", The Fifth Annual Conference on Global Economic Analysis, Taipei.

Xu, Dianqing and Gene Chang, 2000, "Impact of Trade Liberalization on Structural Employment in China: A Computable General Equilibrium Analysis", *Pacific Economic Review*, Vol.5, No.2, pp.157—167.

Zhai Fan and Li Shantong, 2000, "China's WTO Accession and Implications for its Regional Economies", Development Research Center of the State Council, P.R.China.

陈烨、张欣、寇恩惠、刘明:《增值税转型对就业负面影响的 CGE 模拟分析》,《经济研究》2010 年第 9 期。

董承章主编:《投入产出分析》,中国财政经济出版社 1999 年版。

李善同、翟凡、徐林:《中国加入世界贸易组织对中国经济的影响——动态一般均衡分析》,《世界经济》2000 年第 2 期。

里昂惕夫(Leontief.W.):《投入产出经济学》,商务印书馆 1980 年版,中国经济出版社 1990 年版。

邵汉青、钟契夫主编:《投入产出法(部门联系平衡法)概论》,中国人民大学出版社 1993 年版。

王其文、李善通主编:《社会核算矩阵:原理、方法、应用》,清华大学出版社 2008 年版。

王燕、徐滇庆、王直、翟凡:《中国养老金隐性债务、转轨成本、改革方式及其影响——可计算一般均衡分析》,《经济研究》2001 年第 5 期。
王直、王慧炯:《中国加入世贸组织对世界劳动密集产品市场与美国农业出口的影响》,《经济研究》1997 年第 4 期。
翟凡、李善同、王直:《关税减让、国内税替代及其收入分配效应》,《经济研究》1996 年第 12 期。
郑玉歆、樊明太:《中国 CGE 模型及政策分析》,社会科学文献出版社 1999 年版。
周建军、王韬、刘芳:《间接税改革的宏观经济效应:一般均衡分析》,《当代经济科学》2004 年第 26 卷第 5 期。

附 录

GAMS 程序主要指令

```
set
alias
table
parameter
variable
equation
model
solve
display
```

GAMS 程序变量的主要后缀

.L 或者.l(注意这是小写英文字母 l,不是数字 1)

.fx 参见本书第 8.7 节的解释

第 13—15 章的 CGE 标准模型所用参数变量符号和说明

(各章之间个别变量与定义按教学进展需要略有渐进演变和调整)

deltaAa(a)	QA 的 CES 函数份额参数
deltaCET(c)	CET 函数份额参数
deltaQq(c)	QQ 的 Arminton 函数份额参数
deltaVA(a)	VA 的 CES 函数劳动份额参数
bgtshr(a)	LES 函数中消费预算商品 a 的份额
bgtshrchk	LES 函数中消费预算商品 a 的份额参数检验
EG	政府支出
EG0chk	用来检查和 EG 是不是一致
EH	居民消费总额
EH(h)	居民 h 消费总额
EINV	投资总额
ENTSAV	企业储蓄
EXR	汇率

Frisch	弗里希系数
FSAV	国外储蓄
GDP	实际国民生产总值
GDP0chk	增值法和支出法两个方法是不是一致
GSAV	政府储蓄
ica(c, a)	中间投入的投入产出系数
LESelas	LES 需求函数的弹性
LESbeta(a)	LES 边际消费额
LESbetachk	LES 边际消费额参数和检验
LESsub(a)	LES 消费函数生存消费量
mpc(h)	居民群 h 的边际消费倾向(这里也是平均消费倾向)
PA(a)	生产活动 a 的价格
PD(c)	国内生产国内使用商品 c 的价格
PDA(a)	国内生产国内使用商品 a 的价格
PDC(c)	国内生产国内使用商品 c 的价格
PE(a)	国内生产商品 a 出口的价格
PE(c)	国内生产商品 c 出口的价格
PGDP	国民生产总值价格指数
PINTA(a)	中间投入总价格
PM(c)	进口商品 c 的价格
PQ(c)	国内市场商品 c 的价格
PVA(a)	增值部分(含增值税)汇总价格
pwe(a)	出口生产活动 a 商品的国际价格
pwe(c)	出口生产活动 c 商品的国际价格
pwm(c)	进口商品 c 的国际价格
PX(c)	生产活动产出的 QX 商品 c 的价格
QA(a)	生产活动 a 的数量
QD(c)	国内生产国内使用商品 c 的数量
QDA(a)	国内生产国内使用商品 a 的价格
QDC(c)	国内生产国内使用商品 c 的价格
QE(a)	生产商品 c 出口的数量
QE(c)	生产商品 c 出口的数量
QG(c)	政府对商品 c 的需求
QH(c)	居民对商品 c 的需求
QH(c, h)	居民 h 对商品 c 的需求
QINT(c, a)	中间投入个量
QINTA(a)	中间投入总量
QINV(c)	对商品 c 的投资的最终需求
QKD(a)	资本需求
QKS	资本量总供应
QKS(h)	居民群 h 的资本量供应
QKSAGG	资本量总供应
QLD(a)	劳动需求

QLS　劳动量总供应
QLS(h)　居民群 h 的劳动量供应
QLSAGG　劳动量总供应
QM(c)　进口商品 c 的数量
QQ(c)　国内市场商品 c 的数量
QVA(a)　增值部分汇总量
QX(c)　生产活动产出的 QX 商品的数量
rhoAa(a)　QA 的 CES 函数参数的幂
rhoVA(a)　QVA 的 CES 函数参数的幂
rhoQq(c)　阿明顿条件的 CES 函数参数的幂
rhoCET(c)　CET 函数参数的幂
sax(a, c)　活动 a 和商品 c 之间的分配比例
scaleAa(a)　QA 的 CES 函数参数
scaleAVA(a)　VA 的 CES 函数参数
scaleCET(c)　CET 函数参数
scaleQq(c)　QQ 的阿明顿函数参数
shifentk　资本收入分配给企业的份额
shifhk(h)　资本收入分配给居民群 h 的份额
shifhl(h)　劳动要素禀赋中居民群 h 的份额
shrg(c)　政府收入中对商品 c 的消费支出份额
shrh(c, h)　居民群 h 收入对商品 c 的消费支出份额
tbus(a)　对生产活动 a 的营业税率,间接税率
te(c)　出口税率
tiEnt　企业所得税税率
tih(h)　居民群 h 的所得税税率
tm(c)　进口税率
transfrEntG　政府对企业的转移收入
transfrEntRow　国外对企业的转移支付
transfrgRow　国外对政府的转移支付
transfrhent(h)　企业对居民群 h 的转移收入(私人保险公司支付保险金等)
transfrHG(h)　政府对居民群 h 的转移收入
transfrhrow(h)　国外对居民群 h 的转移支付(劳务输出、外汇汇款等)
tvak(a)　对资本投入的增值税率
tval(a)　对劳动投入的增值税率
vadded　总增值,用它和支出法两个方法来检查是不是一致
WALRAS　检查一般均衡模型中存在等式线性相关的虚变量
WK　资本价格
WL　劳动价格
YENT　企业收入
YG　政府收入
YH　居民群收入
YH(h)　居民群 h 收入
YHAGG　所有居民的名义收入总量

索　　引

(中文索引名目按汉语拼音字母排序。每个索引名目的地址规范是:章-节。例如,6-2 为该名目在第 6 章第 2 节。)

图书在版编目(CIP)数据

可计算一般均衡模型的基本原理与编程/张欣著.
—2 版.—上海:格致出版社:上海人民出版社,
2017.9(2022.1 重印)
ISBN 978-7-5432-2763-7

Ⅰ.①可… Ⅱ.①张… Ⅲ.①均衡模型-研究 Ⅳ.
①F224.0

中国版本图书馆 CIP 数据核字(2017)第 130461 号

责任编辑 程 倩
装帧设计 路 静

可计算一般均衡模型的基本原理与编程(第二版)
张欣 著

出　版 格致出版社
上海人民出版社
(201101 上海市闵行区号景路 159 弄 C 座)
发　行 上海人民出版社发行中心
印　刷 浙江临安曙光印务有限公司
开　本 787×1092 1/16
印　张 20.25
插　页 1
字　数 420,000
版　次 2017 年 9 月第 1 版
印　次 2022 年 1 月第 3 次印刷
ISBN 978-7-5432-2763-7/F·1039
定　价 65.00 元